Joseph von Orosz

Notizen über Ungarn

Joseph von Orosz

Notizen über Ungarn

ISBN/EAN: 9783743330887

Hergestellt in Europa, USA, Kanada, Australien, Japan

Cover: Foto ©ninafisch / pixelio.de

Manufactured and distributed by brebook publishing software
(www.brebook.com)

Joseph von Orosz

Notizen über Ungarn

Vorwort.

~~~~~~~~

Der Titel dieser Blätter verspricht neue, bisher unbekannte Ent=
deckungen. Aber es giebt nichts Neues unter der Sonne. Nur die
veränderte Stellung dessen, was historisch schon da gewesen, nur der
Standpunkt des Beschauers erzeugen die Neuheit. In diesem Be=
trachte dürften wohl die meisten meiner Leser, einheimische und fremde,
manches Neue antreffen, der größte Theil der ausländischen vieles.
Denn der Gegenstand, so hier verhandelt wird, kam durch eine Reihe
ungewöhnlicher Ereignisse in die gegenwärtige ganz ungewöhnliche
Stellung, und eben aus dieser scheint jene Schwierigkeit entsprungen zu
sein, die sich bisher dem Beschauer bei der Wahl seines Standpunktes
ergab. In wie weit es mir und meinen Freunden gelungen, hierin
den richtigen Platz aufzufinden, wird aus dem Inhalte dieses Bandes
hervorgehen.

Manchem mag der Titel gesucht oder wohl gar geziert erscheinen;
er ist es aber nicht. Er gründet sich auf eine für den Ungar eben nicht
sehr erfreuliche Wirklichkeit. — Ungarn ist in den meisten Beziehungen
auf das Staatsleben ein durchaus unbekanntes Land, und was noch
sonderbarer klingen mag, bei dem größten Theile seiner Bewohner fast
eben so sehr, als beim Auslande. — Zu Wolfsthal *) erheben sich nicht
nur die Schlagbäume für ungarische Producte, sondern auch für die
Kenntnisse über unser Land. — Ich sprach mit Hunderten von Fremden
über Ungarn, traf aber auch nicht einen Einzigen, der über unsere Ver=
fassung richtige Ansichten gehabt oder auch nur so viel gewußt hätte, als

---

*) Grenzort zwischen Ungarn und Oesterreich.

1 *

bei uns jeder halbwegs Gebildete über die Verfassungen anderer Nationen weiß. Und es waren mitunter angesehene Staatsbeamte. Neun Zehntheile der Bewohner der österreichischen Erbstaaten aber wissen von uns so viel als nichts. — Im Auslande vollends gelten die Ungarn nur als bärtige Oesterreicher, und der Magyare ist oft unschlüssig, ob er über die abenteuerlichen Ansichten der gebildetsten Männer unwillig werden oder lachen soll. Fast sollte man glauben, unsre Herren, die doch so häufig das Ausland durchkreuzen, legen mit ihrem Vorrathe an Rauchtabak auch ihr Ungarthum an den Barrieren ab, oder beschäftigen sich im Auslande mit ganz andern Dingen, als Licht über unsre Verhält= nisse zu verbreiten. — Bentham, mit allen europäischen Gesetzge= bungen vertraut, selbst mit der westfriesischen, obwohl die Verhandlungen derselben geheim waren, scheint von der ungarischen durchaus nichts zu wissen, die doch die älteste, jetzt bestehende ist und für jeden Publicisten mehr Charakteristisches darbietet, als irgend eine Constitution in Europa. Englands Municipalverfassung ist höchst unvollkommen; Frankreich erscheint nun gar noch nicht vorgebildet genug zur wahren Freiheit, nachdem es aus Mangel an Municipalwesen eine Centralisation der Verwaltung herbeiführte, die jedes Gemeindeleben erstickt: und dennoch kam man in jenen Ländern noch nicht auf den Gedanken, unser uraltes Municipalwesen untersuchen zu lassen, welches bei all seinen Unvollkom= menheiten und theilweiser Unanwendbarkeit, dennoch als eine seit Jahr= hunderten aufrecht stehende Institution wohl einer genaueren Prüfung würdig wäre. Während dem aber sendet man kostspielige Expeditionen aus, um die Quellen der Flüsse aufzuspüren, das Eis des Nordpols zu untersuchen, Vögel, Schlangen und Käfer einzufangen u. s. w. Hätten die Inselbewohner der Südsee ein Municipalwesen, schon längst kennte man es bis in seine geheimsten Fugen, oder man hätte wohl gar schon an den Universitäten eigene Lehrstühle für die australischen Constitutionen errichtet. Zwar liegt bei dergleichen Expeditionen gewöhnlich ein mer= cantiler Zweck im Hintergrunde, und fast immer tragen am Ende die neuentdeckten Länder die Kosten der Reise, für die Ehre, von den Euro= päern gekannt zu sein; aber wäre denn auch in Ungarn nicht nebenbei Vortheil zu erjagen? — Selbst die so gründlich gebildeten Deutschen wissen fast gar nichts von der Constitution ihrer Nachbarn. — Diese Unbekanntschaft erstreckt sich sogar auf unsre Naturproducte. Erst seit

Kurzem weiß man etwas von ungarischer Wolle, die doch einige Eigen=
schaften in so eminentem Grade besitzt, wie keine in Europa; früher
wurde sie nur als österreichische oder mährische verkauft. Der industriöse
Ternaux führte den Gebrauch der Korngruben aus der Berberei nach
Frankreich ein, obwohl er sie viel wohlfeiler, näher und zweckmäßiger in
Ungarn finden konnte, wo sie schon beinahe ein Jahrtausend bestehen
und mancher Franzose schon schmackhaftes Brot aus dem Inhalte der=
selben gegessen hat. Wo fände man das Ende aller Angaben, die den
eben aufgestellten Satz zur Evidenz erweisen!

Doch noch weit beklagenswerther muß es sein, daß Ungarn bei den
Ungarn selbst größtentheils noch Terra incognita ist; denn den Wenig=
sten erscheint es in seiner wahren Gestalt. Die Einen, im Rausche der
Bewegung, unfähig die Gehaltlosigkeit oder Unanwendbarkeit der meisten
neueren Theorieen auf Ungarn zu ergründen, unvermögend das Gehalt=
reiche zu verdauen, erleiden gewöhnlich im Conflicte heterogener Stoffe
so heftige Convulsionen, daß sie, zu schwach die nicht reife Frucht zur
Welt zu bringen, sich oft unter possierlichen Verzerrungen abquälen und
am Ende die ungarische Verfassung für eine mit Kreide beschriebene Tafel
halten, wo man nach Gefallen Alles weglöschen, auf den leeren Fleck
unhaltbare Theorieen schreiben und einen Staat in der Wüste consti=
tuiren kann. — Einer andern Partei sind unsre zwei sibyllinischen Bücher
der Koran, neben dem sie nichts anerkennen. Nur in dieser Fundgrube
aller Weisheit erholt sie sich Rathes. Historische Autorität gilt ihr Alles,
der Staatszweck ist Nebensache, Berufung auf andere Völker Ketzerei, die
Anforderung der Zeit nur lächerliche Redensart. Erscheint vor dem Ge=
richtshofe dieser Schriftgelehrten der gediegene, freisinnige Gedanke, so
rufen sie gleich, ohne ihn eines Blickes zu würdigen, in barschem Chore:
„Wir haben ein Gesetz, und nach dem Gesetze muß er sterben!" — und
Mancher unter ihnen, um als tapferer Streiter für die Mauern Israels
zu gelten, malt sich aus verwittertem Mottenstaube alten rabulistischen
Unsinnes einen falschen Bart und läßt sich von den übrigen blinden An=
hängern des Bestehenden und der Autorität als Helden der altherkömm=
lichen Verfassung anstaunen. — Wieder Andere entmuthigen sich und
ihre Anhänger durch Jeremiaden und halten jedes Vorwärtsschreiten für
unmöglich, indem sie theils nur eine feindselige kurzsichtige Regierung
erblicken, die alles Gute im Keime erstickt, theils den ungarischen Cha=

rafter zu jeder Kraftäußerung unfähig, für Gemeingeist und Selbstver-
läugnung erstorben halten. — Dagegen erscheint so Vielen die ungarische
Aristokratie als eine kräftige, von Innen und Außen angesehene, in sich
einige und so furchtbare Macht, daß ein Wink von ihr vermögend wäre,
Throne zu erschüttern und Reiche niederzuwerfen. Für sie hat die Geschichte
nur einen Ludwig I., einen Mathias Corvinus und das Jahr 1741.
Sie sehen den ungarischen Abel so gern für einen auf Lorbeeren ruhenden
Löwen an. — Die Zahl der Unbefangenen im Lande, denen Ungarn erscheint wie es ist, dürfte bei weitem die geringere sein, und auch unter
ihnen giebt es nur sehr Wenige, die für das Alte und häufig Veraltete
haltbares Neues zu geben verständen.

Diese Verwirrung der Begriffe gründet sich fast ausschließlich in
unsrer mangelhaften Erziehung, unserm Censurzwange und der aus
selbem entsprungenen Stagnation im literarischen Verkehre, hiernächst
in den trocknen alten Abhandlungen, voll einseitiger Ansichten und Rabulisterei, neben einigen nicht geistlosen, aber mit dem Stempel der Par-
teilichkeit bezeichneten Schriften, endlich in den neuesten Scribeleien im
Geiste Hanns Normanns (Groß-Hoffinger), welche letztern bei allem
Unsinne doch noch den indirecten Vortheil gewähren, daß sie theilweis
Unwillen und Wißbegierde erregen, zum Widerspruch und genauerer
Prüfung reizen, wodurch am Ende die Wahrheit an den Tag kommt.

Vorurtheilsfreie Darlegung dieser Wahrheit, Zerstreuung der Vorurtheile, Aufklärung falscher Ansichten, Versuche einer Vereinigung der
sich kreuzenden Interessen, und durch dieses Alles Beförderung des Ge-
sammtwohles, Befestigung der constitutionellen Monarchie, als der zweck-
mäßigsten, kräftigsten und edelsten Staatsverwaltung, ist der Zweck dieser
Hefte, die sich successiv über alle Zweige der Staatsverwaltung und des
Nationallebens verbreiten werden. —

Zur Ausführung dieses nicht alltäglichen Unternehmens mußte ich
meine geringen Kräfte mit den Talenten einiger meiner Mitbürger vereinigen und sie um literarische Beiträge ersuchen. Einiger, sage ich,
denn leider ist es mir zur Stunde noch nicht gelungen, eine größere Anzahl gebildeter, unterrichteter und vorurtheilsfreier Männer zu gewinnen.
Die meisten der von mir Aufgeforderten halten das Beginnen für zu
schwer ausführbar und selbst nach glücklich überwundenen äußeren Hin-
bernissen für wenig lohnend. Will man, so meinen sie, nicht selbst

Partei nehmen, nicht Gehaltloſes, Nichtsſagendes ſchreiben, ſo könne man in einem von entgegengeſetzten Intereſſen ſo zerklüfteten Lande, einer theilweiſen, ja wohl allgemeinen Gehäſſigkeit und falſchen Deutung der edelſten Abſichten kaum entgehen. Dieſes ſei nun ein wenig lohnen= des Unternehmen, und weiter nichts, als ein Kirſcheneſſen mit großen Herren. — Ich gebe es zu; aber ſoll nun einmal der Schmaus vor ſich gehen — und er muß, ſoll nicht Uebles erfolgen — ſo will ich doch viel lieber mein Antlitz den Kirſchenkernen ausſetzen, als mit der gehaltloſen Menge ſie aufleſen und für Meteorſteine anſtaunen. — Ich kann jedoch der Hoffnung nicht entſagen, daß die Zahl der Mitarbeiter an dieſem offen auftretenden Beginnen bald erfreulich zunehmen werde.

In wieweit die Fortſetzung dieſes Werks äußerliche Hinderniſſe er= fahren dürfte, vermag ich nicht vorher zu beſtimmen; finde aber noth= wendig zu erklären, daß, nachdem mir, als freiem Ungar, der erhabene Geiſt meiner Staatsverfaſſung freies Wort in den Comitatsverſamm= lungen zu jedem Zweig der öffentlichen Verwaltung geſtattet, Cenſurbe= ſchränkung aber geſetzlich noch nicht anerkannt iſt, ich im Gefühle mei= ner rechtlichen Abſichten, die nur auf Erhaltung der nationalen Freiheit, des conſtitutionellen Thrones und der Religion — die ich jedoch von Exemtionen, Adminiſtration und Kirchenweſen weſentlich unterſcheide — gerichtet ſind, mich aller mir zu Gebote ſtehender Mittel zur offenen, jede Maske der Anonymität verſchmähenden Beförderung derſelben bedienen werde. Und ſo muß denn, wenn Jeder nur thut, was ihn ſein Edleres zu thun heißt, gewiß das Beſte und Heilſamſte erfolgen.

Im erſten Aufſatze glaubte ich ein Bild der Stellung Ungarns zum adoptirten Syſtem liefern zu müſſen, und war genöthiget, der Deutlich= keit willen, auf die Vergangenheit zurückzugehen. Der Ungar wird hier wenig Neues finden; für den Fremden aber war es unerläßlich. Ich habe in dieſem Theile des Aufſatzes mich größtentheils nach Feßler gehalten, da ich die Anſichten dieſes großen Mannes, der Ungarn und den Geiſt ſeiner Verfaſſung genauer kennt als irgend ein Sterblicher, faſt durchgehends theile. — Daß ich mich ſo häufig ſeiner Worte be= diene, wird mir nur verübeln, wer mir Eigendünkel genug zutraut, etwas beſſer ſagen zu wollen als dieſer anerkannte Meiſter.

Mehr hier zu ſagen halte ich für überflüſſig; mag der Inhalt des Werkes ſelbſt für ſich ſprechen. Sowohl er, als ſeine Verfaſſer, ſtellen sich vor den hehren Richterstuhl, von welchem keine Appellation stattfindet, als jene an die Nachwelt.

————

Soweit mein verstorbener Freund Drosz, der vor 25 Jahren dieses Vorwort hier in Leipzig unter meinen Augen niederschrieb. Drosz starb vor 10 Jahren eines freiwilligen Todes in Paris, und hat somit den Verlauf und das Geschick seines theuern Vaterlandes nicht erlebt. Mehrere ungarische Patrioten forderten mich auf, das Buch „Terra incognita", welches im Buchhandel fehlt, noch einmal zu drucken, damit die gegenwärtige Generation Einsicht nehme, was bereits vor 25 Jahren — dreizehn Jahre vor jener blutigen Katastrophe, welche unserm geliebten Ungarn seine Verfassung kostete, wackere und edle Patrioten dachten, wünschten, hofften und strebten!

Ob Ungarn noch heute eine „Terra incognita" ist? ich glaube es nicht! Die Jahre 1848 und 1849 haben den Schleier gehoben und uns das Land mit allen seinen Gebrechen, mit Allem, was es Gutes und Edles hervorgebracht, klar gemacht. Wenn ich dennoch eine neue Auflage von diesem Buche bringe, so bewogen mich folgende Momente:

1. den Wünschen meiner ungarischen Freunde zu genügen;
2. meine Liebe und treue Anhänglichkeit an jenes Land, wo ich die schönsten Jahre meines Lebens im Kreise edler und wackerer Patrioten gelebt, gekämpft, gestritten und gelitten habe;
3. Pietät für meinen unglücklichen Freund Drosz;
4. weil in diesem Buche manches Goldkorn zu finden, was von beiden Seiten auch heute noch der Beachtung werth sein dürfte.

Nachdem ich meine Gründe, warum ich dieses Buch in einer neuen Auflage erscheinen lasse, offen ausgesprochen habe, sei es mir vergönnt, am Vorabend wichtiger Entscheidungen, über die Vergangenheit, Gegenwart und Zukunft Ungarns einige Worte zu sagen.

Ungarns tausendjährige Verfassung ist ein Ding der Unmöglichkeit; würde sie heute von Neuem in's Leben gerufen, so würde Ungarn in ganz Europa alle und jede Sympathie einbüßen. Ich glaube auch zur Ehre der Nation, daß jene Partei, welche gern die alte Verfassung aus dem Schutte graben möchte, um von Neuem im Trüben zu fischen, sehr klein ist, aber sie existirt! Sie existirt wie vor 30 Jahren, als der edle Stephan Szechényi, Ungarns treuester Sohn, für die Reformen seines Vaterlandes offen in's Feld rückte. Welche Widersacher damals in fast allen Comitaten auftraten, hat Szechényi genugsam erfahren; aber er ließ sich nicht irre machen, er fuhr fort in Wort und Schrift für die Ehre und für eine bessere Gestaltung seines Vaterlandes zu wirken und zu kämpfen. Wären damals seine Landsleute, vorzüglich aber jene Männer, welche durch den Zufall der Geburt ihm ebenbürtig waren, d. h. „die Bevorrechteten" auf einem Brete mit ihm gestanden, und hätte der König von Ungarn die Gravamina, welche der Preßburger Reichstag so oft unterbreitete, nicht so lange zu lösen gezögert, bis es zu spät wurde, so wären jene unglücklichen Jahre 1848 — 1849 unmöglich gewesen, denen leider noch trostlosere Jahre folgen sollten. Ich fühle mich zur Ehre der Wahrheit verpflichtet, offen zu sagen, daß die österreichische Regierung insofern an der Katastrophe, an dem Unglücke Ungarns die größte Schuld trägt, weil sie den Wünschen des größeren und besseren Theiles der Nation und den gebieterischen Zeitverhältnissen keine Rechnung getragen.

So kam jener unglückselige 14. April 1849, den Kossuth über das blutende Volk heraufbeschwor; jener Tag, wo sich jeder verständige Patriot sagen mußte: dieser 14. April wird unaussprechliches Elend, Unglück und Jammer über ganz Ungarn bringen! Und es ist Alles so gekommen, ja, es mußte Alles so kommen, damit dort und hier erkannt wurde, was dem Lande und dem Könige von Ungarn Noth thut, wenn eine schönere Zukunft erwachsen, reifen und blühen soll.

Ja, ich wage es hier auszusprechen, und mit mir werden Millionen Menschen in Ungarn einverstanden sein: will der Kaiser von Oesterreich seine Aufgabe hier auf Erden lösen, will er Frieden und Glück und Segen verbreiten, will er ein wahrer Vater des Landes sein, will er dem Staate seine Einkünfte mehren und die Finanzen geregelt wissen, so rufe er die Vertreter des Landes nach Preßburg, und einen schönern und seligern Tag wird Franz Joseph nicht erleben, als den, wo er mitten unter seine treuen Ungarn tritt, um sich als König von Ungarn krönen zu lassen! —

Mit ihrem heil'gen Wetterschlage,
Mit Unerbittlichkeit vollbringt
Die Noth an einem großen Tage,
Was kaum Jahrhunderten gelingt;
Und wenn in ihren Ungewittern
Selbst ein Elysium vergeht,
Und Welten ihrem Donner zittern —
Was groß und göttlich ist, besteht.

Leipzig, am 1. März 1860.

Otto Wigand.

Inhalt.

I.

Stellung Ungarns zu den österreichischen Erbstaaten.

Als im Jahre 1526 König Ludwig II. mit der Blüthe der ungari=
schen Nation in der Schlacht bei Mohács gefallen war, stand Ungarn den
siegreichen Waffen Solejmans blosgestellt; und gewiß würde er mit leich=
ter Mühe sich des ganzen Reiches bemächtigt haben, wäre er nicht durch die
Nachricht gefährlicher Aufstände im Oriente zu schleunigem Aufbruch be=
stimmt worden, ohne in Ungarn auch nur einen Mann zurückzulassen.

Nun trat, nach schlau herbeigeführtem Verderben des Vaterlandes, der
Wojwode Johann Zápolya aus seinem Hinterhalte hervor, in welchem
er, lüstern nach der ungarischen Krone — wäre es auch unter türkischer
Lehnsherrschaft — an der Spitze von vierzigtausend Mann, kaum acht Tag=
märsche vom Schlachtfelde entfernt, mehrere Wochen hindurch unthätig gestan=
den und verrätherischen Sinnes die Eilboten des hartbedrängten Königs
mit leeren Ausflüchten abgefertigt.

Eine nicht unbedeutende Partei nach Zügellosigkeit strebender Edel=
leute, gebildet unter der kraftlosen Regierung der letzten zwei Könige, und
schon lange den ehrsüchtigen Absichten des Hauses Zápolya zugethan, er=
klärte sich nun für die, weder auf Erbrecht, noch auf persönliche Eigenschaf=
ten gegründeten Ansprüche des Wojwoden, und bald traten dem Prätendenten
auch andere achtungswerthe Herren bei, theils mißmuthig über das unpoli=
tische Zögern des gesetzlichen Thronfolgers, theils von dem alten Irrwahne

befangen, daß Ungarn ein Wahlreich sei *). Hiedurch wuchs die Macht des Gegenkönigs in Kurzem zu einer bedenklichen Größe.

Die Krone aber gebührte mit vollem, ausschließlichem Rechte dem Habsburger römischen König Ferdinand I. durch seiner Gemahlin Anna, des gefallenen Königs Schwester, Erbrecht, das seit dem h. Stephan fünf Jahrhunderte hindurch in zahlreichen Beispielen männlicher und weiblicher Collateral = Erbschaften sich ohne Ausnahme bewährt hatte **). Er wurde daher durch den Kern der Nation — an ihrer Spitze der edle Palatin Stephan Báthory — auf den Thron Ungarns berufen, nach Spanien des größten und schönsten Königreiches der damaligen Zeit, welches an Ausdehnung, Naturreichthümern, Bevölkerung, kriegerischem Muthe seiner Einwohner und nationeller Ausbildung Ferdinands sämmtliche Staaten übertraf, und in welchem Solejman in jener Zeit auch nicht eine Hufe Landes besaß ***).

*) Dieser Irrthum, der später Ströme Blutes gekostet, erhielt sich noch lange unter den Ungarn. In der Folge mehr als einmal gründlich widerlegt, steht diese Frage nun schon, besonders seit der pragmatischen Sanction, in der Reihe unfrucht= barer Theorieen. Es gehört überhaupt unter die staatsklügsten Schritte des öster= reichischen Cabinets, daß es die pragmatische Sanction auch durch die ungarischen Stände garantiren ließ; denn nebstbei daß dadurch Maria Theresia ein Recht auf den ungarischen Thron erhielt, der ihr seit 1687 nicht mehr erblich gebührte, kann man in Monarchieen nie zu viel thun, um die Successionsordnung über jede Frage, jeden Zweifel, jede Auslegung zu stellen.

**) In männlicher Linie 22mal, in weiblicher 6mal.

***) Daher sind alle Berechnungen der Summen und Streitkräfte, die Oesterreich zur Behauptung Ungarns verwendet hat, gehaltlos, und sämmtliche daraus gezogene Folgerungen des Verfassers Manch Hermäons und Consorten grundlose Faseleien. Ferdinand I. übernahm das Königreich in seiner vollen Ausdehnung; kein aus= wärtiger Feind hatte auch nur ein Dorf inne, die Factionen im Innern aber, deren Un= terdrückung ohnehin Pflicht der Staatsgewalt ist, waren dazumal noch leicht zu bewäl= tigen. Er und sein Nachfolger haben die Integrität und Unabhängigkeit des Reiches eidlich verbürgt: es ist daher die heiligste Pflicht des regierenden Hauses, die= ses mit ganzer Kraft und jedem Opfer zu bewerkstelligen. Doch ebenso falsch ist die Ansicht Jener, die glauben, Ungarn würde sich ohne den Schutz des Hauses Oesterreich, wohl gar unter dem schwachen Zápolya, unabhängig erhalten haben. Es wäre ebenso eine türkische Provinz geworden wie Bosnien. Wenn daher das Haus Oester= reich seinen Rang im europäischen Staatenverein vorzüglich auf den Besitz Ungarns basirt, so verdankt dagegen Ungarn seine Erhaltung als constitutionelles Land dem re= gierenden Hause. Die Rechnung hebt sich hier gegenseitig, wenn noch überall der= gleichen Calcule bei Staaten in Betracht kommen können.

Nun wäre rasches, kräftiges Handeln an der Zeit gewesen, um das unter den letzten zwei Königen gänzlich gesunkene Königthum auf seine gesetzliche Majestät zu heben, die Flamme der innern Factionen zu ersticken und so, die Kraft des Reiches in einen Punkt vereinend, sich des gemeinsamen Feindes zu erwehren. Doch leider wurde der günstige Augenblick zum Verderben des Landes nicht minder, als zum Nachtheil des regierenden Hauses, aus kurzsichtiger Politik verabsäumt und dadurch unsägliches Elend herbeigeführt, unter welchem das schöne Reich durch länger als zwei Jahrhunderte zerrissen, auf die tiefste Stufe gesellschaftlicher Auflösung und Entsittlichung gelangte. Doch sollte nach den Schlüssen der Vorsehung aus diesem Kampfe feindlicher Kräfte dereinst der Phönix der Nationalität glänzend hervortreten *).

---

*) Feßler, Ungarns Johannes von Müller, unstreitig der geistreichste Ungar von Almos Zeiten bis auf unsere Tage, malt diese Entwickelung mit folgenden Meisterzügen: „So endigte das Zápolya'sche Geschlecht! Immerhin mag es der patriotische Ungar als einundachtzigjährige Plage seines Vaterlandes und seiner vier Könige verabscheuen, der religiöse wird es in seiner Nothwendigkeit begreifen, in höherer Ansicht als wirksames Werkzeug des weltregierenden Geistes nie verkennen, die wohlthätigen Folgen seines Dagewesenseins zu würdigen verstehen. Unter dieses Geschlechts Ränken, Anmaßungen, Verräthereien, Verwirrungen, waren die Blößen und Schwächen des ungarischen Königthums offenbar; bei des Adels Hang nach Gesetzlosigkeit und bei widernatürlicher Beschränktheit der vollziehenden Staatsmacht die Mängel der Grundverfassung und die Unzulänglichkeit der Reichsverordnungen einleuchtend, die Parteiungen unter den Reichssassen unternehmender, Reibung und Kampf der Stände unter sich und gegen einander heftiger, des Hohenpriesterthums Abfall von dem Reiche Gottes sichtbarer, die kirchliche Trennung entscheidender und allgemeiner geworden. Und indem dies Alles kräftiger zusammenwirkte, in der Auflösung des Alten die Schmerzen zu verschärfen, in Gährung des Neuen den bösartigen Stoff unter mancherlei Wehen auszuwerfen: errang das Königthum die ihm wesentlich nothwendige souveräne Gewalt und erhob sich wieder zur Würde der Majestät; Ungarns Völker lernten in staatsrechtliche Unterthänigkeit sich fügen, im erwachenden Gefühl und Bewußtsein ihrer nationalen Kraft mit mehr Besonnenheit, Gründlichkeit, Anstand und Würde ihre Verfassung, Rechte und Freiheiten vertheidigen; die kirchliche Trennung ließ Geistesthätigkeit in Kraft erweckender und verstärkender, religiösen und politischen Sinn schärfender Reibung der Gemüther nimmermehr erschlaffen. Das Hohepriesterthum begann seinen heiligen Beruf zu dem großen Werke der Nationalbildung zu erkennen, zu ehren, zu vollziehen; und so wurde in diesen Zeiten auch an dem ungarischen Volke wahr, daß unter schweren Drangsalen, Zunehmen der eigentliche Gang der Wiedergeburt sei. — Ordo renascendi est, crescere posse malis. *Claud. Rutilius.*" — Gesch. d. Ungarn VII. B. S. 121.

In dieser Periode sehen wir verschiedenartige Kräfte in den Gang der ungarischen Staatsmaschine einwirken, unter welchen besonders zwei sich hemmend, auflösend und zerstörend zeigen, während zwei andere, stärker als die vorigen, erhaltend, einend, heilend sich darstellen. Das System des österreichischen Cabinetes und die Schlechtigkeit ungarischer Oligarchen waren die zerstörenden Potenzen, während die Rechtlichkeit und Religiosität sämmtlicher Regenten aus dem Hause Oesterreich und die unerschütterliche Anhänglichkeit des Kerns der ungarischen Nation an die altherkömmliche Verfassung und den gekrönten König, gleich schützenden Genien, das stark untergrabene Staatsgebäude vor gänzlichem Einsturze bewahrten.

Da sowohl die aus Ferdinands I. Persönlichkeit entsprungenen und ausschließlich ihm angehörigen heilsamen Einrichtungen, als die widerrechtlichen Entwürfe und Bestrebungen seiner deutschen Rathgeber, seinen an Redlichkeit ihm gleichen, doch an Herrschertalent nicht ganz erreichenden Nachfolgern zum Vorbilde, ihren Räthen zur Richtschnur dienten, so wollen wir bei seinen Regierungsmaximen etwas länger verweilen.

Schon der erste Staatsact Ferdinands war ein politischer Mißgriff. Erst im neunten Monate nach seiner Berufung auf den ungarischen Thron hatte er sich entschlossen, von dem Erbreiche seiner Gemahlin Besitz zu nehmen. Wäre er auf den ersten Ruf der königlichen Wittwe, seiner staatsklugen Schwester Maria, und des Palatin, Stephan Báthory, nach Ungarn aufgebrochen, so hätte er schwerlich eines auswärtigen Kriegers bedurft, um Johann Zápolya's kaum öffentlich hervorgetretene Faction zu zerstreuen und den Besitz des ihm gebührenden Thrones zu erkämpfen. Sein Gegner, mächtigern und zahlreichern Anhanges ermangelnd, hätte wahrscheinlich als Rebell geendiget; und wäre der Geächtete von Solejman in Schutz genommen worden, so hätte ein begeisterndes Aufgebot unter die Fahne des neuen, rechtmäßigen, durch vortreffliche Eigenschaften ausgezeichneten Königs, des Adels Gesammtheit am linken Ufer der Sawe oder der Donau versammelt, um dem Verräther des Vaterlandes zu widerstehen und den Mohácser Tag an seinem Beschützer zu rächen. Neun Monate später war alles Unheil, von welchem Ungarn durch hundert und sechzig Jahre bedrängt wurde, doch die Nationalkraft im Allgemeinen erstarkte, reif zur Geburt. Die Faction war befestigt, der Gegenkönig gekrönt; des Prälaten-

und Herrenstandes Mehrheit, also die Uebermacht der Zahl und auch des Geistes auf seiner Seite. Das Schwert mußte entscheiden, wobei Fer = dinand nicht mehr auf die Ungarn allein sich verlassen, ihnen nimmer= mehr ganz vertrauen konnte. Beistand der Ausländer war ihm unentbehr= lich; der Ungarn wandelbare Treue drang ihm die Nothwendigkeit auf, ausländische Befehlshaber und Söldner in das Land zu führen, ihnen die treugebliebenen wie die treuscheinenden Ungarn unterzuordnen *).

Doch die Wahl dieser Befehlshaber war gewöhnlich keine glückliche. Noch wenig bewandert in der Waffenarbeit mit den Türken, waren die mei= sten nicht geeignet, den mächtigen, reichen ungarischen Herren, worunter viele erprobte Waffenmeister, zu gebieten und sich Achtung zu erwerben. Katzia = ner und Rogendorf hatten dem König in Kurzem über vierzigtausend Mann, eine Menge Schiffe und schwer ersetzlichen Kriegsvorrath gekostet. Leonard Felß erregte vor Ofen und später im Felde nur der Ungarn Ver= achtung. Der Spieler und Trunkenbold Wolfgang Puchaim (aus dem Hause Gellersdorf **), wie der zur Unzeit verwegene, im entscheidenden Augenblick unentschlossene Marcell Dietrich, waren auch nicht gemacht, den Ungarn eine höhere Meinung von den Feldherrngaben deutscher An= führer beizubringen. — Beide ergriffen mit ihrem Volke die unordent= lichste Flucht, sobald die Ungarn in die Reihen der Türken eingehauen, und der Wege unkundig, ließen sie alles Gepäck und 20 Karthaunen in einem Thale zurück. Auch Johann Churfürst von Brandenburg legte wenig Beweise großer Feldherrntalente ab; nur der Herzog Moritz von Sachsen machte eine ehrenwerthe Ausnahme. Vor Ofen war nur ihm, den Italern unter Jacob von Medicis und den Ungarn That, Ehre, Ruhm beschieden; das deutsche Reichsheer bedeckte sich mit Schande, denn es kam, sah und floh am siebenten Tage seines zaghaften Standes.

Verlorene Schlachten, Versäumniß günstiger Augenblicke, Verlust oder verrätherische Uebergabe der wichtigsten Plätze, wie Ofen, Pest, Waitzen, Essek, Fünfkirchen, Gran, Stuhlweißenburg u. s. w., waren die natürlichen Folgen dieser Unfähigkeit, wozu sich noch

---

*) Feßler, Gesch. d. Ungarn VIII. B. S. 7.
**) Nicht zu verwechseln mit Otto Heinrich Puchaim aus dem Hause Raab, einem tapfern, biederen Kriegsmanne, hinter dem die ungarischen Reiterhaufen sich gern ordneten.

Terra incognita. 2

Erpreſſungen der Führer und Ausſchweifungen der Soldaten geſellten, um das Mißvergnügen und den Abſcheu vor fremder Hilfe recht allgemein zu machen.

Von all dieſem trugen ausſchließlich die Wiener Hofherren die Schuld, indem ſie, ſtatt Vertrauen, Entſchloſſenheit, Gewandtheit, Menſchenkenntniß, klaren Ueberblick und richtige Benutzung der Umſtände und Menſchen, nur Mißtrauen, Aengſtlichkeit, Unbehilflichkeit, Mißdeutung der Menſchen und der Dinge, Eiferſucht und Schlaffheit an den Tag legten.

Nach ſo empfindlichen Verluſten wollte Ferdinand ſelbſt, der Waf=fenehre begierig, nichts weniger als arbeitsſcheu, und lebendig fühlend, wie geziemend es ſei, daß der Ungarn König ſich an die Spitze ſeiner Heeresmacht ſtelle, in Perſon ausziehen. Aber das unbedingte Vertrauen in ſeine öſterreichiſchen Hofherren hielt ihn an ihr Gutdünken gefeſſelt. Fremdes Verdienſt verkleinern; Freimüthigkeit, Wahrheit, Tugend, ſo weit des Königs beſſere Natur ihre Anſchläge nicht vereitelte, aus ſeiner Um=gebung verbannen; ihm künſtlich weis machen, der Majeſtät Erhaltung ver=böte jetzt ſchon Fürſten, ihre Kriege anders als durch ihre Feldherren zu führen und Schlachten aus dem Heiligthume ihrer Cabinete zu lenken; mit erheuchelten Beſorgniſſen ihn blenden; durch Vorgaukelung mancherlei Schreckensgeſpenſter gegen Ungarns vorzüglichſte Männer unmerklich mit Argwohn ihn erfüllen; mit ahnungsvoller Hinweiſung auf Wladislaw und Ludwig, auf Varna und Mohács ihn ängſtigen: das war ihr hölliſches Kunſtgewebe, wodurch ſie des gutmüthigen Ungarvolkes Abneigung gegen Oeſterreicher zu langwierigem Haſſe ſteigerten, daß Ferdinand nicht Ungarns größter König ward, verhinderten, und hätte nicht ſeine innere Reichsverwaltung der Charakter der Klugheit, Feſtigkeit, Ordnung und Rechtlichkeit ſo vortrefflich ausgezeichnet, ihn noch um alle Achtung und An=hänglichkeit der Ungarn gebracht hätten*).

Ohngeachtet wiederholter Verſprechungen hatte Ferdinand nie ſeine Reſidenz in Ungarn aufgeſchlagen. Am 3. Februar 1528 verließ er, zu langwierigem Unglücke der Ungarn, Ofen, und weder er, noch ſeine Nach=folger durch 223 Jahre, bis auf Maria Thereſia, der Ungarn unver=geßliche Königin und Frau, ſah die Hauptſtadt wieder. — Welches Reich wäre Ungarn, welche Nation das ungariſche Volk geworden, hätten die Könige, ſelbſt die beſſern, nicht den Kaiſertitel der allvermögenden Macht

---

*) Nach Paulus Jovius, Feßler VI. 607.

über ungarische Gemüther, und das unfruchtbare Walten in der anarchischen Verwirrung des deutschen Reiches ihrem höheren Berufe zur Erhebung und Beglückung eines edlen, biederen Volkes vorgezogen; hätten nicht die Ungarn durch kleinliches Mißtrauen, wandelbare Treue, stürmische Landtage, unklugen Widerstand das Wohnen unter ihnen ihren Königen verleidet *)!

Schon in diesem Zeitraume begann der Wiener Hofkriegsrath, der ge= wöhnlich Oesterreichs Feinden ersprießlicher war als seinen Armeen, kriege= rische Unternehmungen aus der Rathsstube zu leiten, wobei sich denn natür= lich oft die sonderbarsten Dinge ergaben. Als im Jahre 1556 die könig= lichen Angelegenheiten in Ober = Ungarn einen sehr gefährlichen Charakter angenommen, Graf Niclas Z r i n y i sich anheischig machte, die wichtige Festung H u s z t auf seine Kosten zu befreien, Franz F o r g á c h aber den König inständigst bat, einen des Landes und Volkes kundigen Ungar als Befehlshaber zu senden, diesen wolle er begleiten und ihn von seinen väter= lichen Erbgütern reichlich mit Geld und Mannschaft unterstützen, beharrte dennoch F e r d i n a n d auf der Wahl seiner Höflinge. Andreas B r a n d e i s eilte mit unterlegten Pferden nach der M á r m a r o s und kam bald wieder, bringend, was Niemand erwartet hatte, was Niemandem frommte, eine topo= graphische Zeichnung von den verschiedenen Wegen, von den Gegenden und Burgen, welche der Feind besetzt hielt, von den Beschwerlichkeiten und Ge= fahren der Unternehmung. Der König war in Regensburg. Von dem österreichischen Staatsrathe erhielt B r a n d e i s Befehl, sich aufzumachen und zu handeln. In Frist von einigen Tagen war er in der M á r m a r o s und wieder in W i e n mit Bericht von der H u s z t e r Burg und von der Stärke der Rebellen. Auf Geheiß des Staatsrathes reiste er nochmals hin und zurück, ohne irgend etwas für den Zweck seiner Sendung gethan zu haben; und da Herr Wolfgang von P u c h a i m von seiner Spiel= und Schwelgergesellschaft nicht zu trennen war, ging auch hier Alles verloren.

Auf gleiche Weise wurden die politischen Sendungen betrieben. Eine der wichtigsten war jene des staatsklugen und redlichen Bischofs W r á n c z y und seines gewandten Gefährten Z a y zu Konstantinopel. Es handelte sich hier nicht nur um Siebenbürgens Besitz, sondern um einen großen Theil Ungarns und den Einfluß bei der Pforte, um welchen die Wittwe Z á p o = l y a ' s, Isabella, mächtig unterstützt von Frankreich, sich gleichzeitig bewarb.

---

*) F e ß l e r VI. 408.

Bei der Thätigkeit und den Intriguen der Gegenpartei war wohl nichts nöthiger, als rasche Gegenschritte und Absendung eines Botschafters mit reichen Geschenken. Allein zu Wien hielt man rasches Handeln für Unordnung; die Räthe begriffen von des ungarischen Reiches Verhältnissen zur Macht und Politik der Pforte eben so wenig, als von des ungarischen Volkes Nationalsinn, Kraft und Wichtigkeit. Die staatsklugen Sachwalter zu Konstantinopel blieben lange in Unthätigkeit gebunden, mit 60 Menschen ihres Gefolges sogar von Noth gedrückt. Sie berichteten in 13 Briefen Alles treu und gründlich; dennoch erhielten sie erst nach Monaten, statt des Botschafters mit den Geschenken, ein königliches Sendschreiben, von den österreichischen Kanzleibeamten Jonas O b e r n b u r g e r und S i n g k h m o s e r unterzeichnet.

Schon vor der Thronbesteigung F e r d i n a n d s hatte die Verwirrung in der innern Staatsverwaltung eine Höhe erreicht, deren vollständiges Bild zu entwerfen die Grenzen dieser Blätter nicht gestatten. Es genüge hier zu versichern, daß kein Zweig derselben in dieser Periode sich verbessert, wohl aber manche sich bedeutend verschlimmert haben. Schlechte Staatswirthschaft, Verschlechterung der Münze gegen Ende der Regierung F e r d i n a n d s, Dreißigst- und Zollbedrückungen, Eingriffe der ungarischen Hofkammer in alle Theile der Reichsverwaltung, ja selbst der Reichsaßen eigenthümliche Angelegenheiten, dann Abhängigkeit der ungarischen Kammerverwaltung von der österreichischen Hoffkammer, waren in dieser Zeit die zarten Reiser, welche später zu kräftigen Bäumen heranwuchsen. Doch erheischt die Billigkeit, der Einführung eines systematischeren Ganges in der Administration und der Begründung des Postwesens lobend zu erwähnen.

Der Klagen gegen die Mängel der innern und äußern Administration waren nicht wenige, wie aus den Reichsdecreten der damaligen Landtage*) ersichtlich. Daher hatte man im Wiener Staatsrathe wirklich die Absicht, diese Schutzwehr der ungarischen Volksthümlichkeit, den Grundstein ihrer Rechte und Freiheiten, zu verrücken; und als dieses der zu bewilligenden Steuern wegen nicht ausführbar war, griff man die andere Schutzwehr der Verfassung, das P a l a t i n a t an. Schon nach Stephan B á t h o r y's Hintritt (1536) hatte der König sich von seinen Rathgebern verleiten lassen, eine sorgfältige Auswahl von Magnaten und Ständen zu berufen,

---

*) Hierüber handelt ausführlicher der dritte Aufsatz dieses Werkes.

damit sie vernehmen und genehmigen, daß ein deutscher Herr, als Rathgeber des Königs, bis zur Wiederbesetzung des Palatinats, das ungarische Reich verwalten sollte. Doch nicht so leicht ließ der Ungarn immer wache Besonnenheit durch Cabinetskünste sich einschläfern; der Berufenen beherzter Widerspruch vereitelte den weit hinaus berechneten Anschlag, und bei dieser Gelegenheit widersetzten sie sich auch aller fernern Sendung deutscher Kriegsvölker als Besatzung in ihres Landes feste Plätze. Dagegen versagte ihnen Ferdinand die Bestätigung der ihm vorgelegten Artikel. — Die Unzufriedenheit war allgemein; nie standen Zápolya's Angelegenheiten günstiger. — Hätte seine gemeine Natur den Zeitpunkt zu erfassen gewußt, und hätte auf ihm nicht das Verbrechen des verrathenen Vaterlandes an die Pforte gehaftet, auch der Magnaten besser gesinnter Theil wäre ihm beigetreten und der Abfall von Ferdinand allgemein geworden.

In des Königs spätern Regierungsjahren hatte sich auf den Landtagen die Gewohnheit eingeschlichen, die Beschwerden der Stände und Reichssassen zuletzt vornehmen zu lassen und bei den königlichen Anträgen so lange zu verweilen, bis zu Berathschlagung über die erstern keine Zeit mehr übrig, die Boten der Gespanschaften des kostspieligen Aufenthaltes überdrüssig waren, das Wichtigste stillschweigend übergangen, das Uebrige mit leeren Worten und Verheißungen abgemacht wurde. Dafür ließ man den König Vieles von seiner regen Sorgfalt, unablässiger Anstrengung, ungeheuerm Kostenaufwand herjagen; worauf die Stände ebenso aufrichtig und wahrhaft, als er es behauptete, ihm dafür Dank sagten. Wiederholt versprach er ihnen, die Reichsmacht in Person anzuführen und in Zukunft durch den größten Theil des Jahres entweder selbst in Ungarn Hof zu halten, oder wenigstens seinen Sohn Maximilian mit aller Machtfülle zurückzulassen. Sie waren am Ende schon so gefällig, seinen königlichen Verheißungen ohne Bürgschaft zu glauben, und baten ihn nur, auch für den Fall, daß der Großherr Ungarn nicht überfiele, sein heilsames Vorhaben auszuführen und an der Spitze seiner Getreuen zur Wiedereroberung des von Türken besetzten Reichsgebietes einen Heereszug zu unternehmen*).

So blieb denn den Ungarn wenig Trost, da ihr König, durch schlechte Rathgeber geleitet, die ungarischen Angelegenheiten fast ganz vernachlässigte,

---

*) Feßler VI. 755.

so selten, immer nur wenn er seine Vasallen mit Steuerforderungen heim=
suchte, in seinem bedrängten Reiche erschien, nie an Heeresspitze sich dem
Feinde zeigte, von den Greuelthaten seiner hohen und niedern Staatsdiener
nichts sah, als was ihm die Hofherren zeigten, und die gerechtesten Klagen
nie unmittelbar von den Lippen seines Volkes vernahm. — Aber diese Be=
schwernisse nahmen noch dadurch zu, daß das Palatinat durch sechsundvier=
zig Jahre unbesetzt blieb.

Noch mehr als Ungarn litt aber Siebenbürgen, unaufhörlich von
Zápolya's, Ferdinands, der Türken und der innern Factionäre
Waffen zerfleischt. Im wechselnden Kampfe zwischen Oligarchie, Aristo=
kratie und Anarchie wurde die Nation durch die lange Gewohnheit zu
rauben, zu verrathen, heilige Eide zu brechen, Ehre, Ruhm, Pflicht, Ge=
wissen zu verkaufen, entwürdigt und entmuthigt. — Als die fremden
Kriegsvölker und Hauptleute hier ebenso wenig ausrichteten als die
Cabinetskünste, griff man endlich zu dem verächtlichsten der Hilfsmittel.
Der Zápolya'schen Partei mächtigste Stütze, der kühne und große Reichs=
verweser Bischof Martinuzzi wurde, ein siebenzigjähriger Greis, durch
den schändlichen Castaldo und seine welschen Mordgesellen meuchlings aus
dem Wege geräumt. — So weit brachten es die weisen Rathgeber, daß
der edle, redliche, fromme Monarch, zugleich mit einem Castaldo,
Sforzia Pallavicini, Lorenz Campegio, Giovanni Monino,
Scaramuzzia, Andrea Lopez, Mercada, Avila, Marco
Antonio Ferari und ähnlichem Mordgesindel in den Bann gethan
wurde *).

Die herben Früchte all dieser politischen Mißgriffe gaben sich nur zu
fühlbar kund. Als die Ungarn Ferdinand I. dem Rechte gemäß und
im vollen Vertrauen auf den Thron beriefen, besaß Solejman noch
keinen Fuß breit Erde im eigentlichen Ungarn und Siebenbürgen; als er
starb, waren durch anhaltende Unglücksfälle ganz Siebenbürgen, Vieles

---

*) Er ward vor den heiligen Stuhl citirt, und als er nicht erschien, fällte Papst
Julius im öffentlichen Consistorio die Sentenz, verhängte über Ferdinand,
Castaldo und sämmtliche Theilhaber an dem Meuchelmorde den großen Bann und
verordnete der Bulle Verkündigung in der ganzen Christenheit. Durch Ferdinands
kluges Betragen und Nachgiebigkeit, mit welcher er sich des öffentlichen Gottesdienstes
enthielt, wie durch die Verwendung Kaiser Karls V. wurde die Bulle nicht publicirt,
zwei Kardinäle zur Untersuchung entsendet und der Bann später bedingt aufgelöst.

von Slavonien und Kroatien, gegen zwei Drittel von Ungarn verloren, das Uebrige der Pforte zinsbar; die Staatseinfünfte erschöpft; gegenseitiges Mißtrauen und Mißvergnügen auf einen hohen Grad gesteigert; die Treulosen kühn gemacht, die Treuen entmuthigt, und somit bei einer traurigen Gegenwart fast keiner Hoffnung auf eine bessere Zukunft Raum gegeben.

Doch verlangt die Unparteilichkeit nicht unerwähnt zu lassen, daß dieses verderbliche System in dem anarchischen Zustande des Reiches und der Ruchlosigkeit ungarischer Magnaten und Landherren einigermaßen Entschuldigung findet. Schon unter Wladislaw und Ludwig wuchs die Hyder der Gesetzlosigkeit furchtbar heran und hatte in dem Hatvaner Tage 1525 den Culminationspunkt königlicher Schwäche und Vasallenfrechheit dargestellt. Der politische Zustand des Landes unter Ferdinand I. und das eben in oberflächlichen Umrissen mitgetheilte Regierungssystem seines Cabinetes war wenig geeignet, diesem Walten der Anarchie ein Ziel zu setzen, ja im Gegentheil sehen wir es überall nur noch kühner hervortreten. Unter den rebellischen Panieren Zápolya's fand Empörung, Raub und Bedrückung immer willige Aufnahme, Nachsicht und Schutz, und im äußersten Falle boten die Baschen ungarischer Bezirke und Konstantinopel stets einen Zufluchtsort. — Vieles trugen die Ungarn selbst zu ihren langwierigen Leiden bei. Denn wären sie in Eintracht unter sich und in treuer Ergebenheit gegen ihren rechtmäßigen König Ferdinand I. geblieben, schwerlich hätte Solejman nach dem Mohácser Tage noch einen Sieg erfochten. Zwietracht, Parteiungen, gegenseitige Fehden und schändlicher Verkauf ihrer Treue an den Meistbietenden, machten die vorgegebene Nothwendigkeit ausländischer Söldnerschaaren selbst den Redlichgesinnten wahrscheinlich, die Einführung derselben wünschenswerth. — Doch das Heilmittel war ärger als das Uebel selbst. Fast immer straflos blieb die unbefugte Gewalt der Mächtigern in Verletzung des Eigenthumes. Wetteifernd raubten ausländische Feldherren und Söldner, einheimische Magnaten und Landherren, königliche Kammern, Edelleute, Waffenmänner und Heiduken. Trotz der Verordnungen aller Landtage blieben die zur Schleifung verurtheilten Raubschlösser gewaltiger Herren stehen. Dreizehn Reichsversammlungen und alle Endurtheile der Gerichtshöfe konnten der geraubten Güter Zurückstellung nicht bewirken. Denn wo entweder unter der Kraftlosigkeit der Regierung, oder unter der Macht der herrschenden Verderbtheit, oder auch unter den mannichfaltigen Beschränkungen einer mangelhaften Verfassung sich völlige Straflosig=keit begründet hat, dort haben gerade die kühnsten Ver=brecher freiestes Spiel; dort können Gesetze, Verfügungen und richterliche Erkenntnisse nur die Geschichte der Leiden und Plagen ihrer Zeit der Nachkommenschaft überliefern, ihnen nicht mehr abhelfen. Darum hätte auch der rechtschaffene Ungar dieses Zeitraumes dem Fragenden: „wer raubt ungestraft in Ungarn?“ nicht anders, als mit der Gegenfrage ant=worten können: „wer raubt nicht ungestraft in Ungarn?“ Und wo nicht geraubt wurde, dort war wenigstens der freie Genuß oder die freie Benutzung des Eigenthumes gefährdet*).

Und wirklich konnte diese Periode den verderbtesten der französischen Geschichte unter den Guisen und der Ligue zur Seite gestellt werden. Aus ihr tauchen nebst den Urhebern des Mohácser Verderbens, Johann Zápolya, dem Beglerbeg der Pforte, der sich vom Großherrn belehnen ließ und ihm öffentlich die Hand küßte, und Stephan Werböczy, dem ersten Helden des Hatvaner Trauerspieles, eine lange Reihe schauderhafter Charaktere gleich Gespenstern hervor. Der einzige Peter Perényi, dem Zápolya's alte Freundschaft, genossene Wohlthaten, Eide, Ehre, Ruhm, guter Name bei den Nachkommen nichts wogen, wo er eignen Vortheil nur durch Undankbarkeit, Meineid und Verrath erzielbar sah, war niederträchtig und verrucht genug, um einem ganzen Zeitalter eine Makel aufzudrücken. Nebst ihm Melchior Balassa, durch neunmaligen Verrath seiner gewech=selten Herren berüchtigt; der Freibeuter und freche Falschmünzer Franz Bebek und die lange Reihe von Straßenräubern, wie die Brüder Pod=maniczky, Mathias Basó, Franz und Gabriel Perényi, Georg Tarczay, Stephan Majláth, Lorenz Nyáry und Andere; die Staats=bestehler Paul Várday und Gritti; ja selbst verdiente Helden, wie die Wojwoden Dobó und Kendy und eine Anzahl größerer und kleinerer Räuber und Diebe waren der Schandfleck und das Verderben dieser Periode.

Ferdinand hatte Vieles, was der verfallenen Königswürde wieder aufhelfen konnte: Geburt, mächtige Verwandtschaft, Hochsinn, Einsichten, Sittenehre, Charakter, Ordnungsgeist und Arbeitsamkeit. Wahrlich dieser Fürst, in Ungarn entwickelt, erzogen, ausgebildet, hätte als Mann im Drange

---

*) Feßler VIII. 207.

freier Kraft nur gebieten dürfen, und er wäre geworden, was er rechtlich gewollt hätte. Allein spanische Hofzucht, steif, ängstlich, düster, aller freien und vielseitigen Entwickelung widerstrebend, hatte seine Kraft gebunden und gewöhnt, anstatt selbstständig zu walten und zu wirken, auf fremden Willen sich zu stützen, oder unter fremde Willkür sich zu beugen.

Die ungarische Nation gleicht einem edlen Hengste, der des kräftigen, gewandten Reiters Sporn wohl verträgt, doch auch früher seinen Muth und seine Geschicklichkeit auf die Probe stellt. Alle Könige, die Ungarn unter seine bessern zählt, unter deren Regierung das Reich von Innen und nach Außen ruhig, blühend und angesehen war, übten ihre Majestätsrechte in ungeschmälerter Fülle und hielten streng auf ihre gesetzliche Autorität. Der größte und thatenreichste von allen, Mathias Corvinus, unter sämmtlichen Regenten des Mittelalters Napoleon am meisten vergleichbar, der durch seiner Regentengabe Kraft selbst die stolze ungarische Aristokratie seine Geburt vergessen ließ, setzte sich fast überall, wo es ihm der Staatszweck zu erheischen schien, über die hemmenden, mehr für schwache und übel berathene, als kräftige und selbstständige Könige berechneten Institutionen hinaus. Und dennoch ward er von seinen Unterthanen angebetet und hinterließ bis zum heutigen Tage im Munde des ganzen Ungarvolkes seine Gerechtigkeits=liebe als allgemeines Sprichwort. Aber er war ganz ungarischer König, be=griff wie keiner seiner Vorfahren und Nachfolger den Geist der Nation, und ließ durch die Raschheit seiner heilsamen Staatsacte, welche Ungarn zum mächtigsten und blühendsten Reich jener Zeit erhoben, alle willkürlichen, oft zu weit getriebenen, Schritte bei der Mit= und Nachwelt vergessen *). — Gleich ihm hätte Ferdinand durch kühnes Hervortreten, Verweilen unter seinem hochherzigen Volke und vollkommene Zugänglichkeit für alle Unter=thanen, leicht die gesunkene königliche Gewalt gehoben. Wenn Mißtrauen nothwendig Mißtrauen erzeugt, so war es ihm, dem Machtmenschen, ge=ziemend, es zuerst abzulegen, die Treulosen zu verfolgen oder zu verachten, die Treuen als die eigentliche Nation zu ehren, ihnen mit Vertrauen zuvor=zukommen, sich ihnen zuversichtlich hinzugeben; und selbst der Treulosen viele würden aufgehört haben es zu sein. Er hätte den muthigen scythischen Gaul gebändigt; doch durfte kein Herr Singkhmoser sich schmeicheln, ihn besteigen, oder wohl gar auf seinem geduldigen Rücken die ganze spa=

*) Feßler VIII. 3.

nische Schule durchmachen zu können. Allein der Fürst, welcher seinem Volke bei ihm zu wohnen, in den Angelegenheiten desselben nur der bewährtesten Männer im Volke als Rathgeber sich zu bedienen, die Kampfbegierigen und Tapfern in Person wider den Feind anzuführen, zwölfmal feierlich versprochen, und von Allem nichts gehalten hat, möchte wohl Vieles, was ein edles, ehrliebendes, kraftvolles Volk seinem Fürsten sein sollte und sein könnte, vor dem unbestechlichen Richterstuhle der Historie verwirket haben *).

Rührend und herzerhebend unter diesen Greueln und Verwirrungen ist der Anblick der Treue und Anhänglichkeit der ungarischen Nation an ihren gekrönten König und die uralte Verfassung; sie ist Folge jener religiösen Ehrfurcht, die dem Ungar für König, Krone, Freiheit von jeher angeboren war. In allen Theilen des Reiches, die Ferdinand behaupten konnte, blieb die Nation ihm aufs treueste ergeben, obwohl sie nebst den Verwüstungen der Schaaren Zápolya's und der Türken, noch unerschwingliche Kriegslasten, Uebermuth und Erpressungen der fremden Söldner zu ertragen hatte, worüber sie ihre Klagen stets mit der einer edlen Nation würdigen Mäßigung vorbrachte, und auf jedem Landtage zeigte, wie gut sie gelernt hatte, das nach sechsunddreißigjähriger Entwürdigung sich wieder emporhebende Königthum zu verehren. — Männer wie Stephan Báthory, Anton Wránczy, Thomas Nádasdy, Franz Bathyányi würden jeder Nation und jedem Zeitalter zur Zierde gedient haben; und daß es bei allem Unheil der Wiener Hoffunst unter den Ungarn noch Männer gab, welche Tugend, Pflicht und Ehre höher achteten als Reichthum und eines befleckten Lebens Genuß, hatten Jurisics, Zondy, Losonczy, Telekesy, Magócsy, Ladislaus und Balthasar Bánffy, Niclas Zrinyi, Ostrosics, Maskay und so viele Andere gezeigt; ja selbst jene Ungarn, die wir früher ihrer Verbrechen wegen anführten, waren sämmtlich tapfere Männer und in dem Kriegshandwerk, besonders gegen die Türken, viel erfahrener als alle fremden Feldhauptleute. Wahrlich, weder der Mangel an Tapferkeit und Kriegskunde der Ungarn, noch irgend eine Weigerung ihrerseits, für Vaterland und König sich aufzuopfern, war Schuld daran, daß Ungarn in Frist von 40 Jahren fast ganz unterging. Eines unerbittlichen Verhängnisses schwere Hand war ausgestreckt über die ungarische Krone; König und Volk mußten dem

---

*) Feßler VI. 943.

Drucke selbst unterliegen, um einst als Regent und Nation sich glorreich zu erheben.

Da der auflösende Geist, welcher sich unter Ferdinand I. durch 38 Jahre der Verwaltung Ungarns bemächtigt hatte, unter seinen Nach= folgern, durchgehends gutmüthigen, frommen, redlichen, Wahrheit und Wissenschaft liebenden, die meisten im Cabinete unermüdet thätigen Für= sten *), bald mehr bald weniger drückend, jetzt offenbar dann verborgener fortarbeitete, gestattet Raum und Zweck dieser Blätter nur mehr eine ge= drängte, blos charakteristische Züge heraushebende Darstellung der folgenden Periode. Das System blieb mit wenig Veränderungen sich gleich. Das= selbe ängstliche Streben nach der Freundschaft mit der Pforte unter dem Vorwande mangelnder Streitkräfte; dieselbe Verwickelung des Königs in auswärtige Angelegenheiten; dieselben Versuche, unumschränkte Herrscherge= walt in Ungarn zu erringen; wogegen die Stände ihre nationelle Selbst= ständigkeit, Würde und Ehre — mit Recht, nur nicht immer auf rechtliche Weise — vertheidigten.

In Maximilians zwölfjähriger Regierung, während welcher seine tief unter ihm stehenden Berather ihn so wenig für Ungarn leben ließen, gab sich vorzüglich ein Streben zur Verschmelzung des Landes mit Deutsch= land kund. Im Augsburger Reichstage 1566 verlangten die deutschen Stände, daß Ungarn, wenn es durch deutsche Hilfe wieder zu Kräften ge= langte, dem deutschen Reiche zugewandt, damit verbunden, dem Kaiser und Reich zum Beistand gegen andere Feinde verpflichtet und mit zu den ge= meinen Reichsabgaben angehalten würde. Maximilian erkannte den Antrag für billig und versprach, die Sache sowohl selbst zu befördern, als auch seine Erben und Nachfolger zu diesem Ziele anzuweisen **). Damit mag wohl in Verbindung stehen, daß der König im nächsten Jahre, obgleich

---

*) Durch alle Hofkünste konnte keiner der Habsburger zu Schritten verleitet werden, denen sich die Valois und Bourbone so willig hingaben; und eben der Vergleich dieser Familien und ihrer Cabinete muß für jeden Ungar erhebend sein; denn Ferdinand I. und alle seine Nachfolger, über ihr Cabinet erhaben, trafen immer das Richtigste, wenn sie ohne Dazwischenkunft desselben, im Glauben an sich selbst, zuversichtlich entschieden und handelten.

**) Neue Sammlung der Reichsabschiede. Augsb. Reichsabschied 1566 §§. 35, 36, 39 ꝛc. ꝛc. Allein was der teutsche Kaiser Max verbürgen wollte, konnte der ungarische König ohne Einwilligung des Landtages nicht erfüllen.

der ungarischen, noch mehr der lateinischen Sprache kundig, den Reichstag, zur Befangenheit der Stände, mit deutscher Anrede eröffnete.

Der Krieg wurde ebenso geführt wie früher. Während tapfere unga= rische Männer, wie Peter Erdödy, Thury, Alapy und ein Theil der oben Erwähnten übergangen oder nur untergeordnet verwendet wurden, verloren Schwendi und Auersperg Schlachten und Festungen, und die Gewaltthaten deutscher Söldner empörten das Volk; und während Egino Salm mit dreißigtausend Mann bei Komorn in Unthätigkeit gehalten wird, geht Szigeth verloren und Niclas Zrinyi sinkt auf seine unver= welklichen Lorbeern. Der von den Türken noch nicht eroberte Theil wird durch ein Ehrengeschenk — eigentlich Tribut — von dreißigtausend Gold= gulden, dessen Entrichtung pünktlich zugesagt wurde, auf eine nicht sehr ehrenvolle Art erhalten. In Siebenbürgen ist der edle Stephan Báthory von Maximilian als Fürst anerkannt, und kurz darauf stirbt der liebens= würdige Monarch, den die Ungarn persönlich verehrten, als irregeleiteten Herrscher im Tode wehmüthig bedauerten.

Rudolphs Charakter war ganz geeignet, die Uebel der vorigen zwei Regierungen noch höher zu steigern. Sein Hang zur Ruhe und Gemäch= lichkeit, seine Unentschlossenheit, Mißtrauen, Geldgeiz bei Staatsbedürf= nissen, Verschwendung bei Liebhabereien, endlich seine unabläßliche Beschäf= tigung mit Naturgeschichte, Chemie, Astronomie und Sterndeuterei bestimm= ten ihn, die Regierungsangelegenheiten gänzlich seinen vertrautesten Räthen, Leopold von Stralendorf, Andreas Hanniwald, nach ihnen Wolfgang Rumpf, Paul Sirt Trautsamb, Balthasar Zuniga und Andern zu überlassen. Seitdem Tycho Brahe ihm aus der Stellung der Gestirne angedeutet hatte, daß seine nächsten Verwandten ihm nach dem Leben trach= ten würden, ward er für die Erzherzoge beinahe ebenso unsichtbar, als die Prager Burg für seine Unterthanen unzugängig war.

Daß sich Ungarns ohnehin beklagenswerthe Lage unter so trostlosen Auspizien nur noch immer verschlimmern mußte, war wohl natürlich, und zwar um so mehr, als zu den bereits bestehenden Stoffen verderblicher Auf= lösung noch ein neuer, ungleich bösartigerer, hinzutrat, Religions= krieg, als Folge der Reformation*). In dem anarchischen Treiben des

---

*) Da sowohl der Gang der Reformation als der Stand der Protestanten in Ungarn, und überhaupt das ganze ungarische Kirchenwesen, ganz eigenthümlicher Na=

politischen und religiösen Fanatismus ging nun noch das wenige Gute der vorigen Regierungen zu Grunde. Fremde Befehlshaber und Söldner wütheten auf eine, alle Vorstellung übertreffende Art. Namen, deren verabscheutes Andenken in Ungarn und Siebenbürgen sich bis auf den heutigen Tag erhalten, bezeichnen diesen Zeitraum. Ferdinand G o n z a g a, der Epirot B a s t a, gewaltthätigen schrecklichen Charakters, B e l g i o j o s o, ihm gleichgesinnter Fanatiker und Quäler des Volkes, und der habsüchtige, räuberische H e r b e r s t e i n durchzogen, gleich verderblichen Gewittern, das bereits ganz ausgesaugte Land. Die Hofkammer erlaubte sich noch kühnere Machtschritte als zuvor; Verschlechterung des Geldes und Münzplackereien kamen an die Tagesordnung, während der Kammer-Präsident Wolfgang U n v e r z a g t, ein nicht zur Freude des Vaterlandes zum Ungar erhobener Mann, Ungarns ausgezeichnetste Männer in verwickelte fiscalische Prozesse verstrickte, während H a r d e k, W a g n e r und andere deutsche Feldhauptleute die festesten Plätze dem Feinde, oft ohne Schwertstreich, überlieferten. Umsonst suchten ungarische Waffenmänner, wie Thomas E r d ö d y, Niclas P á l f f y, Stephan I s t h u á n f f y, Valentin D r u g e t h, Johann D r a s k o v i c s, Simon F o r g á c h, Georg Z r i n y i, Paul N y a r y, Peter O r m á n d y der ungarischen Waffen Ehre zu retten; die würdigen Oberbefehlshaber, Graf Karl von M a n s f e l d, der Herzog von M e r c o e u r und der tüchtige Rußworm wurden durch den Hofkriegsrath gelähmt. Dieser, aus begünstigten Ausländern bestehend, leitete, von Prag aus, ohne hinlängliche Kenntniß des Landes, Volkes und Feindes, die Kriegsangelegenheiten in Ungarn, oder hemmte vielmehr den kräftigen, rasch entscheidenden Gang derselben. In seiner Unbeholfenheit und Saumseligkeit kam er mit allen Anweisungen immer zu spät, hielt der ausländischen Befehlshaber wie der einheimischen Feldherren richtigere Einsicht und freie Wirksamkeit an seine Unentschlossenheit gebunden, ließ die wichtigsten Grenzstädte an Besatzung, Mund- und Kriegsvorrath Mangel leiden, die ausländischen Söldnerschaaren unbezahlt darben, hungern, rauben — und rühmte sich am Ende seiner Ersparnisse.

tur und bis zu den neuesten Zeiten ein Gegenstand höchst wichtiger Staatsacte und reichstägiger Verhandlungen gewesen, so kann man sich hier nicht füglich in partielle und oberflächliche Erörterungen einlassen. Es wird daher hier ganz von diesem Gegenstande präscindirt.

Da mußte denn endlich erfolgen, was in ähnlicher Lage zu allen Zeiten und in allen Ländern sich ergab. Zwei kräftige Männer stellten sich an die Spitze der Mißvergnügten, durch Ehrgeiz, Patriotismus, Unwillen über den entwürdigenden Zustand getrieben und zum Theil durch die fremden Befehlshaber zur Rache gereizt. Der kriegserfahrene, tapfere, doch ehr= süchtige und grausame Stephan Bocskay, mehr wegen der Vergrößerung seines Hauses die Waffen gegen seinen König ergreifend, als wegen der als Schild ausgehangenen religiösen und politischen Freiheit*), pflanzte seine siegenden Panicre bald in ganz Siebenbürgen und Ober=Ungarn auf; rasch verbreitete sich der Abfall vom König, und die Bocskayer machen Einfälle nach Mähren, Oesterreich, Steiermark, Kärnthen und Krain. Um als König von Ungarn und Fürst von Siebenbürgen bei seinem Anhange zu erscheinen, erbettelt er die entehrende großherrliche Bestätigung und wird auf dem Rákos durch den Großvezier zum König von Ungarn eingesetzt und gekrönt. — Kurz vor seinem Tode schloß er den Wiener Frieden, dessen Beurtheilung einem andern Orte aufbewahrt bleibt. — Seines ungleich größern, edlern, gemäßigtern Gefährten und Nachfolgers Gabriel Bethlens Kriegsthaten greifen tief in die Ereignisse des dreißigjährigen Krieges ein und können hier nicht besprochen werden. Es genüge zu er= wähnen, daß der zum Statthalter von Ungarn eingesetzte Erzherzog Ma= thias dieses Gewitter zu beschwören durchaus unfähig war, und das Resultat dieser Kämpfe dahin ging, daß von den 5163 ☐ Meilen Un= garns und Siebenbürgens, die Pforte 1859 besaß, Bocskay 2082 und König Rudolph 1222 Quadratmeilen.

Den Zustand der traurigen Ueberreste des noch vor Kurzem so blü= henden ungarischen Reiches legen die zahlreichen Vorstellungen, nicht etwa einiger unzufriedener Prälaten und Herren, sondern der Gesammtheit der Magnaten und Stände, mit schaudernder Wahrheit dar, die selbst vom Prager Cabinette nie bestritten, nie die Darstellung der Uebertreibung be= zichtiget wurde.

Im dreizehnten Reichsdecrete vom Jahre 1602 unter Rudolphs Namen lesen wir folgende erschütternde Einleitung:

---

*) Man lese den Wiener Frieden, dessen Inhalt fast ausschließend von Bocskay's Erwerbungen an Gebiet und Titeln handelt, die Gewissensfreiheit der Protestanten aber nur nebenbei gesichert und im Allgemeinen ganz kurz abgefertigt wird.

„Von bitterstem Schmerz ergriffen, fühlen sich die treuen Magnaten und Stände gedrängt, wie bisher auf allen Reichsversammlungen, so auch in dieser, vor Gott und vor dem Könige ihren Klagen freien Lauf zu lassen, da sie auf alle ihre Bitten, Beschwerden und Vorstellungen nicht die geringste Milderung ihrer Leiden, Trübsale und Bedrängnisse erhalten konnten, diese vielmehr jährlich und täglich sich häuften, tiefer eindrangen, und weiter sich ausdehnten. Heißt es vielleicht (und so hieß es wirklich in dem Prager Cabinet), die Ungarn seien schon gewohnt, ihre Landtage mit Thränen, Wehklagen und Jammergeschrei zu beginnen, dann ermüdet, an Kosten und an Worten erschöpft, zur Sache zu schreiten: so wollen und können die Magnaten und Stände nicht läugnen, daß dem also sei. Wer möchte aber den Geschlagenen, Verwundeten, bis an das Mark in den Beinen Ver= zehrten die Thränen verbieten? wer Kindern verwehren, ihre Leiden lieb= reichen Eltern zu entdecken?

„Die dringendsten Klagen über die Ausschweifungen des ausländischen und einheimischen Waffenvolkes, die inständigsten Bitten um Hilfe liegen bei den Acten der Reichsversammlungen, welche im Laufe dieses vieljährigen Krieges unter dem Vorsitze des Erzherzogs Mathias waren gehalten worden. Dennoch ist allgemein bekannt, daß die Magnaten und Stände bisher ihrer Drangsale nicht nur kein Ende, sondern nicht einmal Linderung erhalten haben; daß nicht nur Türken und Tataren, der Christen geschworne Feinde, in den Eingeweiden des Vaterlandes wühlen, sondern mehr noch christliche Hilfsvölker, zu allen Frevelthaten aufgelegt und geübt, unter dem Schutze der Straflosigkeit auf das schrecklichste beeren, rauben, brennen, quälen und morden. Es ist allgemein bekannt, wie zahlreiche Söldnerhaufen seit zehn Jahren, durch welche der Krieg vor unsern Augen gewüthet hat, die traurigen Ueberbleibsel dieses sonst großen und mächtigen Reiches jähr= lich überzogen haben. Noch immer ziehen aus allen Gegenden der Erde Hilfsvölker herbei; hier nehmen sie Lager, hier werden sie ohne Entgelt verpfleget, hier gemustert und ausgesondert, von hier aus wird das Lager versorgt, hier weiden sie sich nach verspätetem oder erfolglos geendigtem Feldzuge, kehren dann zum Theil gemästet in ihre Heimath zurück; und der bei weitem größere Theil wird, ungeachtet der unerträglichen Last, trotz der verbietenden, von dem Könige bestätigten Reichsgesetze, den Winter über im Lande vertheilt. Schon in den fünften Monat nach aufgelöstem Lager vor Stuhlweißenburg werden die zwei Gespanschaften Preßburg

und Neutra durch des Königs strengste Befehle gezwungen, gegen zehn=
tausend Wallonen und deutsche Söldner in Speise und Trank ohne Entgelt
zu unterhalten. Welchen Kostenaufwand und welche Widerwärtigkeiten die
Gespanschaften dabei zu tragen hatten und noch tragen müssen, werden ihre
besondern Denkschriften dem Könige darstellen.

„Nicht geringern Bedrängnissen sind auch Ober=Ungarn, Slavonien
und des Reiches übrige Gegenden ausgesetzt; dort nimmt das freche aus=
ländische Söldnervolk Städte, Marktflecken, Dörfer, Häuser und Edelhöfe,
als wären sie seine väterlichen Erbgüter, in Besitz; vertheilet sie unter sich,
und begegnet den Eingebornen auf vaterländischem Boden, in ihren eigenen
Wohnsitzen, nicht mehr als Grundherren, sondern als Einliegern und Leib=
eigenen. — — Hin und wieder werden von ausländischen Söldnern und
von freien Heiduken nicht nur des Landvolkes Hütten, sondern auch der
Herren, des Adels, des Klerus Güter und Besitzungen überfallen und aus=
geplündert. Hier werden Kirchen aufgebrochen, Gräber aufgerissen, Leichname
und Gebeine ausgegraben und ihres Leichenschmuckes beraubt; dort werden
Hauswirthe mit Schlägen gemißhandelt, verwundet, mehrere getödtet, Gattin=
nen ihren Männern, Kinder den Eltern, acht= und neunjährige Töchter ihren
Müttern, züchtige Jungfrauen dem väterlichen Hause entrissen, in Schlupf=
winkel der Schande und des Lasters entführt; dort — gerechter Gott, siehe
herab auf des ungarischen Volkes bittere Leiden! — in viehischer Brunst
geschändet, dann gegen schweres Lösegeld ihren Gatten oder Eltern zurück=
gegeben. — — In großer Anzahl irren Reichssassen, alten, edeln, ver=
dienstvollen Geschlechtern entsprossen, sonst in angemessenem Wohlstande
glücklich, jetzt aus ihren Besitzungen hinausgeworfen und aller Habe be=
raubt, ausgehungert und kaum nothdürftig mit Lumpen bedeckt, herum,
von Thüre zu Thüre ihr Brot erbettelnd. Besondere Bittschriften einiger
Gespanschaften und Stände werden dem Könige von der Fülle dieses Elendes
vollständigere Kunde darbieten.

„Dies ist der klägliche, nur versteinerten Herzen nicht bejammerns=
werthe Zustand der Reste des ungarischen Reiches. Einst hatten es Waffen=
ehre, Reichthum, seines Volkes Verdienste und Thatenruhm glorreich empor=
gehoben; jetzt schmachtet es in tiefer Trauer, weniger wegen der Türken
und Tataren ziemlich erträglicher Herrschaft, als wegen der straflosen,
darum ausgelassensten Frechheit ausländischer, ihm zu Hilfe gesandter
Kriegsvölker. Es ist den Magnaten und Ständen nicht unbekannt, daß

diese zügellosen Völker größten Theils nur wegen Vorenthaltung ihres Soldes so schrecklich im Lande wüthen; ob aber die Schuld der ermangeln= den Bezahlung auf den Reichssassen hafte, — ob bei vorgeblichem oder wirklichem Geldmangel das Reich dem Raube und der Verheerung auf= gebrachter rasender Söldnerrotten völlig unempfindlich überlassen werden müsse: dies wollen die Magnaten und Stände dem weisen Ermessen des Königs und der unbefangenen Prüfung der ganzen Welt anheimstellen; die gegebenen Andeutungen mögen dem Könige zum Maßstabe dienen, was er von den geringen Ueberbleibseln, oder vielmehr noch rauchenden Trümmern des Reiches fordern und auf seine Anträge erwarten könne."

Fünf Jahre später schrieben die in Karpfen versammelten Stände an die deutschen Reichsfürsten:

„Ungarn, der Christen Vormauer," heißt es unter Anderem in ihrem merkwürdigen Sendschreiben, „ist gegen alle Erwartung zusammengestürzt, nicht etwa durch des Feindes Kraft und seines Geschützes Gewalt erschüttert und zersprenget; sondern untergraben von den Befehlshabern, Hauptleuten, Kämmerern und Söldnerschaaren desjenigen, der ihr Beschirmer sein sollte. In edlem Vertrauen hatten ihn einst die Ungarn auf den vaterländischen Thron berufen, nach eidlicher Bekräftigung ihrer Rechte und Gesetze feierlich gekrönet, ihm als ihrem Könige gehuldiget, dadurch den Weg zur böhmi= schen Krone und zur römischen Kaiserwürde ihm gebahnt. Ungarns Jahr= bücher bezeugen, daß sie, wie für ihn, noch für keinen seiner Vorfahren so oft gekämpft; wie ihm, noch keinem so beträchtliche Steuern entrichtet ha= ben, indem sie, mit Aufopferung ihrer Vorzüge und ihres Adels Freiheiten, ihm sogar ihre Personen zinspflichtig gemacht hatten. Prälaten, Barone, Magnaten und Grundsassen lösten jährlich jeden ihrer Bauern mit neun bis zehn Gulden; der ärmere Wappenadel wurde jährlich geschätzt und be= steuert, jeder Herr und Grundsaß stellte von zwanzig Häusern einen ordent= lich gerüsteten Reiter und verpflegte ihn im Lager auf eigene Kosten. Weiter= hin, an Geld und an Leuten erschöpft, zogen sie auf mehrere Monate persön= lich zu Felde; ihre Bauern bezahlten jeder von seinem Hofe jährlich neun bis zehn Thaler und traten endlich bei zunehmendem Nothdrange Mann für Mann unter Waffen. — — So ertrugen die Ungarn wacker und stand= haft seit vierzehn Jahren des Krieges Drangsale, den lästigen Zusammen= fluß verschiedener Kriegsvölker, greuliches Blutvergießen, der Türken und

Tataren Verheerungen, der ausländischen Befehlshaber und Söldner em=
pörende Gewaltthaten.

„Doch nicht darüber, nur über die Vergeltung, welche den treuen Un=
garn, Vorfechtern der Christenheit, in dem Zustande ihrer Unterdrückung
und Erschöpfung dargeboten wird von ihrem Könige, wollen sie Klage
führen. Ihre Versunkenheit in äußerste Noth und Ohnmacht erwägend,
hat er beschlossen, des ungarischen Reiches Selbstständigkeit aufzuheben und
als Provinz seinem Oesterreich einzuverleiben. Dahin zielt auch offenbar
sein königlicher Brief, welcher auf vorletzter Reichsversammlung vorgelesen
worden war. „„Indem wir bemerken, — so schrieb er, — daß Ungarns
Magnaten beträchtlich abnehmen, wollen wir ihre Stellen mit deutschen
Herren besetzen; ernstlich befehlen wir daher, daß die Gebrüder Carl,
Maximilian und Eustach Liechtenstein, Ernest, Ludwig und
Johann von Molart, Siegfried, Carl und Ernest von Kollonics zu einheimischen Ungarn aufgenommen werden.““ — Was Noth=
wendigkeit gebot, geschah, und sogleich wurde ein Kollonicser zum Lan=
des= und Feldhauptmann diesseits der Theiß; ein Molart zum Burgbe=
fehlshaber in Komorn; die Uebrigen mit Zurücksetzung eingeborner Ungarn
zu königlichen Räthen erhoben.“

Hierauf ließen sie eine mit der Einleitung in das dreizehnte Reichsde=
cret gleichlautende Darstellung der von ausländischem Söldnervolke in Un=
garn verübten Frevel und Ausschweifungen, dieser zunächst Anführung
einiger an hochverdienten Magnaten von der königlichen Kammer gewaltsam
begangenen Ungerechtigkeiten folgen. „ Ueber dieses Alles,“ fahren sie fort,
werden den bestimmtesten Reichsgesetzen zuwider, alle höhern und ge=
ringern Staatsämter mit Ausländern besetzt, ihnen auch die wichtigsten
Burghauptmannschaften im Lande und an den Grenzen verliehen, die Un=
garn abgedankt, oder so schimpflich behandelt, daß dem ungarischen Fuß=
volke, bei dessen Unentbehrlichkeit, doch deutsche Befehlshaber vorgesetzt
wurden, obgleich allgemein kundbar ist, daß erst neulich nicht Ausländer,
sondern Ungarn den Ofener Pascha bei Stuhlweißenburg, den Bosner bei
Sissek geschlagen; hingegen Ausländer Ungarns wichtigste Festungen,
Stuhlweißenburg, Erlau, Raab, Kanisa, Pest, Hatvan, Gran, mit mehrern
andern dem Feinde überliefert haben. “

In Aufdeckung der nächsten Veranlassung des Bürgerfrieges wurde angeführt: „daß vor Ausbruch desselben häufige Botschafter von Magnaten, Ständen, Gespanschaften und Städten an das Prager Hoflager verordnet, um Wiederherstellung auch nur einiger Reichsrechte und Freiheiten bittend, gewöhnlich drei bis sechs Monate lang allbort aufgehalten, und am Ende, an Kosten erschöpft, unverrichteter Dinge ohne Gehör, ohne Bescheid, ohne Trost abgewiesen worden seien. Und obgleich Andreas II. Grundge= setz, wenn der König die Reichsverordnungen, Rechte und Freiheiten will= fürlich verletzte, die Ungarn ihrer Treue und Pflicht gegen ihn entbinde und ihnen gestatte, wider ihn aufzustehen: so haben sie dennoch beharrlich ge= duldet, bis ihnen Rudolphs ausländische Befehlshaber, Belgiojoso und Johann Petz, wider sie zu Felde ziehend, kein anderes Rettungsmittel als jenes gesetzliche Befugniß mehr übrig ließen. Anstatt diesen ersten Aufstand durch Klugheit und Gerechtigkeit zu dämpfen, gab Georg Basta Gran so= gleich dem Feinde Preis und führte, mit Siegfried Kollonics vereinigt, ein zwanzigtausend Mann starkes Heer wider Ungarn in verheerenden mörde= rischen Kampf. Nun möge die Christenheit sie nicht verdammen, daß sie in den Acheron stürmten, da ihnen die himmlischen Mächte unbewegt blieben, daß sie zu ihrer und des Vaterlands Erhaltung die Türken zu Hilfe ruften. Unfehlbar treffend sei das Geschoß der Nothwendigkeit. Was immer Un= garn sonst an Rechten und Freiheiten Vorzügliches hatte, sei ihm entrissen; sein ganzer Reichthum an Gold und Silber erschöpft; die dem ungarischen Volke eigenthümliche Ehrbarkeit befleckt; aller Ruhm und Glanz desselben auf= gehoben, verschwunden, vernichtet; und nie unterlassend, dem Kaiser zu geben, was des Kaisers ist, ihm Vermögen, Blut und Leben darbietend, wollte es wenigstens seine Seele dem ewigen Vater und Richter der Menschen erhal= ten; aber auch Seele und Gewissen wolle man jetzt mit Waffengewalt unter= jochen, und ein tief gesunkenes Kirchenwesen, anstatt des Evangeliums, ihm aufdringen. — Also nicht wider ihren König, den sie seit dreiundzwanzig Jahren nicht wieder gesehen haben, sondern wider seine ausländischen Feld= herren und Hauptleute, welche nach begangenem Raube an Gütern, Rechten und Freiheiten, ihnen zuletzt auch wahre Gottesverehrung zu untersagen und sie gänzlich auszurotten sich vorgesetzt haben, seien sie zur Selbsthilfe aufgestanden."

Die Folgen dieser verkehrten Regierungsweise waren zunächst Bünd= nisse und Verträge der ungarischen Stände, besonders der Protestanten, mit den Ständen Böhmens, Mährens, Oesterreichs; dann das geheime Bünd=

niß der Erzherzoge wider ihren Bruder und Vetter Rudolph*), und end=
lich dessen Entthronung zuerst in Ungarn, dann auch in den übrigen Län=
dern durch seinen Bruder Mathias, den nach wenig Jahren beinahe ein
ähnliches Schicksal traf, nachdem seine schwachen Herrschergaben alle Erwar=
tungen getäuscht, keine der Parteien befriedigt hatten.

Der Krebsschaden innerer Zerstörung hatte bereits alle österreichischen
Staaten ergriffen, als der geist= und kraftvolle, oft bis zum Eigensinn be=
harrliche Ferdinand II. den Thron bestieg (1619). Alle Provinzen der
Monarchie erhoben sich zum fürchterlichen Aufstand, großen Theils gereizt
durch die bisherigen Verfolgungen der Protestanten und die Bedrückungen
aller Art. Es ist hier nicht der Ort, die politischen Mißgriffe auseinander
zu setzen, die in den deutschen Provinzen diesen Zustand der Dinge herbei=
geführt; aber ausgemacht bleibt es, daß in jenen Zeiten religiöser Aufregung
und glühenden Hasses der verschiedenen Sekten unter sich, Ferdinands
Charakter wenig geeignet war, die Gemüther der Gemäßigten, besonders
aber der Anhänger der neuen Lehre, zu beruhigen. Denn seine all=
gemein bekannte, oft wiederholte öffentliche Erklärung lautete: „Lieber
wolle er allen Kronen entsagen, als irgend eine Gelegenheit, dem Glauben
seiner Kirche den Sieg über alle Neuerungen zu erkämpfen, versäumen; er
wolle lieber mit seiner Familie sich verweisen lassen, sein Brod vor den
Thüren betteln, mit Brod und Wasser nur sein elendes Leben fristen, oder

---

*) Diese Vereinigungsacte der Erzherzoge lautet: „Da durch die äußerst bedenk=
liche Lage des österreichischen Hauses, durch Ungarns fast gänzlichen Untergang,
durch der übrigen Provinzen Oesterreichs greuliche Verheerung und durch mehrere andere
Anzeigen, leider! nur zu offenbar ist, daß des römischen Kaisers Majestät, unser Bru=
der und Vetter, bei seiner, zu verschiedenen Zeiten gefährlich sich äußernden Blöd=
sinnigkeit zur Regierung seiner Staaten nicht mehr fähig und tauglich sei: so wollen
wir, Mathias, Maximilian, Ferdinand und Maximilian Ernst,
Erzherzoge Oesterreichs, Brüder und Vettern, nicht länger anstehen, in tiefer Wehmuth
zu thun, was uns von Gott und natürlicher Billigkeit geziemet. Bei unserer Zusam=
menkunft in Wien, die Lage der Dinge erwägend, konnten wir kein wirksameres Mittel
auffinden, als daß wir, kraft der unter uns bestehenden Verträge sowohl, als auch der
löblichen, von unsern Voreltern erhaltenen Gewohnheit gemäß, nothgedrungen durch des
Kaisers oben angedeutete Gemüthsschwäche und Blödsinnigkeit, uns und unserm Hause
zum Oberhaupt und zur Stütze den Erzherzog Mathias, nach Anleitung natür=
licher Ordnung und unsres geliebten Ahnherrn Ferdinands besonderer Verfügung,
erwählten; dazu auch einhellig mit Mund und Herz ihn einsetzten." — Sie ist aus=
gestellt am 25. April 1606.

unter Martern und Qualen es aushauchen, als eine der wahren Kirche von Ketzern zugefügte Beleidigung ungerächt in seinen Staaten dulden." — Unter solchen Auspicien erreichten die gegenseitigen Verfolgungen und Grau= samkeiten des religiösen Fanatismus den höchsten Grad und die Ausbrüche rasender Gewaltthaten übersteigen alle Begriffe. Alle Staaten waren in Aufruhr; von Oesterreich und Mähren kamen dringende Mahnungen an alle Comitate zur Waffengesellschaft wider den König; mit den Böhmen, unter dem schwachen unbehilflichen Gegenkönig F r i e d r i ch von der Pfalz, wurden Bündnisse geschlossen, und B e t h l e n s Macht wuchs dergestalt, daß, nachdem er Preßburg erobert, die Krone und Reichskleinodien aus der Burg genommen, seine Anhänger ihn zum König von Ungarn ausriefen, welchen Titel er zwar annahm, ohne sich jedoch krönen zu lassen. — Nie stand das Haus Oesterreich seinem Falle näher als dazumal; und nur der Zusammenfluß fast unglaublicher Umstände, deren Erzählung über den Um= fang dieser Blätter hinausführen würde, und F e r d i n a n d s Charakter= stärke *) wendeten das fast unausweichlich gehaltene Unglück ab.

In Ungarn, wo die Greuel der Anarchie und des gegenseitigen Fana= tismus mit erneuerter Stärke fortwütheten, machte dem wechselnden Waffen= glücke der N i c o l s b u r g e r F r i e d e 1622, wegen seiner Nichterfüllung, nur ein kurzes Ende. Der Krieg erneuerte sich bald zum Nachtheil F e r = d i n a n d s, bis endlich der Tod ihn von seinem mit allen Regentengaben aus= gestatteten Gegner 1629 befreite. An die Stelle B e t h l e n s trat nun der aller Kriegskunde und Gewandtheit ermangelnde habsüchtige G e o r g R á = k ó c z y, mit welchem, nach unentschiedenem Siege, der König, das Ende seines thätigen Lebens nahe fühlend, 1636 Friede schloß.

F e r d i n a n d s III. Regierung, 1637 — 1657, veränderte wenig in dem zerrütteten Staatsleben der Ungarn. Die Reibungen der Religions= parteien dauern fort, bringen die Reste des ungarischen Reiches noch tiefer

---

*) Seine zwei großen Zeitgenossen legen hierüber das unverdächtigste Zeugniß ab. Gabriel B e t h l e n bekannte: „Es sei eine ungemein schwere und höchst gefähr= liche Unternehmung, zu kämpfen wider F e r d i n a n d, den keine Trübsal niederschla= gen, kein Glück übermüthig machen kann." — Der Schwedenkönig G u s t a v A d o l p h aber gestand: „Er fürchte in der Herrlichkeit seiner Siege nichts mehr als Ferdinands Tugend." — Wozu F e ß l e r fügt: „Aber nicht die der Jesuiten, sondern die frei wirkende Macht der Religion hatte diesen erhabenen Gleichmuth und diese unerschüt= terliche Tugend in der allen jesuitischen Künsten unzugänglichen Tiefe seines Gemüthes erzeugt."

herunter, und während die Macht des Hauses Oesterreich nach Außen sich hebt, entwickeln sich aus dem westphälischen Frieden (1648) in Ungarn unmerklich die brennbaren Materialien zu einer neuen vierunddreißigjährigen Feuersbrunst. Auf Georg Rákóczy folgt als Fürst von Siebenbürgen und Haupt der ungarischen Malcontenten dessen üppiger, ehrgeiziger, un= fähiger Sohn, Georg Rákóczy II. 1648, dem seine vergrößerungssüchtigen Einmengungen in die Angelegenheiten der Moldau und Walachei sowohl, als seine mißglückten Unternehmungen auf Polen wenig Zeit übrig ließen, das Ende der Regierung des frommen, milden und nachgebenden Königs zu beunruhigen.

Wie jedes Uebel einen Culminationspunkt hat, so erreichte auch das Elend des ungarischen Volkes den höchsten Grad unter der langen, nach Außen so glänzenden, im Innern desto erbärmlicheren Regierung Leopolds I. So reich ist dieser Zeitraum an Ereignissen im ungarischen Reiche, daß deren umständliche Erzählung Bände füllen würde, auch vom Zwecke dieses Aufsatzes zu sehr abführte, der vorzüglich die Darstellung der Staatsmaximen jener Zeit in sich begreift, um hieraus manchen, bis zur Stunde währenden Uebelstand begreiflich zu machen, vorzüglich aber den einst so hoch gesteigerten, nun aber mit jedem Jahre mehr verschwindenden Nationalhaß der Ungarn gegen die Deutschen, der ohne eine umständlichere Auseinandersetzung der Nationalleiden ein verabscheuungswürdiger Flecken im ungarischen Charakter bliebe, zu enträthseln. Auch der von Vielen oft mit anscheinendem Grunde getadelte Mangel an Bereitwilligkeit und Ver= trauen bei neuen, von der Regierung herrührenden Anträgen, und eine schroffe, oft lähmende und hemmende Opposition, dürften sich hieraus zum Theil erklären und ein helleres Licht auf den so häufig verkannten ungari= schen Charakter werfen. — Nachdem Georg Rákóczy II. 1660 tapfer kämpfend den Tod auf dem Schlachtfelde gefunden hatte, in Siebenbürgen wechselweise Rédey, Barcsay, Kemény, Apaffy kurze Rollen als Fürsten von Siebenbürgen gespielt, erlangte der König in diesem Lande einen nicht unbedeutenden Anhang. Dagegen stieg die Unzufriedenheit in Ungarn durch die Gewaltschritte der zwei höchsten Verweser der königlichen Gewalt, Johann Portia und Wenzel Lobkowitz und den Uebermuth des Feldhauptmanns Wolf Cob. Das Waffenglück begünstigte Anfangs wenig die königlichen Waffen; der langsame, bedächtige, obgleich strategisch gebildete Ungarfeind Montecuculi erntete weder in Siebenbürgen, noch gegen die Türken in Ungarn reichliche Lorbeeren, bis er endlich 1664 den glänzenden Sieg bei S a n k t G o t t h a r d erfocht. Als man aber im Cabinet nicht nur die Vortheile des Kriegsglückes nicht benutzte, sondern neun Tage nach dem Siege einen übereilten, unrühmlichen, verderblichen Frieden schloß, von dem weder der Palatin noch die Stände Ungarns etwas wußten, stieg die Erbitterung auf den höchsten Grad. — Schon längst hatte die Flamme des Aufruhrs unter der Asche geglimmt, dieser Friede und der N e u s o h l e r T a g, wo in der zur Vernehmung der Beschwerden der unzu=frie denen Reichssaffen berufenen Versammlung nicht dem Palatin, Franz W e s s e l é n y i, der ihm gesetzlich gebührende Vorsitz eingeräumt wurde, sondern die deutschen Herren, Graf Johann R o t h a l und Graf Gottfried von H e i s t e r, sich denselben zueigneten, brachten vollkommenes Annähern und bestimmten Zweck in die Berathungen der Unzufriedenen. „Der ver=derbliche Friede; der königlichen Günstlinge willkürliche Herrschaft; die Besetzung des Landes mit ausländischen Feldobersten, Hauptleuten und Waffenvolk und deren Ausschweifungen; Verletzung des königlichen, eidlich bekräftigten Wortes, in Folge dessen die Grundverfassung umgestoßen, alle Rechte und Freiheiten der Nation vernichtet, des Reiches Würden, Güter und Reichthümer unter die Deutschen vertheilt, die Ungarn entweder zum Bettel=stabe oder zur Knechtschaft herabgewürdigt werden" — dieses waren die Klagen der Unzufriedenen in ihren heimlichen Zusammenkünften. — Hinsichtlich der zu unternehmenden Schritte waren die Ansichten anfangs getheilt. W e s s e=l é n y i meinte, man müsse eine beträchtliche Heeresmacht sammeln und die Siebenbürger, als die alten Beschirmer der ungarischen Freiheit, zum Bei=stand auffordern; dies könne laut der goldnen Bulle A n d r e a s II. un=beschadet der Treue gegen den König geschehen*). Nur müsse man ihn vorher durch eine feierliche Gesandtschaft um Erfüllung seiner eidlichen Ver=heißungen ersuchen; ihn ermahnen, sich gebunden zu halten an die Be=dingungen, unter welchen er die Herrschaft übernommen hat; ihm vorstellen, daß hier, wo die Grundverfassung durch den gesetzlichen Antheil der Mag=naten und des Adels die höchste Gewalt mäßiget, die Reichsverwaltung und die allgemeine Wohlfahrt nicht, mit Unterdrückung des Adels und der Reichsgesetze, einzig und allein von seiner, oder seiner ausländischen Günst=

---

*) Der Artikel verfügt, daß, wenn der König sich gewaltthätige Eingriffe in die Reichsverfassung erlaubt, jeder Einzelne das Recht habe, sich ihm, unbeschadet der Unterthanstreue, thätlich zu widersetzen.

linge Willkür abhängig sei. Auf die Entfernung dieser natürlichen Feinde der Ungarn müsse vorzüglich gedrungen werden: nur der Berathung der Ungarn soll er sich hinfort in Ungarns Angelegenheiten bedienen; nur mit Ungarn alle Staats- und Kriegsämter besetzen. Hiermit werde nichts Anderes verlangt, als was die allgemeinen Reichsgesetze verordnen, was alle seine Vorfahren anerkannt haben, was er selbst bei seiner Thronbesteigung feierlich angelobt und eidlich bekräftigt hat. Verachtete Leopold die gerechten Bitten der bedrängten Nation, dann könne man rechtmäßiger Weise das Schicksal der Ungarn durch das Waffenloos entscheiden lassen.

Dagegen brachte Peter Zrinyi in Vorschlag, Ungarn mit den dazu gehörigen Provinzen dem römischen Reiche einzuverleiben; dann würden die Reichsfürsten kräftiger und wirksamer der Gewalt der Osmanen sich widersetzen und auch nicht dulden, daß der König ihre Reichsprovinz willkürlich unterdrücke. — Sein unpolitischer, schlecht durchdachter Antrag fand die wenigsten Anhänger.

Eine dritte, bei weitem die zahlreichste und gewiß die schlechteste Partei gab vor: Ungarn, in der Mitte zwischen zwei mächtigen Kaisern, müsse untergehen, wenn es sich nicht ganz dem Mächtigern ergäbe. Es sei nur noch auszumitteln, welches Joch, ob das österreichische oder das türkische, lästiger und verderblicher sei. Einst waren das schwarze und das adriatische Meer des ungarischen Reiches Grenzen; seit dem ersten Könige aus dem Hause Oesterreich, durch hundertvierzig Jahre, ist Ungarn ein schmaler Landstrich am Fuße der Karpathen und der steierschen Berge geworden. Die Theiß, die Donau, die Drave und die Save strömen den Türken; ihnen sind Ungarns Dreiviertheile, Siebenbürgen, Kroatien, Slavonien, Dalmatien, Servien und Bosnien entweder zins- oder dienstbar, und auch das kleine Gebiet, das heute noch Königreich Ungarn heißt, muß ihnen im nächsten Kriege unvermeidlich heimfallen, wenn man den letzten Vasvárer Frieden betrachtet. Besser sei es, sich freiwillig der Pforte zu unterwerfen und dadurch wenigstens einige Spuren der alten Verfassung zu erhalten, als nach völliger Unterjochung durch ihre Uebermacht als erobertes Volk zur Sklaverei verdammt zu werden; dann wird Oesterreich, seiner Vormauer beraubt, zuerst der Verheerung preisgegeben sein; Ungarn hingegen, lange genug von zwei Seiten mit Raub, Mord und Brand gequält, endlich der Ruhe, und wie Siebenbürgen wenigstens der Freiheit des Gemüthes und des Gewissens genießen.

Leider traten auch Wesselényi, Nádasdy, Zrinyi, bald darauf dessen Eidam, Franz Rákóczy und die ganze unzufriedene katholische sowohl, als evangelische Adel zu dieser Partei. Es wurde beschlossen, dem österreichischen Könige abzusagen; sich und das Land der Oberherrschaft und dem Schutze Mohammeds IV. zu übergeben. Zum leitenden Oberhaupte der Verschwörung wurde Wesselényi, zum Kanzler des Bundes Nádasdy, zum Geheimschreiber der Zempliner Franz Boer erwählt. Des Krieges Führung wurde in Kroatien und Nieder-Ungarn dem Peter Zrinyi, an der Theiß und in Ober-Ungarn dem Sároser Obergespan Franz Rákóczy übertragen. Aber einige Tage darauf erkrankte Wesselényi, und am 13. März raffte der Tod dem Bunde das Oberhaupt hinweg. Der Neusohler Tag wurde sogleich geschlossen. Die Verschwornen hielten sich verborgen, ohne ihr Vorhaben aufzugeben *).

Nachdem die Verschwornen mit Frankreich und der Pforte in geheime Unterhandlungen getreten waren, bevor man noch in Wien wußte, wer denn eigentlich die Häupter der durch den Griechen Panagioti entdeckten Verschwörung seien, hatte kurz vor dem Ausbruche derselben Tättenbachs Kammerdiener, durch Ueberlieferung einiger Urkunden seines Herrn, die Meuterei Zrinyi's, in welche dieser die an Geist schwachen, an Kenntnissen armen, aber an Geld reichen und an Ehrsucht kranken jungen Herren, Franz Rákóczy, Franz Christoph Frangipani und Erasmus Tättenbach gezogen, aufgedeckt. Der Oberstlandrichter und königliche Statthalter Franz Nádasdy hatte zwar sowohl zu Neusohl als nach Wesselényi's Tod an den Berathschlagungen der Mißvergnügten Theil genommen, allein kurz darauf dieselben dem Könige bekannt, Verzeihung erlangt und an den weitern Fortschritten der Mißvergnügten bis zur Meuterei nicht mehr Theil genommen. Sie wurden, mit Ausnahme des später begnadigten Franz Rákóczy, eingezogen (1670) und zu Wien der halspeinliche Prozeß von deutschen und welschen Richtern, unter Vorsitz des Johann Paul Hocher von Hochengran, über sie eröffnet. — Hierüber wagten alle Gespanschaften, welche von dem Joche türkischer Herrschaft frei waren, dem Wiener Cabinete vorzustellen: „daß die Verhaftung der drei ungarischen Grafen und die Verhandlung ihrer Sache vor einem ausländischen Gerichtshofe gewaltsame Verletzung der Rechte, Freiheiten und Verordnungen des Reiches sei, daher

---

*) Feßler IX. B. S. 169.

das Endurtheil des ausländischen Richters über Recht aller Rechtsgültigkeit ermangeln werde; daß es ausschließend den ungarischen Ständen gebühre, über ungarische Majestätsverbrecher Recht zu sprechen. Es sei nicht die Frage, ob die Sache der verhafteten Ungarn von dem Könige, oder mit Uebergehung desselben von andern Richtern, sondern ob sie mit Ausschließung ausländischer Richter von dem Könige und von Ungarn gemeinschaftlich entschieden werden müsse. — Nicht dem Erzherzog von Oesterreich, nicht dem römischen Kaiser, sondern dem König von Ungarn haben die drei Grafen den Huldigungseid geleistet. Sind sie der Uebertretung desselben beschuldigt, so gezieme sich, daß sie von dem König der Ungarn, und weil sie nicht in königlichen Hausdiensten standen, sondern hohe Reichsämter verwalteten, in Gemeinschaft mit den ungarischen Ständen gerichtet werden."

Diese Vorstellungen wurden von Lobkowitz dem König vorenthalten, der Beklagten rührende Bittschriften unterschlagen. Im folgenden Jahre verhängte der richterliche Ausspruch über sie Verlust des Adels, Einziehung der Güter, Abhauung der rechten Hand und Hinrichtung durch das Schwert. Gewissenhaft ließ Leopold die Richtigkeit des Auszuges aus den Acten und die Gerechtigkeit des Urtheils zuerst durch eine Deputation, hernach in dem vollen Staatsrathe prüfen. Allen Fürbitten waren die Wege zu dem König verschlossen, und nachdem Lobkowitz und der spanische Gesandte Paul Spinola ihm die Unterzeichnung abgedrungen, wurde das Urtheil an ihnen, ohne Abhauung der Hand, zu Wien und Neustadt vollzogen. Abermals ein arger Mißgriff. — Zrinyi und Frangipani würden auch von ungarischen Richtern zum Tode verurtheilt worden sein; denn nicht Ungarns gesetzliche Verfassung, nicht der Stände constitutionelle Rechte und Freiheiten wollten sie erkämpfen und wiederherstellen, sondern, patriotische Begeisterung heuchelnd, wollten sie des ungarischen Reiches dürftige Ueberbleibsel unter sich theilen und unabhängig darüber herrschen. — Das Urtheil, durch gesetzliche Richter über sie gesprochen und im Königreiche vollzogen, würde allgemeine Billigung erlangt und Manchen abgeschreckt haben, während die Verletzung aller legalen Formen nur Mißbilligung und Erbitterung, selbst bei den Gutgesinnten, erregte.

Nun hatte Lobkowitz Vorwand genug, auf die Umstürzung der ungarischen Grundverfassung unter dem Scheine politischer Nothwendigkeit loszuarbeiten. Seine ausgesandten deutschen Gewaltboten, Sporf, Spantkau, Heister, Cob überboten sich im Anschuldigen, Mißhandeln, Ausrauben und Einfangen ungarischer Magnaten, Landherren, Ritter und evangelischer Prediger. Letzterer dieser Hauptleute zeichnete sich besonders im Hängen und Spießen aus. — Endlich erging ein unga=rischer Befehl, zu welchem Leopolds Name auf das Empörendste war gemißbraucht worden, worin, unterzeichnet von Montecuculi und Dorsch, erklärt wurde: „der König sei jetzt durch Waffengewalt unum=schränkter Herr des Landes geworden. Die standschaftliche Verfassung sei aufgehoben, sein Wille sei das Gesetz; er werde alle Festungen, die Städte und das Land mit deutschen Feldherren und Söldnern besetzen*).“ Die beherzten Prälaten Georg Szelepcsényi und Georg Széchenyi, Erzbischöfe von Gran - und Colocza, der Reichskanzler und Neutraer Bischof Thomas Pálffy und Johann Gubacioczy, Bischof von Waitzen, sandten die freimüthigsten und dringendsten Vorstellungen an den König gegen dieses rechtswidrige Verfahren.

Die nun Schlag auf Schlag folgenden Ereignisse, durch welche diese Periode zu einer der thatenreichsten gestempelt wurde, und die großen Theils der Weltgeschichte angehören, können hier nur ganz oberflächlich berührt wer=den. Wir erwähnen daher nur kurz, wie es Lobkowitz dennoch nicht gelang, ein freies Volk, von oft erprobter unwandelbarer Treue gegen seine Könige, für das versuchte Verbrechen Einiger, seiner staatsbürgerlichen Frei=heit und seiner Gewissensrechte zu berauben; wie im Gegentheil dieser ver=abscheuete Stifter unzähligen Unheils in Ungarn, bald darauf (1674) aller Würden und Aemter entsetzt, unter dem Hohn des Wiener Volkes nach Böh=men verwiesen wurde. Schon im vorigen Jahre war der rauhe, tapfere, strenge Heermeister des deutschen Ordens, Johann von Ampringen, zum bevollmächtigten Gubernator von Ungarn ernannt worden, und der durch ihn tiefgekränkte Adel, Gespanschaften und Städte machten durch ihre stand=hafte Treue gegen den König, durch ihre hochherzige Geduld, durch ihr kluges Harren der Erlösung in besserer Zeit, nur die Unklugheit und Unge=rechtigkeit, womit ihnen begegnet wurde, auffallender. Die ersten und wich=tigsten Geschlechter blieben dem König treu, obwohl dadurch der größte Theil ihrer Güter in den Händen der Mißvergnügten und der Türken blieb und

*) Joann. Korneli Tom. II. pag. 238. — Szirmay Nott. hist. Zemplin. pag. 229—232. — Kazy lib. X. pag. 102. — Histoire des troubles de Hongrie. Tom. I. p. 168.

sie von den königlichen Machthabern harte Bedrückungen und unverdiente Hintansetzung zu erdulden hatten. Unter ihnen sehen wir die Andráſy, Barkóczy, Bathyányi, Cziráky, Czobor, Draſkovics, Erdödy, Eszterházy, Forgách, Illéſházy, Károlyi, Koháry, Kolonics, Pálffy, Bethö, Pongrácz, Rédey, Révay, Sennyey, Serényi, Széchy, Wiczay, Zay, Zichy u. A., deren Geschlechter größtentheils gegenwärtig fortblühen. — Neben den vorigen Peinigern erscheint 1675 der ebenso gewaltthätige und grauſame Graf Straſoldo als Landeshauptmann, ohne etwas gegen die jetzt Kuruczen genannten Mißvergnügten ausrichten zu können. — An der Spitze des Bürgerkrieges stehen nun Michael Teleky und Emrich Tökölyi mit wechſelndem Kriegsglücke, doch größerem Nachtheil des Königs. — So weit ging nun schon die Verwegenheit der Wiener Herren, daß der österreichiſche Hofkanzler Hocher in der Verſammlung der Prälaten und Magnaten ſämmtliche Ungarn ohne Ausnahme Hochverräther zu nennen ſich nicht entblödete, worauf er ſich jedoch gefallen laſſen mußte, daß der Reichskanzler Thomas Pálffy — den Leopold ſelbſt „Engel des guten Rathes" zu nennen pflegte — ihn einen Nebulo nannte und die Verſammlung ſogleich auseinander ging. Mit dem Uebermuthe des Dieners ſtand im ſchneidenden Widerspruche die Güte des Königs, der, wo die Anträge unmittelbar an ihn gelangen konnten, die meiſten derſelben mit gnädiger Antwort erledigte und mit nachgiebiger Entſcheidung beruhigte, und auch hier die dem österreichiſchen Herrſcherſtamme eigenthümliche Biederkeit, Gerechtigkeit und väterliche Liebe gegen ſeine Völker beurkundete. — Von Ludwig XIV. und der Pforte unterſtützt, macht nun Tökölyi bedeutende Fortſchritte, wird von dem Ofener Vezier zum König von Ungarn ernannt und mit den Machtzeichen eingeſetzt, welchem Titel er jedoch entſaget und die Benennung „Fürſt von Ungarn" annimmt. Der Krieg mit der Pforte bricht neuerdings aus, und ſchnell ſteht der Großvezier Kara Muſtapha vor dem von Starhemberg vertheidigten Wien (1683), das nach harter Belagerung von dem Polenkönig, Johann Sobieſky, und dem Herzog Karl von Lothringen entſetzt wird. — Von nun an ſinkt die Macht der Pforte durch raſch aufeinander folgende Siege der Feldherren Leopolds, der noch durch den ſtaatsklugen Schritt einer allgemeinen Amneſtie die Anzahl der Mißvergnügten namhaft vermindert. Bei Párkány durch Lothringen und Sobieſky geſchlagen, verlieren die Türken bald

Vissegrád, Neuhäusel und endlich 1686 Ofen; worauf der erschüt=
terte Divan wiederholt um Frieden anhält, ohne denselben erlangen zu
können, vorzüglich darum, weil er Tököly nicht ausliefern wollte.

Nach diesen über die Türken und Mißvergnügten erfochtenen Vor=
theilen schien der Zustand der Dinge sich einiger Verbesserung nähern zu
wollen, als die boshaften Anzeigen eines verworfenen Bösewichts die Flamme
des Bürgerkrieges neuerdings anbliesen. Der Emporkömmling Anton Ca=
raffa, Ungarns Alba, — doch nur an Grausamkeit, nicht an Feldherrn=
gaben dem Spanier vergleichbar — wußte sich dem Fürsten nicht anders
nothwendig zu machen, als daß er ihm das Vorhandensein einer greulichen,
weit ausgebreiteten Verschwörung des größten Theiles des Adels und der
Bürger in Ober=Ungarn trügerisch vorspiegelte, die nur in seiner verruch=
ten Seele vorhandene Gefahr aufs Schrecklichste schilderte, sich seiner Wach=
samkeit rühmte und sich Verhaltungsbefehle und Vollmacht ausbat, durch
kräftige Mittel das Geheimniß der Bosheit zu vernichten. — Franz Ulrich
von Kinszky, böhmischer, und Theodor von Strattmann, österreichi=
scher Kanzler, beide die vorzüglichsten Minister, waren seiner Glaubwürdig=
keit bei dem König festeste Stützen, und eifrige Beförderer seiner Absichten.
Leopold überließ ihm die Untersuchung und Bestrafung der Schuldigen
nach Vorschrift der ungarischen Gesetze, und ohne bereits begnadigte Ver=
brecher, wenn sie nicht nach erlangter Verzeihung sich wieder vergangen hät=
ten, in Anspruch zu nehmen. — Was nun erfolgte, kann kühn den empö=
rendsten Grausamkeiten aller Völker und Zeiten an die Seite gestellt werden.
Der Wütherich Caraffa, der öffentlich bekannte: „wenn er in seinem
Körper eine einzige den Ungarn günstige Ader bemerkte, so würde er sie aus=
schneiden und in das Feuer werfen,“ ließ, nachdem die Gefängnisse mit
unschuldigen Bürgern und Edelleuten angefüllt waren, auf dem Marktplatze
zu Eperies vor seinen Fenstern das Blutgerüst aufbauen (20. Febr. 1687)
und nun begann die Befragung, oder vielmehr Beschuldigung, Folterung,
Verurtheilung. Dreißig Henkersknechte hatte er in Sold genommen zum
Köpfen, Rädern, Spießen, Viertheilen. Wir eilen hinweg von den Szenen,
die nun durch mehrere Monate ununterbrochen währten und jedes nur halb=
wegs menschliche Herz mit Grauen und Abscheu erfüllen müssen. Nur spät
gelang es den Abgeordneten Ober=Ungarns, Niclas Bercsényi und La=
dislaw Barkóczy, unter Vortritt des Palatins Paul Eszterházy vor
den König zu gelangen, die Aufhebung dieses gesetzwidrigen, empörenden

Gerichtes und Caraffa's Entfernung zu verlangen. Kinßky und Strattmann mußten geschehen lassen, was sie nicht hindern konnten: Leopold erklärte seinen Abscheu vor Caraffa's Scharfrichterei, verordnete eine Commission nach Kaschau zur Untersuchung des begangenen Unrechtes, ließ selbst einige Wittwen der Hingerichteten vor sich kommen und sprach ihnen Trost zu; doch über Caraffa verhängte er weiter nichts als dessen Uebersetzung zum obersten Befehlshaber über alle Festungen Ober-Ungarns. Ja er ließ sich später sogar verleiten, den Orden des goldenen Vließes an diesen Unwürdigsten zu entehren.

Es giebt wenige Charaktere in der Geschichte, die so entgegengesetzt dargestellt wären, als jener Leopolds I. Während er von vielen Schriftstellern als fanatischer, blutgieriger Tyrann geschildert wird und besonders in dem Andenken vieler Ungarn sich als solcher erhalten hat, wissen andere, besonders österreichische Historiographen des Lobens und Preisens kein Ende, und ihre Urtheile nur nach der Landkarte und den Siegen der kaiserlichen Feldherren richtend, schmücken sie ihn sogar mit dem Namen des Großen. Von beiden Ansichten ist die Wirklichkeit weit entfernt; denn Leopold war weiter nichts, als ein frommer, gutmüthiger, jedoch durch Erziehung verbildeter, durch Hofetikette von der Kenntniß seiner Völker abgeschlossener, von seinen Rathgebern irre geleiteter schwacher Mann. Wo nur seine bessere Natur über diese heillosen Einflüsse sich Bahn zu brechen vermochte, geschah es zum Heile seiner Völker; und daß er es ernstlich versuchte, beweist nebst zahlreichen andern Ereignissen, seine beabsichtigte und schon so weit vorgerückte Vergiftung durch Nachtlichter (1670*), daß nur die glückliche Dazwischenkunft des Ritters von Borri ihn vom nahen Tode zu retten vermochte**). Und dennoch war der Monarch nicht mächtig genug,

---

*) Die Kerzen des Kaisers waren unten und oben mit einem vergoldeten Kränzchen eingefaßt, wahrscheinlich um Verwechselung zu verhüten. Der noch vorhandene Vorrath betrug fünfunddreißig Pfund. Aus der von Borri und dem Leibarzte gemeinschaftlich angestellten Untersuchung ergab sich, daß der Docht mit einer Auflösung von Arsenik getränkt, dann abgetrocknet, endlich das reine Wachs darüber gegossen war. Ein Hund, dem kleine Stückchen des zerschnittenen Dochtes mit Fleisch beigebracht waren, lag nach drei Stunden wie eine Kugel in sich zusammengezogen todt. Nachdem die Aerzte das Wachs von sämmtlichen Kerzen, bis auf zwei, als zu verwahrendes Corpus delicti, abgelöst hatten, wog die Wachsmasse 28, der getränkte Docht 3½, der Absatz des Arseniks 2½ Pfund.

**) In Feßler IX. B. S. 184 lesen wir hierüber folgende Anmerkung: Das

seinen Lebensretter, der sogleich nach vollendeter Heilung dem päpstlichen Nuntius überliefert werden mußte, von der Strafe des ewigen Gefängnisses, worin er noch 25 Jahre bis zu seinem Tod schmachtete, zu befreien; und der ganze Lohn Borri's bestand in einem lebenslänglichen Jahrgelde von

---

Tagebuch der Heilung hat Ritter Borri selbst in italienischer Sprache niederge= schrieben. Nach seinem Tode in der Engelsburg 1695 kam es mit mehreren seiner Papiere in die Hände des Cardinals Passionei, der es dem Prinzen Eugen von Savoyen mit mehreren Nachrichten von dem merkwürdigen Manne mitgetheilt hat. Ein Auszug davon in deutscher Uebersetzung steht im Tübing. Morgenblatt, Jahrgang 1814 No. 174. 179. Ein schwer zu lösendes Problem ist: wer der Erfinder und Vollzieher dieser Vergiftung war? Hier nur einige Indicationen. Daß weder die verschwornen ungarischen Magnaten, noch die mißvergnügten Ungarn irgend einen Antheil daran hatten, ist gewiß; denn weder den Einen noch den Andern würde der Orden, aus dem die Wachskerzen ausgegangen waren, zu einer solchen Greuelthat gedient haben. Auch das katholische Priesterthum war völlig unschuldig daran; denn kein einziger von Leopolds Vorfahren hatte dasselbe so freigebig, so folgsam, so ihm ganz unterthänig, wie er, begünstigt. Aber „Garelli — so schrieb Prinz Eugen von Savoyen an den päpstlichen Nuntius Passionei (Wien, den 27. Julius 1680) — hat von einem Augenzeugen gehört, daß der Pater Procurator der Jesuiten zu Wien die Lieferung der Wachskerzen besorgt habe. Sobald die Sache durch den bekannten Borri entdeckt wurde, ist der Lieferant sogleich bei Seite geschafft worden und auch nicht mehr an das Tageslicht gekommen. Mir scheint, daß dem Borri eben dieses Schicksal, wenn er dem Kaiser nicht das Leben gerettet hätte, auch widerfahren wäre. — Konnte ihm wohl noch etwas Aergeres widerfahren, als das lebenslängliche Gefängniß in Rom?" — Schon früher, de dato Philippsburg 20. Sept. 1673, hatte Prinz Eugen an den Grafen Sinzendorf geschrieben: „Mit der Auswahl des politischen Adjutanten, den Sie mir in der Person Bretenwiebers geben wollen, bin ich äußerst zufrieden. Ich werde strenge Obsorge für die Gesundheit dieses vortrefflichen Mannes nehmen, daß ihn selbst wegen der aqua Tosfana gewiß kein Besorgniß anwandelt. — Ueber die Geschichte unsers guten Consprußs müssen wir leider einen Schleier werfen, wie es Kaiser Leopold I. that, als er sich von dem unglücklichen Borri überzeugen ließ, daß sein eingesogenes Gift von den auf seinem Tische gebrannten Wachslichtern herrühre." — Hieraus geht her= vor, daß die Greuelthat durch einen Jesuiten, durch den Procurator ihres Hauses in Wien, geschah; daß sie von Jemanden angestiftet war, der ein außerordentlich hohes Interesse hatte, daß Leopold sterbe, daß Leopold durch die Macht oder durch das An= sehen des Anstifters sich genöthigt sah, über die That einen Schleier zu werfen. — Leopold hatte um diese Zeit in seinem dreißigsten Jahre keinen männlichen Leibeserben; sein Tod hätte die österreichische Monarchie erblos gemacht; die Ansprüche seiner Tochter, der einjährigen Maria Antonia, und seiner Schwester Maria Anna, Phi= lipps IV. Wittwe und Regentin von Spanien, einander entgegengesetzt. Dies hätte

zweihundert Dukaten*). Unser großer Völker- und Menschenkenner Feßler schildert den Charakter Leopolds mit seinem gewohnten Scharfsinne. „Von Kindheit auf war Leopold zum Priesterstand und zu dem Passauer Bisthume bestimmt, auch geflissentlich dazu, seiner eignen Neigung gemäß, von dem Grafen Johannes Ferdinand Portia unter leitendem Ein= flusse der Jesuiten erzogen worden; allein der Tod seines älteren Bruders Ferdinand hatte auch Leopolds frühere Bestimmung aufgehoben, der Passauer Kirche die Hoffnung, einst in ihm einen seiner würdigsten und gottseligsten Oberhirten zu verehren, entrissen, und den ungarischen Völkern die trübe Aussicht, unter seinem Namen von Jesuiten und Ausländern auf das schmerzlichste bedrängt zu werden, aufgeschlossen. Alles, was seinem empfänglichen und lenksamen Gemüthe war eingeimpft worden, Vieles, was ihn nach des Weltapostels Vorschrift zum vortrefflichen Bischofe würde ge= macht haben, kräftige Ahnungen von Religion, unerschütterliches Vertrauen auf Gott, lebendiger Sinn für reine Sittlichkeit, reges Verlangen nach Kenntnissen, strenger Ordnungsgeist, mitleidiges Zartgefühl, mächtiger Hang zur Wohlthätigkeit; aber auch Alles, was mit der Würde und mit den Pflichten eines Monarchen sich nicht vereinbaren ließ, Abneigung vor Staats= geschäften, Mangel an Unterscheidungsgabe, Leichtgläubigkeit, blindes Zu= trauen zu seinen schlecht gewählten Umgebungen, Abhängigkeit von ihren Urtheilen und Meinungen, Unfähigkeit, große Verhältnisse oder wichtige Er= eignisse zu überschauen, Festhalten einzelner, größten Theils geringfügiger Gegenstände, Langsamkeit im Erkennen, Aengstlichkeit im Beschließen, zweck= loses Zögern in der Ausführung: dies Alles erschien mit ihm auf dem Throne, waltete beharrlich über ihm. Warum dem gottesfürchtigen und kindlich frommen Manne, als Regenten, von dem Herrn der Könige so wenig Geist, Licht, Kraft verliehen und sein rechtschaffener Wille an den kurzsichtigen Eigendünkel der schlechtesten Rathgeber gebunden war: das wird dem reli=

---

um dreißig Jahre früher einen Successionskrieg gegeben, welchen Louvois mit Freuden würde aufgefaßt, Ludwig XIV. nicht gescheut, das Haus Oesterreich schlecht bestanden und durch seine tiefe Erniedrigung bezahlt haben. Was Religion und Moral von jeher als Verbrechen verdammt haben, galt damals in dem frommen, fest= katholischen Cabinete Ludwig's XIV. für weisen Staatsstreich, wozu so mancher Jesuit ad majorem Dei (des seinigen) gloriam freudig sich brauchen ließ.

*) Dieser Umstand diene jenen zur Beherzigung, die da glauben, es sei Mo= narchen so leicht, ein tief eingewurzeltes System so geradezu über den Haufen zu werfen. Mehr als ein Versuch dieser Art hatte verderbliche Folgen für den Wagenten.

giösen Forscher der Geschichten aus den Folgen der daraus entstandenen Verwirrungen offenbar. Von Furcht und Hoffnung getriebene Schmeichler, welche des Lichtes und der Salbung der Religion entbehrend, in das Heiligthum der Historie sich eingedrängt haben, beehrten ihn mit dem Beinamen des Großen; er mag ihm bleiben, weil im Guten und im Bösen unter seinem Namen viel Großes geschehen; weil er unter den unglücklich großen Königen der unglücklich größte war, indem er bei aller Zartheit des Gewissens, bei aller Rechtschaffenheit der Gesinnung, bei reinster Sittlichkeit, bei tiefster Achtung für Gerechtigkeit und Pflicht, bloß aus Mangel an durchgreifender Geistesmacht nicht wagen durfte, mit eignen Augen zu sehen, mit eigner Einsicht zu wollen und zu gebieten. Durch neunundvierzig Jahre dreiunddreißig Tage, nach Sigmund am längsten, hieß er König von Ungarn; schwerere Trübsale, als unter ihm, unter seinem Namen, unter seinen Vormündern und Machtverwesern, hatten die Ungarn unter keinem seiner Vorfahren und Nachfolger erduldet."

Die Waffen des Kaisers, wozu auch die Ungarn wie immer mit allem Muthe ihrer Nation und großen Opfern theilnahmen, für König und Vaterland kämpften, bluteten, fielen, hatten nun die glänzendsten Erfolge. Nachdem der Herzog von Lothringen 1687 über die Türken einen glänzenden Sieg bei Mohács erfochten hatte, nimmt er kurz darauf Siebenbürgen in Besitz, während Dünnewald Essek, Slavonien und Syrmien besetzt.

Nun glaubten die Rathgeber zu Wien den Zeitpunkt gekommen, wo sie auf die ihnen verhaßte ungarische Verfassung den tödtlichen Streich führen könnten. Sie bemühten sich den König zu belehren: „die Staatsklugheit fordere, Ungarn nunmehr in eine erbliche Provinz der gesammten Monarchie zu verwandeln; billig sei es, daß einem Volke, welches durch Mißbrauch seiner Freiheit seine Nachbarn mehrmals der Gefahr, von den Türken verschlungen zu werden, blosgestellt habe, die Macht zu schaden genommen werde. Der König besitze jetzt Ungarn nicht mehr kraft seiner Erwählung, sondern durch die Waffen, als erobertes Land. Er sei den Ungarn zu nichts mehr verpflichtet; nicht den Mißvergnügten, die durch Empörung ihre Pflicht gebrochen und dadurch ihn der seinigen entbunden haben; nicht den Treugebliebenen, weil die Kosten des Krieges mit den Türken und Mißvergnügten den Werth des dadurch erkauften Reiches weit übersteigen und von den beschützten Treuen nie bezahlt werden können *)." — Doch sie hatten es mit keinem L u d w i g XI., mit keinem H e i n r i ch VIII. zu thun. Der König erklärte geradezu: „fein Wahleid fei ihm heilig; er habe ihn vor Gott nicht mit dem Munde bloß, auch mit dem redlichen Willen, ihn treu zu halten, ausgesprochen; er wolle die ungarische Grundverfassung unverletzt, unangefochten erhalten und die gegenwärtige freudige Stimmung auf dem ausgeschriebenen Preßburger Landtage auf gesetzlichem Wege nur zur Weg= räumung desjenigen benutzen, was bisher mit Ungarns Grundverfassung entweder nicht vereinbarlich war, oder in verderblichem Widerspruche stand."

Solche echt königliche Gesinnungen rechtfertigten und vergalten auch die ungarischen Stände im Reichstage desselben Jahres 1687, indem auf die königlichen Anträge einhellig — mit Ausnahme einer Stimme, des Judex Curiae Niclas Draskovics — die Aufhebung der Wahlförmlichkeit be= stimmt, und in dem Reichsdecrete die Erbfolge in L e o p o l d s männlicher Nachkommenschaft, wenn diese erlöschen sollte, in der männlichen Nach= kommenschaft Karls II., Königs von Spanien, anerkannt und festgesetzt wurde. Nur wenn von beiden königlichen Häusern kein männlicher Leibeserbe mehr vor= handen wäre, sollte die freie Königswahl Ungarns Ständen wieder heimfallen. — Der zweite, nicht minder wichtige Beschluß dieses merkwürdigen Reichstages war, daß die in der goldenen Bulle A n d r e a s II. festgestellte Befugniß der Prälaten, Magnaten und Edelleute zur Selbsthilfe gegen verfassungswidrige Verfügungen eines Königs aufgehoben und vernichtet wurde. Mit diesem Schritte erlitt die Anarchie eine tödtliche Wunde; jeder Aufstand, in welchem früher selbst Gutgesinnte nur gesetzlich erlaubte Selbsthilfe sahen, ward nun zur Rebellion. — Schon unter F e r d i n a n d I. wäre diese Abstellung noth= wendig gewesen, auch sicher erfolgt, wenn der König besser berathen gewesen wäre. Wie vielem Unglücke des Landes und Thrones wäre dadurch vorge= beugt worden!

Doch ganz ungetrübt konnten die Wiener Herren das schöne Einver= ständniß zwischen Volk und König nicht lassen; sie mußten einige Kunststücke ihrer Art zum Besten geben. Als nämlich in demselben Reichstag der Erz= herzog J o s e p h zum erblichen Thronfolger gekrönt wurde, schwur er: „die Stände in ihren Gewohnheiten, wie über ihren Sinn und ihre Anwendung der König und die Stände reichstägig sich

*) Hist. des Revolutions de Hongrie. T. I. p. 117. — Hist. d'Emerie Tökölyi p. 219. 221.

einigen würden, zu erhalten*)." Nebstbei wurde dem Jesuiten=
orden im ungarischen Reiche das Bürgerrecht verliehen; den evangelischen
Confeſſionsgenoſſen hingegen in Dalmatien, Kroatien und Slavonien abge=
ſprochen**); im eigentlichen Ungarn die Kirchenfreiheit ihnen bloß aus
königlicher Gnade bestätigt***).

Durch dieſe Verfügungen war die ausübende Gewalt in den Stand
geſetzt, die Ausſchreibung verfaſſungsmäßiger Reichstage zu hintertreiben;
unterdeſſen den Reichsverordnungen, Rechten und Freiheiten der Stände
willkürliche Deutungen zu geben; den Palatin zum Gehorſam gegen ihre
Hofbefehle zu gewöhnen und ſeine oberſte richterliche Gewalt zu beſchränken;
die Verfolgungen der Evangeliſchen zu begünſtigen und dadurch die Zwie=
tracht in der Nation fortdauernd zu erhalten.

Glänzende Erfolge lohnten auch ferner die Waffen des Kaiſers unter
den Befehlen des Herzogs Karl von Lothringen, Markgrafen Ludwig
von Baden, Herzogs Eugen von Savoyen, Adam Bathhányi,
Veterani, Heusler, Caraffa, Caprara, Starhemberg,
größtentheils tapferer und kriegserfahrener Feldherren. Faſt alle Feſtungen
Ungarns werden wieder erobert und endlich 1688 auch der Schlüſſel
des Reiches, Belgrad, welches jedoch 1690 abermals verloren geht.
Als endlich der große Feldherr, Staatsmann und Menſch, Eugen von
Savoyen, zum oberſten Befehlshaber ernannt war, brach er die Macht
der Pforte gänzlich in der Schlacht bei Szenta 1696; für welchen Sieg
— der Wiener Hofkriegsrath, deſſen verkehrte Befehle und Maßregeln auch
in dieſem Kriege bereits unſägliches Unheil angerichtet hatten, über ihn
Kriegsgericht fordert, was jedoch Leopold nicht geſchehen läßt.

Ein neuer Schlag für die Ungarn war der Friede zu Carlovicz
(1699), der, obgleich über das Gebiet Ungarns verfügend, den Reichs=
verordnungen und dem königlichen Worte zuwider, ohne Einfluß des Landes

---

*) Die Abſchaffung dieſer Klauſel wurde in ſpätern Reichstagen wiederholt
verlangt; namentlich im Reichstage 1830, wo der Deputirte der Sároſer Geſpan=
ſchaft Szinyey den Antrag machte, daß dieſe, wie er ſich ausdrückte, „jeſuitiſche
Klauſel" wegbleiben ſoll, weil ſie der Regierung den Vorwand giebt, die Geſetze
auszulegen. (S. Drosz, Ungarns geſetzg. Körper im J. 1830. T. I. p. 17.)
**) Hierüber ſiehe den Aufſatz IV. dieſes Bandes.
***) Leop. I. Decr. IV. art. 1. 4. 22. 23. — Acta Comit. Poson. in Hist.
Diplom. p. 225.

4 *

wenigstens durch einen bevollmächtigten Magnaten, bloß im Namen des deutschen Kaisers, mit vorsätzlicher Hinweglassung des Titels König von Ungarn, geschlossen wurde.

Doch der ganze Umfang der Pläne gegen die Verfassung zeigte sich erst auf dem Wiener Tage (1700), wo einer auserlesenen Anzahl berufener Prälaten, Magnaten, Herren und Machtboten einiger Comitate die verderbliche Maßregel des Cabinetes, welche leider die zwei ersten Würdeträger des Königreichs, der Palatin und seit kurzem des heil. römischen Reiches Titularfürst Paul Eszterházy, und der Cardinal, Primas, Leopold Kolonics, gut geheißen, vielleicht sogar dazu gerathen hatten, vorgetragen wurde: „Der Kaiser habe zur Beförderung der Reichswohlfahrt beschlossen, die Verfassung Oesterreichs und der übrigen Erbstaaten auch in Ungarn einzuführen, die Ungarn ohne Nationalunterschied zu den höchsten Würden und Staatsämtern zuzulassen. Doch müßten sie veralteten Vorurtheilen, welche sich weder mit der souveränen Majestät, noch mit der öffentlichen Ruhe und Sicherheit vertragen, entsagen, und so viel möglich den Sitten und Gesetzen der übrigen Erbländer sich gleichförmig machen. Der Wust veralteter, häufig sich selbst widerstrebender Reichsverordnungen soll außer Gebrauch gesetzt, von Rechtsgelehrten das Brauchbarste daraus gesammelt und in ein wohlgeordnetes Landrecht zusammengetragen werden. Die übermäßige Menge des steuerfreien Landadels erschwere den übrigen Unterthanen die Last der Abgaben; er sei daher aufzuheben und ein Titularadel von verschiedenem Range und Würde für mehr begüterte Grundsassen einzuführen. Auch die Vorrechte der freien Städte, Heiduken, Jazygier, Kumanen und Szekler seien schädlich, so wie die Bewilligung bald erhöhter, bald verminderter Steuern auf Landtagen; die Sicherheit des Reiches fordere die Bestimmung einer für immer bleibenden Satzung, durch welche von Ungarn wenigstens ein Drittel der Abgaben aller kaiserlichen Erbländer könne erhoben werden."

Unter den wie vom Blitzstrahl getroffenen Ungarn vermochte bloß der edle, patriotische Erzbischof von Kalocsa, Paul Szécheny, zu sprechen, um für sich und die Anwesenden einige Tage Bedenkzeit zu verlangen. Der freimüthige Mann erlangte nun eine geheime Unterredung mit dem König und erklärte diesem beherzt: „Der von dem Cabinete eingeschlagene Weg sei der unrichtigste. — Dem Adel seine Rechte und Freiheiten entziehen, ein freies Volk zur Dienstbarkeit erniedrigen, ein selbstständiges Reich in eine Provinz verwandeln zu wollen, sei der verderblichste Versuch. Sollen anstatt der außerordentlichen Steuern für immer Abgaben eingeführt werden, so müsse es auf einem verfassungsmäßigen Reichstag mit Berathung und Einwilligung der Stände geschehen. Was auch die kleine Anzahl Herren auf dem Wiener Tage eingehen, bewilligen, beschließen möchten, kein rechtlicher Ungar würde es für giltig und verbindlich anerkennen." Darauf erwiederte der gewissenhafte König, er habe dieselben Bedenklichkeiten dagegen geäußert, aber von seinen Staatsräthen vernommen, daß die vorgeschlagene Veränderung von den klügsten und angesehensten Ungarn selbst gewünscht werde. Dies habe ihn bewogen, den Antrag dazu geschehen zu lassen, doch ohne daß die Freiheit, ihn anzunehmen oder abzulehnen, gefährdet werde. — Dies vermeldete Szechenyi in der nächsten Sitzung der Ungarn. Er sprach mit Nachdruck gegen die vorgeschlagene Umwälzung; noch freier und kräftiger gegen das Zusammentreiben verfassungswidriger Versammlungen außerhalb des Reiches; am lebhaftesten aber schilderte er die gefährlichen Bewegungen, welche diese Maßregel der Minister in den Gemüthern der Ungarn veranlassen werde. — Nationalgeist und Gemeinsinn erwachte nun in den Anwesenden; sie standen auf und verließen den Wiener Tag mit dem festen Entschlusse, ihre Wachsamkeit auf die geheimen Gänge des Wiener Cabinetes zu verdoppeln, und für die Behauptung ihrer Grundverfassung bis auf den letzten Blutstropfen zu kämpfen *).

Nach der Abstellung der Resistenz-Klausel und bei der Beruhigung der Ungarn über die redliche Denkungsart ihres Königs, würde gewiß kein fernerer Aufstand die von Leopold so sehr ersehnte Ruhe seiner letzten Regierungsjahre getrübt haben, stände es im Reiche der Möglichkeit, ein collegialisch angenommenes und verjährtes Regierungssystem, bei dem die Anhänger sich so wohl befinden, plötzlich abzuändern oder wohl gar umzustoßen. — Verfolgungen der Protestanten und vorzüglich die Intriguen Kinsky's gegen den jungen, edelmüthigen, nichts weniger als Rebellion träumenden Franz Rákóczy II.; dessen und anderer Herren hinterlistige Umgarnung, Einkerkerung zu Wienerisch-Neustadt und ungesetzliche Aburtheilung hinter dem Rücken des Königs, fachte neuerdings, nachdem Rákóczy aus dem Gefängniß entkommen, den Bürgerkrieg an, welcher

---

*) Feßler IX. B. S. 477.

durch acht Jahre das Vaterland verwüstend, die letzten Tage der nach Außen so glänzenden, im Innern so traurigen Regierung Leopolds verkümmerte. Nachdem Rákóczy, vereint mit Bercsényi und dem zu Wien durch verächtliche Behandlung gereizten Alexander Károlyi, die siegreichen Waffen nicht nur über das ganze Gebiet zwischen der Waag, March und Donau ausgebreitet, so daß die Krone und die Reichskleinodien von Preßburg nach Wien gebracht werden mußten, sondern Károlyi nach Mähren eingefallen war, versuchte der König, vorzüglich auf die Vorstellung des edlen und staatsklugen Prinzen Eugen von Savoyen, den Frieden zu vermitteln, wozu seine glückliche Wahl auf Paul Széchenyi fiel, den er früher um die Ursachen des Aufruhrs befragt und von ihm eine freimüthige, der Wahrheit gemäße Antwort erhalten hatte. Der erste Versuch dieses verehrungswürdigen Friedensstifters (1704) scheiterte an Rákóczy's zu tiefer Erbitterung; bei den erneuert angeknüpften Unterhandlungen aber waren die Mißvergnügten durch die Begünstigung des Waffenglückes so sehr geblendet, daß sie ihre Forderungen sehr hoch spannten. Die Vermittelung des Palatins hatten sie schon früher verworfen, jetzt lehnten sie auch die Mittlerschaft des römischen Königs Joseph geradezu ab und forderten feierliche Gewährleistung, wie sie unter kriegführenden Mächten üblich ist. Die Worte Vermittelung, Fürbitte, Gnade, Verzeihung, Erbunterthänigkeit dürften gar nicht mehr ausgesprochen, die Waffen sollen nicht eher, als nach vollbrachter Genugthuung niedergelegt werden; ja sie weigerten sich sogar, die Rechtmäßigkeit des letzten Preßburger Reichstages, das daselbst festgesetzte Erbfolgerecht des österreichischen Stammes und Josephs Erhebung zu ihrem Erbkönig anzuerkennen, so lange derselbe nicht in einer rechtmäßigen Reichsversammlung erwählt würde. Freies Wahlrecht und unbedingte Befugniß zur Selbsthilfe gegen alle Angriffe auf Ungarns Grundverfassung müssen unverletzt bleiben. —

Bei dem eifrigen Wunsche des Königs nach Ruhe, in Folge dessen Széchenyi wiederholte Aufträge, die Unterhandlungen von Neuem anzuknüpfen, erhielt; bei dieses Staatsmannes Biedersinn und Klugheit; endlich bei Rákóczy's Mäßigung und Uneigennützigkeit wäre höchst wahrscheinlich die Vereinigung erfolgt, hätten nicht die selbst während der Verhandlungen mit Verachtung der königlichen Befehle fortgesetzten Gewaltthätigkeiten des Grafen Sigbert Heister — des letzten großen Peinigers der

Ungarn, denn kleinere gab es noch lange darnach — die Mißvergnügten zur heftigsten Erbitterung aufgereizt; denn er ließ Adel und Landvolk ent= waffnen, morden, verheeren, brennen und, um Schreck zu verbreiten, sogar Kinder zusammenhauen. — Dennoch ließ sich Rákóczy wieder auf mehrere Unterredungen mit Széchenyi ein, die jedoch ebenso wenig Erfolg hatten, als die später durch Sielens Beschränktheit und Kleinigkeitskrämerei vereitelte Zusammentretung zu Schemnitz. Der Krieg wurde fortgesetzt, wobei Károlyi bis an die Vorstädte Wiens Streifzüge unternimmt, und schrecklich in Oesterreich waltet. Hierauf erklärte Leopold seinen Räthen, zwei Monate vor seinem Ende, er wolle schlechterdings, daß in Ungarn Friede werde. Széchenyi folgte auf des Monarchen Befehl dem Fürsten Rákóczy nach Erlau; aufgefordert von dem König, wandten sich auch die Gesandten von England und Holland schriftlich an ihn, boten ihrer Mächte feierlichste Gewährschaft des Friedens an und versprachen, daß allen gerechten Beschwerden der Ungarn wirklich abgeholfen werde. Dieselbe Versicherung enthielt auch Széchenyi's Anweisung. — Rákóczy ver= langte, daß früher unter der feierlichen Gewährleistung der zwei Seemächte erklärt werde, ob der König die Abstellung der Beschwerden ganz den Reichs= gesetzen gemäß vollziehen wolle, oder ob er sie mit Hintansetzung der Reichs= verordnungen nur durch Unterhandlungen zu bewerkstelligen gesonnen sei? — Die Unterhandlungen waren eben im Gange, als der König, wenige Tage vor seiner Auflösung, durch ein aufgefangenes Schreiben des Kurfürsten Maximilian von Baiern an Rákóczy geängstiger wurde, worin die Mißvergnügten im Namen der französischen Bundesgenossen ermuthigt, ihnen Beistand und Befreiung verheißen wurde. In Folge dessen gab er seinem Sohne Joseph den Rath, gegen alle Eingebungen der Minister mit den Ungarn sich auszusöhnen; bloß auf den Beschlüssen des letzten Preßburger Reichstages und auf dem Erbfolgerechte zu bestehen; alle übrigen, wenn auch noch so harten Forderungen der Mißvergnügten zu be= willigen, damit man die Erbländer gegen die auswärtigen Feinde um so kräftiger vertheidigen könne.

Getreulich befolgte Joseph diesen Rath seines nicht glücklichen Vaters; seine ganze, leider nur zu kurze Regierung war ein ununter= brochenes Streben nach Frieden, ein Besänftigen und Begütigen. Doch so tief hatte das Uebel schon gewurzelt, daß, obgleich auch Rákóczy weder ehrsüchtig, noch unversöhnlich war, dennoch der gutmüthige König den Ab=

schluß nicht mehr erlebte. Gleich bei seiner Thronbesteigung (1705) erließ er eine offene Erklärung, worin er feierlich „versprach, daß er Alles pünktlich und gewissenhaft erfüllen werde; was er bei seiner Krönung schriftlich verheißen und eidlich angelobt hatte. Was früher der Reichsverfassung und den Gesetzen zuwider vorgefallen, sei den Machtverwesern, nicht dem verewigten König zur Schuld anzurechnen. Die Mißvergnügten sollen zu ihrer Pflicht zurückkehren, worauf Verzeihung, Vergessen des Vergangenen und Abstellung des Gesetzwidrigen erfolgen wird." — Allein so erfreulich diese Erklärung den Ungarn war, so trauten ihr die Mißvergnügten dennoch nicht, weil sie durch den Palatin kam. — Rákóczy allein zeigte sich gemäßigter und schrieb an den König einen vertrauensvollen, ehrerbietigen Brief. Sogleich wurde Heister aus Ungarn abberufen; doch dauerten die Feindseligkeiten fort. Noch in selbem Jahre bildete sich auf dem Tage zu Szécsen die Conföderation, die Rákóczy zum Herzog, ihrem Haupt und Führer ernannte. Um diese Zeit starb Tökölyi in Kleinasien, wohin ihn sein wandelbarer Glücksstern nach so vielen, meist unrühmlichen Schicksalen geführt hatte. — Auf dem Szécsener Tage wurden die Friedensunterhandlungen nach Tyrnau bestimmt, wozu Rákóczy den Feldmarschall der Conföderation, Beresényi, der König aber den böhmischen Hofkanzler Wratislaw und Szécheny bevollmächtigte. Als Vermittler erschienen auch Großbritannien und Holland durch Gesandte. Es wurden hier, während keine Waffenruhe stattfand, nur die vorläufigen Bedingungen des Friedens festgestellt. Zwar erobert indessen Herbeville fast ganz Siebenbürgen und läßt dem Könige zu Klausenburg huldigen, aber andererseits war dieser kaum mehr in der Wiener Burg sicher; wenigstens durfte er nicht mehr wagen, der ihm vorzüglich lieben Jagdlust wegen sich aus der Stadt zu begeben, denn die Mißvergnügten unter dem blinden Botyani und Ocskay streiften verheerend bis an die Vorstädte Wiens. — Der König ließ Rákóczy neue Friedensanträge durch des Fürsten Gattin und Schwester, wie auch durch Wratislaw machen, die jedoch Rákóczy, jede ihm zugesagte persönliche Begünstigung ablehnend, so weit sie die Mißvergnügten angingen, an die Tyrnauer Versammlung wies. Hier wurden nun die Forderungen dieser in 23 Punkten vorgelegt: 1. „Wenn der Friede zu Stande kommt, so sollen für die pünktliche Erfüllung des Vertrages nicht nur England und Holland, sondern auch Schweden, Preußen, Polen und die Veneter Republik Gewährschaft leisten. II. Siebenbürgen, der österreichischen Herrschaft entnommen, soll unbeschränkte Freiheit haben, sich seine Fürsten zu erwählen. III. Die Artikel des letzten Preßburger Landtages sollen aufgehoben, das Erbfolgerecht des österreichischen Hauses in Ungarn von Neuem geprüft und entschieden, das Decret Andreas II. mit allen seinen Punkten und Klauseln wieder hergestellt werden. IV. Die ausländischen Kriegsvölker sollen aus dem Lande abgerufen; V. die Machtbefugnisse des Palatins, der übrigen Reichsbarone und der ungarischen Hofkanzlei, die Gerichtsbarkeit der Gespanschaften und der königlichen Freistädte von allen fremden Eingriffen befreit, und sofort ein königlicher Staatsrath, aus vier Prälaten, acht Baronen und Magnaten, zwölf Edelleuten bestehend, in Ofen eingesetzt und von dem König in allen ungarischen Angelegenheiten zu Rathe gezogen werden. VI. Zur Verwaltung des Kriegswesens mit höchster Macht nach dem König seien mehrere General=Landeshauptmänner aus der ungari= schen Nation zu bestellen; VII. das alte Reichsschatzmeisteramt wieder einzu= führen, die Einkünfte der Kammer nach alter Weise zu verwalten, und die Rechnungen auf den Landtagen zur Prüfung vorzulegen. VIII. Die Reichs= krone werde wieder nach Ungarn gebracht, auf der Muranyer Felsenburg ver= wahret und unter keinem Vorwande mehr aus dem Lande weggeführt. IX. Das unter Leopold eingeführte Waffenrecht, kraft dessen die Eigen= thümer ihre, von den Türken eroberten Güter vor dem ausländischen Ge= richtshofe in Anspruch nehmen, die Rechtmäßigkeit ihrer Ansprüche beweisen und mit beträchtlichen Summen an den Fiscus auslösen mußten, werde ab= geschafft. X. Der Reichskanzler werde wechselweise aus dem Prälaten= und aus dem Laienstand ernannt; ihm seien einige Ungarn als Räthe beizuord= nen; ihrer allein soll sich der König in ungarischen Angelegenheiten be= dienen, und nur durch diese Behörde die königlichen Verfügungen ausgefer= tigt werden. XI. Kirchliche Pfründen und weltliche Reichswürden seien aus= schließend eingebornen oder für immer im Lande ansässigen Ungarn zu verleihen. und bei den weltlichen nicht auf das kirchliche Bekenntniß, sondern lediglich auf Wissenschaft, Geschicklichkeit und Rechtschaffenheit zu sehen. XII. Die Augsburger und schweizer Confessionsgenossen sollen ihrer gesetz= und ver= tragsmäßigen Kirchenfreiheit genießen. und im Besitze ihrer Kirchen, Schulen, Pfründen ungefährdet bleiben. XIII. Da die Jesuiten den Reichsverord= nungen und den Verfügungen der conföderirten Stände Gehorsam verwei= gern, so sollen sie aus dem Lande abziehen, und ohne Bewilligung der Stände nie wieder zurückkehren. XIV. Die gesetzliche Gerichtsordnung werde in volle Kraft gesetzt und die Einrichtung der Octavalgerichte nach alter Weise beobachtet. XV. Die seit Emerich Tököly i's Zeiten unter Beschuldigung des Aufruhrs für den Fiscus eingezogenen, oder an Andere verliehenen Güter sollen ihren ehemaligen rechtmäßigen Besitzern, oder deren Erben, ohne Schmälerung zurückgestellt; XVI. Schenkungsbriefe, Befreiungen, Verschreibungen den Reichsverordnungen zuwider, unter Leopold erschlichen, sollen für ungiltig und nichtig erklärt werden. XVII. Die von Conföderirten ausgeprägten zwei Millionen Gulden Kupfermünze sollen bis zu ihrer Auswechselung nach ihrem Nominalwerthe im Umlaufe bleiben. XVIII. Da der Carlovicer Friede ohne Wissen der Ungarn geschlossen worden ist, so sollen künftighin nimmermehr ohne Gutachten, wenigstens des Palatins und des Staatsrathes, Unterhandlungen mit den Türken gepflogen werden. XIX. Die Conföderirten, welche für Vaterland, Grundverfassung und Freiheit zu den Waffen gegriffen, von dem Fürsten zur Belohnung ihrer Thaten Güter erlangt, oder ihren Widersachern mancherlei bewegliche Habe abgenommen haben, sollen deswegen nie gerichtlich verfolgt oder zur Wiedererstattung angehalten, vielmehr als wahre Eiferer für die vaterländischen Gesetze und als Verfechter der Freiheit angesehen werden. XX. Das schon an sich widerrechtliche Urtheil über den Fürsten Franz Rákóczy und über den Grafen Bercsényi sei als null und nichtig zu widerrufen und Beiden für erduldete Ungerechtigkeiten angemessene Genugthuung zu leisten. XXI. Die Privilegien des Adels, der Kumanen, der Jazyger und der Heidukenstädte seien unverletzt zu erhalten; spätestens alle drei Jahre sollen die Stände zum Landtage versammelt, und was daselbst durch freie Stimme beschlossen wird, als Gesetz getreu vollzogen; XXII. alle bisher aufgestellten Gesetze, Reichsverordnungen, Verträge, durch königliche Urkunden und Eide bestätiget, sollen unverletzt erhalten; ohne Einwilligung des Landtages weder der Adel noch das Landvolk mit Steuern belastet werden. XXIII. Wenn der König und die conföderirten Stände über diese Punkte einig geworden sind, sollen die Gesandten Englands und Hollands als vermittelnde Schiedsrichter und Bürgen die Vertragsurkunden durch ihre Unterzeichnung vollziehen; dann die Magnaten und Herren königlichen Anhanges auf dem nächsten Landtage ihre Reichswürden und Aemter niederlegen; ihre Stellen durch freie Wahl wieder besetzt, dann erst über die Bedürfnisse des Reiches, über die Beschwerden einzelner Staatsgenossen, über neue Einrichtungen und Verordnungen berathschlaget werden." — Von diesen Punkten wurden einige genehmigt*), andere verweigert**), die mehrsten auf den Reichstag verwiesen***). Da wüthet der Krieg von Neuem, in dessen Folge 1707 Rá=kóczy als Fürsten von Siebenbürgen gehuldigt wird. Nun eröffnet er den Landtag zu Onod, der von 31 conföderirten Gespanschaften beschickt wird. Hier stellt Rákóczy, vorläufig im Staatsrathe, die Nothwendigkeit der Aussöhnung mit dem König dar, da ihm nur zu sehr die Schwäche des Bundes bekannt war. Allein die Versammlung widersetzt sich aufs heftigste, vor allen Bercsényi. — In der großen Versammlung, die, durch Mord besudelt, das greulichste Bild der Anarchie darstellte, wiederholte der Fürst ebenso erfolglos seine Mahnungen zum Frieden. Voll Verdruß will er dem Fürstenstuhle entsagen, wird aber zurückgehalten. Nun wird das Decret an sämmtliche Comitate erlassen und an alle europäische Höfe versendet, worin der österreichischen Herrschaft abgesagt, der Thron für erledigt, der König abgesetzt und die Ungarn als freie Nation erklärt werden. — Aber von nun an verläßt das Glück die Conföderirten; sie werden von Heister und Jo=hann Pálffy wiederholt geschlagen; Siebenbürgen geht für Rákóczy verloren, der auch jetzt der vom russischen Czar Peter I. ihm zum zweiten Mal angetragenen polnischen Krone entsagt, obschon auch die Wahl der Polen ihn getroffen hatte. Ocskay tritt zur königlichen Partei über; und nachdem Joseph in einem Edicte 1709 allen Zurückkehrenden, nur Rá=kóczy und Bercsényi ausgenommen, Gnade und Freiheit zusichert, wird der Abfall vom Fürsten bedeutend. — Endlich schlägt Sickingen die Con=föderirten bei Vadkert aufs Haupt, und als kurz darauf die Bannbulle Clemens XI. gegen alle Conföderirte verkündigt wird, hingen dem Bunde kaum noch zehn Katholiken an. Dennoch wünschte Joseph lieber einen ordent=lichen Friedensvertrag. In dunkler Ahnung von seiner Tage herannahendem Ende, sendet er (Ende 1710) einen Mahnbrief nach dem andern an den edlen patriotischen Johann Pálffy, der bereits mehrere erfolgreiche Zusam=menkünfte mit Rákóczy hatte, um die Beschleunigung des Friedens herbeizu=führen; denn trotz aller Eingebungen seiner Minister wollte er lieber mit den Mißvergnügten durch einen Friedensvertrag sich aussöhnen, als durch Waffengewalt sie aufreiben lassen und dann Ungarn als eroberte Provinz

---

*) Punkt V. zum Theil und XIV. ebenfalls zum Theil; dann XXI. und XXII. ganz.
**) I. II. III. VIII. XI. XVII. XIX. XXIII.
***) IV. und V. zum Theil; VI. VII. IX. X. XII. XIII. XV. XVI. XVIII. XX. ganz.

behandeln. — Pálffy erhielt den Auftrag, lediglich auf dem Erbfolgerecht des österreichischen Hauses und der Aufhebung der berüchtigten Klausel zu bestehen, alle andern Forderungen der Conföderirten war er befugt theils sogleich für den König zu unterschreiben, theils auf die Entscheidung der Stände im nächstens auszuschreibenden Reichstag zu verweisen. — Doch schon hatte Rákóczy, in seinem Herzen die Verblendung der Conföderirten betrauernd, unter einem schicklichen Vorwand sich aus dem Vaterlande, nach Polen, verbannt, um es nie wieder zu betreten, nachdem er früher, aus Liebe zum Frieden, sein Wahldiplom zum Fürsten von Siebenbürgen zurückgestellt hatte. Daher unterhandelte Pálffy mit dem bereits früher für die Sache des Königs gewonnenen Károlyi, der auch in Rákóczy's und Bercsényi's Abwesenheit die vornehmsten Mitglieder der Conföderation zu sich beschied. Diese, gedrängt durch die Noth ihrer Partei und durch die Klagen ihrer Flüchtlinge, die in den Dörfern an Polens Grenze nicht mehr untergebracht und beschützt werden konnten, willigten ohne Ausnahme in die Punkte des Vergleiches, 7. April 1711. — Rákóczy wurde noch einmal mit einer Gesandtschaft beschickt — schon früher geschah es durch Károlyi — um ihn zur Rückkehr in das Vaterland, zur Annahme des Vertrages und der königlichen Gnade einzuladen, bei beharrlicher Weigerung aber ihn um Lossprechung sämmtlicher Conföderirter von dem ihm geleisteten Huldigungs= eide zu ersuchen. Doch Rákóczy wollte mit der schon längst in ihrem Innersten zerfallenen Conföderation nichts mehr zu thun haben, von der Rückkehr ins Vaterland aber hielt ihn sein unüberwindliches Mißtrauen in das Wiener Ministerium zurück. — Da erkrankte der König tödtlich an den Pocken (9. April 1714) und nach acht Tagen endigte er seine kurze aber edle Laufbahn, ohne den Abschluß des Friedens, ausschließlich seines Werkes, zu erleben. Schmerzlich war den Ungarn sein Verlust. Er kannte die Kraft, achtete und liebte den Hoch= und Biedersinn der Nation. Von seiner Gerechtigkeit und Staatsklugheit, Thätigkeit, Duldsamkeit und Standhaftigkeit konnten die ungarischen Völker reichlichen Ersatz für mehr als hundertjährige Bedrückungen zuversichtlich hoffen. Daß diese schöne Hoffnung mit seiner Hülle in die Kaisergruft gesenkt war, suchte Johann Pálffy den Conföderirten geflissentlich zu verhehlen, und es gelang ihm, weil der Pest wegen, die in einigen Gegenden Ungarns wüthete, Oesterreich gesperrt war. — Am 30. April wurden bei Szathmár auf freiem Felde die Friedensbedingungen von den Conföderirten — noch funfzehntausend

Mann — feierlich angenommen, dem König der vorgeschriebene Eid geleistet; Tags darauf von beiden Theilen, für die Ungarn und Siebenbürger von 44 Herren, unterzeichnet und später durch die Kaiserin=Mutter Eleonore, als verordnete Reichsverweserin, bis zur Ankunft des Thronerben Karls aus Spanien, bestätigt. — Durch diesen Friedensvertrag war dem Fürsten Franz Rákóczy völlige Verzeihung, Wiedereinsetzung in seine Aemter, Würden und Güter, Freilassung seiner beiden Söhne, welche in königlicher Gewalt waren, zugesichert, unter der Bedingung, daß er in Frist von drei Wochen entweder in Person, oder durch Bevollmächtigte den Frieden unter= zeichne, dem König den Eid der Treue schwöre, in seine Burgen und Schlösser auf des Königs Kosten königliche Besatzung einnehme. Uebrigens sollte ihm frei stehen, in Ungarn oder im Auslande von seinen Einkünften zu leben. Auch den übrigen Herren und Edelleuten, auch den Erben der bereits verstorbenen, war nach geleistetem Eide der Treue Verzeihung, Zurückstellung ihrer Güter, selbst derer, welche schon in fremden Besitz ge= kommen wären, versprochen. Die gemeine Mannschaft sollte straflos und frei nach Hause ziehen können. Die Siebenbürger sollten nach ihren Ge= setzen, Rechten und Gewohnheiten behandelt werden. Die kirchlichen Be= schwerden, die Angelegenheiten der Kumanen, Jazyger und Heiduken= Städte wurden auf den nächsten Landtag verwiesen; dort sollten die Stände befugt sein, vom König zu verlangen, was sie für gut und nöthig finden würden, um sich zu überzeugen, daß er die Rechte und Freiheiten Ungarns und Siebenbürgens aufrecht erhalten, Staats= und Kriegsämter nur an eingeborne Ungarn vergeben und den Evangelischen ungefährdete Kirchenfreiheit verstatten wolle. Bei schwerer Strafe war verboten, irgend Jemandem seine Theilnahme oder Anhänglichkeit an die Conföderation vorzu= werfen; und allen königlichen Feldherren, Obergespanen, Reichs= und Land= richtern nachdrücklich anbefohlen, Gesetze und Vorrechte der ungarischen Völ= ker ohne Anfrage zu vollziehen und zu beschützen.

Dies Alles wäre auch pünktlich erfüllt worden, wenn Joseph länger gelebt hätte, oder schon damals die Reichsverweser reif gewesen wären für die Ueberzeugung, daß Achtung für Rechtlichkeit, Nationalität und Völker= kraft, daß unverbrüchliche Worttreue, die einzig sichere und feste Grundlage echter Staatsklugheit und Regierungskunst sei.

Somit war denn der achtjährige und letzte bürgerliche Krieg, der mehr als 85,000 Menschen aufgezehrt hatte, glücklich beendigt. Er wäre für Oesterreichs Herrschaft in Ungarn der gefährlichste geworden, hätte Franz Rákóczy bei seinen Irrthümern weniger Redlichkeit, minder echten Patriotismus, weniger Religiosität, Uneigennützigkeit, dafür mehr Selbstvergrößerungssucht, Herrschbegierde, Entschlossenheit und Gabriel Bethlens schöpferischen Geist besessen. Er verließ kurz darauf Polen, lebte sechs Jahre in Paris von der Gnade des französischen Hofes, dann achtzehn Jahre in Konstantinopel und starb in Bessarabien *).

Wohlthätig wirkte nun Karls III. Regierung (1711 — 1740) auf das zerrüttete Ungarn. Seit 185 Jahren hatte des bürgerlichen Krieges Flamme, durch unkluge Rathschläge und boshafte Einflüsterungen, der fremden Staats- und Kriegsbefehlshaber Gewaltstreiche und kirchlichen Fanatismus genährt, Mißtrauen zwischen Regenten und Völkern tief gegründet, die Gemüther getrennt, Ungarns Wohlstand zerrüttet, Gesetze, Ordnung und Gerechtigkeit unterdrückt; bis es dem großen Patrioten Johann Pálffy geglückt war, den letzten Brand dieser verderblichen Feuersbrunst völlig auszulöschen. Es war hohe Zeit für beide Theile; denn bei einem längeren Walten der bisherigen verderblichen Potenzen würde die ungarische Nationalkraft gar bald gänzlich erschöpft worden sein, das Haus Oesterreich aber 1741 den vielseitigen Angriffen seiner Feinde nicht widerstanden haben. — Doch eine freudige, fast ans Wunderbare grenzende Erscheinung bleibt es, daß aus all diesen verderblichen Krisen der ungarische Charakter sich unverdorben und rein gerettet, während bei andern Nationen langwieriger Druck und Mißhandlung den ursprünglichen Typus ganz verwischten und beklagenswerthe Umwandlungen hervorbrachten.

Schon die ersten Staatsacte Karls III. mußten der Ungarn Vertrauen erwecken. Der Szathmárer Friede wurde bestätigt; die Krone und Reichskleinodien zurückgestellt. — Doch, obgleich zu willkürlicher Herrschaft durchaus nicht geneigt, konnte er dennoch nicht immer verhindern, daß in seinem Namen auch jetzt noch Gewaltstreiche verübt wurden; aber Alles, was vor ihn gelangte, prüfte er stets und half ab, wo er konnte. Sectirender Unfug hob zwar das Haupt bis zu einer verderblichen Höhe, doch ungeachtet bitterer Klagen, die der gute König, der sich nie zum Verfolger der evangelischen Confessionsgenossen entwürdigen ließ, nur selten abstellen konnte, wurde die öffentliche Ruhe dennoch nicht gestört. — Den

*) Feßler IX. B. S. 643.

begnadigten Parteigängern Rákóczy's konnten ihre eingezogenen Güter nur zum Theil zurückgegeben werden, da sie sich in den Händen mäch= tiger weltlicher und geistlicher Herren befanden, die sie nicht mehr missen konnten und wollten. — Ohne bei den Ereignissen dieser Regierungsperiode, den Waffen= thaten, Friedensschlüssen und Hofränken zu verweilen, wollen wir nur bemerken, daß unter König Karl III. die zwei merkwürdigsten, auf das ungarische Staatsleben am meisten wirkenden Reichstage gehalten wurden, nämlich 1715 und 1723. — Im erstern wurde das stehende Heer eingeführt und dadurch die ordentliche und stabile Vaterlandsvertheidigung in die Hände des Bauers gegeben, da das ungarische Heer sowohl aus dem Bauer= stande rekrutirt, als von selbem erhalten wird. Dadurch hatte der Adel, ohne es zu ahnen, die Waffen aus der Hand gelegt, da er sich von der Vater= landsvertheidigung nur jenen Theil vorbehielt, der eben dazumal als unzu= länglich und unzweckmäßig anerkannt wurde *). Es begegneten sich hier aber die geheimen Wünsche beider Theile. Der Adel hatte seit zwei Jahrhunderten in innern Tumulten und auswärtigen Kriegen fast ohne Unterlaß geblutet; sein Vermögen war größten Theiles aufgezehrt und verwüstet, seine Zahl namhaft geschmolzen. Er sehnte sich endlich nach Ruhe, und da sie ihm in einem ehrenvollen Kleide geboten wurde **), so glaubte er sie ohne Ent=

---

*) Das wollen nun Viele bis auf den heutigen Tag nicht glauben: es ist aber dennoch nicht anders. — Man führt bei dieser Gelegenheit das Beispiel von 1741 an. Allein nebstdem, daß dieses das einzige während einem Jahrhundert ist (und welchem Jahrhundert! Welche Unzahl von Schlachten, an denen alle Nationen Europa's glänzenden Antheil nahmen, nur nicht der ungarische Adel, obwohl der Feind zweimal in seinem Vaterlande die siegenden Adler aufgepflanzt!) — war dieser Act ein ungewöhn= licher, von außerordentlichen Umständen begleiteter; der ungarische Adel auch noch nicht ganz eingeschlummert, da ein großer Theil der damaligen Generation, selbst die Anführer, Johann und Leopold Pálffy, Franz Nádasdy, Festetits, Bara= nyay, Ghilányi, die Brüder Esterházy, Beleznay, Károlyi u. A. noch der früheren Periode angehörten und in den Schlachten vor 1715 mitgekämpft hatten. — Doch hierüber wird der Leser im nächsten Aufsatze ein Ausführlicheres finden.

**) Der Eingang dieses Gesetzes lautet: Quandoquidem nobiles et omnes illi, quos sub nomenclatione hac, cujuscunque sint honoris, dignitatis et status perso= nae in Hungaria, lex complectitur, pro regni defensione militari, adeoque persona= liter insurgere suaque respective banderia producere et praestare teneantur; id sacra caesarea regiaque Majestas, quoties necessum esse judicaverit, ad conformitatem hactenus sancitarum superinde legum, a modo in posterum quoque desiderare et

ehrung annehmen zu können. Die Regierung aber hatte in jener Zeit noch beffern Grund, des Adels unmerkliche Entwaffnung zu wünschen. In wie weit beide Theile Recht hatten; wie fern des ungarischen Adels erfolgreiches Mitwirken den österreichischen Waffen andere Erfolge erwirkt hätte, muß freilich dahingestellt bleiben.

Der zweite nicht minder merkwürdige und folgereiche Landtag war jener von 1723, in welchem der größte Theil der innern Staatsverwaltung zweckmäßig umgestaltet und überhaupt so weise Gesetze gebracht wurden, daß ihnen nur genaue Erfüllung mangelte, um das Königreich in Kurzem als Muster vorzüglicher Administration darzustellen. — Da die hier getroffenen Einrichtungen im Wesentlichen größtentheils noch bestehen, folglich im Verlaufe dieses Werkes umständlich besprochen werden, müssen wir dahin verweisen. Nebst diesem wurde auch in diesem Reichstag die pragmatische Sanction durch die freien, weder durch Drohungen, noch durch Ver= heißungen erschlichenen Gesinnungen der ungarischen Nation einhellig angenommen. —

Die Anfangs glänzenden, gegen das Ende seiner Regierung aber höchst ungünstigen Erfolge der Waffen, Belgrads Verlust und der schimpf= liche durch Neiperg (1739) daselbst geschlossene Friede, verbitterten die letzten Tage des sanftmüthigen Königs, der für die Ruhe Ungarns so Vieles gethan, wenngleich sein guter, redlicher Wille oft gebunden, noch weit öfter vereitelt wurde. Kurz vor seinem Tode berief er Johann Pálffy vor sein Krankenlager und empfahl seiner Treue, seinen Rathschlägen, seinem Schutze und Ansehen bei dem ungarischen Volke, seine Tochter Maria Theresia, die einzige Erbin seiner Staaten. So bewies er noch in seinen letzten Stunden, wie fest sein Vertrauen zu den Ungarn stand, wie richtig er die Kraft und den Edelsinn der Nation zu würdigen wußte.

Periode von Maria Theresia bis auf unsere Zeit.

In wehrlosem und verarmtem Zustande hatte Karl III. nach dem drei= jährigen unglücklichen Kriege mit den Türken und den schon früher zur

exigere poterit. — Schöne Worte! hinter denen jedoch wenig Reelles liegt. Selbst der geistreiche Feßler scheint von dieser Klausel, der er vorzüglich die herrliche Wir= kung von 1741 zuschreibt, einigermaßen geblendet zu sein. — Die Geschichte der letz= ten vier Insurrectionen des Adels muß aber hier alle Zweifel zerstreuen.

Annahme der pragmatischen Sanction gebrachten bedeutenden Opfern seine Staaten hinterlassen. Die junge Königin, bedrängt von ihren der Eide und Gewährleistungen vergessenen Feinden, suchte und fand in äußerster Noth Rettung bei ihren treuen Ungarn. Der 11. Sept. 1741, Ungarns schönster Tag, wo sich eine großherzige Nation ganz ihrem edlen Gefühle, ohne alles politische Abwägen, überließ, gehört der Weltgeschichte an, und weder er, noch die Thaten des ungarischen Adels in Böhmen, Baiern und am Rheine können hier umständlich erzählt werden. Es war dieses d i e l e ß t e m i l i t ä r i s c h e K r a f t ä u ß e r u n g d e s u n g a r i s c h e n A d e l s. Denn keine spätere Insurrection kann sich kühner, des Ungars würdiger Waffenthaten rühmen; obwohl die ungarischen, aus dem Bauerstande errichteten Legionen den tapfersten der österreichischen Truppen beigezählt werden und einzelne Edelleute in der kaiserlichen Armee stets mit Aus= zeichnung dienten. — Durch die ungeheuern Opfer der ungarischen Nation zur Aufrechthaltung der pragmatischen Sanction verschwand auch der letzte Schatten gegenseitigen Mißtrauens, und seither ist die unwandelbare magya= rische Treue so sehr Axiom geworden, daß heutzutage jeder Minister, der eine ungarische Revolution vorspiegeln wollte, das Zeugniß seiner completen Unfähigkeit unterschriebe, und man daher füglich die über Majestätsver= brechen und Hochverrath bei uns verhängten Strafen in Einsperrung ins Tollhaus verwandeln könnte.

Schon früher wollten die Stände im ersten Reichstage (1741) einige Punkte des Krönungsdiploms genauer bestimmen. So sollte die schon unter K a r l III. reichstägig angenommene Auslegung der früher erwähnten jesuitischen Klausel ut supra intellectum etc., „daß nämlich sie nie dahin zu verstehen sei, daß Ungarn nach der Weise der andern Erbstaaten regiert werde," nun auch ins Diplom aufgenommen werden; nicht minder verlangte man die Aufnahme der spitzfindig ausgedachten, doch in der Wirklichkeit unstatthaften Klausel: „die Steuerlast klebt nicht dem Boden an*)." Fer= ner sollte ins Diplom kommen: alle bisher eroberten Theile Ungarns seien sogleich dem Reiche einzuverleiben; Siebenbürgen sollen die österreichischen Regenten als Könige von Ungarn besitzen und regieren; das Palatinat soll stets im ersten Jahre seiner Erledigung wieder besetzt, die Aemter nur an Eingeborne vergeben, die Beschwerden auf dem Reichstage persönlich an=

---

*) Hierüber siehe den nächsten Aufsatz.

Terra incognita.   5

gehört und abgethan, die ungarischen Angelegenheiten im Innern und Aeußern durch Inländer verwaltet werden. — Doch begnügte man sich endlich, diese Punkte in Gesetzartikel zu bringen. Auch wurde der Königin Gemahl, Franz, Großherzog von Toskana, zum Mitregenten angenommen. Wie sehr Maria Theresia der Ungarn Treue zu würdigen wußte, erhellt aus ihrem Schreiben vom 15. Julius 1744 an den Palatin Vater Pálffy (so pflegte sie an ihn zu schreiben), wo sie der ungarischen Waffen= thaten am Rheine gedenkend, sagt: „Dies ist Alles der Hilfe, Tapferkeit, Geschicklichkeit und Klugheit besagter ungarischer Völker zuzuschreiben. — Ich kann daher nicht umhin, Euch meine darüber geschöpfte Freude kund zu thun. Es ist Euch wohl nicht unbekannt, wie groß von jeher meine Liebe und mein Vertrauen gegen eine mir so werthe Nation gewesen. Ihr könnet Euch auch völlig versichern, daß diese meine Liebe und mein Ver= trauen für sie täglich zunimmt, weil ich auch täglich mehr Proben empfange, wie wenig diese meine Hoffnung mich betrogen habe. Es ist folglich nichts, was ich mir nicht von der Treue und Tapferkeit der Ungarn in allen Vor= fallenheiten versprechen könnte, und was hingegen ich nicht aus willigem und dankbarem Herzen zum Wohl des Königreichs zu thun bereit wäre u. s. w."

Unter diesem Schreiben hatte die Königin eigenhändig Folgendes noch hinzugesetzt:

Dieser Brief soll als Zeugniß meiner Gunst und sonderbaren Liebe gegen die Nation allen Gespanschaften mitgetheilt werden.

Maria Theresia.

So war erst der zart= und edelfühlenden Frau, dem letzten Sprößling des Habsburger Herrscherstammes, die Klugheit, der Muth und die Kunst vorbehalten, allen Einflüsterungen zuwider, die ungarische Nation würdig zu behandeln *).

Nach achtjährigen auswärtigen Kriegen, während welcher die Ofener Burg, als verheißene periodische Residenz der Königin, zu bauen begonnen ward, und die ungarische Staatsmaschine sich in den unter der vorigen Regierung eingeführten Formen, so gut als schlecht, bewegte, die hundert= jährigen Wunden aber bei der guten Natur des Volkes und Bodens lang= sam zu vernarben begannen, wurde (1751) der zweite Reichstag zu Preß=

---

*) Feßler B. X. S. 122.

burg abgehalten, wo wir bereits eine bis auf die neuesten Zeiten in jedem Reichstage wiederkehrende Frage erblicken. Zu fester Begründung des Wehrstandes sollte die Steuersumme, welche bisher 2,500,000 Gulden betragen hatte, um 1,200,000 Gulden erhöhet werden. Die Billigkeit dieser Forderung stützte sich auf die von achtjährigem Kriege noch rück= ständigen Schulden, auf die wegen des Friedens geschehene Aufopferung einiger Lande, auf den daraus erfolgten Ausfall in den Staatseinkünften, und auf die nothwendige Versorgung der zunehmenden Zahl der königlichen Kinder. Die Stände antworteten darauf: das Reich sei zu der geforderten Steuererhöhung zu arm. Der letzte Krieg mit der Pforte und die An= strengungen während des achtjährigen Erbfolgekrieges, dazu noch Unfrucht= barkeit, Ueberschwemmungen, Heuschrecken und andere Unglücksfälle haben allen Wohlstand der steuerpflichtigen Reichsbewohner verschlungen. Mit Nachdruck stellten sie der Königin das verkehrte Verfahren der österreichischen Finanzverwaltung vor, nach welchem den Ungarn alle Wege und Mittel zum Erwerb und zur Wohlhabenheit abgeschnitten werden. Der Verkehr mit ungarischen Naturerzeugnissen werde auf alle mögliche Weise, besonders durch die Zölle in den deutschen Landen und durch die gestattete Einfuhr derselben Erzeugnisse aus der Türkei, wohin sodann das Geld unwiederbringlich fließe, gehemmt. Der Zoll auf Schlachtvieh, Wein, Getreide, Wolle sei bei der Einfuhr in die deutschen Erblande auf das Vierfache erhöht. Die unbe= zahlten Vorspanne reisender Staats= und Kriegsbeamten und die kaum auf das Viertel des Marktpreises gesetzten Naturalienlieferungen vollenden das Elend. — Die Königin antwortete mit erneuerter Forderung, daß die Stände eiligst und vor aller Darlegung ihrer anderweitigen Beschwerden über die Steuererhöhung entscheiden sollten, worauf sie nicht ermangeln werde, ihre Beschwerden zu erwägen und so weit es ohne Nachtheil ihrer übrigen Provinzen geschehen könne, ihnen abzuhelfen. Ungarn habe in dem Erbfolgekriege weit weniger als die Erblande ge= litten. Ungarns Sicherheit gründe sich auf den sichern Bestand der Monar= chie, zu deren Erhaltung und Beschirmung die Stände keine Anstrengung scheuen dürfen und sollen. — Hierauf überreichten die Stände ihr Aner= bieten, die Steuer um eine halbe Million Gulden zu erhöhen, baten aber noch um erträglichere Einrichtung der Wehrverfassung, um Abschaffung aller unentgeltlichen Arbeiten, Vorspannleistungen, Fuhren, und um gnädige Annahme ihrer Verwahrung, daß sie für unerschwingliche Rück=

ſtände von der bewilligten Summe nicht haften, noch
Einer für den Andern zahlen müſſen. — Die Königin nahm
die bewilligte halbe Million an, mit der Erklärung, daß wohl ein Mehreres
hätte gethan werden können und ſollen. Doch die unentgeltlichen Ar=
beiten ſollten die Stände noch mit 200,000 Gulden ablöſen, dann wolle
ſie befehlen, daß ihre im Dienſt reiſenden Beamten den Vorſpann für jede
Station mit 45 Kreuzer bezahlen müſſen. Bei Vertheilung der Steuer
ſollten die Stände gewiſſenhaft verfahren. — Gegen die obige Verwahrung
bewilligten die Stände die geſammten 700,000 Gulden auf drei Jahre, doch
mit Einſchluß der Judentaxe und der Steuer aus den wieder einverleibten
Reichstheilen. Bald hierauf entließ die Königin den Reichstag, nach=
dem ſie während deſſelben eine Reiſe nach Peſt und Gödölö gemacht und
überall beurkundet hatte, wie beharrlich ſie bei ihrem Vorhaben blieb,
die Ungarn nach Würde und Verdienſt zu behandeln, und daß ihr Herrſcher=
wille hoch über alle kleinlichen Beſorgniſſe, betrügeriſche Einflüſterungen
und verſchmitzte Ränke erhaben ſei. Leider hatte auch ſie nicht ergründet,
daß ihre Finanzbeamten von Beſchränkungen des ungariſchen Handels auf
Gewinn rechnend, in der echten Staatswirthſchaft noch weit zurück ſeien.
Hätten ihre Vorfahren, hätte ſie den Handelsverkehr mit ungariſchen Natur=
erzeugniſſen freigegeben, ſo wäre ſie ebenſo wenig als ihre Vorfahren
jemals in die Nothwendigkeit gekommen, weniger zu erlangen, als gefordert
worden war. Die Ungarn hätten das Vermögen gewonnen, Viel geben
zu können, und ihr Patriotismus, mit treuer Anhänglichkeit an den Thron
verſchwiſtert, hätte ſie aufgefordert, ungleich mehr zu geben, als der zu
Gunſten der übrigen Erblande bedrückte ungariſche Handel der Schatzkammer
einbringen konnte.

Bald nachher (1756) brach der ſiebenjährige Krieg aus, an
dem die ungariſche Inſurrection keinen Antheil nahm. Zwar errichteten die
begüterten Familien Pálffy, Eszterházy, Bathyányi Reiterſchwa=
dronen, gaben Geld und Getreide, Franz Nádasdy ward zum oberſten
Befehlshaber der ganzen kaiſerlichen Reiterei ernannt; aber die Inſurrection
ſaß nicht auf. Von nun an kam der ungariſche Adel bis auf den heutigen
Tag ganz außer aller militäriſchen Uebung, und iſt zur Stunde die am
wenigſten eingeübte militäriſche Corporation in ganz
Europa.

Der Krieg und die Opfer, mit welchen die römiſche Königswahl des

Erzherzogs Joseph (1764) erkauft wurde, hatten den Schatz der Königin nicht nur erschöpft, sondern auch mit Schulden belastet, für deren Bezahlung zum Theil sogar die öffentlichen Steuern verpfändet waren. In dieser Noth schrieb sie einen Reichstag nach Preßburg aus (1764). Sie verlangte die Erhöhung der Steuer mit einer Million. — Auch über die Einrichtung des stehenden Heeres sollten die Stände berathschlagen, da sie selbst einsehen müßten, wie unzulänglich zur Vertheidigung das bisher übliche Aufsitzen des Adels sei, indem es zu lange Vorbereitungen fordere, eine immer ungewisse Zahl der Streiter darbiete, viele Kosten verursache und doch dem Zwecke nicht schnell und wirksam genug entspreche.

Mit Erstaunen vernahmen die Stände diesen Vortrag, eingedenk der beträchtlichen Opfer, welche sie zu diesem, in seiner Richtung ebenso un= nöthigen und für den Wohlstand des ungarischen Reiches gleichgiltigen, als nach der Entfernung Franz Nádasdy's schlecht geführten und ge= endigten Krieg dargebracht hatten. Die Unzulänglichkeit der adelichen Insur= rection mochten sie wohl zum Theil selbst eingesehen haben, doch glaubten sie, diese Ausstellung am wenigsten von der Königin erwarten zu dürfen, die während ihrer Regierung nur die heilsame, nie die unzulängliche Seite der Insurrection erfahren hatte. Sie erklärten daher in aller Ehrfurcht, der Königin Forderungen seien so beträchtlich, und von so großer Wichtigkeit, daß sie die Möglichkeit, dieselben zu erfüllen, erst durch Erwägung ihrer gegenwärtigen wirklichen Bedrängnisse ausmitteln könnten.

Gleich am folgenden Tage erhielten die Stände die nachdrücklichste Ermahnung, sich unverzüglich und vor Allem mit den königlichen Anträgen zu beschäftigen, und die unabänderlichen Forderungen zu erfüllen; dann erst sei es Zeit zur Anbringung ihrer Beschwerden, auf welche gnädige Rück= sicht zu nehmen die Königin nicht unterlassen werde. — Wohl wissend, daß, wenn Nationen zu drückenden Leistungen angestrengt werden, man ihnen auch Zeit lassen müsse, zu erwägen, woher sie die Mittel dazu nehmen kön= nen, und wenn das sich ergebende Unvermögen in verkehrten Maßregeln der Regierung liege, der Nationalstandschaft, welche durch ihre Constitu= tion berechtigt ist, sich selbst zu besteuern, auch freistehen müsse, bei der Regierung um Abänderung ihrer verkehrten, die höhere Besteuerung unmög= lich machenden Maßregeln anzuhalten, erklärten die Stände die Unmöglich= keit, unter den obwaltenden Bedrückungen die Steuer mit der geforderten Summe zu erhöhen. Der Landmann müsse schon unter der am letzten

Landtage nur auf drei Jahre ihm aufgebürdeten, aber durch dreizehn Jahre fortgetragenen Last unterliegen, da derselbe, anstatt die verheißenen Erleich=terungen in Betreff des Handels ihm zu gewähren, vielmehr durch den siebenjährigen Krieg neuen und ihn völlig erschöpfenden Bedrängnissen preisgegeben worden sei. Hier erwähnten sie aller Unglücksfälle der vorigen Jahre, der Lasten des Krieges, der fünfmal geforderten beträchtlichen Opfer an Mannschaft, an Geldbeiträgen und an Lieferungen, welche sie der Königin freudig dargebracht hatten; jetzt müßten sie vielmehr bitten, selbst die in letzter Reichsversammlung bewilligte höhere Summe der Steuer gnä=digst zu erlassen, um so mehr, als ungeachtet der Vorstellungen und der Beschlüsse des letzten Landtages, noch gar nichts geschehen ist, um die Erschwingung derselben zu erleichtern. Der Absatz der ungarischen Natur=erzeugnisse sei seitdem um nichts befördert worden; die Zölle an den Grenzen der deutschen Lande seien so erhöht, daß die deutschen Provinzen ihre Steuer eigentlich mit ungarischem Gelde bezahlten. In Bezug auf das Aufsitzen des Adels sahen die Stände keine Nothwendigkeit neuer Einrich=tungen, da bereits ein stehendes, zahlreiches Heer aus der Landessteuer be=zahlt werde, und dazu noch an den Grenzwehrbezirken immer marschfertige Grenzer=Banden aufgestellt seien. Im Falle der Noth dürfe der König nur reichstäglich das persönliche Aufsitzen des Adels gebieten, so werden die Stände gewiß sich jeder Zeit bereit zeigen, Blut und Leben zur Vertheidigung des Vaterlandes und des Königs darzubieten. Die Zahl der Aufsitzenden müsse nie bestimmt werden, und soll ein Reichsgeheimniß bleiben, um den Feind in der Berechnung der ihm entgegenzusetzenden Streitkräfte irre zu leiten.

Schon nach fünf Tagen erfolgte darauf die königliche Antwort: Die Nothwendigkeit der Steuererhöhung sei entschieden; sie sei auch möglich, wenn nur die Herren den Landmann, den Reichsgesetzen gemäß, mehr schonen und die Last gleich vertheilen wollen. In Bezug auf das Aufsitzen des Adels möchten die Stände auf die gegenwärtige Weise, Krieg zu führen, Rücksicht nehmen, so würden sie finden, daß reichstägliche Berathschlagungen in den meisten Fällen zu spät kommen dürften, daß es folglich zweckmäßiger sei, auch hierüber im Voraus etwas Gewisses und Bleibendes zu be=stimmen.

Endlich bewilligten die Stände 310,700 Gulden, so daß die ganze Steuersumme, jedoch nur auf drei Jahre, 3,600,000 Gulden betragen sollte; wobei sie sich wegen des elenden Zustandes der Landleute auf ihr Gewissen beriefen. In Betreff des Aufsitzens beharrten sie fest auf ihrer gegebenen Erklärung, um so mehr, als die jedesmalige reichstägige Aufforderung auch dazu beitragen werde, daß es zahlreicher und bereitwilliger zu Stande komme. Die klugen Stellvertreter der ungarischen Völker sahen wohl ein, daß sie in nichts einwilligen dürfen, was die Landtage, das festeste Palladium ihrer Constitution, entweder seltener machen, oder völlig aufheben könnte.

Maria Theresia gab in Bezug auf das Aufsitzen des Adels den Ständen nach; in Rücksicht der Steuererhöhung aber müsse sie auf einer stärkern Bewilligung bestehen. — Sie setzten also noch 300,000 Gulden dazu, und hiermit stieg die jährliche Steuereinnahme auf 3,900,000 Gulden. Damit stellte sich die Königin zufrieden; empfahl aber Verordnungen, durch welche der Landmann vor anderweitigen Bedrückungen und Erpressungen gesichert werden sollte, damit die Königin ihr Gewissen hierüber beruhigen könne.

Es war dieser der letzte Landtag, den Maria Theresia ausgeschrieben hatte. Sie war zu rechtschaffen gesinnt, um der Ungarn unwandelbare Ehrfurcht und Treue gegen den Thron bei aller Freimüthigkeit, zu Machtsprüchen zu mißbrauchen, und dadurch das ihr höchst wichtige Vertrauen der Nation zu verwirken. Die Constitution wollte und konnte sie nicht aufheben; so lange aber diese bestand, durfte sie auch das Reich nicht willkürlich besteuern. Lieber wollte sie von dem Edelsinne und der Großmuth der Nation nehmen, dessen sie forthin benöthiget war, als auf constitutionellem Wege es fordern, und dann doch durch nothgedrungene Nachgiebigkeit ihr königliches Ansehen gefährden. In dieser Hinsicht also wußte sie die Nothwendigkeit eines Landtages auf kluge Art bis an ihr Ende zu beseitigen, und da Ungarn der Gesetze bereits genug hatte, so durfte sie nur für pünktliche Vollziehung derselben Sorge tragen, und kostspielige Landtage wurden auch in dieser Beziehung entbehrlich.

Der ungarische Adel überließ sich nun einer behaglichen Ruhe. Im Vertrauen auf den frommen, redlichen, die Ungarn vollkommen würdigenden Charakter der mit ritterlicher Hingebung geliebten Königin, befürchteten und erfuhren sie keine Gewaltstreiche; die Ruhe ging nun bald in einen Schlaf über, welcher bei einer nachfolgenden, gleich sanften und klugen Regierung leicht der Nationalität und Freiheit hätte gefährlich werden können.

Doch die Ungarn sollten durch empfindliche Berührungen aus ihrem immer mehr um sich greifenden Marasmus zu neuer Thätigkeit, Kraft und Volks= thümlichkeit aufgerüttelt und ihrem höhern Ziele näher gerückt werden. Die Wunder einer achthundertjährigen Erhaltung können nicht umsonst geschehen sein; und der denkende Ungar, dem die unwandelbaren, ewigen Lehren der Geschichte nicht stumm geblieben, wird nimmer zweifeln, daß der ungarischen Nation, nach zeitgemäßer Umgestaltung, noch eine edle, erhabene Rolle im europäischen Staatenbunde beschieden sei.

Um jene Zeit 1765 starb Kaiser Franz, und von nun an blieb Maria Theresia die noch übrigen fünfzehn Jahre ihrer sanften Re= gierung hindurch in Traurigkeit versunken; und nachdem der römische König Joseph zum Mitregenten und unumschränkten Leiter aller Wehr= und Kriegsangelegenheiten, der Herzog Albert von Sachsen=Teschen aber nach des Palatins Ludwig Bathyányi Tode zum Statthalter in Ungarn er= nannt war, zog sie sich ganz von den auswärtigen Staatsgeschäften zurück und lebte größtentheils in einer aufs höchste gesteigerten Form kirchlicher Frömmigkeit. Nebst dieser waren wissenschaftliche und kirchliche Einrich= tungen ihre angenehmste Beschäftigung, und hierin thaten seit Mathias Corvinus alle ihre Vorfahren zusammen nicht so viel, als sie allein; wie es an seinem Orte umständlicher wird vorgetragen werden. Doch bei aller Frömmigkeit und Freigebigkeit gegen diejenigen, welche von den evange= lischen Confessionen zur römischen Kirche übertraten, that sie dennoch dem fanatischen Eifer einiger Bischöfe in Verfolgung der Protestanten mehr= mals kräftigen Einhalt.

Unter Leitung des Staatsministers Fürsten von Kaunitz wurde 1771 Galizien und Lodomerien mit dem alten Rechte der unga= rischen Krone in Besitz und die längst verpfändeten zipser Städte zurück genommen. Ebenso kam auch die Bukovina an das Haus Oester= reich. — Nach dem Hintritt des baierischen Kurfürsten Maximilian Joseph 1777 entzündete sich der kurze Erbfolgekrieg, wozu die ungarischen Bischöfe, Magnaten und Gespanschaften, um dem künftigen König ihre An= hänglichkeit zu bezeugen, 7212 Reiter und 13,788 Mann Fußvolk auf ihre Kosten ausrüsteten, ohne jedoch persönlich an dem Kriege Theil zu nehmen, da die Helden von 1741 schon größtentheils ausgestorben waren, die Anführer von 1764 aber sich in ihrer Ruhe zu behaglich befanden, um zu einer Fehdeschaft, die das Vaterland nichts anging, in Person auszuziehen.

Schon am 13. Mai 1779 machte der Teschener Friede diesem un=
blutigen Kriege ein Ende. — Kurz darauf, am 22. November 1780 schied
der erhabene Geist der großen Frau, vortrefflichen Königin und Mutter ihrer
Unterthanen aus dem zeitlichen Dasein hin in das ewige Sein.

Kaiser Josephs II. Reformen in Ungarn erschöpfend darstellen und
kritisch beleuchten zu wollen, führte weit über die Grenzen dieses Aufsatzes,
und zwar um so mehr, als sie, in den späteren Aufsätzen, so weit es die
Nothwendigkeit erheischt, umständlich vorkommen werden. Doch können
wir nicht umhin, der synoptischen Erwähnung seiner Periode die kraftvolle
Schilderung Feßlers wörtlich vorauszusenden. — „Joseph" — so schreibt
der große Historiograph — sah sich am Steuerruder eines entnervten, zer=
rütteten, hinfälligen, verschuldeten Staates; zu seinem Dienste einen Hau=
fen unwissender, feiler, in Genuß und Untbätigkeit versunkener Beamter,
Minister ohne Weisheit, Richter ohne Achtung für das Recht, eine Menge
gemeiner Priester ohne Religion, ohne Wissenschaft, ohne kirchlichen Sinn;
eingekaufte Hauptleute ohne Talent und ohne Bildung, Soldaten ohne Ehr=
liebe und Zucht, Bürger ohne Sitten und Gemeingeist. Er legte Hand an
das Steuer, folgend dem gewaltigsten Drange, eine neue und bessere Ord=
nung der Dinge zu schaffen, wozu ihm das Genie fehlte, anstatt dieselbe
vorzubereiten und allmählig herbeizuführen, wozu er Verstand und Kraft
genug besessen hätte. Der redlichste Wille und die rastloseste Thätigkeit
für sich allein konnten ihn nicht zum Ziele führen.

Er entrückte es sich selbst dadurch, daß er der verfassungsmäßigen Krö=
nung sich entzog, geringschätzend die Nationalmeinung, welche nur den Einrich=
tungen eines gekrönten Königs gesetzliche Kraft zuerkennen will; daß er
seine Reformationsentwürfe nicht mit den heller und weiter sehenden Männern
der Nation erwogen, eingeleitet und ausgeführt; daß er dieselben fragmen=
tarisch, nach zufälligen Veranlassungen oder Einfällen, nicht auf einmal und
im Zusammenhange bekannt gemacht hatte, wodurch er die Nation im Zweifel
ließ, wo er aufhören, wo seine Willkür sich selbst beschränken, was endlich
bleibend sein würde. Dieser Zweifel erzeugte den Verdacht, er wolle die
Constitution und die Gesetze seiner unbegrenzten Willkür unterwerfen; der
Verdacht reizte zum entschlossensten Widerstande und zur Erfindung unüber=
steiglicher Hindernisse. Er ließ sich nicht krönen, weil er sich dem Krönungs=
eide und der Nothwendigkeit, das Krönungsdiplom seiner Vorfahren zu
vollziehen, entwinden wollte. Allein, gleichwie man unter Leopold bei

Josephs I. Krönung in das Diplom die vieldeutige Klausel: prout de sensu et usu eorum inter regem et status atque ordines conventum fuerit einschalten konnte, so wäre es wahrscheinlich gelungen, in dem Krönungsdiplom für Joseph II. die rechtliche Klausel: in quantum sensus et usus eorum ex mente regis et statuum atque ordinum juribus justae civitatis et naturae majestatis supremae non adversarentur anzubringen; und auf den Grund dieser Klausel hätte er Alles r e ch t l i ch befehlen können, was er w i l l f ü r l i ch befohlen hat.

Tiefe Wehmuth bemächtigt sich des ungarischen Patrioten und des Historiographen, wenn sie das neunjährige Regentenleben J o s e p h s überschauen, da seit M a t h i a s von H u n y a d kein König so kräftig und bleibend, wie er, Ungarns Völker zu höherer Nationalität hätte erheben können. Vollständiger und klarer als seine Vorfahren erkannte er, was dem ungarischen Reiche zur Erhöhung seines Wohlstandes Noth that. Leider fehlte ihm nur der sichere Maßstab zur Bestimmung, wie viel das ungarische Gemüth vertragen und der Nationalcharakter gestatten könnte. Nun aber giebt die ganze Zeit seiner Herrschaft nur ein warnendes Beispiel des hartnäckigsten Kampfes kalter Verständigkeit gegen die Rechte des Gemüthes, und übereilter Willkür wider besonnene Nationalität.

In den Geschichten aller Völker steht unauslöschlich verzeichnet, es sei ebenso gewagtes als vergebliches Unternehmen der Staatsgewalt, eine Nation ihrer Grundverfassung und der daraus hervorgehenden Rechte und Freiheiten berauben zu wollen. Die Völker wissen zu gut, daß Unterdrückung weder beharrlich bestehen, noch immer fortschreiten könne; denn die Lebensdauer der Machthaber ist kurz, sie treten hinter einander auf und einer verschwindet nach dem andern; dagegen ist der Fortdauer eines Volkes keine andere Grenze gesetzt, als der Bestand des Gebietes, welches dasselbe trägt und erhält. Dieser Bestand bewahrt der bedrückten Nation die Hoffnung und die Mittel, sowohl Gerechtsame, die ihr entrissen worden, wieder zu gewinnen, als auch demjenigen eifriger nachzustreben, was Willkür ihr verweigert hat. In R u d o l p h s zweiunddreißigstem und L e o p o l d s fünfundzwanzigstem Regierungsjahre hatte sich diese Wahrheit auch Ungarns Völkern merkwürdig bewährt; und der Verfolg dieser Geschichten wird zeigen, wozu die Nichtachtung dieser alten Wahrheit den Kaiser J o s e p h genöthigt hat; er wird beweisen, daß J o s e p h ein Jahrhundert zu früh erschienen war, um erkannt und begriffen zu werden; seine Entwürfe waren

zu groß, um in Kastengeist und Eigenliebe erschlaffte Völker nicht zu er-
schrecken; seine Maßregeln zu klein, seine Mittel der Ausführung zu unge-
schickt, um seinem Zwecke zu entsprechen *)."

Die Reformen des Kaisers in der innern Administration zeichneten
sich größtentheils durch Weisheit und Zweckmäßigkeit aus. Die Umgestaltung
und Verlegung der Dikasterien und Gerichtshöfe, die Umwandlung im bürgerlichen und peinlichen Rechte, in Comitats= und Städtewesen, die Abstel=
lung der Zünfte und die Feststellung eines neuen Verhältnisses zwischen den
Grundherren und den Unterthanen, seine Reductionen im Staatshaushalt,
seine Veränderungen im Steuer=, Militär= und Polizeiwesen tragen überall
das Gepräge eines hellen Geistes, edlen Herzens und des aufrichtigsten
Willens, seine Unterthanen zu beglücken, an sich; und der fast durchaus ver=
fehlte Zweck liegt größtentheils im Contraste zwischen seiner Persönlichkeit
und der seiner nächsten Umgebungen, wie auch in dem intellectuellen Stand=
punkte seiner Völker. Doch sind seine wiederholten Angriffe auf das ungarische Munizipalwesen, seine Aufhebung der ordentlichen Adelsversamm=
lungen, seine Unterdrückung der Volksvertretung, seine entschiedene Abneigung
gegen alles Eigenthümliche und seine gewaltige Vorliebe für das in Ungarn
durchaus nicht anwendbare Allgemein= und Gleichmachen ebenso wenig zu
entschuldigen, als das Unterlassen der Krönung und die Versuche, o h n e
die Nation durchzusetzen, was er m i t derselben erlangen konnte und gewiß
erlangt haben würde.

In Ungarn erregten vorzüglich zwei seiner Staatsacte die so kräftig ge=
äußerte Opposition gegen seine übrigen Einrichtungen, sogar gegen solche,
deren Zweckmäßigkeit schon damals anerkannt wurde und die gegenwärtig einer
baldigen Wiedereinführung entgegensehen. Diese zwei in einer unglück=
seligen Stunde gefaßten Beschlüsse waren: die Abführung der ungarischen
Reichskrone aus dem Preßburger Schlosse nach Wien, und der Befehl, alle
öffentlichen Geschäfte in deutscher Sprache zu verhandeln. — Fast alle
Gespanschaften machten hierüber und über die andern verfassungswidrigen
Einrichtungen die muthigsten und bündigsten Vorstellungen, und die
Sammlung derselben ist das schönste Denkmal der Art und Weise, wie sich
das Selbstgefühl einer, ihrer Verdienste, ihres Werthes und ihrer Kräfte
sich bewußten Nation, ohne die schuldige Ehrfurcht vor der Majestät außer

---

*) Feßler X. B. S. 481.

Acht zu laffen, gegen drückende Herrscherwillkür vor dem conftitutionellen Staatsoberhaupte aussprechen durfte. Tief mochte wohl der Monarch durch die schlagenden Gründe dieser Vorstellungen getroffen und verletzt worden sein, da er bei Gelegenheit der Einführung königlicher Commiffaire an die Stelle der Obergespane, im Decrete vom 18. März 1785 äußerte: „Wir gebieten, daß gegen diese unsre höchste Anordnung von Seiten der Gespan= schaften keine Vorstellungen gemacht werden."

Der Zustand der ungarischen Nation während der neunjährigen Regierung Kaiser Josephs II. war der einer beständigen Aufregung, eines ununterbrochenen Fiebers der durch gerechtes Mißvergnügen über= reizten und überspannten Nationalkraft, in welchem, zum Heile Ungarns, die unter der vorigen heilenden und calmirenden Regierung eintretende Erschlaffung und theilweise Verweichlichung des Volkscharakters völlig verschwand und der natürlichen, charakteristischen ungarischen Energie Platz machte. Besonders wurden die Ungarn auf die Wichtigkeit der Mutter= sprache aufmerksam gemacht, und sie bewahrten und pflegten seit jener Zeit dieses Kleinod ihrer Selbstständigkeit mit unermüdeter, zum Theil jetzt schon belohnter Vorliebe; denn der Zeitpunkt ist nicht mehr fern, wo man mit Bestimmtheit wird behaupten können, „die ungarische Sprache werde nur mit dem letzten Ungar vom Erdboden verschwinden."

Was Joseph im Kirchenwesen umgestaltete, gehört einem andern Orte an; hier ist nur zu bemerken, daß bei diesem Gegenstande nicht minder schreiende Mißgriffe erfolgten, als bei den übrigen Reformen.

Die Empörung und der Verlust der Niederlande (1788), der nicht glücklich geführte Türkenkrieg, dessen einer Feldzug (1788) allein 70 Mil= lionen Gulden und 40,000 Menschen gekostet hatte, Preußens drohende Stellung, der immer kräftigere Widerspruch und Hindernisse der Ungarn gegen verfassungswidrige Verlangen und Zumuthungen, erfüllten die letzten Tage seines Lebens mit bitterem Kummer, und die Kunde von naher Gefahr eines allgemeinen Aufruhrs in Ungarn, durch fremde Mächte unterstützt, bestimmte ihn endlich, einige Wochen vor seinem Tode, das Riesenwerk, an dem er auf unhaltbarem Boden durch neun Jahre gearbeitet hatte, mit eigener Hand durch einen einzigen Federzug niederzuwerfen (28. Januar 1790). Er unterzeichnete das wichtige Refcript, durch welches er die ganze politische und gerichtliche Verfassung in die alte Form, wie sie am Tage des

Hinscheidens seiner Mutter war, zurücksetzte. Er ertheilte die Versicherung, daß er des Reichstages Versammlung nicht über das nächste Jahr hinaus= setzen, sie mit seiner Krönung und Ausfertigung der Krönungsurkunde be= ginnen wolle. Unterdessen sollten noch im Laufe des Jahres, am 1. Mai, alle alten Formen der Reichsverwaltung wieder eintreten. Er nehme gar nicht Anstand, hierin die Wünsche der Ungarn zu erfüllen, indem er glaube, daß die Wohlfahrt der seiner Regierung anvertrauten Nationen am sichersten auf jenem Wege erzielt werden könne, auf welchen die Uebereinstimmung und der ge= meinschaftliche Wille der Nation hinweise. — Auch die Zurückstellung der Krone wurde daselbst zugesagt, ja bereits am 17. Februar, 3 Tage vor des Kaisers Tode, den Kronhütern übergeben.

Josephs Dasein war für Viele drückend; sein Dagewesenfein wirkt für Alle noch immerfort wohlthätig; denn er überlieferte seinen Nach= folgern nicht nur Krone und Scepter, sondern auch die heilsame Lehre von der unausweichlichen Nothwendigkeit einer gesetz= und verfassungsmäßigen Regierungsweise *).

Niemand war wohl mehr geeignet, dem aufgeregten Zustande Ungarns nach dem Tode Kaiser Josephs früher und vollkommener ein Ende zu machen, als der edle, hellsehende, vorurtheilsfreie und staatskluge Leopold II., der bereits durch vierundzwanzig Jahre in Toskana Beweise beglückender Regententugend an den Tag gelegt hatte. Gleich bei Uebernahme des Thro= nes erklärte er, sein ernstlicher Wille sei, des Reiches-Verwaltung mit treuer Beobachtung der Constitution zu beginnen und fortzusetzen.

Der Reichstag, welcher am 18. Juni zu Ofen begonnen, aber Behufs der Krönung nach Preßburg übertragen wurde, ist hinsichtlich der innern Staatsverwaltung unstreitig der merkwürdigste in der Geschichte Ungarns, indem kein früherer die Grundprinzipien der Constitution so umfassend und klar feststellte, kein späterer, aus eben diesem Grunde, sie in dieser Anzahl aufzustellen brauchte, indem nur theilweise Bestätigung, Erklärung, Anwendung oder Ausdehnung nöthig war. — Nachdem auch hier, wie in den meisten spätern Krönungsreichstagen, viel über die Abänderung und Erwiderung des Diploms debattirt wurde, der König jedoch bei der behaar= lichen Erklärung blieb, daß er keine andere Versicherungsurkunde, als

---

*) Feßler X. Bd. S. 600.

die carolinische und theresianische ausfertigen, doch alle gerechten Beschwerden vernehmen, abstellen und in Geseßartikel bringen wolle, ward er, nachdem die Nation nochmal ihre Sorgfalt für die Aufrechthaltung der Constitution mit edler Würde vorgetragen *), feierlich gekrönt,

---

*) In dieser, den Geist einer treuen, unter der vorigen Regierung tief gekränkten Nation beurkundenden Vorstellung heißt es am Ende: „Weit entfernt, in den Rechten Eurer Majestät eine Veränderung zu beabsichtigen, oder eine Erweiterung der Standschaftsrechte zu bezwecken, folgen wir blos den Fußtapfen unserer Väter, denen die Constitution des Vaterlandes heilig und unverleßlich war.“ — „Das Andenken an frühere und neue Zeiten belehrte uns über die Ursachen, aus welchen unsere Nationalrechte oft so gewaltig verleßt, ja völlig unterdrückt worden sind. Einerseits wurden durch erkünstelte Erklärungen der Reichsgeseße die Majestätsrechte ungemein weit ausgedehnt, und die Rechte der Stände immer enger beschränkt; andererseits hatten die gesetzlichen Mittel, welche verhindern sollten, daß die königliche Gewalt, die Schranken der Gesetze durchbrechend, den Rechten und Freiheiten der Stände keinen Abbruch thäte, unter dem Drucke der Zeiten zu wenig Kraft und Wirksamkeit. Diesem Unheil konnten die einzigen noch übrigen Mittel, Bitten und Klagen, nicht mehr steuern, nachdem auch die Reichsversammlungen durch fünfundzwanzig Jahre unterblieben waren.“ — „Wir haben in unserm Entwurfe nichts aufgenommen, als die Majestätsrechte, wie sie der König von Ungarn nach dem Geist der Gesetze und nach Eurer Maj. eigenen Erklärungen, unter Mitwirkung der Stände, ausüben soll. Was die Versicherungsmittel betrifft, so bekennen wir Eurer Maj. aufrichtig, daß wir nur zwei, mit den Reichsgesetzen zwar übereinstimmende, aber dem Gebrauche der neuern Zeiten zuwiderlaufende kennen: das eine, auf die gesetzlichen drei Jahre fest bestimmte Reichsversammlungen; das andere, das Recht, reichsgesetzwidrigen Befehlen nicht zu gehorchen.“ — „Erlaubte uns das allgemeine Gesetz der Sterblichkeit, unsere Hoffnung auf Eurer Maj. immerwährende Regierung zu gründen, so wären wir zufrieden mit einem einzigen diplomatischen Artikel, welcher im Allgemeinen die Rechte, Freiheiten und Gesetze des Reiches bestätigte, und deren Beobachtung verbürgte; denn wir besorgen nichts weniger, als daß Eure Maj. entweder durch eigenen Antrieb, oder durch böse Rathschläge zur Uebertretung der Gesetze verleitet werden könnte. Aber wir glauben, daß Eure Maj. für Ihre Nachfolger sorgen wolle, wie wir für unsere Nachkommen Sorge tragen müssen; Eure Maj. können für die Sinnesart Ihrer Nachfolger nicht bürgen: wir wissen, mit welcher Treue, Standhaftigkeit, Mäßigung und Geduld wir die Verletzung unserer Rechte und Freiheiten, sowie die Umkehrung der ganzen Reichsverfassung, auch dann noch, als uns die Umstände zum Widerstande günstig waren, ertragen haben. Ob unsere Nachkommen unter ähnlichen Verhältnissen dieselbe standhafte Treue und Geduld beweisen werden, können wir nicht verbürgen. Wir haben daher in dem, was wir bitten, nicht nur unsere Rechte und Freiheiten, nicht nur unsere und unserer Nachkommen, sondern auch des königlichen Hauses Sicherheit und Ruhe vor Augen. Wir bitten nicht um Verleihung

und zwar durch seinen viertgebornen Sohn, **Alexander Leopold**, den die Stände aus freier einhelliger Wahl, ohne den königlichen Brief, der die Namen der Candidaten enthielt, zu entsiegeln, zum Palatin des Reiches erwählt hatten; — der sprechendste Beweis unbegrenzten Vertrauens der Nation in Vater und Sohn, indem sie die Würde des gesetzmäßigen Mitt= lers zwischen König und Reich dem hochherzigen königlichen Jüngling über= trug. Und als er den Eid vor dem väterlichen Throne geschworen, sprach der Vater zu dem Sohne folgende, eines **Mark Aurels** würdige, auf Verlangen der Stände in das Reichsdecret eingetragene Worte: „Der Machtumfang und die Verbindlichkeiten des Palatinus sind in den Reichs= gesetzen auf das Bestimmteste ausgesprochen. Zu ihrer pünktlichen Er= füllung will ich Euer Liebden nicht nur als Vater ermahnen, sondern die Heilighaltung derselben auch als König gebieten. Das allgemeine Ver= langen der Stände und meine Genehmigung derselben werden Euer Liebden nur dann rechtfertigen, wenn Ihr in Erfüllung Eurer Amtspflichten überall Nichts zu wünschen übrig lasset. Das Band, welches den Sohn mit dem Vater verbindet, soll Euer Liebden nie hindern, zu thun, was Gesetz und Pflicht heischen; denn feierlich erkläre ich hier vor den getreuen Ständen, daß ich Eure kindliche Ehrerbietigkeit immer nur nach Eurem Eifer und Strenge in der Verwaltung des Palatinatamts abmessen werde. Gleichwie ich nicht zweifle, Euer Liebden werde über die Aufrechthaltung der könig= lichen Würde und Rechte pflichtmäßig wachen, ebenso will ich, daß Ihr für die Erhaltung der gesetzmäßigen Rechte der Stände und der allgemeinen Freiheiten des Reiches mit gleicher Aufmerksamkeit Sorge traget.“

Die Beschlüsse dieser merkwürdigen Reichsversammlung zerfallen in zwei Theile: in die durch Gesetzartikel erledigten, und die der daselbst er= nannten Reichsdeputation zur Ausarbeitung übertragenen, um auf dem nächsten Landtage durchgesehen, geprüft und in Artikel gebracht zu werden.

neuer Rechte; sondern um Wiederherstellung der alten, auf Gesetze, auf königliches Wort, auf Eide gegründeten, deren Kraft und Bestand die Gewalt theils geschmälert, theils unterdrückt hat. Unsere Furcht, unerhört abgewiesen zu werden, würde Eure Maj. beleidigen. Mögen Sie Sich also nur der Leitung Ihrer angebornen Gerech= tigkeit überlassen; mögen Sie Sich die Herzen dieses Volkes gänzlich zu eigen machen, des Volkes, welches unter **Karl** des Dritten milder Regierung aller Verletzungen früherer Zeiten vergessen, zur Vertheidigung des Erbes, das Eure Maj. jetzt ange= treten hat, und zur Erhaltung der hinsinkenden, allerseits von Feinden angegriffe= nen Monarchie, Gut und Blut mit ausdauernder Standhaftigkeit hingegeben hat ꝛc.“

Unter den erstern sind folgende Beschlüsse, größtentheils nur Bestätigungen und Erläuterungen bereits bestandener Reichsgesetze, die merkwürdigsten: —
„Bei jeder Erledigung des Thrones soll der Thronfolger gehalten sein, sich innerhalb sechs Monaten krönen zu lassen. — Gnadenverleihungen sind nur dem gesetzlich gekrönten König vorbehalten. Daher sollen auch alle Privi=
legien Josephs II., wenn sie den Reichsgesetzen nicht zuwider sind, erst durch die Bestätigung der gekrönten Könige Giltigkeit erlangen. — Ungeachtet der Untheilbarkeit der österreichischen Monarchie, bleibt Ungarn ein freies, unabhängiges Reich, keinem andern Reiche oder Volke auf irgend eine Weise untergeordnet und muß nach seinen eigenen Gesetzen, Rechten und Gewohn=
heiten, nicht nach der Weise der übrigen Erblande, von seinem gekrönten Erbkönig regiert und verwaltet werden. Die Befugniß, Gesetze zu geben, abzuschaffen, zu erklären, gebührt nur dem gekrönten König und den zum Reichstag versammelten Ständen gemeinschaftlich, und darf außer der Reichsversammlung nicht ausgeübt werden. — Das Reich darf nie durch Edicte und Patente, die ohnehin bei keiner Behörde ange=
nommen werden dürfen, regiert werden, es sei denn, daß derlei Patente bloß zu wirksamerer Publication gesetzmäßiger Verfügungen erforderlich wären. — Der König wird den gesetzlich bestimmten oder zu bestimmenden Gerichtsgang nie eigenmächtig abändern, die Vollziehung gerichtlicher Urtheile durch keine Befehle hintertreiben, die Entscheidung der Gerichtshöfe weder modificiren, noch zur Untersuchung ziehen, sondern das Recht durch die ordentlichen, ohne Unterschied der kirchlichen Confession erwählten Richter, den Reichsgesetzen und Gewohnheiten gemäß, verwalten lassen, und die vollziehende Gewalt nur im Sinne der Gesetze ausüben. Alle drei Jahre, und wenn es die öffentliche Wohlfahrt erfordert, auch früher, soll der König den Landtag ausschreiben, und die dahin gehörigen Angelegenheiten mit gesetzlicher Freiheit verhandeln lassen; auch sollen, nach gehörig verhandelten königlichen Propositionen, alle gerechten Beschwerden sämmtlicher Reichsstände in jedem Reichstage wirklich und unausbleiblich abgestellt werden. Die Contribution soll nur von einem Reichstag zum andern bewilligt und nie außer demselben nach königlicher Willkür, sei es an Geld, Lieferungen, Mannschaftstellung, oder was immer für einem Titel, gefordert werden. — Die Reichskrone mit den Kleinodien soll im Mittelpunkte des Reiches, auf der Ofener Burg, aufbewahrt und ohne Bewilligung der Stände nimmermehr von dort weggeführt werden. —
Die königliche Statthalterei soll in voller Wirksamkeit, von allen andern Be=

hörden unabhängig, unmittelbar nur dem König untergeordnet sein, und wenn irgendwo gesetzwidrige Befehle ausgefertigt würden, geziemende Vor= stellungen machen, die der König stets beachten wird. Der Machtumfang dieser hohen Behörde soll sich auch über die Gespanschaften Dalmatiens, Kroa= tiens und Slaboniens erstrecken, so wie auch der diesen Provinzen aufzu= legende Steuerbetrag nur auf dem ungarischen Reichstag festzusetzen ist. — In den Geschäftsgang soll nie eine fremde Sprache eingeführt werden, die Landessprache ist aber durch zweckmäßige Anstalten auszubilden; einstweilen wird sowohl bei den Behörden als in Unterbreitungen an den König die la= teinische Sprache beibehalten. — Die josephinische Gerichtsordnung wird völlig abgestellt und einstweilen der Gerichtsgang auf seinen vorigen Fuß gesetzt. Ebenso sollen die josephinischen Vermessungsacten der Ländereien keine Kraft und Giltigkeit haben, auch kein Kostenersatz stattfinden, es müßten denn Privatverträge obwalten. — Das öfter bewilligte und wieder aufge= hobene Recht der Freizügigkeit wurde den Bauern unter zweckmäßigen Beschrän= kungen und rechtlichen Bedingungen wieder zuerkannt."

Durch diese und noch manche andere Verfügungen war nun die vorige Ordnung der Dinge nicht nur hergestellt, sondern in manchem Zweige noch mehr bestimmt und ausgebildet. Aber die durch die Reformen der vorigen Regierung aufmerksam gemachten Stände sowohl, als der in der Regierungs= kunst zur Meisterschaft gelangte hochgebildete König, sahen die Unzulänglichkeit der alten, für ganz andere Zeiten und Verhältnisse gebrachten Verfassung ein und beschlossen — und zwar ohne allen äußern Impuls oder Zwang, was hier wohl zu beherzigen — eine Reichsdeputation aus den erfahrensten und gebildetsten Männern zu ernennen, die alle Zweige der innern Staats= verwaltung sy st e m a t i s ch vornehmen, prüfen, so weit sie es nothwendig fände, abändern und den Bedürfnissen der Zeit anpassen sollte, um dann ihr Werk — Operate — dem nächsten Reichstage vorzulegen und gemein= schaftlich zwischen König und Nation eine vollkommene, doch ruhige, plan= mäßige, umsichtige Reform, wie sie des aufgeklärten Zeitalters und einer seit Jahrhunderten constitutionell ausgebildeten Nation würdig ist, vorzu= nehmen.

Doch der bei weitem wichtigste und, wenn man den kirchlichen Zustand a l l e r Nationen jener Zeit betrachtet, in seiner Art einzige Beschluß dieses merkwürdigen Reichstages war der R e l i g i o n s a r t i k e l — der 26. die= ser Reichsversammlung — durch welchen die Stände, um eine unwandel=

bare Vereinigung und Eintracht der Gemüther zu begründen, in dem Geiste der Gesetze von 1608 und 1647, mit Genehmigung des Königs, unge= achtet der „ewig kraftlosen und ungiltigen Einwendungen und Einsprüche der Herren aus dem Klerus und eines Theiles katholischer Weltlicher" fest= gesetzt, daß *):

I. Ohne Rücksicht auf die später zum Nachtheil obiger Gesetze erfolg= ten Bestimmungen, Artikel, Verordnungen und Erklärungen, von jetzt auf alle Zeiten, sowohl den Baronen, Magnaten und Landherren, als auch den königlichen Freistädten, überhaupt allen Städten und Marktflecken, überall freie Uebung ihrer Religion mit freiem Gebrauch der Kirchen, Thürme, Glocken, Schulen, Kirchhöfe, auch freien Begräbnissen gestattet sei. Keiner, wes Standes er auch sein möge, auch nicht die Landleute, sie mögen sich in kleinern Städten oder Marktflecken, auf den Gütern des Fiscus oder ande= rer Grundherren aufhalten, sollen um des Friedens und der Ruhe des Reichs wegen in diesem freien Gebrauch und Uebung, unter was immer für einem Vorwande, von dem König, dessen Ministern, oder von Grundherren auf irgend eine Weise gestört und gehindert werden.

II. Zur Befestigung der so bestimmten Religionsfreiheit wird erklärt, daß von nun an überall öffentliche, nicht mehr Privatreligionsübung sei, und der Unterschied zwischen öffentlicher und Privatübung völlig auf= höre. Es ist also den Evangelischen erlaubt, in Zukunft auch an Orten, die bisher für Filiale gehalten worden sind, sowie überall, wo sie es für nöthig finden werden, Pfarrer anzustellen, Kirchen mit und ohne Thürme, Pfarreien und Schulen ohne weitere Anfrage zu erbauen und die schadhaft gewordenen Gebäude wiederherzustellen; doch mit der Vorsicht, daß in den Orten, wo forthin mit Einführung der Religionsfreiheit eine neue Kirche zu errichten oder ein eigener Prediger anzustellen wäre, vorher der Kosten= überschlag, der Vermögenszustand des steuerpflichtigen Volkes, die zur an= ständigen Unterhaltung des öffentlichen Kultus erforderliche Seelenzahl ver= mittelst einer gemischten, von der respectiven Gespanschaft anzuordnenden Deputation, ohne Einfluß der katholischen Geistlichkeit, nur mit Zuziehung

---

*) Nicht gemeint, das Kirchenwesen an diesem Orte zu besprechen, enthalten wir uns aller Anmerkungen über den Inhalt dieses Gesetzes, das wir jedoch, als vor= züglich charakteristischen Zug des staatsrechtlichen Standpunktes der Ungarn am Ende des vorigen Jahrhunderts, in seinem ganzen Umfange wörtlich wiederzugeben für unerläßlich hielten.

der Grundherren, untersucht und an das Comitat berichtet werden; denn die Erhaltung des steuerpflichtigen Volkes macht die vorzüglichste Sorge der öffentlichen Staatsaufsicht aus. Findet sich aber nach hierüber erhaltenen Zeugnissen, daß solche Gemeinden die nöthige Seelenzahl und hinlängliches Vermögen besitzen, so ist der Grundherr bloß gehalten, die für die Kirche, Pfarr- und Schulhäuser nöthigen Grundstücke, sowohl in als außer dem Orte anzuweisen; die katholischen Gemeinden aber sind keineswegs verbunden, zur Errichtung und Begabung solcher Kirchen und Schulen irgend einige Kosten beizutragen, oder Hand- und Spanndienste dabei zu leisten. Ebendies ist auch von den evangelischen Gemeinden in Absicht auf die neu zu errichtenden katholischen Kirchen und Pfarreien zu beobachten; so wie durch diese ganze Verordnung das Recht der evangelischen Edelleute und Grundherren, in Rücksicht auf die Einführung des öffentlichen Kultus, auch die Errichtung und Wiederherstellung der Kirchen und Pfarrhäuser für immer unbeschränkt bleiben soll.

III. Die evangelischen Confessionsgenossen sollen daher auch, sie mögen Handwerker oder irgend eines andern Standes sein, ohne Rücksicht auf Zunftgesetze und Zunftprivilegien, unter keinem Titel und keinen Strafen mehr angehalten werden, den Prozessionen, der Zunftmesse, oder andern ihrem Lehrbegriffe zuwiderlaufenden Ceremonien beizuwohnen, oder unter demselben Vorwande Beiträge von irgend einer Art zu erlegen.

IV. Die Evangelischen beider Confessionen sollen in Sachen, die das Religionswesen betreffen, nur unter Vorstehern ihrer Confession stehen. Da aber der König wünscht, der Religionsfreiheit unbeschadet, eine solche Ordnung festgesetzt zu sehen, die nach der einstimmigen Meinung sowohl der Weltlichen als Geistlichen dieser Religion für die schicklichste wird gehalten werden, so wird Er, kraft der ihm gebührenden höchsten Oberaufsicht, sie weiter darüber vernehmen und zugleich dafür sorgen, daß hierin eine feste, den Grundsätzen ihrer Religion angemessene Einrichtung getroffen werde. Unterdessen sollen die von den Synoden beider Confessionen rechtmäßig gemachten oder noch zu machenden Kirchengesetze, weder durch Befehle der Behörden, noch durch königliche Verordnungen abgeändert werden können. Es soll den Evangelischen freistehen, nicht nur Consistorien zu errichten, sondern auch allgemeine oder Nationalsynoden, wohin sie es für zuträglich halten, zusammenzuberufen; doch mit der Verbindlichkeit, nicht nur dem König die Nachricht von einer allgemeinen Versammlung der vier

6*

Superintendenzen zu einer Synode zu unterlegen, sondern auch, wenn es ihm gutdünken sollte, einen königlichen Abgeordneten, ohne Unterschied der Religion, nicht mit den Befugnissen eines Directors oder Präsidenten, sondern eines bloßen Aufsehers zuzulassen; und erst, wenn die Synodalstatuten die höchste Genehmigung erhielten, sollten sie zu voller gesetzlichen Kraft gelangen. Und dies Alles der höchsten königlichen Oberaufsicht und den übrigen Rechten circa sacra der evangelischen Kirche beider Confessionen unbeschadet, welche Er auch zu keiner Zeit und auf keine Weise beeinträchtigen zu lassen gesonnen ist.

V. Die evangelischen Confessionsgenossen sollen in alle Zukunft der Freiheit genießen, nicht nur ihre alten niederen Grammatical= und höhern Schulen in ihrem bisherigen Stande zu erhalten, sondern auch, wenn und wo sie es für nöthig finden, neue — Hochschulen, nur nach eingeholter königlichen Erlaubniß — zu errichten. Sie sollen befugt sein, in solchen Schulen Lehrer, Professoren, Rectoren und Subrectoren anzustellen und zu entlassen, ihre Anzahl zu vermehren oder zu vermindern, und für alle und jede derselben sowohl örtliche als allgemeine und höhere Directoren und Curatoren aus dem Mittel ihrer Religionsgesellschaft zu erwählen; auch, unbeschadet der höchsten königlichen Oberaufsicht über diese Schulen, die Art, Vorschrift und Ordnung, nach welcher gelehrt und gelernt werden soll, festzusetzen. Den Studirenden der evangelischen Confession soll erlaubt sein, nicht nur ihre Wohlthäter um Unterstützung in ihren Studien anzusprechen, sondern auch unverwehrt auswärtige Hochschulen zu beziehen, und der daselbst für Ungarn gestifteten Stipendien zu genießen. Es soll den Evangelischen gestattet werden, ihre symbolischen, theologischen und Erbauungsbücher unter Aufsicht eigener, von ihnen zu bestellender, dem Statthaltereirath namentlich anzuzeigender Censoren, frei drucken zu lassen; doch unter der Bedingung, daß diese Bücher rein seien von Spöttereien und Ausfällen auf die katholische Religion, wofür der Censor verantwortlich bleibt.

VI. Die Bezahlung der Stol= und Pfarrgebühren, die bisher von den Evangelischen den katholischen Priestern und Schulmeistern an Gelde, Naturalien oder Arbeiten entrichtet worden ist, soll in Zukunft ganz aufhören, und nach drei Monaten von Publication des Reichsdecretes nirgends mehr eingefordert werden. Im Falle, daß Evangelische sich des Dienstes katholischer Priester bedienen wollten, sollen sie dafür nicht mehr als die Katholiken an Stolgebühren entrichten rc.

VII. Die Minister beider Confessionen können Kranke und Gefangene ihrer Kirche überall frei, mit Beobachtung der nöthigen Klugheitsregeln, besuchen, zum Tode vorbereiten, zur Richtstätte begleiten und ihnen beistehen; nur sollen sie keine Reden an das Volk halten. Aber auch den katholischen Priestern, wenn sie von Kranken, Gefangenen und zum Tode Verurtheilten berufen werden, soll der Zutritt offen stehen.

VIII. Die öffentlichen, sowohl höhern als niedrigern Aemter sollen Landeskindern nach Maßgabe ihrer Fähigkeiten und ihrer Verdienste um das Vaterland, ohne des Unterschieds in der kirchlichen Confession zu achten, verliehen werden.

IX. Bei dem Pflichteide der Evangelischen ist die Klausel: aller= seligste Jungfrau, Heilige und Auserwählte Gottes, wegzulassen.

X. Stiftungen für die evangelischen Kirchen, Pfarrer, hohe und niedere Schulen, Kranken=, Waisen= und Armenhäuser, so wie für die studirende Jugend beider Confessionen, sollen den Evangelischen auf keine Art genommen, und ihrer Verwaltung unter keinem Vorwande entzogen werden. Die Stiftungscapitalien, welche unter voriger Regierung widerrechtlich genommen worden sind, sollen ihnen unverzüglich zurückgegeben werden. Des Königs Oberaufsicht aber wird sich auch auf ordentliche, dem Sinne der Stifter gemäße Verwaltung dieser Stiftungen erstrecken.

XI. Alle Ehesachen beider Confessionen bleiben der Entscheidung ihrer eigenen Consistorien überlassen, und die von diesen verfügten Ehescheidungen sind vor allen Gerichtshöfen für giltig zu achten. Der König wird nach vorher erstattetem Gutachten mit den Evangelischen beider Confessionen über die Einrichtung dieser Consistorien zu vollkommener Sicherheit der streitenden Parteien übereinkommen; aber schon jetzt sollen sie befreit sein von der Verpflichtung, Dispensationen in Graden, die nach vaterländischen Gesetzen verboten, nach den Grundsätzen der Evangelischen erlaubt sind, also im dritten oder vierten Grade, bei dem König nachzusuchen.

XII. Da die Evangelischen kraft dieses für immer giltigen Gesetzes, in Rücksicht auf freie Religionsübung und auf den Besitz ihrer Kirchen, Schulen, Pfarreien und Stiftungen, auf alle Art vollkommene Sicherheit erhalten, so wird zur Befestigung des Friedens und der Eintracht zwischen ihnen und den übrigen Reichssassen katholischer Religion verordnet, daß zur

Bestimmung der Eigenthumsrechte an Kirchen, Schulen, Pfarrhöfen und Stiftungen, der gegenwärtige Besitzstand von beiden Seiten zur Richtschnur angenommen werde. Beide Theile sollen also in Zukunft nicht nur von weitern Ansprüchen abstehen, sondern auch sich alles fernern Wegnehmens von Kirchen, Schulen und Pfarreien enthalten, widrigen Falls sie für jede Uebertretung dieses Artikels in die gesetzliche Geldbuße von sechshundert Gulden (art. XIV. 1647) verfallen.

XIII. Da der Uebergang von der katholischen Religion zu einer der beiden, nach dem Sinne der Friedensschlüsse aufgenommenen evangelischen Kirchen, den Grundsätzen der katholischen Religion zuwider ist, so sollen, damit derselbe nicht leichtsinnig geschehe, dergleichen Fälle jedesmal dem König vorgelegt werden. Dabei wird den Evangelischen bei schwerer Strafe verboten, irgend einen Katholiken zur Annahme der evangelischen Religion anzureizen.

XIV. Nach obiger Erklärung sollen diese Gerechtsame der Evangelischen nur innerhalb der Grenzen des eigentlichen Ungarns gesetzliche Kraft haben; Dalmatien, Slavonien und Kroatien ihre alten Munizipalrechte behalten; folglich die Evangelischen innerhalb dieser Provinzen unfähig sein, Güter zu kaufen oder Aemter zu verwalten. Doch mögen sie ihre alten Besitzrechte in diesen Provinzen auf dem Wege des Rechtes suchen; und der König behält sich vor, nach ihrem erwiesenen Besitzstande für ihre Schadloshaltung Sorge zu tragen. Die sieben in Slavoniens unterm Theile gelegenen Ortschaften, theils der Augsburger, theils der Schweizer Confession zugethan, sollen bei der freien Ausübung ihrer Religion durchaus nicht belästiget werden, und auch allen Evangelischen soll es freistehen, des Handels oder der Fabriken wegen sich dort ansässig zu machen, ohne jedoch eigene Häuser, adeliche oder bürgerliche Güter eigenthümlich zu besitzen.

XV. Aus gemischten Ehen erzeugte Kinder sollen der Religion des Vaters folgen, wenn er katholisch, wenn aber die Mutter katholisch ist, so dürfen nur die Kinder männlichen Geschlechtes der Religion des Vaters beitreten.

XVI. Die Ehen mögen ursprünglich bei ihrer Schließung gemischt gewesen, oder erst durch Uebergang des einen Theils von der evangelischen zur katholischen Religion gemischt worden sein; in beiden Fällen, da ein wahres Sacrament obwaltet, müssen die Ehesachen der katholisch = geistlichen Behörde überlassen werden.

XVII. Zur Vermeidung des öffentlichen Aergernisses sollen die Evangelischen die üblichen katholischen Festtage äußerlich beachten; in ihren Häusern mögen sie alle geräuschlosen Arbeiten verrichten; aber den Grund= herren und Hausvätern ist bei fiskalischer Strafe verboten, ihre Untergebenen und Dienstboten von Begehung ihrer Feste, Ceremonien und Andachten abzuhalten.

So hatte denn das bescheidene Ungarn ein ganzes Menschenalter früher, freiwillig, in Folge ruhiger Berathungen ein viel umfassenderes Religions= gesetz gebracht, als das stolze, hochgebildete England fast nur durch Gewalt erringen konnte. — Doch alle soeben erwähnten, nebst andern gesetzlichen Anordnungen genügten den ungarischen Ständen noch nicht; denn klar sahen sie die durch den veränderten Zeitgeist hervorgebrachten Mängel ihrer ursprünglich so vorzüglichen Verfassung. Es wurde daher im Einver= ständniß, ja auf Anregung des Königs, eine zahlreiche Deputation ernannt, um sogleich alle Zweige der innern Administration zu prüfen und nach Be= darf abzuändern, theilweise aufzuheben und dafür Zweckmäßigeres in Vor= schlag zu bringen. Diese Operate sollten dann im nächsten Reichstag der Prüfung der Stände vorgelegt und in Folge reichstägiger Verhandlungen daraus ein neues Gesetzbuch verfaßt werden. Die Deputation machte sich sogleich an die Arbeit, theilte sich in neun Unterdeputationen und lieferte in Kurzem ein für die damaligen Zeiten so vollkommenes Werk, daß Ungarn durch die Annahme desselben sich jedem europäischen Staate in admini= strativer Hinsicht an die Seite hätte stellen können. Doch leider wurde durch äußere und innere Hindernisse die Vornahme bis zu dem im Dezember 1832 begonnenen Reichstag verschoben.

Den Krieg mit den Türken führte man nicht glücklich. Mit Kummer räumten die Ungarn Belgrad, Orsova, Gradiska, Dubicza und Czabaz, welche mit so viel ungarischem Blute waren genommen worden. Endlich wurde durch eigensüchtige preußische Vermittlung der Friede von Si= stova durch Herbart und Franz Eszterházy abgeschlossen (4. Aug. 1791), und zwei Tage darauf starb plötzlich der unvergleichliche König, der in jeder Handlung seiner so kurzen Regierung seinen Wahlspruch auf das getreueste bewährte: die Schätze der Könige liegen in den Herzen der Unterthanen.

Mit dem Jahre 1791 endigt der geschichtliche Theil dieses Aufsatzes. Die fast ans Wunderbare grenzenden Ereignisse der 43jährigen Regierung des väterlichen Monarchen F r a n z I., des Nestors unter den Regenten, haben die meisten unserer Leser entweder selbst erlebt, oder kennen sie doch umständlich. Wir erachten daher bei den gegenwärtigen Andeutungen über die Stellung Ungarns zu den übrigen Erblanden — deren ausführliche Darstellung der Zweck dieses Werkes ist — jede chronologische Darlegung der Ereignisse für überflüssig und erwähnen selbe nur, in soweit es durch die nöthige Deutlichkeit geboten wird. Wir wiederholen es indessen, daß es nur Andeutungen sind, deren ausführliche und, so weit es möglich sein wird, erschöpfende Darstellung andern Aufsätzen vorbehalten bleibt.

Die französische Revolution ging an der österreichischen Monarchie, aus Mangel an Elementen, fast spurlos vorüber. Am wenigsten konnte sie auf Ungarn wirken, wo es dazumal fast gar keinen denkenden dritten Stand gab, der Bauer in seiner moralischen und physischen Erniedrigung keiner Aeußerung seiner schlummernden Thatkraft fähig war, und fast nur der Adel, die Geistlichkeit und die Honoratioren aus der Bürgerschaft im Besitze geistigen und materiellen Vermögens waren. Nun war es aber etwas ganz Anderes, was in Frankreich die Revolution herbeigeführt hatte, als das= jenige, was die denkende Klasse in Ungarn wünschenswerth fand. In Frank= reich erhob man sich gegen übermäßige Steuern; aber Adel und Geistlichkeit in Ungarn zahlen gar keine, die Honoratioren nur unbedeutende Steuern. In Frankreich ward der Druck und die Willkür des Adels unausstehlich; doch der ungarische Adel ist Niemandes Willkür ausgesetzt, nicht einmal der königlichen, die Honoratioren aber, obwohl durch das Gesetz weniger da= gegen geschützt, erfahren dennoch factisch höchst selten Druck und Hintan= setzung. Dort zog man gegen die Ausschweifungen eines üppigen, über= müthigen Hofes zu Felde; hier zeigte der Hausvater auf das regierende Haus, wollte er seinen Angehörigen häusliche Tugenden empfehlen. Kurz Alles war hier das durchaus Entgegengesetzte von dort. Doch konnte es bei der allgemeinen Aufregung in Europa auch in Ungarn nicht an Schwindel= köpfen fehlen, welche die transrhenanischen Doctrinen im Vaterlande zu ver= breiten und eine neue Ordnung der Dinge einzuführen wünschten. Der Abt M a r t i n o v i c s, nebst einigen unbemittelten Edelleuten, deren ganzes Ver= mögen kaum zur Errichtung eines einzigen Bataillons würde hingereicht haben, faßte (1795) den tollen Entschluß, den Thron umstürzen zu wollen. Doch

so unbedeutend die Sache an sich war, mußte hier mit Strenge einge=
schritten werden, denn Hochverrath duldet keine Nachsicht und, mächtig oder
geringe, des Hochverräthers Haupt falle durch das Beil des Henkers! Je
gerechter daher hier Strenge war, je nothwendiger ein abschreckendes Bei=
spiel erachtet wurde, um so mehr muß man bedauern, daß der heilsame Zweck
durch Hintansetzung der gesetzlichen Formalitäten durchaus verfehlt wurde;
denn anstatt den Prozeß der Hochverräther mit der durch die Gesetze be=
stimmten Oeffentlichkeit und den hier unerläßlichen Formalitäten in Gang
zu setzen, wurde die ganze Aburtheilung auf eine höchst ungewöhnliche, mit
dem Gesetze, ja selbst mit der Stellung einer loyalen, entschlossenen und
mächtigen Regierung nicht ganz vereinbarliche Art betrieben *). So kam es
denn, daß die Verurtheilten, statt mit Abscheu zu enden, in den Augen
Vieler als Märtyrer der Freiheit galten und zum Theil noch gelten.

Da in Frankreich vorzüglich die Aristokratie des Verstandes die Revo=
lution vorbereitet, ins Werk gesetzt und bis zum Terrorismus getrieben
hatte, glaubte man durch sorgsames Fernhalten aller freisinnigen Ideen
den Greueln einer Umwälzung, die doch eigentlich nicht zu befürchten war,
vorzubeugen. Es mag dahingestellt bleiben, ob diese Maßregel ihrem
Zwecke entsprach oder überhaupt nothwendig war. Gewiß ist es, daß in
jener Zeit Alle, die Staatsdienste und Beförderungen suchten, sich ganz an=
dere Empfehlungen verschaffen mußten, als den Ruf eines genialen und frei=
sinnigen Mannes. Fleiß, Diensteifer, Anhänglichkeit an das Alte und das
System, Abscheu vor den neuen Lehren, Gehorsam und der Ruf eines reli=

---

*) Als Grund dieses Verfahrens ward einerseits angeführt, das Verbrechen sei
zu ruchlos gewesen, um es nicht mit den Verbrechern auf ewig begraben zu müssen;
andererseits sei die Verheimlichung wegen der in selbes verflochtenen Personen, die
man zu schonen Ursache hatte, für zweckmäßig erachtet worden. Beide Gründe sind
unhaltbar. Mehr als Umsturz der Verfassung, des Thrones, Altars, Ermordung
des Monarchen und seiner Familie konnten die Meuterer auf keinen Fall im Sinne
führen; aber eben diese Verbrechen stehen bei einer öffentlichen Verhandlung in ihrer
ganzen Scheußlichkeit da und werden durch die auf dem Fuße folgende Strafe ein viel
warnenderes Beispiel, als es uns die Geschichte in zahlreichen Beispielen aufstellt. —
Schonung einflußreicher Menschen darf aber nicht bis auf einen Grad getrieben wer=
den, wo sie dem Rufe der Regierung schädlich sein kann. England verdankt die Auf=
rechthaltung seiner Freiheit und seines Thrones zum Theil dem Umstand, daß bei
Hochverrath die mächtigsten Häupter ohne Rücksicht auf dem Schaffote fielen. Kein
Haupt ist erhaben genug, um Hochverrath und Majestätsverbrechen ungestraft be=
gehen zu können.

giösen Mannes und guten Unterthans, waren die unerläßlichen Bedingnisse jeder Beförderung; vortreffliche Eigenschaften in der That! nur erwiesen sie sich nicht immer zureichend, entweder weil sie allein ungewöhnlichen und großen Ereignissen nicht gewachsen sind, oder weil sie sich auch leichter er= heucheln lassen als Geisteskraft und Genialität. Die Erfolge waren nicht die besten; denn der Hoffkriegsrath, lähmend Oesterreichs Feldherren, be= sonders die Energie und das eminente Feldherrntalent des Erzherzogs Karl, konnte ebenso wenig mit Bonaparte fertig werden, als die Minister mit den Finanzen; und so erfolgten denn die traurigen Friedensschlüsse und das Finanzpatent von 1811.

In Ungarn gab sich in dieser Periode das Staatsleben etwas reger kund, und die Reichstage nahmen mitunter einen sehr lebhaften Charakter an. Die Kosten des Krieges trugen die Ungarn getreulich mit den übrigen Völkern der Monarchie, und die während der Feldzüge gestellte Zahl der Rekruten, sammt den Beiträgen des Adels an Geld und Naturalien, waren ungeheuer und vollkommen der Nation würdig. Nur ist zu bedauern, daß viele Millionen auf das viermalige, erfolglose Aufsitzen des Adels nutzlos verschwendet wurden; denn zweimal kam die Insurrection zu spät, einmal wollte ein Theil derselben, gestützt auf das Corpus juris, nicht über die Grenzen des Reiches, so daß einige besser disciplinirte und weniger juri= stische Comitate in sie einhauen mußten; worauf der Held Erzherzog Karl, den militärischen Gehalt dieser Truppe richtig würdigend, den Rath ertheilte, daß man lieber Frieden schließe und die Leute entlasse. Beim vierten Auf= sitzen (1809) waren sie endlich zur Hand, als der Feind bereits die halbe Monarchie in seiner Gewalt hatte und auch schon ziemlich tief in Ungarn eingedrungen war. Da sollte denn der ungarische Adel zeigen, daß sein Muth noch nicht erloschen sei. Vereint mit den regulären Truppen, lieferte die Insurrection die Schlacht bei Raab, die jedoch in der Kriegsgeschichte den hartnäckigsten und blutigsten nicht beigezählt wird, aber doch das Gute hatte, daß sie die bis dahin noch immer üblich gewesenen hoch= trabenden Phrasen über Vaterlandsvertheidigung, geborne Soldaten, Heldenmuth und dergl. ziemlich herabstimmte und Jenen Muth ver= lieh, die das adeliche Aufsitzen in seiner jetzigen Form für ganz nutz= los erklärt hatten, dafür aber von den Werböczyanern mit juridischem Bannstrahle belegt wurden. —

Das Verlangen der ungarischen Reichsstände, daß in den Landtagen

nach Verhandlung der königlichen Propositionen auch die Reichsbeschwerden
an die Tagesordnung kommen sollen, ward gewöhnlich damit beseitigt,
daß der Drang der Umstände hierzu weder Zeit gestatte, noch überhaupt
eine umfassende Berathung dieser Art möglich mache. Das hierüber und
über die im Innern und nach Außen sich ergebenden traurigen Ereignisse
in den Gemüthern der Ungarn erzeugte Mißvergnügen begründete die auf=
geregte, fast trotzige Stimmung, welche sich in den Reichstagen von 1807,
1808 und 1811 kundgab, und deren Nachklang sich bei manchen Be=
schwerden des Landes zum Theil noch erhalten hat. Schon dazumal bildete
sich jene geregelte Opposition, die dann im Reichstage 1825/7, größten=
theils durch die Folgen der übel berechneten Angriffe auf die Constitution,
sich noch mehr ausbildete und zu ihrer jetzigen Form gelangte. — Hierüber
äußerte sich der berühmte Oedenburger Deputirte, Paul Nagy, eines der
Häupter der damaligen Opposition, im Reichstage 1830, als die Stellung
von dreißigtausend Rekruten und die von den Ständen verlangte Erweisung
ihrer Nothwendigkeit in der Sitzung vom 12. October an der Tagesord=
nung waren. Er schildert sowohl die Ereignisse der letzten Zeit, als das
Entstehen der Opposition mit folgenden gedrängten, ihm eigenthümlichen
Zügen: —

„Ich sehe, daß die Verschiedenheit der Meinungen nicht so groß sei.
Wir verlangen in unserer Note keine Eröffnung, die in ganz Europa wider=
hallen und wichtige politische Geheimnisse enthüllen soll. Indem wir darin
übereinstimmen, daß der Nation das Recht der Erforschung zustehe, gebietet
die Klugheit das Vermeiden aller überflüssigen Oeffentlichkeit; deswegen
überlassen wir auch die Art, wie diese Aufklärung gegeben werde, der Weis=
heit des Monarchen. Ich höre Manches von ungewöhnlichen Schritten, von
früher ans Ziel gelangen und dergleichen, will auch wohl zugeben, daß
diese Angelegenheit schneller und mit weniger Aengstlichkeit betrieben werden
könnte, wenn — und hierin liegt eigentlich der Grund — das Vertrauen
der Nation nicht erschüttert wäre, welches herzustellen weit längere Zeit
erfordert, als nöthig war, es zu vernichten. Die Ursache dieses Zustandes
liegt nicht in der Nation, sondern einzig in den Mißgriffen, welcher sich die
Regierung in den letzten Zeiten schuldig gemacht hat. — Nachdem der
Nationalreichthum durch das Papiergeld verschlungen war, brachte die Ver=
tilgung desselben Verderben in das Privatvermögen. Hierzu kamen nun
die Eigenmächtigkeiten der Hofkanzlei; die außerreichstägige Ausschreibung

von Contributionen und Rekrutenstellungen, deren Eintreibung die königlichen Commissäre mit Androhung des Verlustes unserer Constitution be-
werkstelligten; das Einrücken des Militärs in die Häuser der öffentlichen
Beamten; die Vernichtung der Protokolle — alles dieses mußte die Nation
mit Furcht und Mißtrauen erfüllen. — Nicht dem guten, gewissenhaften
König sind diese Gewaltstreiche beizumessen: sie sind die Erfindung und das
Werk seiner damaligen schlechten Räthe, welche auf diese Art die Constitution aus ihren Angeln zu heben trachteten. Gegen diese gesetzlosen
Eingriffe bildete sich eine g e s e tz l i ch e O p p o s i t i o n, deren Gründer jene
Comitate waren, die sich der Willkür bis zum letzten Augenblick widersetzt
hatten, und deren Name in der Geschichte unseres Vaterlandes unvergäng-
lich glänzen wird. — Die öffentliche Meinung folgte dieser legalen, com-
binirten Opposition auf dem Fuß, und nur e i n e war die Stimme hierüber
im Lande, in der Monarchie, in Europa; eine Stimme, kräftig genug, den
Commissären selbst das Geständniß ihrer Schuld und des gerechten Widerstandes abzunöthigen. Bald darauf erfolgte der letzte Reichstag, wo der
größte Theil selbst jener Comitate, die in der ersten Ueberraschung sich der
Willkür gefügt, nun aber zu klarer Ansicht gelangt waren, der gesetzlichen
Opposition sich anschloß, die nun die entschiedene Majorität dieser Tafel
bildet. Auch hier übte unmittelbar die Opinion ihre Rechte, und im engen
Anschließen an die Opposition zwang sie die Regierung, in die gesetzlichen
Schranken zurückzutreten. Zwar haben wir noch nicht unsere sämmtlichen
Rechte wieder erlangt; noch ist hierin Vieles zurück; doch der Geist der
Administration hat sich geändert, und Jeder, der hell und nicht durch gelbe
Brillen sieht, wird zugeben, daß das Reich der Willkür vorüber sei. An
der Spitze der Hofkanzlei und der übrigen Landesstellen stehen Männer,
welchen echter Patriotismus nicht abgesprochen werden kann; selbst die
königlichen Propositionen des jetzigen Reichstages, wo der Monarch, im
2. und 4. Punkte, unsre Beschwerden selbst zur Sprache bringt und Abhilfe verspricht, dienen hierzu als Belege. Wenn wir daher einerseits
streng an demjenigen halten, was laut unsrer Freiheit und Verfassung uns
zusteht, müssen wir andrerseits auch dasjenige bewilligen, was die Regierung auf gesetzlichem Wege von uns verlangt. Wir sahen, mit welcher
Bereitwilligkeit England und Frankreich Canning's und Villèle's
Unternehmungen unterstützte, weil diese Minister, populär und loyal, sich
jeder Eingriffe in die Constitution enthielten, während der letzte unglück-

selige anticonstitutionelle Minister sich und seinen Herrn ins Verderben
stürzte. — Hier erscheinen nun vollkommen constitutionelle königliche Pro=
positionen, und zwar nicht blos der 1., 2. und 4. Punkt derselben, sondern
auch der dritte zeugt von der Vorsicht und Rechtlichkeit der Regierung, und
verdient unsre volle Unterstützung. In den eben erwähnten Reichen wird
oft die Regierung durch die gesetzgebende Gewalt selbst auf ähnliche Sub=
sidien aufmerksam gemacht. Durch die persönliche Beleidigung eines
französischen Consuls wurde die Kammer bestimmt, die Regierung zum
Krieg gegen Algier aufzufordern und sie dabei zu unterstützen; und eben die
Eroberung und Besitznahme von Algier hat das englische Unterhaus in Be=
sorgniß versetzt. Auf diese Weise geht dort der erste Impuls von der Nation
selbst aus, welches mich zur Behauptung berechtigt, daß, wenn die Regierung
die Completirung der ungarischen Regimenter vergessen sollte, es unsre Pflicht
wäre, sie daran zu mahnen. Jedem freien Ungar muß die Aufrechthaltung
der innern und äußern Sicherheit am Herzen liegen, und er muß sie auf jede
gesetzliche Weise zu befördern trachten. Dahin geht auch die Instruction
meiner Committenten, die wohl verlangen können, daß man von ihnen nur
strenge Legitimität voraussetze, da sie unter die Wenigen gehören, die den ge=
setzwidrigen Eingriffen der Regierung bis zum Aeußersten Widerstand ge=
leistet, und ich glaube ihrem Willen vollkommen nachzukommen, wenn ich
mich gegen die Repräsentation erkläre, jedoch für nothwendig erachte, auf
eine den Umständen angemessene Art, sei es nun auf dem durch Se. Exc. den
Herrn Personal vorgeschlagenen oder einem andern gesetzlichen Weg, sich von
der Nothwendigkeit vorläufig zu überzeugen.“

Die hier erwähnten ministeriellen Versuche von 1823 beschreibt derselbe
Deputirte in der Reichstagssitzung vom 11. Nov. folgendermaßen:

„So vollkommen ich der Meinung Sr. Exc. des Herrn Personals bei=
pflichte, ebenso sehr weiß ich auch die Besorgnisse zu würdigen, welche die
andere Hälfte dieser Tafel von der Bewilligung des fraglichen Subsidiums ab=
halten. Denn obgleich unsere Voreltern gegen Eingriffe der Regierung die
Nation durch den 63. Art. 1741 und den 19. Art. 1791 sichergestellt
glaubten, indem laut dieser Gesetze keinerlei Subsidium in Friedenszeiten,
weder als Pflicht noch als Geschenk, von dem Adel oder den Unadelichen
verlangt und gewährt werden darf: so haben dennoch die Versuche,
welche das Ministerium in den letzten 30 Jahren durch Gradationen gegen
diese Gesetze unternahm, nur zu gegründete Besorgnisse erregen müssen.

Diese Attentate der Regierung verdienen die aufmerksamste Beherzigung. — Anfangs erschienen Präsidialschreiben an die Ober- und Vicegespane, worin verschiedene adeliche Subsidien verlangt und ihnen empfohlen wurde, all ihren Einfluß dahin zu verwenden, daß die Comitate selbe nicht verweigern. Als man den Adel hierin nachgiebig fand, kamen ähnliche Forderungen nun schon an die Universitäten*) der Comitate. Nachdem auch diesen Folge geleistet war, änderte man schon den Styl und verlangte die Gaben „inomisse". Die Zeitumstände berücksichtigend, gab der Adel auch hier nach, worauf denn der Hauptstreich versucht wurde. Hatte der Adel — so argumentirten die Minister — auf diese gesetzwidrige Art vom eigenen Vermögen Subsidien gegeben, so wird er nicht säumen, ähnliche Nachgiebigkeit zu zeigen, wo es sich um das Vermögen des Contribuenten handelt. In dieser Voraussetzung wurde der Wurf gewagt und außer dem Reichstag die Contribution in Conventionsmünze und Rekruten verlangt. Aber wie sehr täuschte sich die Regierung! Nachdem sie überall, wo das Vermögen des Adels in Anspruch genommen wurde, eine unerwartete Nachgiebigkeit gefunden hatte, stieß sie auf den entschiedensten Widerspruch, wo das Volk zu belasten verlangt wurde. Wie weit mehrere Comitate diesen Widerstand getrieben, ist bekannt, und wird nie in Vergessenheit kommen; doch selbst bei den übrigen war, sobald die erste Ueberraschung aufgehört hatte, nur ein Sinn und Wille. In der Vertheidigung des Volkes setzten adeliche Beamte Vermögen, Freiheit, Leben aufs Spiel, und dieses ist die Charakteristik des sanfteren Geistes unserer Zeit. Das Resultat dieses Gemeingeistes, der den vorigen Reichstag zu einem der vorzüglichsten unserer Geschichte erhoben hat, war der 4. Artikel, der das Wiederkehren ähnlicher Versuche für ewige Zeiten verwehrt. Derselbe Geist beherrscht auch den jetzigen Reichstag, und es ist nur das Volk, für welches Widerstand geleistet wird. Mögen Jene, die aus oberflächlicher Bekanntschaft mit unserer Constitution behaupten, das ungarische Volk sei nicht vertreten, den Gang unserer Verhandlungen verfolgen, um sich vom Gegentheil zu überzeugen. Das Volk und immer nur das Volk ist es, bei dessen Belastung uns die Regierung hartnäckig findet, und hierin herrscht stets ein edler Wettstreit unter den Gliedern dieser Tafel. — Da jedoch das Wohl des Vaterlandes uns allen am Herzen liegt, so ist nur noch zu

---

*) Die Stände eines Comitats heißen: Universitas Praelatorum, Magnatum, Nobilium ac caeterorum etc.

wünschen, daß hierin ein Mittelweg aufgefunden werde, welcher die Ansichten beider Theile in Einklang bringt."

Treffend und wahr sind die Worte des geistreichen Deputirten; nur müssen sie damit ergänzt werden, daß der jetzige, so viel es nur die Um= stände gestatten, constitutionelle Gang der Regierung ausschließlich das Werk des weisen, in der Schule fast unglaublicher Ereignisse gebildeten, wie keiner seiner Vorfahren aus dem Hause Oesterreich selbst regierenden, mit eigenen Augen sehenden und darum die ungarische Nation vollkommen kennenden und würdigenden Monarchen ist. Getreu seinem Wahlspruche: Justitia regnorum fundamentum, ist sein eifrigstes Bestreben auf Herstellung jener Ordnung in den ungarischen Angelegenheiten gerichtet, die seine Minister, die bis 1823 in Bezug auf Ungarn einen ganz andern Wahlspruch gehabt zu haben scheinen, sehr nahe daran waren gänzlich zu verschieben. Nur seine Persönlichkeit bewirkte auf dem Reichstag 1825 die so erfreuliche Aus= gleichung der damaligen, bis auf einen beunruhigenden Grad gesteigerten Spannung, wofür ihm aber auch die Liebe und das Vertrauen der Nation in einem nicht minderen Grade als seiner unvergeßlichen Großmutter zu Theil geworden.

Doch ungeachtet aller Verehrung und alles kindlichen Vertrauens der Ungarn zu ihrem väterlichen König, ist das Land nicht minder als fast alle Reiche Europa's in der Lage, Vieles von der Regierung anspre= chen und reclamiren zu müssen, was bis jetzt nicht gewährt wurde, ohne daß man sich von Seite der Regierung überall in nähere, oft auch von äußeren Verhältnissen widerrathene, Auseinandersetzungen eingelassen hätte. In den letztverflossenen Jahren aber wurden alle dergleichen Beschwer= den auf die Verhandlung der Operate verwiesen, welche alle Zweige der Staatsverwaltung in sich begreifend, nothwendig den aus den Mängeln derselben entsprungenen Klagen ein Ende machen müßten. Im Allgemeinen aber steht der Gewährung vieler unbestreitbarer Rechte eine aus den Ereig= nissen und den Maximen der vorigen Zeit hervorgegangene vollkommene Un= möglichkeit im Wege, die auch dem Verfasser wenig Hoffnung zu einer fort= gesetzten Verhandlung und reichstägigen Erledigung der Operate übrig läßt. — Diese Unmöglichkeit scheint nun von den ungarischen Ständen nicht immer gehörig gewürdigt zu werden; und da kommt es denn häufig, daß sie, gestützt auf den Buchstaben alter Rechte, so schroff an selben halten, daß die Regierung, nicht vermögend das Geforderte im ganzen Umfange zu gewähren, gleichsam gezwungen wird, sich ausweichender Behelfe zu bedienen, die den Stand der Uebel nur noch verschlimmern, während theilweise Gewährung einerseits und kluges Fügen in eine unabänderliche Nothwendigkeit andererseits, unstreitig schon manchem Uebelstande abgeholfen hätte. — Dieses zu erweisen, hierin die nöthige Vereinigung beider Theile so viel als möglich zu erleichtern und dadurch das Resultat einer beiderseits für nöthig erachteten Reform zu befördern, ist, nebst den so nöthigen Notizen über unsere Terra incognita, der vorzüglichste Zweck dieses Werkes.

Um die Stellung Ungarns zur übrigen österreichischen Monarchie wahrhaft zu würdigen, muß man die äußere und innere Lage dieses Landes mit unbefangenem Auge betrachten und sich gleich weit halten von den Philippiken fremder und einheimischer Demosthene, als von dem stets aus unreiner Quelle dampfenden Weihrauch feiler Lobredner, die der Wahrheit und guten Sache nicht minder schaden als die andern, und es bereits dahin gebracht haben, daß Lob aus ihrer Feder dem Gepriesenen gewöhnlich mehr schadet als nützt, wie es der Verfasser täglich im Ausland zu erfahren Gelegenheit hat, wo man auch das wahrhaft Gute unserer Staatsverwaltung meist darum verkennt und anfeindet, weil es durch die Lobredner von Profession gepriesen wird.

Nachdem die Ereignisse der napoleonischen Zeitepoche die reichstägige Verhandlung der Operate von 1791 nicht gestatteten, der für selbe so günstige Zeitpunkt von 1810 bis 1820 unbenutzt vorübergelassen wurde, kam diese Angelegenheit in dem ungarischen Reichstage $182\frac{5}{7}$ dringend zur Sprache, und da man der Meinung war, daß ein Theil jener Operate nun, nach einem Menschenalter den so gewaltig veränderten Zeitbedürfnissen nimmermehr entsprechen könne, so wurde eine Reichsdeputation ernannt, um die Ausarbeitungen von 1791 einer Prüfung zu unterwerfen und den Forderungen der Gegenwart anzupassen. In wie weit diesem Auftrage durch die neuverfaßten Operate Genüge geleistet sei, wird im Verfolge dieses Werkes klar werden.

Nun trat abermals die Julirevolution der reichstägigen Durchsicht derselben in den Weg und setzte den Operatenreichstag bis zum 16. Dezember 1832 hinaus, welcher noch gegenwärtig sich damit beschäftigt und in länger als zwei Jahren nun eben mit dem zweiten der neun Operate sich befaßt; nachdem das erste noch nicht bis zur gesetzlichen Kraft gelangt ist. — Da man aus Gründen, die an einem andern Orte genauer besprochen werden, mit dem Urbario, oder den gegenseitigen Verhältnissen des Bauers und Grundherren, begann, so war es natürlich, daß der Antheil an den Reichs= verhandlungen sich schon jetzt lebhafter kundgiebt als in der frühern Zeit.

Mehrere Betrachtungen scheinen dem Operatenreichstag ein bedenkliches Horoskop zu stellen, als: die Zeitverhältnisse im Allgemeinen; Ungarns politische und geographische Lage insbesondere; endlich die Elemente, aus welchen der berathende und gesetzgebende Körper unseres Vaterlandes besteht, und die vielen Anomalien seiner Zusammensetzung *).

Daß die gegenwärtige Zeitperiode nicht sonderlich zu Erörterungen gegenseitiger Verhältnisse der Klassen unter sich und der Regierungen zu den Völkern tauge, wird wohl Niemand bezweifeln, dem die Ereignisse der neuesten Zeit aus andern Quellen, als dem „Oesterreichischen Beobachter" und der Ofener Zeitung zugekommen. Die Aufregung der Gemüther ist gegenwärtig stärker, als in irgend einer Periode der Geschichte, wie denn überhaupt alle Uebergangsperioden mit heftigen Bewegungen verbunden sind.

Der Antheil, welchen gegenwärtig in Ungarn selbst jene Klassen der bürgerlichen Gesellschaft an den Lebensfragen der Staatsverwaltung nehmen, die früher von dergleichen Dingen keine Ahnung hatten, wächst mit jedem Tage, jeder Stunde. Nie dürfte sich wohl das Kreuzen der Interessen mehr kundgeben, als es jetzt der Fall wäre, wenn der in St. Helena vor= hergesagte allgemeine Krieg über unsern Welttheil hereinbräche. — Es möge sich nun Jedermann die Frage selbst beantworten, ob es an der Zeit sei, Verhältnisse in Anregung zu bringen und bis in ihre Grundfesten zu durchforschen, die nothwendig zu Erklärungen führen müssen, wo mitunter langverhaltener Groll und Bitterkeit sich auf heftige Weise Luft machen und Erörterungen herbeiführen werden, an die der größte Theil der Berather auch nicht entfernt gedacht. Es dürfte dann vielleicht nicht mehr an der Zeit sein, diese und jene Anregung, die früher nur vorübergehenden herben Ein= druck machte, mit Stillschweigen zu übergehen, die Entscheidung dahingestellt zu lassen, zu vertrösten und zu verschieben: das Verlangen einer decidirten Erledigung des in Frage genommenen Grundsatzes wird durch den Zweck des Reichstages Riesenkraft erlangen. Stellungen, Pflichten und Rechte werden nicht mehr als von selbst sich verstehend angenommen, sondern ihre Natur mit hellerem Blicke durchforscht werden; die alten Pergamente, ehr=

*) Siehe den Aufsatz III.

Terra incognita.   7

würdig in der That und zu befolgen wo möglich, dürften am Ende doch nicht überall auslangen, und Manchem, der jetzt, gestützt auf die Autorität der Vorzeit, nur oberflächlich der Gegenwart und Zukunft gedenkt, möchte im Laufe der Erörterungen dennoch klar werden, daß die Weisheit unserer Voreltern wohl ihrer Zeit genügen mochte, doch nicht inspirirt genug ge= wesen, um Verfügungen für ferne Jahrhunderte und Ereignisse zu treffen, von denen sie nicht einmal dunkle Begriffe haben konnten. Wie weit nun ähnliche Erörterungen führen können, ist wohl vorhinein nicht zu be= stimmen; aber unbestreitbar bleibt es, daß die jetzige Zeit wenig für sie geeignet ist. Konnten die Operate nicht vor vierzig Jahren durchgesehen werden, so hätte man die Friedensjahre von 1817 — 1829 dazu benutzen sollen, wo dann die Resultate gewiß nur heilbringend geworden wären; jetzt scheint dieser glückliche Zeitpunkt verschwunden.

Es kann jedoch dessenungeachtet nicht unsere Meinung sein, daß der Reichstag gar nicht gehalten werden solle; denn das würde alle Uebel nur noch auf eine höhere Potenz steigern. Allein wir wünschten, daß die Re= präsentanten der Nation sowohl als der Regierung die Schwierigkeit ihrer Lage, die Zeichen der Zeit so vollkommen begriffen, daß sie der Unzahl von Klippen, Untiefen und Brandungen durch kluge Umsicht, durch weise Nach= giebigkeit gegen alles Unvermeidliche, durch Billigkeit, Hintansetzung klein= licher Privatvortheile, endlich durch unerschütterliche Vaterlandsliebe glücklich entgingen. Sie sollen sämmtlich die Gefahr begreifen, um sie besser ab= wenden zu können, und dem muthigen Heere bei Marathon gleichen, dem die Zahl der Feinde Grund zur Steigerung des Muthes, Hingebung fürs Vaterland, zum engen Anschließen und endlich zum Siege geworden.

Eine andere bedenkliche Betrachtung betrifft die politische und geogra= phische Lage unseres Vaterlandes insbesondere. Wenn es, wie gesagt, mehr als wahrscheinlich ist, daß der jetzige Reichstag zu Erörterungen und viel= leicht auch Provisionen führen wird, die, für den Anfang wenigstens, gegen= seitiges Mißbehagen erregen dürften; wenn es kaum denkbar ist, daß alle Parteien den Schauplatz befriedigt verlassen können, vielmehr nicht ohne Grund erwartet wird, daß jeder der betheiligten moralischen Körper mit mehr oder weniger herbem Gährungsstoff im Busen heimkehren werde, so möchte dieser Umstand in Ungarn nicht weniger beunruhigend erscheinen, als in irgend einem Reiche der Welt. Unsere politische Lage und Stellung zu dem übrigen Kaiserstaat ist so ganz eigener Art, daß sie nur von dem in das ungarische Staats- und Privatrecht und in die pragmatische Geschichte der Monarchie vollkommen Eingeweihten genau kann gewürdigt werden. Wer hier den Maßstab anderer, der äußern Form nach sich in ähnlicher Lage befindlicher Reiche, wie etwa Norwegen, Hannover oder Polen vor seinem Falle, bei Ungarn anlegen wollte, würde sich nothwendig in ein Gewebe falscher Voraussetzungen und Schlußfolgen verstricken, woraus er sich nimmer herauszuwinden vermöchte.

Die Bande jener brüderlichen Liebe, welche uns, laut den Aeußerungen der Apologen, mit den übrigen Völkern der Monarchie verknüpfen sollen, sind eben nicht der stärksten Art; im Gegentheil bleibt es gewiß, daß die gegenseitig inveterirte Abneigung zwischen dem Deutschen und Ungar, durch hundertjährige Kriege gleichsam zum Volkscharakter geworden, durch die Verwüstungen der Ungarn in Oesterreich und die spätern Greuel der Caraffas, Heisters und Consorten in Ungarn noch gesteigert, in den letzten Zeiten durch nicht ganz gleiche Behandlung, nicht gleichförmig gespendete Begünstigungen kaum gemildert wurde. Von jener gegenseitigen Zärtlichkeit, die uns Zeitungsschreiber so gern aufheften möchten, bleibt nur die kahle Wahrheit, daß der Böhme sich ebenso wenig um den Italiener kümmert, als dieser um den Oesterreicher und abermal dieser um den Polen und Ungar, und so umgekehrt. Zu solcher Fraternität — wenn sie überall unter Völkern in die Dauer stattfinden kann — gehörte jedenfalls ungleich mehr Identität der Denkungsart und besonders des politischen Standpunktes, als zwischen dem Ungar und den übrigen Völkern stattfindet, deren theilweise Begünstigung, oft auf seine Kosten, er nicht ohne Unwillen bemerkt, während sie seine aufrechterhaltene Freiheit, von der sie sich, aller Nachbarschaft ungeachtet, die abenteuerlichsten Begriffe machen, scheel ansehen.

Erscheint nun das Band, welches die verschiedenen Völker der Monarchie zusammenhält, nicht eben als das stärkste, so ist Ungarns innere Consistenz noch bei weitem lockerer. Der Protestant klagt laut über Hintansetzung und willkürliche Beschränkung seiner gesetzlichen Religionsfreiheit; der Slavismus liegt in fast offener Fehde mit dem Magyarismus, dieser mit dem Germanismus, der Anglo- und Gallomanie; der katholische Klerus ist nicht nur den Protestanten ein Dorn im Auge, auch ein Theil der eigenen Heerde ist unzufrieden mit seinem intellectuellen Standpunkte, politischer Haltung und Verwendung seiner Schätze; die Anhänger der Hofpartei werden von den wirklichen und scheinbaren Liberalen, die Magnaten von den

7 *

Adelichen angefeindet, und umgekehrt; der Katholik traut den Protestanten nicht, denen er Sektengeist vorwirft, während selbst diese beiden Confessionen nicht harmoniren; der Jude umschleicht sie, um sie sämmtlich zu betrügen, während der Grieche, sie alle hassend, täglich Gebete für „Seinen Herrn" — der nicht der unsre ist — zum Himmel sendet; der Bürger beneidet den Adel um die größern Freiheiten, während er die eigenen gar erbärmlich handhabt, und im Elend knirscht der Bauer über die Vorzüge beider; der Soldat verachtet die Formen der bürgerlichen Freiheit, während ihm der Civilist den größten Theil seiner Lasten zuschreibt und, statt in ihm den Hüter seiner Habe zu ehren, ihm mißtrauisch nachblickt. — Wo fände man wohl das Ende dieser sich kreuzenden Gefühle? — Welche Einheit aber, was für Beschlüsse sind wohl von diesem Aggregate sich feindlich abstoßender Interessen, von den aus ihnen nothwendig hervorgehenden verwirrten Ansichten zu erwarten? Wie wird es möglich sein, den Ausweg aus diesem Labyrinthe zu finden, das Chaos zu einem Ganzen zu ordnen, das Neue mit dem Veralteten zu verschmelzen, ohne bei jedem Schritte den Fuß an irgend einer schroffen Ecke zu verletzen? —

Nicht weniger Aufmerksamkeit verdient unsre geographische Lage. Wenn die englische Regierung den Tumulten und Zusammenrottungen von Hunderttausenden ruhig zusieht, so mag der Grund hievon zum Theile wohl in der Einheit der Nation, Gleichförmigkeit der Sprache und ungetheiltem National-Interesse liegen; gewiß aber hat die geographische Lage der Insel nicht weniger Theil daran. Vom Meere umgürtet, von einer riesenhaften Seemacht beschirmt, spottet es des fremden Einflusses; seit den Normannen hat kein Eroberer seinen Boden betreten. — Nicht so das beinahe in der Mitte von Europa gelegene Ungarn. Die lebende Generation sah zweimal Frankreichs Adler in der Mitte des Reiches siegreich aufgepflanzt. Die Rosse des Galliers, Spaniers, Belgen, Neapolitaners und Deutschen zerstampften Arpads Erbe; als Verbündeter durchzog Pannonien der Kosak und Baschkire. Ungarn ist die Brücke, über welche einst die russischen Heerhaufen sich nach dem Westen ergießen können, jetzt um so früher, als seit dem Frieden mit der Pforte, der Riese uns durch die Moldau und Walachei bereits zur Hälfte umflammert. — Sollten wohl diese Umstände so gar keiner Berücksichtigung werth sein? muß ein Land in dieser äußern und innern Lage nicht vielmehr die Umsicht und Wachsamkeit der Regierer sowohl als der Regierten aufs höchste in Anspruch nehmen? — Die politischen Freundschaften sind in der Regel die dauerhaftesten nicht; und Jeder, für den die Lehren der Geschichte nicht verloren sind, wird gestehen müssen, daß in der jetzigen Lage der Dinge viel mehr Stoff zu Besorgnissen verborgen liegt, als in allen demagogischen Umtrieben und Meutereien, welche Hofschwänzerei und Bosheit oft auch da zu wittern vorgiebt, wo keine Spur davon vorhanden ist, um durch dergleichen Vorspiegelungen die eigene Flachheit zu verdecken und sich auf Kosten des Völkerglückes und der Regentenruhe wichtig zu machen. Es soll hiermit, wie gesagt, nicht dahin gezielt sein, daß der Operatenreichstag gar nicht sollte abgehalten werden; aber da man die 14 Friedensjahre vor der Julirevolution unbenutzt verstreichen ließ, so möge man nun beiderseits, bei Anträgen, Beschlüssen und Bescheiden die hier angeführten Umstände viel näher beherzigen, als der Gang des jetzigen Reichstages darzuthun scheint.

Daß endlich die Elemente unseres gesetzgebenden Körpers und die Weise seiner Zusammensetzung durchaus zu systematischen Verhandlungen nicht geeignet sind, am wenigsten zu solchen, wo es sich um Interessen Einzelner und ganzer Corporationen handelt, wird hier unbedenklich behauptet und soll im dritten Aufsatze dieses Werkes auf eine genügende Art dargethan werden.

Aus all diesen Betrachtungen kann mit Gewißheit gefolgert werden, daß die Operate auf diesem Wege kaum zur Hälfte erledigt werden, und zwar um so mehr, als außer dem Urbariale, Juridicum und Montanisticum alle übrigen sechs Operate so scharf in die Rechte Einzelner, ganzer Corporationen und der Regierung eingreifen, daß sie den Keim der Auflösung jedes ungarischen Reichstages, wie er jetzt organisirt ist, nothwendig in sich tragen. — Daß es aber noch ziemlich lange währen dürfte, bis die Ueberzeugung hievon klar und allgemein wird, ist bei dem Standpunkte der Intelligenz im Lande und bei den mancherlei Interessen, welche eine diesfällige Aufklärung recht weit hinauszuschieben rathen, nur zu gewiß.

Wir haben früher der Beschwerden des Landes erwähnt, und halten daher eine etwas speciellere Andeutung in diesem Aufsatze für unerläßlich, indem aus eben diesen Beschwerden, denen wir einige kurze Bemerkungen beifügen wollen, der Stand Ungarns zur übrigen Monarchie und dem adoptirten Systeme deutlicher hervorgeht. Die Zahl dieser Beschwerden und Verlangen — gravamina et postulata — ist schon auf einige Hunderte angewachsen, aus welchen jedoch die Stände im Reichstag 1825 — 1827 vierzehn als besonders dringlich — praeferentialia — herausgehoben, die wir hier sammt den darauf im Reichstag 1830 erlangten Bescheiden und einigen nöthigen Erläuterungen aufführen wollen.

I. „Die Reichsstände bitten um die Einverleibung des noch nicht rein= corporirten Theiles von Dalmatien und der dalmatinischen Inseln; daß hierüber ein Gesetz verfaßt werde, wie auch darüber, daß die übrigen, zum Recht der heil. Krone Ungarns gehörigen Provinzen, sobald sie wieder er= langt sind, reincorporirt werden sollen, da ohnehin der Effect dieses, auf die bestimmten Gesetze und die diplomatische Zusicherung gegründeten Verlangens nicht durch Umstände kann verzögert werden. Erledigung: Nachdem Se. Majestät bereits durch Reincorporirung der Theile jenseits der Save ihr Bestreben, dem 3. Punkte des Inauguraldiploms Genüge zu leisten, be= urkundet, auch diese Einverleibung mit Berufung auf die Repräsentation vom 17. Octbr. l. J. unter Heutigem zuzusichern geruhen, wird selbes auch seiner Zeit folgen.“

Es kommt hier nur zu bemerken, daß die Handelsberücksichtigungen, von denen wir gleich unten sprechen werden, schwerlich eine andere Einver= leibung gestatten dürften, als gleich jener von Fiume, und da wäre die Erfüllung zwar staatsrechtlich wünschenswerth, in commerziellem Betrachte aber von gar keinem Nutzen für das Land.

II. „Die Reichsstände bitten um gänzliche Einverleibung der jetzt zu Siebenbürgen administrirten Comitate Kraszna und mittlern Szolnok und des Districtes Kövár, ebenso des Comitates Zaránd, welches ohnehin die Steuern nach Ungarn entrichtet, nun auch in politischer und juristischer Hinsicht einverleibt werden soll. Erledigung: Durch die mittelst des 8. Art. 1827 ausgesendete Reichsdeputation ist dieser Gegenstand bereits abgehandelt; der Bericht derselben muß noch durchgesehen werden, und hierauf die Siebenbürger selbst vernommen werden, dann wird Se. Maje= stät Ihre allerhöchste Entschließung geben.“

Der Erfüllung dieses Verlangens kann durchaus kein haltbarer Grund im Wege stehen, da Siebenbürgen ebenso ein constitutionelles Land ist als Ungarn. Es wollten zwar früher Einige aus dem Umstande dieser bisher nicht erfolgten Gewährung und der durch 23 Jahre unterlassenen Abhaltung des siebenbürger Landtages auf ungünstige Conjuncturen für letzteres Land schließen; da jedoch diese Besorgniß durch den eben versammelten siebenbürger Landtag sich als grundlos erwiesen, wäre es um so mehr zu wünschen, daß

durch unverweilte Erfüllung eines so gesetzlichen und mit Niemandes Ver=
kürzung oder Opfern verbundenen Verlangens die Regierung ihre Will=
fährigkeit bei allen leicht abzustellenden Beschwerden an den Tag legte, um
dann bei andern, schwer oder gar nicht abzustellenden mit mehr Sicherheit
und Erfolg auftreten zu können.

III. „Wegen engerer Verbindung des Großfürstenthums Sieben=
bürgen mit Ungarn. Erledigung: Wie auf die zweite Beschwerde."
In diplomatischer Hinsicht gegründet, ohne jedoch bei der Verschieden=
heit der Verfassung, besonders in religiösem Betrachte, unmittelbaren Nutzen
zu gewähren. Die engste Verbindung dürfte wohl darin bestehen, daß man
in beiden Ländern streng der Constitution und den Forderungen der Zeit
Folge leiste, dann kömmt ohnehin die engste Vereinigung von selbst.

IV. „Einverleibung Galiziens und Lodomeriens mit Ungarn und
Aufnahme in den Gesetzartikel. Erledigung: Wie auf die erste Be=
schwerde."
Aus dieser Beschwerde geht nicht klar hervor, welcher Art die Ein=
verleibung sein soll? Hier könnte selbst hinsichtlich des Rechtes noch manche
Frage entstehen; denn es ist gewiß, daß Galizien und Lodomerien seit 1412
nicht mit Ungarn verbunden war, auch früher wohl unter demselben König
stand — doch das war ja auch mit Böhmen, Oesterreich, Neapel u. s. w.
der Fall — nie aber dieselbe Verfassung hatte; daß diese Länder seit länger
als vierhundert Jahren nicht nur von Ungarn ganz getrennt waren, Polen
später eine Republik wurde, sondern daß man in Ungarn sogar nach dieser
Trennung ein entehrendes Gesetz gegen alle Polen brachte und bis in die
neuesten Zeiten beobachtete, indem man sie auf ewige Zeiten vom unga=
rischen Bürgerrechte ausschloß: das Band war folglich ziemlich locker.
Zwar benutzte das Haus Oesterreich bei Polens Theilung das Motiv
des ungarischen Rechtes; aber auch ohne diesen, in Europa vollkommen
gewürdigten Behelf, würde es der Theilung beigetreten sein, so gut als
Rußland und Preußen, die kein solches Recht anzuführen hatten. Doch
da es nun so gekommen ist, mag Ungarns Recht als sonnenklar gelten.
Aber es muß hier doch die Art der Einverleibung in Betracht kommen.
Diese, nur auf der Landkarte, höchstens mit Hinwegräumung der gegen=
seitigen Mauthgefälle bewerkstelligt, wird von geringem Nutzen sein, da dann
Galizien nicht viel enger mit uns verbunden wäre als bis jetzt, wo es auch
unter derselben Herrschaft steht; die mercantilen Rücksichten aber wären bei

einem Lande, das außer Wein und Tabak alle unsere Naturproducte reich=
lich erzeugt, dabei aber sehr geldarm ist, kaum einiger Beachtung werth.
— Es scheint also, man bezwecke eine v o l l k o m m e n e Einverleibung,
wie allenfalls bei den siebenbürger Comitaten; und da sei es gestattet,
einige vorläufige Fragen zu thun. a) Werden die Polen, Adeliche und
Nichtadeliche, vollkommen Ungarn werden, das heißt, nebst der ungarischen
Sprache auch unsere Constitution annehmen wollen, mit ihrem Gerichts=
gange, juridicis remediis, Opposition und Repulsion ꝛc., den 9. Art. für
den Adel, für den Unadelichen die Incapacität des Besitzes, die Herrenstühle
zusammt dem Stock, das ausschließliche Wegmachen und ebenso ausschließ=
liche Wegmauthzahlen, die Cassa domestica und deperdita, unsre Criminal=
justiz, unsre Mauthen und Dreißigstgebühren nach den deutschen Erbstaaten,
unsern Credit, unser „onus non inhaeret fundo,“ unser Insurrectionswesen
und wie überhaupt die Segnungen unserer Verfassung heißen mögen; werden
dieses die jetzigen Unadelichen, die — da sie noch keine misera contribuens
plebs sind, sondern erst werden sollen — dennoch mit demselben Rechte be=
fragt sein wollen, als die Ungarn hätten befragt werden sollen, als man
ihnen unter Kaiser J o s e p h eine fremde Sprache und Verfassung auf=
drang, wünschen? b) Da nach Einführung der ungarischen Constitution
der Adel von allen Steuern frei wird, auf welche Weise gedenken die
Ungarn den österreichischen Staatsschatz für diesen bedeutenden Ausfall zu
entschädigen? c) Wer wird die zahlreichen Beamten ernähren, die in Folge
der polnischen Magistratswahlen brotlos werden? wird diese bedeutende Last
der ungarische Adel tragen, oder sie der Cassa domestica zur Last fallen?
d) In welchem Verhältnisse sollen unsre neuen Mitbürger an der unga=
rischen Verwaltung und Gesetzgebung theilnehmen? sollen sie ungarisch,
deutsch oder polnisch auf dem Reichstag sprechen u. s. w? Man fände
hier kein Ende ähnlicher Fragen, deren Beantwortung wahrscheinlich schwerer
würde, als die Aufstellung dieser Beschwerde war. Man wird hier ant=
worten, dieses sei die Sache der zu ernennenden Commissionen. Aber da
die zweite und dritte Frage eine platte Unmöglichkeit enthalten, die erste
aber, wenn sie, wie zu erwarten, verneinend beantwortet wird, mit den
Grundsätzen der ungarischen Gesetzgebung durchaus nicht vereinbarlich wäre;
wie kann man ein ähnliches Verlangen stellen, bevor man nicht die Aus=
führbarkeit in reife Ueberlegung gezogen; wie kann man eine ähnliche For=
derung B e s c h w e r d e und noch dazu eine dringende nennen? Fürwahr,

der Reichstag hätte der gegründeten, nutzbringenden Reclamationen genug, ohne mit derlei Ansinnen ins Blaue hinein die Zeit zu verlieren.

V. „Die Grenzberichtigungen zwischen Ungarn und den Nachbar-ländern liegen bereits seit Jahrhunderten unerledigt. Die Reichsstände bitten daher, diese, Sr. Majestät bereits vorliegenden Berichte dem gegen-wärtigen Reichstag vorzulegen, für die Zukunft aber allergnädigst zu be-stimmen, daß ähnliche Grenzcommissionen ihre Berichte von einem Reichs-tag zum andern, sowohl über den Effect, als die Hindernisse, erstatten. Erledigung: Se. Majestät werden hierüber nächstens eine Resolution erlassen; übrigens genehmigen Se. Majestät, daß hinsichtlich der Provision wegen künftiger Grenzcommissionen ein Gesetzentwurf vorgelegt werde."

Gerecht, und andererseits schwer zu billigen.

VI. „Begreift die Angelegenheiten der Grenzbezirke, namentlich, daß diese Bezirke unter die Verwaltung des Palatins, ganz unabhängig vom Hofkriegsrath, gestellt, und in diesem Betracht die vorige Gewalt der Pala-tinal- und Banal-Würde wiederhergestellt werden soll; die übrige Ad-ministration der Grenzbezirke soll nach einem reichstägig auszuarbeitenden Plan dem Geiste der Reichsconstitution und dem Nationalcharakter angepaßt werden; ferner wegen Einverleibung des sogenannten Warasdiner Generalats mit dem Provinciale; nicht minder des Landstriches zwischen der Carolina- und Josephina-Straße; wegen der Stadt Zengg, der Terraine Répás und Kettel; endlich wegen Absonderung einiger Theile in den untern slavo-nischen Comitaten und den Temescher Districten. Sollten die Terraine Répás und Kettel zur Ernährung des Warasdiner Kriegsvolkes unum-gänglich nothwendig sein, so mögen sie doch in politischen und in Gerichts-sachen ihrer vorigen Behörde, dem Sümegher Comitat, auf keinen Fall entzogen werden. Erledigung: Nachdem die Reichsstände selbst das so höchst nöthige Grenzsystem nicht in Abrede stellen, verharren Se. Maje-stät hinsichtlich der innern Administration der Grenzbezirke auf Ihrer vori-gen Resolution vom 11. April 1827; hinsichtlich der Wünsche der Herren Reichsstände, einige Terraine dem Provinciale einzuverleiben, werden Se. Majestät, nach Anhörung der Dikasterien, Ihren Entschluß kundgeben."

Schlimm wäre es, wollte man die braven Grenztruppen, den Schild Ungarns gegen die Türkei, auch verböcyren, damit auch sie überall zu spät kämen und Raaber Schlachten lieferten.

VII. Wegen des im Sinne der Gesetze mit den Reichsständen noch in

diesem Reichstage festzusetzenden Salzpreises; Aufhebung der Gerichtsbarkeit
der ungarischen Hoffammer in Fällen der Contrebande, welche nach den be=
stehenden Gesetzen durch die betreffenden Behörden auszuüben ist; für die
Zukunft soll eine gemischte Reichscommiſſion zu dem Ende ernannt werden,
daß ſie mit Beiziehung von Individuen der k. Statthalterei und der ungari=
ſchen Hoffammer, über die zu beseitigenden Hinderniſſe der Transporte,
Mängel der Anstalten, Unterschleife und alle Verhältniſſe des Salzweſens
verhandle, und noch dem gegenwärtigen Reichstag hierüber einen Vorschlag
unterbreite; endlich über die Klausel des 20. Art. 1790—1791 hinsichtlich
der äußersten Nothwendigkeit — de extreme urgentibus circumstantiis —
welche ausdrücklich auf den im 22. Art. 1741 bestimmten Fall zurückgeführt
werden, oder beſſer aus den angeführten Gründen gänzlich aus dem Geſetz=
buche geſtrichen werden ſoll; hierüber wiederholen die Reichsſtände ihr be=
reits in den früheren Präferentialbeschwerden angeführtes Geſuch, und
nachdem ſie die Geſetzlichkeit dieſer gehorſamſten Bitte auch in ihren Re=
präſentationen, namentlich jenen vom 22. Juni und 14. Aug. 1827, zur
vollen Evidenz erwieſen, deſſen ungeachtet aber dieſes auf die Gerechtigkeit
und die Geſetze geſtützte Verlangen nicht erfüllt, ja ſogar in der k. Reſolu=
tion vom 12. Juli 1827 die Rechte der Reichsſtände, hinsichtlich des in
den Reichstagen nach gegenſeitigem Einverſtändniß feſtzuſetzenden Salzpreiſes,
in Frage geſtellt wurden, ſcheuen ſich die Reichsſtände nicht, dieſes ihr auf
die poſitiven Geſetze gegründetes Recht dem Urtheil der ganzen Welt zu
unterbreiten. Auf dieſem Rechte verharrend, bitten die Reichsſtände Se.
Majeſtät unterthänigſt, daß Allerhöchſtdieſelben ihre Gründe nach Höchſtihrer
Gerechtigkeitsliebe abwägen und noch im gegenwärtigen Reichstage mittelſt
einer Reſolution Abhilfe zu verleihen geruhen. Erledigung: Dasjenige,
was Sr. Majeſtät durchlauchtigſter Vater den Reichsſtänden hierüber im
20. Art. 1790—1791 gewährte, wird auch Sr. Majeſtät ſtets heilig ſein.
Die Verhältniſſe des Aerars und die Folgen der frühern Unglücksfälle er=
lauben jedoch nicht, den Wunſch der Reichsſtände zu gewähren. Aus be=
ſonderer Berückſichtigung des gegenwärtigen unfruchtbaren Jahres werden
bei jedem Centner Salz 30 Xr. nachgelaſſen.“

Das ſtaatsrechtliche Fundament dieſer Beſchwerde unterliegt keinem
Zweifel, und bedenkt man noch, daß durch dieſe an ſich ſchon odioſe Be=
ſteuerung eines alltäglichen Bedürfniſſes der Adminiſtration, in Folge er=
wieſener verminderter Conſumtion, ſehr unbedeutender Vortheil erwächſt,

nebſtdem derlei Maßregeln in polizeilicher Hinſicht ſchädlich, in moraliſcher (auch durch den wohlfeilern Verkauf dieſes Artikels an die Türken) auf= regend und erbitternd ſind, ſo kann man die Nichterfüllung dieſer Beſchwerde den beklagenswertheſten Erfolgen des adoptirten Syſtems beizählen. Doch hätte man andererſeits von den ungariſchen Reichsſtänden mit Recht erwartet, daß ſie, in Betracht des aus unabweislichen politiſchen Ereigniſſen noth= wendig hervorgegangenen Zuſtandes der Finanzen der Geſammtmonarchie — was jedoch im ungariſchen Reichstag gar nicht beherziget zu werden ſcheint — die freiwillige Deckung jedes aus dieſem Artikel zu erweislichen Ausfal= les in den Finanzen — der gewiß unbedeutend ausfallen würde — in An= trag gebracht hätten. So würden ſie dem quid juris auch das quid consilii beigefügt und einen Beweis jener Umſicht und Fügung ins Nothwendige abgelegt haben, die eine Charakteriſtik aller jetziger Staatsacte iſt, ſich voll= ſtändig mit dem Begriffe politiſcher Selbſtſtändigkeit vereinen läßt, und der viel größere und mächtigere Corporationen volle Berückſichtigung widmen, da die Geſchichte der neueren Zeit nur zu häufig erweiſet, wie ſehr umſichtige Geſchmeidigkeit viel eher zum Ziele führt, als ſtarres Feſthalten an dem Buchſtaben. So wäre mit geringen Opfern, welche der Adel nach ſo vielen Friedensjahren leicht bringen könnte — ſowohl das Recht gerettet, als auch noch mancher indirecte Vortheil erlangt worden, der für die Zukunft reich= lichen Erſatz liefern könnte und den man nicht füglich hätte verweigern können. Wir wiſſen zwar, daß dieſe Anſicht des Gravamens keiner der beiden Parteien ſonderlich behagen wird; tröſten uns aber mit dem Gefühle, daß es dennoch die richtige ſei, worüber auch wir auf das Urtheil der ganzen Welt zu appelliren wagen.

VIII. „Die Reichsſtände werden durch die der Geſetzgebung zugefügte Beeinträchtigung in Beſorgniß verſetzt, indem nicht nur die niederen Richter, ſondern ſelbſt die höhern Gerichtshöfe nach Edicten — Patenten — in den Geldverhältniſſen der Privaten zu urtheilen gezwungen werden; ſie beſtehen daher auch hierin auf den in den Präferentialien angeführten Gründen. Erledigung: Durch den 12. Art. 1790—1791, welcher auf Verlangen der Reichsſtände durch den 3. Art. 1827 beſtätigt wurde, iſt es ohnehin verboten, die Gerichte ferner durch Patente zu reguliren. "

Die Gerechtigkeit dieſer Klage unterliegt auch nicht dem geringſten Zweifel, das Verlangen aber iſt um ſo billiger, da durch dieſe Verletzung der Geſetze dem Staate nicht der geringſte Nutzen erwächſt, wie in den

Reichstagsverhandlungen, namentlich durch Paul Nagy, zur Evidenz dargethan. — Die Erledigung trägt auch ganz das Gepräge des Ausbeugens.

IX. „In Hinsicht dessen, was in den Präferentialbeschwerden gegen die Taxirung der Bisthümer, Capitel, Orden ꝛc. gesagt worden und daß sämmtliche ungewöhnlichen, auch durch den 122. Art. 1647 untersagten Bedingnisse und Vorbehalte, so in den Verleihungsbriefen vorkommen, als null und nichtig erklärt werden sollen, erbitten die Reichsstände auch ferner eine huldreiche k. Resolution. Erledigung: Die hierüber durch Se. Majestät anbefohlene Dikasterialverhandlung wird nächstens geschlossen, worauf die k. Resolution erfolgen wird."

Buchstäblich rechtskräftig; politisch betrachtet, Folge der Mängel veralteter Institutionen, denen überhaupt die meisten Uebelstände zuzuschreiben sind. Die Beschwerde selbst dürfte schwerlich Popularität erlangen.

X. „Die Abhängigkeit der ungarischen Hofkammer von der kaiserlichen Hofkammer soll nicht blos durch einen Gesetzartikel, sondern auch wirklich aufgehoben; das Münzwesen vollkommen und effectiv der ungarischen Hofkammer untergeordnet werden; zur sichern Ausführung dieser Provision sollen, bis das Bergwesen systematisch verhandelt wird, an dem ungarischen Seegestade die Administration des Seesalzes, wie auch die Schwefelbergwerke im Warasdiner Comitate sogleich der ungarischen Hofkammer untergeordnet werden; ferner die Ausfuhr des Goldes und Silbers aus dem Königreiche durch das allerhöchste Aerar eingestellt und selbes im Sinne der Gesetze in Münze ausgeprägt, das Ofener Münzhaus zu dem Zwecke errichtet werden, daß nach dessen Herstellung der Oberstschatzmeister in seinen Wirkungskreis zurückgesetzt werde; der Münzmeister aber soll seine Amtspflicht sogleich in vollem Sinne ausüben; über den Werth und das Prägen des Geldes soll nur im Reichstag bestimmt, auch den Münzen nur das ungarische Wappen und ähnliche Inschrift eingeprägt werden. Alles dieses wurde bereits unterthänigst vorgetragen und wird hiermit aus dem Grunde wiederholt, weil in der huldreichen k. Resolution vom 11. April 1827, durch die daselbst erwähnte fortwährende Abhängigkeit der Seesalzmanipulation vom deutschen Bancalamte, der Schwefelbergwerke aber von der kaiserlichen Hofkammer, die Abhängigkeit der ungarischen königlichen Kammer von der kaiserlichen Hofkammer neuerdings eingestanden wird. Der Gegenstand wurde daselbst an die Verhandlung der systematischen Operate verwiesen.

Auf die verlangte Ausprägung des inländischen Goldes und Silbers und der Errichtung des Ofener Münzhauses ist das Verlangen der Reichsstände nicht nur nicht erfüllt worden, sondern durch Aufhebung des Kremnitzer Münzhauses wurde die Zahl dieser Häuser im Reiche sogar vermindert. Mit jener Erklärung Sr. Majestät: daß hinsichtlich der Nichtausfuhr des Goldes und Silbers Gesetze vorhanden seien — begnügen sie sich auf die Art, daß Höchstdieselben diesen Gesetzen auch einen wirklichen Erfolg zu ver= schaffen geruhen. Erledigung: Se. Majestät wiederholen Ihre hier= über in der Resolution vom 17. April 1827 geäußerten Ansichten; Höchst= dieselben werden besorgt sein, daß die im 18. Art. 1715 und dem 14. Art. 1741 bestimmte Unabhängigkeit der ungarischen Hoffammer aufrecht erhal= ten werde; daher wurde die Administration des Seesalzes im ungarischen Küstenlande derselben bereits allergnädigst untergeordnet. Hinsichtlich der Schwefelbergwerke wird, was Rechtens ist, beschlossen werden. Die bestehenden Münzhäuser sind zur Ausprägung des Goldes und Silbers voll= kommen hinreichend, daher ist die Errichtung neuer mit dem angenommenen System der Sparsamkeit unverträglich. Nachdem die Reichsstände sich mit der Erklärung Sr. Majestät hinsichtlich der Ausfuhr des Goldes und Sil= bers begnügen, werden Allerhöchstdieselben darüber wachen, daß die Gesetze erfüllt werden. Wegen dem Gepräge wird gewillfahrt."

Der erste Theil ist selbst durch die Regierung als gegründet angesehen; daher auch die baldige Erfüllung zu wünschen, besonders wenn dadurch eine heilsamere Kameraladministration erreicht wird. — Die Ausprägung des Goldes und Silbers in Ungarn, mit dem Reichswappen, ist ein so klein= liches, alles höhern und politischen Zweckes ermangelndes Verlangen, daß es eher in die Zeiten Karl Roberts gehört, als in die unsrigen. Wird das ungarische Metall nur zu ungarischen Zwecken verwendet, so ist es sehr gleichgiltig, wo es ausgeprägt werde, denn dieses letztere hindert ja durch= aus weder die Ausfuhr, noch führt es zu einer richtigen Kenntniß der Bergwerke, die auch ohnehin, wie die Sachen gegenwärtig stehen, von gar keinem reellen Nutzen wäre.

XI. „Die Reichsstände wiederholen ihr Gesuch, daß der Gegenstand des Geldes, in seiner ganzen Ausdehnung, blos auf dem Reichstag, wohin er im Sinne der Gesetze gehört, verhandelt und bestimmt werde; die aber im Curs befindlichen Anticipationsscheine, nachdem ohnehin ihre Zeitfrist schon verflossen ist, sollen gleich den Einlösungsscheinen in ihrem Nominal=

werthe und in möglichst kurzer Zeit gegen Conventionsgeld durch das Aerar ausgewechselt, für die Zukunft aber nach den bestehenden Gesetzen kein anderes Geld, als mit vollem inneren Werthe in Umlauf gesetzt werden. Erledigung: Se. Majestät haben schon Beweise geliefert, wie sehr Ihr dieser Gegenstand am Herzen liege; die bereits stattgehabten Erfolge sowohl, als auch der Umstand, daß das Papiergeld in den dazu bestimmten Orten gegen Gold und Silber umgesetzt werden kann, lassen Se. Majestät mit Recht verlangen, daß die Herren Stände in diese väterliche Sorgfalt Vertrauen setzen und so, nebst der wiederholten Zusicherung Sr. Majestät: daß niemals mehr Papiergeld mit anbefohlener Werthsbestimmung und gezwungener Annahme herausgegeben wird, — jenen Zeitpunkt erwarten, wo einzig das Conventionsgeld in gesetzlicher Circulation sein wird."

So gerecht das Verlangen, ebenso gesetzlich und weise die Erledigung. Die Erfüllung aber scheint nicht blos vom besten Willen beider Theile abzuhangen, sondern mit so vielen innern und äußern Conjuncturen in Verbindung und Wechselwirkung zu stehen, daß hierüber wenig vorhinein bestimmt werden kann.

XII. „Wegen der ungarischen Sprache. Erledigung: Es ist Sr. Majestät sehr angenehm, daß die ungarische Sprache unter Ihrer Regierung jenen Grad der Vervollkommnung erreicht hat, welcher in den Principien Ihrer Resolution vom 22. Juli 1792 enthalten ist; doch soll, wie schon früher bestimmt wurde, jeder Zwang so viel als möglich vermieden werden. Daher genehmigen Se. Majestät, daß die k. Statthalterei allen Behörden, welche ihr ungarisch zuschreiben, in eben dieser Sprache antworte, und nach Publicirung des hierüber im gegenwärtigen Reichstag zu bringenden Gesetzes alle ihre übrigen Intimate ungarisch erlasse; die Circulare aber, welche, wenn sie in beiden Sprachen expedirt werden sollten, Verzögerungen herbeiführen müßten, sollen lateinisch bleiben; die königl. Curia soll die appellirten ungarischen Prozesse ungarisch aburtheilen, und in eben dieser Sprache sich im Extracte vortragen lassen; hinsichtlich der Districtualtafeln und aller innerhalb der Grenzen des Königreichs Ungarn befindlichen Gerichte der Comitate, Freistädte und heil. Stühle in Civilsachen, wo bisher die ungarische Sprache nicht im Gebrauch war, soll es gestattet sein, Prozesse ungarisch anzufangen, jenen Gerichten aber freistehen, hierin ungarisch oder lateinisch zu deliberiren; zu allen öffentlichen Aemtern sollen nur der ungarischen Sprache Kundige können verwendet werden; die bereits Angestellten sind hier nicht zu verstehen; nach Verlauf von 3 Jahren darf Niemand, so der Nationalsprache unkundig ist, zur Advokatencensur zu= gelassen werden. Ueber alles dieses darf jetzt schon ein Gesetz gebracht werden; darüber aber, daß die ungarischen und Grenzregimenter und die inländischen Militärcommanden ungarische Zuschriften anzunehmen ver= pflichtet sein sollen, wird Se. Majestät allergnädigste Veranstaltungen treffen. Was die Erlernung der ungarischen Sprache in den Volks= schulen und den Vortrag der Wissenschaften in den höheren Schulen be= trifft, wird auf die Operate verwiesen. Alles aber, was von den Dikasterien und den Behörden an Se. Majestät selbst vorgetragen wird, wie auch in jenen Gegenständen, welche mit den deutschen Erbstaaten in was immer für einer Verbindung stehen, muß die lateinische Sprache ver= wendet werden."

Die loyale Erledigung dieser Präferentiale zeigt zur Genüge, daß der Gegenstand durchaus keine Beschwerde sein kann, sondern nur ein ver= trauensvolles Gesuch um die noch fernere Ausdehnung der bisherigen Be= günstigungen der Muttersprache ist. — Was unter der jetzigen Regierung in diesem Betrachte geschehen, muß die Dankbarkeit jedes Patrioten erregen; und sollte unsre Sprache und Nationalität sich nicht kräftig entwickeln, so dürfen wir gewiß nicht der Regierung, sondern nur unserer eigenen Lauheit, Verkehrtheit, Gehässigkeit die Schuld beimessen.

XIII. „Als die Reichsstände aus den in ihren Präferential = Be= schwerden angeführten Gründen die Erneuerung der Gesetze wegen Verlei= hung der Fiscalgüter verlangten, ging ihre Meinung nicht dahin, dadurch den Gebrauch der vermischten Schenkungen, welche Se. Majestät im 28. Punkte Ihrer Resolution huldreichst zu erwähnen geruhten, in Frage zu stellen. Da jedoch bei den gemischten Schenkungen vorzüglich die Verdienste für König und Vaterland in Berücksichtigung kommen sollten, gegenwärtig aber das vorzüglichste Motiv der Güterverleihungen darin besteht, daß sie den Meist= bietenden verliehen werden, und auf diese Weise nicht das Verdienst, son= dern die Menge des Geldes in Anschlag kommt und nur jener, der die Mittel eines höheren Angebotes besitzt, derlei Güter erhält, was dem Geiste des 19. Art. 1741, welcher die Licitation der Fiscalgüter in diesem Königreich nicht gestattet, widerstreitet, wiederholen sie diese ihre Bitte. Erledigung: Da es dem Urtheile Sr. Majestät anheimgestellt ist, die Verdienste der Bitt= steller zu ermessen, so liegt darin Sicherheit genug, daß in den Gütern, welche mittelst Allerhöchster k. Rechte zu verleihen sind, immer die Meriten berücksichtigt werden."

Leider nur zu gegründete Beschwerde, deren tiefere Beurtheilung wir einem anderen Orte vorbehalten.

XIV. „Auf das gehorsame Verlangen der Reichsstände, daß in Betreff der anonymen Angebereien, zur Bekräftigung des 18. Art. 1791 und 5. Art. 1805, neue Provisionen im Gesetzbuche getroffen werden, geruhten Se. Majestät zu erklären, daß hierüber ohnehin die gesetzlichen Vorkehrungen bestehen, welchen Genüge geleistet werden soll; aus den jedoch bereits angeführten Gründen, und weil die entgegengesetzten Beispiele beweisen, daß in den erwähnten Gesetzen kein hinlänglicher Schutz gegen die Angriffe der heimlichen Angeber auf den Ruf vorhanden sei, bitten sie ferner, daß Se. Majestät diese, in der Gerechtigkeit und Billigkeit gegründete Forderung zu willfahren geruhe. Erledigung: Der 2. §. des 5. Art. 1805 besteht; gegen die falschen Angeber kann laut den Gesetzen gerichtlich verfahren werden; sollten sie nicht hinreichend sein, so kann bei Gelegenheit der Operate eine weitere Verfügung getroffen werden."

Auch dieser Krebsschaden unserer Staatsverwaltung wird bei einer andern Gelegenheit umständlicher besprochen werden.

Unter den übrigen Reichsbeschwerden nimmt jene gegen den unterdrückten ungarischen Handel durch ein verderbliches Mauthsystem den ersten Platz ein, denn diesem Uebelstande wird größtentheils der ganz verarmte Zustand des Landes zugeschrieben; aus dieser Quelle leitet man sogar den größten Theil jener Uebel her, die auf den ersten Blick in gar keiner Verbindung mit selber zu stehen scheinen. Der Gegenstand wirft ein zu helles Licht auf die Stellung Ungarns, um demselben nicht einige Hinblicke zu weihen. Die Klage stützt sich vorzüglich auf die Unterordnung aller mercantiler Vortheile Ungarns unter ein die andern Erbstaaten auf Kosten dieses Königreiches begünstigendes System. Hierüber sind bereits die bündigsten und kräftigsten Vorstellungen einzelner Behörden sowohl, als besonders der Reichsstände gemacht worden *), ohne wesentliche Abhilfe zu erlangen. Wir wollen den Gegenstand etwas umständlicher darlegen.

Das diesfällige Verlangen Ungarns stützt sich auf folgende Gründe:

---

*) Eine der vorzüglichsten befindet sich in: „Ungarns gesetzgebender Körper im Jahre 1830." 2. Th. S. 217, wo überhaupt noch manche in dieses Fach einschlagende Belege anzutreffen sind.

Der Grundpfeiler des ungarischen Commerzwesens und der Industrie ruht auf Reciprocität und reichstägiger Festsetzung der Zölle. Der Grund= satz selbst beruht auf folgendem: „Ungarn, als ein freies, von den deut= schen Erbstaaten und deren Staatsverwaltung durchaus unabhängiges, nach eigenen Gesetzen und Gebräuchen regiertes Reich, hat das vollkommene Recht des freien Handels mit den Erbstaaten sowohl, als mit allen übrigen Nationen. Dieser freie Handel begründet sich vorzüglich in der reichstä= gigen Bestimmung der Zölle, sowohl auf eigene auszuführende Producte, als auf die Einfuhr fremder Handelsartikel; jedoch mit Aufrechthaltung des königlichen Rechtes der Dreißigstgebühren, das aber in seine ursprünglichen gesetzlichen Grenzen zurückzuführen ist."

Das staatsrechtliche Motiv dieses Satzes besteht darin, daß, gleichwie die österreichische Regierung das volle Recht besitzt, die aus Ungarn in die Erblande einzuführenden Producte und Fabrikate mit beliebigen Zöllen zu belegen, ebenso unbezweifelt dem Königreiche Ungarn — d. h. dem König mit den reichstägig versammelten Ständen — dasselbe Recht hinsichtlich der Natur = und Kunsterzeugnisse, nicht nur des Auslandes, sondern auch der österreichischen Staaten zusteht.

Daß die Nation diese Gerechtsame unwiderleglich anspricht, unterliegt keinem Zweifel, auch wird es den Ständen leicht sein, sie aus den Staats= tractaten früherer Perioden sowohl, als aus den Begriffen über Unabhän= gigkeit, aus der Natur des Verhältnisses Ungarns zu dem übrigen Kaiser= staate herzuleiten und ungleich ausführlicher zu erweisen, als dieses in den vorigen Reichstagen bereits geschehen ist. Die Regierung erwiderte jedoch den Ständen 1807 auf ihre erschöpfende Darstellung der Hemmung und Belastung des ungarischen Handels und auf ihr Verlangen um Herstellung der dem Lande gebührenden Reciprocität der Zölle, „daß dieses mit dem Systeme der Monarchie nicht übereinstimme" (monarchiae systemati non congruat), mit welchem Bescheide der Reichstag entlassen wurde. Seit fünfundzwanzig Jahren ließ die Regierung sich auf wiederholte Vorstellungen in keine weitere Erörterung dieser Lebensfrage ein, sondern verwies sie in der letzten Zeit auf die Verhandlungen des Commerzial = Operates.

Sollte nun dieses Operat, laut den Beschlüssen des jetzigen Reichs= tages, denen bereits Se. Majestät die königliche Genehmigung ertheilte, noch im Laufe desselben vorgenommen werden, so wird natürlich diese Frage das Fundament aller Verhandlungen begründen. Man wird sich versammelt

Terra incognita. 8

glauben, um alle hierher einschlagenden Fragen systematisch und erschöpfend zu verhandeln und zu einem Resultat zu gelangen. Mit der Erwähnung des Systems würde man dann um so weniger auslangen, als es der unga= rischen Constitution durchaus fremd geblieben. An diese Frage der Reci= procität werden sich dann noch so viele ernste Fragen und Untersuchungen reihen. Gebührt Ungarn von all dem, was die Stände in wiederholten Vorstellungen verlangten, durchaus Nichts, so müßte dann wohl Alles in seiner vorigen Lage verbleiben, und die Stände hätten noch von Glück zu reden, daß die vielen gesetzlosen Forderungen blos mit Stillschweigen über= gangen wurden. — Doch nehmen wir an, daß das Land dennoch mit Recht sich über das bisher befolgte System zu beklagen hätte, so könnte man dann noch mancher schwer zu beantwortenden Frage entgegensehen. Denn nebst jener, über die Reciprocität selbst, dürfte dann durch die Opposition die belastete Ausfuhr nach den Erbstaaten, der vernichtete Handel mit dem Auslande, der durch Monopole zerstörte Tabak= und Seidenbau, endlich das Verhältniß mit dem Hafen von Fiume zur Sprache gebracht werden und sehr bittere Auseinandersetzungen herbeiführen. Leicht dürften die Glieder der Opposition dann neben vielen andern auch die Frage auf= werfen: wie denn die Worte des Monarchen vom 17. Okt. 1826: „daß durch die zurückgestellten ungarischen Häfen väterlich gesorgt sei, daß der Handel zu einem größern Flor erhoben werde" (per restitutos Hungaricos portus de eo prospectum esse, ut regni commercium ad majorem evehatur florem), mit der Wirklichkeit, nach welcher Ungarn gar keinen Hafen besitzt, zu vereinen seien? Denn man wird kühn behaupten, daß ein von öster= reichischen Douanen umgebener Hafen so gut als keiner, und in Betracht der Administration wohl noch schlechter als gar keiner sei. Und wo bleibt endlich noch die Legion verdutzender Fragen, die sich im Laufe dieses Operats entwickeln dürften?

„Nun so wird man wohl Ungarns Verlangen, wenn sie gerecht sind, auch gewiß erfüllen," wird man hier vielleicht erwidern. Doch wie wenig müßte derjenige mit der Lage der Dinge vertraut sein, der auf die Her= stellung einer vollkommenen Handelsfreiheit zu hoffen vermöchte! Der jetzige Zustand der Dinge ist schon zu tief eingewurzelt; auf dem im Laufe verhängnißvoller Zeiten, in Folge ungewöhnlicher Unglücksfälle, oft nicht abzuwendender, oft nicht gehörig abgewendeter Ereignisse, occupirten Boden sind schon zu unentbehrliche Bauten aufgeführt, um selbst beim besten Willen gewähren zu können. Betrachten wir von allen übrigen Begehren nur die Reciprocität: welche Verwirrungen würde sie in den deutschen Provinzen herbeiführen? Bei der bereits dämmernden Aufklärung und Industrie Ungarns, bei dem mächtigen Emporstreben der Nation aus dem verwitterten Schutte alter, hemmender Institutionen, bei dem Eifer und der vortrefflichen Persönlichkeit einiger unserer mächtigsten Grundbesitzer, würde die Reciprocität und die aus ihr hervorgehende reichstägige Festsetzung und Stabilität der Zölle zur Zauberformel werden, die Ungarns ganzen Culturstand umformte. Die natürlichen Folgen dieser mercantilen Selbstständigkeit, Einführung des Wechselrechtes unter dem Handelsstand und jenen der Grundbesitzer, die sich freiwillig demselben unterwürfen, Vermehrung persönlicher Unverletzbarkeit, Ausdehnung bürgerlicher Rechte über alle Klassen der Gesellschaft, Abstellung verletzender Immunitäten und Exemtionen, und alle die heilsamen Provisionen, die der Reichstag nach erlangter mercantiler Emancipation gewiß bringen würde, müßten schnell zahlreiche, durch Einheimische und schaarenweis herbeieilende Fremde zu errichtende Fabriken hervorzaubern; der Landwirth würde nicht blos für den innern, obgleich bald verdoppelten Bedarf, sondern auch für die Nachfrage des Auslandes erzeugen und eben darum seine Producte zu veredeln bemüht sein. Die Wechselwirkung des aus vermehrter Aus- und verminderter Einfuhr hervorgehenden Reichthums wäre in einem an Naturschätzen so überreichen Lande ungeheuer, und in ihren Folgen unberechenbar. Was bedürfte Ungarn außer den Colonialwaaren wohl dann noch Namhaftes, das es sich nicht selbst erzeugen könnte? Man betrachte, um aus unzähligen Beispielen nur eines anzuführen, das Tuch zu unsern Kleidern. Gegenwärtig zahlt unsre Wolle Ausfuhrzoll, dann der Nachbar Einfuhrgebühren, der österreichische Fabrikant entrichtet davon schwere Steuern; nun kommt noch der Aus- und Einfuhrzoll des fertigen Tuches, und am Ende, wer bezahlt wohl dieses Alles? Niemand als der Ungar, der seine vielfach belastete, darum auch wohlfeil verkaufte Wolle als theueres Fabrikat auf seinen Leib hängt, und der, wenn er sie selbst verarbeitete, aller dieser indirecten Steuern überhoben wäre. Zwar trüge er anfangs gröberes Tuch, doch sehr bald ein ebenso feines, und gewiß viel wohlfeileres, als er nun aus der fünften Hand zu kaufen gezwungen ist. Und so wäre es mit allen ungarischen Producten, die gegenwärtig in rohem Zustande wohlfeil ausgeführt werden, um als theures Fabrikat zurückzukehren.

Aber wie erginge es dann wohl den deutschen Erbstaaten? Eine Frage, die dem Ungar wohl nur untergeordnet erscheinen mag, die jedoch ganz verschieden von der Regierung beherziget wird, deren größerer Theil der Unterthanen hier unmittelbar betheiligt ist. Fast alle österreichischen Provinzen sind genöthigt, rohe Producte in großer Quantität einzuführen. Mögen sie nun diese, nach hergestellter Reciprocität, vorerst aus Ungarn, oder aus einem andern Lande beziehen, immer bedürfen sie Geld dazu, welches ohne den ungarischen Käufer gar bald bei ihnen auf die Neige ginge, da ihre übrigen Nachbarn sehr wenige ihrer Fabrikate kaufen. Für Ungarn aber würde, bei seiner größern innern Consumtion und erweitertem auswärtigen Handel, die Reaction viel leichter zu ertragen sein, und seine Unabhängigkeit von den Fabrikaten der österreichischen Erblande, statt deren es größtentheils bessere und wohlfeilere vom Auslande beziehen könnte, wäre bald vollständig, während bei den Nachbarn der entgegengesetzte Fall einträte. Es stände daher bald gar mißlich um diese, die schwerlich im Ackerbaue, wie die Deputation meint, Ersatz für ihre herabgekommenen Fabriken fänden. Woher aber die Lasten des Staates tragen, welche die deutschen Provinzen schon jetzt bei aller Begünstigung ihres Handels kaum zu erschwingen vermögen?

Hierauf kann man sich ganz sicher auf folgenden Einwurf der Opposition gefaßt machen: „Ungarn könnte durch diesen Umstand durchaus nicht bestimmt werden, von seinem gesetzlichen Begehren abzustehen; höchstens käme bei der reichstägigen Festsetzung der Einfuhrzölle die Lage unserer Nachbarn zu berücksichtigen, wobei wir ihnen jede Begünstigung zu gewähren hätten, die ohne Nachtheil des Vaterlandes gewährt werden könnte. Denn strenge genommen hätte der Nachbar dann um so weniger Recht, von uns mehr als Bedauern zu verlangen, als es noch sehr problematisch ist, ob er während unsrer langen Drangsale, die doch nur ihm zu statten kamen, uns selbst diese wohlfeile Münze gespendet — — ?"

Doch ganz verschieden muß hierin die Regierung denken, die den Erbstaaten diese tiefe Wunde nimmermehr gleichgiltig kann versetzen lassen, und zwar zu Gunsten eines Staates, dessen Hilfsquellen größtentheils der Verwaltung nicht zugänglich sind. Und eben hierin liegt der Knoten dieser sich so vielfach kreuzenden Fäden, hierin das Bedenkliche des Commercial=Operates, wodurch auch das früher festgesetzte Beginnen des jetzigen Reichstages mit selbem so ernstlich widerrathen wurde. Auf der einen Seite eine Nation, die ihr klares Recht reclamirt, das sie mit jedem Jahre schmerzlicher entbehrt und mit dem beinahe ihre ganze innere politische Existenz aufs innigste ver= knüpft ist; auf der andern Seite eine mächtige Regierung, die, verfolgend ein ererbtes, seit Jahrhunderten unter verschiedenen Modificationen als pro= bat befolgtes System, sich plötzlich durch außerordentliche unabwendbare Zeitereignisse und dadurch bewirkte augenblickliche Verlegenheiten gedrängt sah, und ohne Benutzung der ihr gesetzlich zu Gebote stehenden Hilfsquellen, durch momentane Vortheile verleitet, immer mehr und mehr von dem wahren Staatsvortheil sich entfernte, und den Einen auf Kosten des Andern be= günstigend, den Begünstigten gleichfalls stark in Anspruch nehmend, eine Lage der Dinge herbeiführte*), die nun, selbst bei dem besten Willen, plötz= lich nicht kann umgestaltet werden, ohne bedenkliche Convulsionen zu veran= lassen, die eine kluge Regierung jederzeit vermeidet, am meisten in einer Epoche, wo das ergraute Europa mehr als je die Wirkungen der verschieden= artigen Krankheitsstoffe verspürt, die seine alten Knochen durchwühlen und mit jedem Augenblicke auszubrechen drohen.

Aus diesen Andeutungen wird wohl nicht zu bezweifeln sein, daß hier Regierung und Land viel schroffer gegenüberstehen, als in irgend einer an= dern Frage der Staatsverwaltung; und eben darum erheischt auch keine Frage mehr Umsicht und Billigkeit von beiden Theilen, als diese. Man wird hier ebensowenig mit dem Corpus juris auslangen, als mit dem adop= tirten System, und beide dieser mächtigen Zauberformeln werden dem Ge= sammtwohle und der gegenseitigen Erhaltung weichen müssen**), soll man

---

*) Hierüber machten die Reichsstände wiederholt Vorstellungen, am ausführlich= sten und nachdrücklichsten 1807.

**) Als im Beginne des jetzigen Reichstages das Commercial=Operat in der Ständetafel transitorisch zur Sprache kam, gab sich hinsichtlich der mercantilen An= sprüche ein Geist kund, der hierin wenig hoffen läßt. (Einige Deputirte äußerten sich, unter allgemeinem Beifall, über unsere herzustellende unbeschränkte Handelsfreiheit mit dem Auslande auf eine Art, die, plötzlich in Erfüllung gesetzt, den größten Theil der erbländischen Fabriken zu Grunde richten müßte. Man sah im Geiste bereits einen Mastenwald von Schiffen aller Völker der Erde in Fiume, die uns mit Erzeug= nissen aller Welttheile um die billigsten Preise überschwemmten, uns alle österreichi= schen Fabrikate entbehrlich machten und mit unsern zollfreien Naturerzeugnissen be= laden, in alle Meere der Welt zurückkehren. — Schöner Traum! doch wenig ge= eignet, unsre commerciellen Verhältnisse so viel als möglich zu verbessern. — Ungarn ist nicht mehr Garçon; — und unsre politische Ehe mit den Erbstaaten ist ein Sacrament. —

nicht Ereignissen entgegensehen, die viel leichter vorhinein abgewendet, als nach der Hand ausgeglichen werden.

An den mercantilen Uebelständen, über welche sich die Ungarn so sehr beklagen, sind sie größtentheils selbst schuld. Während sie klagten und vieles Unmögliche wünschten, weil sie es in den Gesetzbüchern fanden, hätten sie klüger gethan, zu h a n d e l n, zu thun, was möglich und nicht schwer aus= führbar ist. Hierdurch hätte dann eine günstige Veränderung von selbst, in ruhig fortschreitendem, nichts umstoßendem Gange sich erzeugt. Das Uebel concentrirt sich doch eigentlich nur darin, daß wir kein Geld haben, weil wir immer mehr zahlen als einnehmen. Nun wäre es aber durchaus keine Zauberei, uns auch bei der jetzigen Ordnung der Dinge zum Theil und successiv von den übrigen Erbstaaten unabhängig zu machen. Nie= mand kann uns hindern, unsre Wolle, Eisen, Häute im Lande selbst zu verarbeiten, statt grober feine Leinwand zu erzeugen, uns mehr auf Hanf=, Tabak=, Seidenbau u. s. w. zu verlegen, wobei besonders der Adel, der noch obendrein gar keine Steuern von seinen Fabriken zu entrichten hätte, durch Niemanden könnte beeinträchtigt werden. Es ist erwiesen, daß drei Vier= theile unserer Bauern in Gegenden leben, die dem Seidenbau so günstig sind, daß sie ohne alle Anstrengung ihre ganze Contribution aus selbem ent= richten könnten, besonders wenn jedem Monopole dadurch begegnet würde, daß die Vermöglicheren und Reichen zusammenträten und die Seide im Lande verarbeiteten, was doch keine Hexerei wäre, besonders wenn man nicht gleich anfangs mit Frankreich rivalisiren wollte. Und wie viele ganz arme Edelleute giebt es, die durch den Seidenbau den jetzt so häufigen Zu= spruch des Hungers seltener machen könnten? Das Somogyer Comitat hat so günstige Verhältnisse zur Runkelrübenzuckererzeugung, daß es in wenig Jahren den g a n z e n Zuckerbedarf des Landes zu decken im Stande wäre, mit ungeheurem Nutzen der Fabrikanten sowohl als des Landvolkes. Daß man bei all diesen Unternehmungen von Seiten der Regierung keine Be= schränkungen erführe, ist ebenso gewiß, als daß auch alle übrigen Hinder= nisse, so bedeutend sie auch sein mögen, durch Einverständniß, Umsicht und kluges Zusammenwirken der materiell und moralisch Vermöglicheren im Lande sehr bald überwunden wären. Die jetzt jährlich aus dem Lande fließenden Millionen blieben dann größtentheils in der innern Circulation, und indem wir weniger Bedürfnisse von den Nachbarstaaten bezögen, könnten uns auch die Zölle nicht so empfindlich berühren. Dieses müßte nun auch die Regierung zu Abänderungen im jetzigen Systeme bestimmen und würde jene Wichtigkeit Ungarns im österreichischen Staatenbunde, die wir so oft mit Worten geltend zu machen suchen, ohne zu thun, was dieser Behauptung Nachdruck geben könnte, als Axiom aufstellen.

Diese unsere Trägheit, dieses Unterlassen aller zweckmäßigen Kraft- anstrengung, dieses zwecklose Aufsuchen des Heils in den alten Pergamenten, statt es aus der eigenen Thatkraft zu erschaffen, bestimmte mehrere edle Söhne des Vaterlandes, durch Wort und That der so langsamen geistigen Ent- wickelung ihrer Landsleute zu Hilfe zu kommen und sie zu Gemeinsinn, Nationalität, Thätigkeit und richtiger Würdigung ihrer Lage und ihres Bedürfnisses zu führen.

Seitdem der ungarische Adel das Schwert aus der Hand gelegt, suchte sein von Natur nichts weniger als träger Geist gewöhnlich Beschäfti- gung in seinen Gesetzbüchern, wozu vorzüglich die Munizipalverfassung des Landes, die Jedem unmittelbaren Antheil an der innern Staatsverwaltung zu nehmen gestattet, hinzuweisen schien. — Wenig mit den in neuerer Zeit entwickelten Begriffen einer zweckmäßigen Staatsverwaltung bekannt, be- schränkte der Ungar seine staatswissenschaftlichen Studien großentheils auf die alten, ganz verschiedenen Zeiten und Verhältnissen angepaßten Gesetz- bücher. In dem Labyrinthe unseres im Laufe von acht Jahrhunderten, in den verschiedenartigsten Lagen, zu zwei ungeheuern Folianten angewachsenen Corpus juris sich verirrend, ward den wenigsten unter ihnen ein Faden der Ariadne zu Theil, und so entstand denn jene unglückselige Fertigkeit im Citiren und jene Unbehilflichkeit im Anwenden alter Gesetze, jenes krampf- hafte Festhalten an dem Alten, meist Veralteten, wodurch das Ende des vorigen und der Anfang des jetzigen Jahrhunderts so sehr charakterisirt wurde, und noch heutigen Tages häufig angetroffen wird. Doch bald ward die Dictatur, welche diese Orthodoxen in den Comitats- und Reichsversamm- lungen ausübten, einigen jüngern, mit dem Zeitgeiste fortschreitenden Män- nern lästig, und indem sie das Joch abzuwerfen bemüht waren, entwickelte sich langsam, aber kräftig jene Partei der Bewegung, die Anfangs als ver- derbliches Schisma verrufen und verwünscht, am Ende den Sieg über die alte Schriftgelahrtheit davon trug. Am kräftigsten trat der Deputirte Paul N a g y gegen das Heer alter Vorurtheile und verschrobener Ideen auf, und indem er sich zugleich als unerschütterlichen Vertheidiger der Constitution bewährte, die Blitze seines colossalen Geistes auf alle Mängel, Vorurtheile und Verkehrtheiten ohne Ausnahme schleuderte, er mochte sie nun bei der ausübenden Gewalt oder unter den Ständen vorfinden, indem er endlich im edlen Selbstgefühle seiner Absichten den Unwillen der Regierung ebenso gleichgiltig ertrug als das Zetergeschrei der Schriftgelehrten, bildete er bald den Focus jenes hellen Lichtes, das sich mit vielem Erfolge über das Land verbreitete *).

Den richtigeren Ansichten über die ungarischen Bedürfnisse mangelte jedoch Thatkraft, vorzüglich weil die höhern und vermöglicheren Klassen des Adels sich wenig mit den Angelegenheiten ihres Vaterlandes beschäftigten, und die es thaten, gewöhnlich durch öffentliche Aemter an einer freien Kraftäußerung gehindert wurden.

Diesen Mangel fühlend, trat der edle Graf Stephan Széchenyi plötzlich unter seine Landsleute, und suchte in schnell aufeinander folgenden Schriften die Nation aus dem Reiche der Unthätigkeit, der Theorien und Klagen in die Regionen der Thatkraft, des Selbstvertrauens und des Wohlstandes zu reißen.

Aus einer der angesehensten Familien im Reiche entsprossen **), der Sohn eines den Ungarn ewig unvergeßlichen Patrioten, erregte schon bei seinem ersten Auftreten sein schöner Name ein günstiges Vorurtheil für ihn, das er später vollkommen rechtfertigte. Nachdem er in früher Jugend in der kaiserlichen Armee mit Auszeichnung gedient, seinen Geist durch Reisen

---

*) Er stellte im Reichstag 1807 zuerst den Satz auf: „Nationalität gilt mehr als die Constitution" — wofür man ihn dazumal beinahe gesteinigt hätte, obwohl der Satz nun als Axiom betrachtet wird.

**) Von jeher hatte die Familie Széchenyi durch Patriotismus und Opfer auf dem Altare des Vaterlandes sich ausgezeichnet, und in letzterer Hinsicht kann kein anderes Geschlecht mit ihr in die Schranken treten. — Der Primas und Erzbischof von Gran, Georg Széchenyi, verwendete unter Leopold I. über drei Millionen auf 27 geistliche, literarische und militärische Stiftungen, und unterstützte den König mehrmals mit dreimalhunderttausend Gulden. Seinen Neffen, den Erzbischof von Kalocsa, Paul Széchenyi, sahen wir in diesen Blättern als Vermittler des Friedens mit Rákóczy; Graf Franz, der Vater Stephans, ist der Stifter des ungarischen Museums, das er mit seiner unschätzbaren Bibliothek, Münzen- und Antikensammlung dotirte, wie sich kein Private neuerer Zeit einer ähnlichen, wahrhaft königlichen Schenkung rühmen kann. Nimmt man noch hinzu, daß die Mutter unseres Grafen Stephan die Schwester des unsterblichen Mäcenaten Gr. Georg Festetits war, so muß man bekennen, daß das Blut hier nicht minder sich bewährte, als in einer durch den Grafen den Ungarn vorgetragenen Theorie.

in allen Ländern Europa's gebildet, machte er sich im Reichstage 1825/7, durch eine hinreißende Rede des Paul Nagy über die Ursachen unserer vernachläßigten Muttersprache ergriffen, zuerst auf eine glänzende Art bemerkbar, indem er zur Ausbildung der ungarischen Sprache eine Stiftung von sechszigtausend Gulden Conventionsmünze machte und durch sein Beispiel die Grafen Georg Andrásy, Georg Károlyi und den Deputirten Abraham von Vay zu namhaften Beiträgen bestimmte, so daß er als vorzüglichster Stifter der sprachbildenden Gesellschaft zu betrachten ist.

Von nun an widmet er die Kräfte seines ungewöhnlichen Geistes ausschließend dem Vaterlande, welches ihm bereits viele heilsame Anstalten verdankt, wobei er von mehreren nicht minder edlen Patrioten durch moralisches und materielles Mitwirken so kräftig unterstützt wurde und wird, daß man die jetzige Zeit mit Recht die Periode erwachender Nationalität, Industrie und Gemeingeistes nennen kann, wo neben den Namen Szécheny i noch so viele andere, als Andrásy, Bathyányi, Bezerédj, Csapó, Eszterházy, Festetits, Károlyi, Keglevics, Somsich, Vay, Wesselényi u. A. bis in die fernste Zukunft glänzend dastehen werden.

Die vorzüglichste Tendenz der Schriften des Grafen Szécheny i ist auf Erweckung der Nationalität, Thatkraft und Einigkeit gerichtet. Während er diese mit der ganzen Energie eines edlen Charakters seinen Landsleuten ans Herz legt, zerfleischt er mit unbarmherziger Geißel den Rücken der Lässigen, Finsterlinge und Verstockten. Mit Meisterzügen schildert er die Mißgunst, Verkehrtheit und besonders die alten „verrosteten" Vorurtheile, die sich jeder geistigen und materiellen Entwickelung des Landes entgegenthürmen. Die ungarischen Eigenthümlichkeiten, den Eigendünkel, die theilweise Rohheit und bäurischen Sitten der Jugend hat noch Niemand treffender geschildert; seine Sprache ist durchaus correct und geschmeidig, der geniale Mann hat den Ausdruck vollkommen in seiner Macht und durch ihn lernte man vorzüglich die Geschmeidigkeit der ungarischen Sprache und ihre Verwendbarkeit zu leichter, gefälliger und witziger Diction kennen; er ist in diesem Betrachte unstreitig der vorzüglichste, originellste Schriftsteller, den die ungarische Literatur aufzuweisen hat. — Der Inhalt seiner Werke mußte ihn natürlich mit der Administration und der Gesetzgebung Ungarns in Berührung bringen, welchen Zweigen er jedoch, besonders dem letztern, nicht gewachsen ist, was man von ihm auch billigerweise nicht verlangen kann.

Und dennoch scheint er sich besonders in der Legislation zu gefallen und gab vor Kurzem unter dem Titel: „Stadium" Vorschläge zur Abstellung einiger Gesetze heraus. Das Buch ist reich mit Vorzügen im Fache der Charakter= zeichnung, Philosophie und Staatsökonomie ausgestattet, in legislatorischer Hinsicht aber von geringem Werthe und unstreitig das schwächste Werk des Grafen. Was er vorbringt, ist längst in Privatzirkeln und öffentlichen Orten viel umfassender verhandelt worden, und das wenige Neue ist ge= wöhnlich nicht haltbar. Da es ihm an Vorkenntnissen fehlte, so ist er nirgends im Stande, die Modalität der Einführung darzulegen und die gegen selbe stattfindenden Hindernisse — weil sie ihm nicht erschöpfend be= kannt sind — zu überwinden. Da er den Gegenstand mit den eigentlichen juridischen Waffen durchzuführen unvermögend ist, so nimmt er zu einem psychologisch wirksamen Hilfsmittel die Zuflucht, indem er an die Annahme seiner Vorschläge unausbleiblichen Reichthum knüpfte. „Nehmt es an, und Ihr werdet steinreich" — das ist beiläufig der Refrain aller seiner Reformen, ohne daß seine Calcule überall eine strenge Untersuchung be= ständen. — Aber so heilsam es auch ist, wenn die Staatsbürger sämmtlich reich werden, so sind doch zur Abstellung alter, mit so vielen Interessen ver= knüpfter Institutionen noch mehr Gründe erforderlich, die auch, zum Heil der guten Sache, zahlreich vorhanden sind. Der Graf entschuldigt sich zwar damit, daß seine Schriften nur Dilettantenwerke seien. Aber der Dilet= tantismus verträgt sich mit der Gesetzgebung durchaus nicht. Es giebt keinen Dilettant=Gesetzgeber. Doch die Tendenz ist auch hier überall edel, und schon der Umstand, daß hierüber geschrieben wird, ist von unschätz= barem Werthe in einem Lande, wo Niemand schreibt und so Wenige lesen.

Doch der größte Vorzug Szechenyi's besteht darin, daß er handelt. Hierin ist er ein wahres Vorbild eines ungarischen Magnaten und sein ganzes Leben der bitterste Vorwurf für die größere Hälfte seiner Standes= genossen. Sehr richtig berechnend, daß in einem aus 52 Munizipalitäten bestehenden Lande die Concentration nicht leicht gefährlich werden könne, richtete er sein Augenmerk vorzüglich auf Pest, und gründete nebst seinen Freunden das Wettrennen und Casino, beides durch zweckmäßige Ein= richtung und glänzende Ausstattung ausgezeichnet. — Leider gab es sich beim Casino bald kund, daß unser Vaterland sehr arm an Männern ist, die ein gemeinnütziges Institut, sobald es mit Mühe und Umsicht verbunden ist, aufrecht zu erhalten vermögend wären. Ich meine den Casino=Keller.

Wie erfreulich diese Einrichtung schon blühte, was für Hoffnungen sie dem Handel und der Industrie versprach, wissen die meisten meiner Leser oder können es in dem „Licht" des Grafen S z é c h e n y i nachlesen. Und dennoch ist von dem ganzen Institut zwei Jahre später keine Spur. Der vorige Nationalweinverschleiß befindet sich in den Händen eines Franzosen, der kein anderes Verdienst hat, als daß er gut kocht und eine schöne Frau besitzt. — Das ist nun eine traurige Wahrnehmung; und mit Recht kann man die Apathie, Gemächlichkeit und Unfähigkeit der meisten Actionäre, besonders der zu Pest lebenden, tadeln, daß sie weder Eifer noch Kenntniß genug besaßen, um die bei jedem solchen Institut sich ergebenden Uebelstände zu besiegen, dem Vaterlande diese schöne Hoffnung zu erhalten und auszubilden. Ueberhaupt scheint die Theilnahme am Casino nicht zuzunehmen, woran mitunter auch die ganz verfehlte Einrichtung mitwirken mag, daß der nach mehrjähriger bedeutender Einlage Austretende gar keinen Antheil an dem Mobiliar hat, was durch eine zweckmäßige Einrichtung von Actien leicht hätte verfügt werden können. Bei der jetzigen Einrichtung kann sich die Anomalie ergeben, daß, wenn binnen einigen Jahren alle gegenwärtigen Mitglieder successiv aus- und statt ihrer einige wenige einträten, diese die Einrichtung des Casino besäßen, welche jene bezahlt haben. Für bloße Unterhaltung, an welcher der größte Theil der Actionäre fast gar nicht Theil nimmt, ist die Einlage zu bedeutend und könnte füglich herabgesetzt werden. Doch müßte man sich dann auch aller überflüssiger Auslagen enthalten, wie z. B. jener gläserne Käfig ist, mit dem man die schöne Fronte des Casino-Gebäudes entstellte und in welchem sich die Actionäre beiläufig wie die Thiere einer Menagerie ausnehmen. Und dieses Monument eines verdorbenen Geschmackes hat mehrere tausend Gulden gekostet! — Viel ernsthafterer und weiter aussehender Natur war die Errichtung der „s p r a c h - b i l d e n d e n" (nyelvmivelö) Gesellschaft, die sich kurz darauf, aus uns unbekannten Gründen, in eine „gelehrte" umgewandelt hat. Nun, auf den Namen kömmt es so eigentlich nicht an, und bei einem Institute, dessen Grundidee so gut ist, sollte man es so genau nicht nehmen. Da aber in dem ungarischen Charakter Eigendünkel eine nicht unbedeutende Rolle spielt, welche in diesem Falle, wo nur wahre Erkenntniß seines Standpunktes zum Ziel führen kann, leicht schädliche Folgen haben könnte, so sehen wir uns gezwungen, hier klaren Wein einzuschenken. Die ungarische Literatur liegt zur Stunde noch in der Wiege. Mehr oder minder gelungene Uebersetzungen, mitunter recht artige kleine Gedichte, mittelmäßige Trauerspiele *) und unluftige Luft= spiele; lange, langweilige Epopöen, mit vielen schönen Worten, correcten Versen, aber ohne Tiefe der Ideen und Phantafie; juriftische, medicinische, ökonomische und ftatiftische Zufammentragungen und Compilationen, ge= fchichtliche Abhandlungen mit wenig kritifchem Salze, gute und fchlechte Tafchenbücher, Romane à la Spieß und Cramer, Gebetbücher und Kalender dürften wohl fo ziemlich neun Zehntheile der ungarifchen Literatur in fich begreifen. Die meifte Mühe fcheint man fich bei ftatiftifchen und etymo= logifchen Unterfuchungen über vaterländifche Gefchichte und Sprache gegeben zu haben; doch hier muß man mitunter die etwas argen Verirrungen be= klagen, in welche zu eifriges Studium einige fonft talentvolle Männer ver= lockte; und wenn die Einen Vater Adam zum Ungar, die Andern den blinden Homer zum Slovaken machen, follte der Lefer faft meinen, man habe fich hier im Auffinden des Unfinnes ungleich mehr Mühe gegeben, als anderer Orte auf die Ergründung der Wahrheit verwendet wird; wie denn das voll= kommen competente Deutschland hierüber bereits abgeurtheilt hat. Dasjenige aber, was man bei den übrigen Nationen Gelehrfamkeit nennt, jenes voll= kommene Eindringen in die Tiefen einer Wiffenfchaft, jene Eigenthümlich= keit, die fich auf jedem Blatte, in jeder Zeile kund giebt, das Erfchaffen neuer philofophifcher, politifcher und rechtswiffenfchaftlicher Ideen, würdig in allen Sprachen die gebildete Welt zu durchfliegen, Begründung neuer Syfteme und Alles, was man im europäifchen Sinne des neunzehnten Jahr= hunderts Gelehrfamkeit nennt, wird man nur höchft felten in der ungarifchen Literatur, noch feltner unter den lebenden Literatoren treffen **). —

*) Karl Kisfaludy ausgenommen.

**) Hiermit will man dem lobenswerthen Beftreben einiger literarifch Gebildeter nicht zu nahe treten. Allein eben diefe werden es am leichteften zugeben, daß hier nur ftrenge Wahrheit behauptet wurde. Bei unferm Schulwefen, unferer Cenfur und Abfperrung von fo vielen Zweigen literarifchen Verkehrs, muß man fich auch mit dem begnügen, was geleiftet wird, obwohl es fich zu den Leiftungen anderer gebildeter Nationen beiläufig verhält, wie der Verkehr unferer Donau mit dem auf der Themfe. Aber das leidige Ueberfchätzen und Lobhudeln des flachften Gefchreibfels, wenn es nur ungarifch ift; die durch felbes hervorgerufene, im Ungar ohnehin fo leicht zu erweckende Aufgeblafenheit; der vollkommene Mangel einer echten, bildenden, inftructiven Kri= tik; das Zunftwefen einiger literarifcher Handwerksburfche, die fich gegenfeitig zu den Sternen erheben, während fie fremdes Verdienft in den Staub treten: alle diefe Uebel, die fich feit der Errichtung der gelehrten Gefellfchaft eher verfchlimmert als verbeffert

Unter solchen Umständen war nun wohl die Errichtung einer gelehrten Ge=
sellschaft, im üblichen Sinne des Wortes, eine nicht leichte Aufgabe. Da
man jedoch sich überall den Umständen fügen muß, so würde kein billig
Denkender von unsern Verhältnissen verlangt haben, daß unsere Akademie
gleich im Entstehen mit den französischen, englischen und deutschen rivali=
siren solle. Aber um so vorsichtiger hätte man in der Wahl der Mitglieder
sein und lieber mehr Stellen unbesetzt lassen, als mit Unfähigen besetzen
sollen. Nun ist aber dieses letztere wirklich der Fall, und dem Verfasser
dieses sind einige Individuen bekannt, deren geistiger Standpunkt sich mit
dem gewöhnlichen Begriffe von Gelehrsamkeit durchaus nicht verträgt, und
an deren Stelle man in Ungarn wenigstens hundert — sage hundert — Män=
ner finden konnte, die diese Plätze in jedem Betracht würdiger ausgefüllt
hätten. Menschen, die der gelehrten Welt nie einen einzigen eigenthümlichen
Gedanken zum Besten gaben, die es ein Jahr früher für Spott würden ge=
halten haben, wenn man sie Gelehrte gescholten hätte, sahen sich nun plötz=
lich mit dem Insiegel der Weisheit gestempelt und stolzirten einher in der
Allongeperücke der Gelahrtheit. Diese Weisen gleichen jenen des Morgen=
landes, man schilt sie Weise und Könige, aber Niemand weiß, worin ihre
Weisheit bestanden, Niemand kennt die Reiche, über die sie geherrscht.
Diesen wie jenen erschien der Stern des Heils, und siehe, sie stehen an der
Krippe! Sie mögen sich dennoch darin unterscheiden, daß die Alten Gold,
Weihrauch und Myrrhen zum Opfer brachten, während die Neuen wahr=
scheinlich nur Weihrauch opferten, um dagegen Gold zu empfangen. —
Im Uebrigen, wo giebt es nicht Mißgriffe bei neuen Unternehmungen!
Wir wollen daher wünschen und hoffen, daß die wirklichen Gelehrten recht
bald die eminente Majorität der Gesellschaft bilden mögen, dann werden vor
dem Glanze der Weisheit die Nebel der Unwissenheit von selbst weichen und
die edlen Früchte den edlen Baum beurkunden. Einzelne Fehlgriffe können
die Erfolge eines in der Grundidee vortrefflichen Institutes wohl verzögern,
aber nicht ersticken.

Doch die großartigsten und folgereichsten Unternehmungen des

---

haben, machen ein wahres Wort zur Zeit nothwendig, um den Eigendünkel etwas
herabzustimmen und Jene zu ermuthigen, die durch das literarische Treiben ent=
muthigt, ihre Thatkraft unterdrücken, und wegen der falschen Richtung unserer geisti=
gen Entwickelung wenig Trostreiches für das wahre Wissen erblicken. — Der Gegen=
stand wird übrigens seiner Zeit erschöpfender behandelt werden.

edlen Grafen S z é ch e n y i erstrecken sich auf die Donau. Die bereits seit zwei Jahren mit dem besten Erfolge in regelmäßigem Gange erhaltene Dampf=schiffahrt auf drei Schiffen, denen vor Kurzem ein viertes zuwuchs, und die im nächsten Frühjahr noch mit einem oder zweien vermehrt werden sollen, ist größtentheils seine Idee. Ebenso eifrig betreibt er die Errichtung einer stehenden Brücke bei Pest, durch welche die Communication zwischen den zwei Hälften des Reiches ununterbrochen offen bliebe. Die Ausführung, bei welcher noch bedeutende technische Schwierigkeiten obwalten, hängt zum Theil von der Willfährigkeit des Adels zu Entrichtung eines Brückenzolles ab; daher muß der Gegenstand, welchen eine eigens dazu ernannte Deputation in vorläufige Prüfung genommen, früher der reichstägigen Verhandlung unterworfen werden. Persönlich ist er jetzt mit der Spren=gung der Felsen beim schwarzen Thore beschäftigt, welches Unternehmen von der Regierung kräftig unterstützt wird. Eine im verflossenen October in dem ungarischen Tageblatte Jelenkor gemachte Mittheilung, „daß man erst jetzt die Unausführbarkeit, ja sogar Schädlichkeit dieser Unter=nehmung wahrgenommen," machte großen Eindruck im Lande. Doch kurz darauf scheint ein türkischer Ingenieur Alles wieder in Ordnung ge=bracht zu haben, denn in der folgenden Mittheilung wurde weder die Un=ausführbarkeit noch die Schädlichkeit berührt, sondern das Publikum von dem erfreulichen Fortgange des Werkes in Kenntniß gesetzt. — Da auch diese Unternehmungen später noch ausführlicher zur Sprache kommen wer=den, so brechen wir hier ab, dem hochsinnigen Grafen S z é ch e n y i die besten Erfolge seiner echt patriotischen Bemühungen wünschend. Möge noch lange der ungarischen Nation dieser ihr würdiger Liebling erhalten werden!

Mit dem Jahre 1825 beginnt für das ungarische Staatsleben eine neue, heitere Epoche. Nachdem der Minister Graf S t a d i o n sich durch keine Vorstellungen der k. ungarischen Hofkanzlei*) von seinen Angriffen auf die Verfassung hatte abhalten lassen, und dadurch Ereignisse herbeiführte, die man bei einiger Kenntniß der ungarischen Verhältnisse ohne besondere Divinationsgabe voraussehen konnte: erfolgte im Reichstag 1825 jener

---

*) Jener Leser, dem dieses schöne Denkmal unerschütterlichen Pflichtgefühls nicht bekannt sein sollte, unterlasse nicht, es zu lesen. Die Vorstellung steht in: „Ungarns gesetzgebender Körper." 1830. 2. Th. S. 120.

Staatsact, der in der an väterlichen Handlungen so reichen Regierung unseres huldreichen Monarchen einer der huldvollsten, zugleich aber auch weisesten war. — Hier bewährte sich abermals die alte habsburgische Wahrheit, daß die Regenten dieses erlauchten Hauses immer das Beste herausfinden, wenn sie den Eingebungen ihres Herzens folgen.

Daß dieser Reichstag nicht gleich im Beginne in heftige Ausbrüche ausartete, muß ausschließend der weisen Leitung des Erzherzogs Joseph, Palatins, zugeschrieben werden, der in der damaligen sturmbewegten Zeit das Steuer des Staatsschiffes mit derselben Geschicklichkeit, Kraft und Umsicht zu lenken verstand, die seine langjährige glänzende Führung einer Magistratur charakterisiren, die, gleichwie sie an staatsrechtlichem Machtumfange einzig in Europa dasteht, ebenso ungewöhnliche Eigenschaften in Anspruch nimmt, soll sie vollkommen im Sinne der Constitution gehandhabt werden. Die Ausgleichung aller ungarischen Differenzen der letzten dreißig Jahre ist ausschließend das Werk des Erzherzogs. Denn nebst der ihm angebornen Rechtlichkeit und Scharfsinn, kennt Niemand besser als er das Vaterland im großartigen Ueberblicke seiner Stellung sowohl, als in den kleinsten Einzelnheiten. In einer vierzigjährigen strengen politischen Schule gebildet, kann er nun als Ungarns lebendiges Staatsrecht und Statistik betrachtet werden, zu dem sich die Nation in allen Verlegenheiten erfolgreich wandte. Darum auch jenes unbegrenzte Zutrauen des Landes zu diesem großen, vollendeten Staatsmann.

Von nun an erreichte das gegenseitige Vertrauen einen früher nie gekannten Grad, und Ungarn wäre, ohne die Einflüsse, welche die Folgen früherer unglücklicher Ereignisse so mächtig ausüben, ohne den Nachklang des verjährten Systems, ohne die Einwirkungen der europäischen Politik auf alle Staaten und namentlich auf die Finanzen derselben, eines der glücklichsten Reiche; denn keine seiner gerechten Forderungen würde von dem frommen Monarchen zurückgewiesen werden. Auf welche Art aber diese ungünstigen Einflüsse zu beseitigen wären, oder in wie weit sie beseitigt werden könnten, dieses ausmitteln zu wollen würde der Verfasser dieses Aufsatzes sich nimmermehr zutrauen, obgleich vollkommen überzeugt, daß einigen derselben gar bald könnte abgeholfen werden, wenn in den hierüber sich ergebenden Tractaten Umsicht mit Billigkeit und gegenseitigem Vertrauen vereint, einer höheren Ansicht des Staatswohles über verjährte Ansichten den Sieg verschaffte.

Eine der erfreulichsten Erscheinungen des letzten Decenniums ist die allmählige Wiedereinsetzung des heiligen Götterfunkens in sein ewiges Recht. — Dieses gab sich besonders bei Besetzung der öffentlichen Aemter kund, wo nun wieder auf Talente besondere Rücksicht genommen wurde. Einige hochherzige, geistreiche Männer, die sich in der Vertheidigung der Reichsrechte besonders hervorgethan, wurden gesucht und angestellt, statt ihrer viele der Anhänger der vorigen Ordnung entweder in Ruhe versetzt, oder promovirt, um amovirt zu werden: ein Werk wahrer Staatsklugheit, dessen Folgen schon günstig in den Gang der Geschäfte einwirken. — Auch ein muthiges Wort für Freiheit und Recht ward mitunter gestattet, wie die mit Censurbewilligung gedruckten Werke der Grafen Szechenyi und Dessewffy beweisen. Die gemeinnützigen Unternehmungen für Ungarn erfuhren nicht nur kein Hinderniß von Seite der Regierung, wie so Mancher eulenartig verkündigte, sondern gewannen größtentheils die Theilnahme und Mitwirkung der höchsten Würdenträger, den Beifall und zum Theil die Unterstützung der Regierung.

Alle diese glücklichen Veränderungen, die auf den Gang der Staatsmaschine so vortheilhaft einwirken, sind in der Idee das Werk Sr. Maj. des Kaisers und Königs, in der Ausführung aber größtentheils Schöpfung des zum Reichskanzler erhobenen Grafen Adam Reviczky, eines Mannes, der die Anforderungen der Zeit nicht minder als die Bedürfnisse des Landes vollkommen aufgefaßt. In den verschiedenartigsten Aemtern der Monarchie ausgebildet, fügte er zu dem magyarischen Nationaltypus seines Charakters noch jene Vielseitigkeit, die bei dirigirenden Staatswürden so nützlich ist und bei den Ungarn leider so häufig vermißt wird. Ungarischer Mann im edelsten Sinne des Wortes; populär, wie noch kein Reichskanzler vor ihm, erstrebte er das größere Gewicht, dessen sich die ungarischen Interessen gegenwärtig in der Wagschale des Staatenvereins erfreuen, vorzüglich durch jene Umsicht und Festigkeit, mit welcher er das als das schwierigste in der Monarchie anerkannte Staatsamt bekleidet. Mit gleicher Kraft die Rechte des Thrones und des Landes Wohl wahrend, umgab er sich bald mit Männern, fähig seine Pläne zu fassen und ausführen zu helfen. So gewann denn Alles den jetzigen, viel geregelteren Gang, während der scythische Gaul manchmal, wo es nöthig erachtet wurde, den Sporn des gewandten Reiters fühlte und ertrug. — Das will aber den Farbigen im

Lande nicht sonderlich behagen. Jeder derselben sähe am Kanzler so gern die Kokarde seiner Partei prangen. Einige sind der Meinung: „man hätte bei Besetzung der Aemter, besonders in den dirigirenden Behörden, doch ungleich mehr auf Dynastie und großes Vermögen sehen sollen. Wenn so wenig für Stabilität gesorgt wird, wo werde die Bewegung enden? Schon verspüre man eine demokratische Tendenz, indem die Hofkanzlei bei Be= willigung der Sequester so difficil ist, da man doch bedenken sollte, daß die meisten der Verirrten noch in jener Zeit in ihre traurige Lage verfielen, als sie auf leichte Erlangung eines Sequesters rechnen durften, zu lang= samer Tilgung von Schulden, die sie größtentheils zur Aufrechthaltung des aristokratischen Glanzes und zur Beförderung des geselligen Lebens ge= macht. — Auch Befehle, die einem lästigen Prozesse eine günstige Wendung geben, seien jetzt ungleich schwerer zu erlangen als zuvor." — Dagegen halten Andersgefärbte jeden Kanzleibefehl für einen Eingriff in die Frei= heit. „Man soll der Maschine eines freien Staates freien Lauf lassen. Werden auch mitunter bei Comitats=Restaurationen Einige todtgeschlagen, so habe das so viel nicht zu bedeuten. Fielen die Gebliebenen doch als Opfer der Wahlfreiheit, und am Ende wird ihnen Beileid und ein christ= liches Begräbniß. — Beschimpft man sich im Reichstage: nun, so wird man sich schon wieder versöhnen." — Wieder Andere tadeln mit vieler Bitterkeit, daß die ungarischen Interessen dennoch nicht kräftig genug ver= treten werden, und meinen, der ungarische Kanzler könnte im Ministerrathe doch manchmal auch in den Tisch schlagen. — Kurz, es fehlt auch hier nicht an jenen Blumen, die die Laufbahn jedes ausgezeichneten Staatsmannes schmücken. Doch die große Zahl der Hellsehenden und Unbefangnen zollt dem edlen Streben und Wirken volle Anerkennung.

So stehen nun im Wesentlichen die ungarischen Verhältnisse bis zur Stunde; und bemerkt man in neuester Zeit vielleicht ein verstärktes Hin= neigen zum Bestehenden, so mag dieses wohl mit jenen politischen Con= juncturen in enger Verbindung stehen, deren Entwirrung, oder auch größerer Verwirrung, das aufgeregte Europa gespannt entgegensteht.

II.

Adeliche Insurrection.

___

Ungarn ist ein monarchisch-aristokratischer Staat; von Demokratie ist auch nicht eine Spur in seiner Verfassung, denn selbst die freien Städte nehmen nur Antheil an der Staatsverwaltung, in so fern sie zur Aristokratie gehören.

Die Vertheidigung des Vaterlandes ist im ursprünglichen Sinne der Constitution dem Adel ausschließlich übertragen, und er erfüllt diese Pflicht in der Wirklichkeit auch jetzt noch zum Theile. Alle Privilegien, Exemtionen und der ganze Grundbesitz des Adels ruhen auf der Vaterlandsvertheidigung; durch sie ist er Alles, ohne sie Nichts. Sogar die Geistlichkeit stützt ihre aristokratischen Rechte einzig auf diesen Grund.

Es ist daher billig, daß mit diesem Zweige der ungarischen Constitution begonnen werde; wie denn überhaupt zu wünschen wäre, daß auch der jetzige Reichstag, nach vorausgesendeter unerläßlicher Coordinirung des gesetzgebenden Körpers, mit diesem Operate begonnen und eher den Adel, der Concessionen zu geben hat, als den Bauer, der von ihm solche erwartet, regulirt hätte. — Doch da es nun einmal nicht geschehen ist, so wollen wir der Abhandlung über das Specifische dieses Gegenstandes unsere Ansichten über Aristokratie überhaupt vorausfenden, und dann erst den Aufsatz eines unserer würdigsten Patrioten über die Art einer zweckmäßigen Organisation der Insurrection nebst einigen Bemerkungen dem Leser vorlegen.

Bei der reichstägigen Verhandlung dieses Gegenstandes wird als Leitfaden auch hier das Elaborat der Regnicolar-Deputation dienen und wir daher die Ansichten und Vorschläge des Operates in aller Kürze vortragen, obgleich es scheint, daß man in selbem nicht ganz von jenem Gesichtspunkt ausgegangen, der nach geläuterten Begriffen über Repräsentation und Volksbewaffnung jedem monarchisch-aristokratischen Systeme zum Grund dienen sollte. Der todte Buchstabe, hier doppelt todt, weil er größtentheils einer längst dahingeschiedenen Generation angehört, gilt im ganzen Operate mehr als das lebendige Bedürfniß. An vielen Orten hat man sich nicht einmal die Mühe genommen, auch nur Scheingründe für die Beibehaltung des schon durchaus nußlosen Alten anzugeben. Daher wird der Reichstag außer der Reihenfolge der Gegenstände, außer einer nußlosen bis ins Ermüdende getriebenen Anhäufung historischer Angaben, wenig Anwendbares, Praktisches treffen, was doch hier die Hauptsache ist; er dürfte sowohl in Beibehaltung des zweckmäßigen Verjährten, als in Abstellung des wirklich Veralteten, einzig auf die eigenen Einsichten beschränkt bleiben.

In diesem Fache besitzen die übrigen constitutionellen Nationen einen Schatz von Werken, worin das eigentliche Staatsinteresse bis in seine verborgensten Fugen durchforscht und abgewogen ist. Außer dem Staatshaushalt dürfte schwerlich ein Zweig publicistischen Wissens von allen Seiten so beleuchtet sein, als dieser. Doch hievon ist das ungarische Staatsrecht durchaus entblößt, da in den neuern Zeiten kein statistisches Werk, worin sich helle Ansichten aussprechen, die Censur passirt, das wenige Alte aber, auf den gegenwärtigen gesellschaftlichen Zustand nicht anwendbar, eher Verwirrungen als Belehrung erzwecken könnte. Fremde Werke, die aber bei uns größtentheils nicht in Anwendung zu bringen wären, können nur durch Wenige gelesen werden, nützen daher der Masse der Nation nichts, indem die meisten publicistischen Werke den Weg zu uns gar nicht, oder nur auf Schleichwegen finden. Während also die Reichsversammlungen der übrigen Nationen für so tiefe Untersuchungen durch die Presse vollkommen vorbereitet zur Berathung schritten, dürfen wir unser Heil größtentheils nur in den Operaten und in alten, veralteten Gesetzen suchen.

Der Begriff der Aristokratie, im edleren Sinne, ist schon vollkommen geläutert, und die Analyse, weit entfernt ihr zu schaden, hat sie nur noch befestigt, das Gehässige derselben gemildert und ihren Nutzen erwiesen. Als Herrschaft der moralisch oder materiell Besten und Mächtigsten, ist Aristokratie der menschlichen Natur so eigenthümlich, daß sie factisch überall angetroffen wird und von jeher bestand, in Rom unter den Consuln nicht minder, als in Nordamerika, ja selbst unter den Wilden. Sie ist ein herrschendes Prinzip unsers Planeten, nicht blos unter Menschen, sondern selbst bei den Thieren; denn keine in Gesellschaft lebende Thiergattung wird ohne dieselbe getroffen.

9 *

Der menschliche Verstand hat diese Aristokratie in allerlei Formen und Systeme gebracht, in welchen sie, gewöhnlich ausgeartet, oft die Quelle empfindlicher gesellschaftlicher Uebelstände geworden. In ihren gehörigen Schranken, durch weise Gesetze gezügelt und dem Staatszwecke angepaßt, bleibt ihr Nutzen, ihre Nothwendigkeit unbestreitbar, und nur flache Köpfe, Fanatiker, oder Menschen, die nach politischer Auszeichnung streben, sprechen von einer vollkommenen Gleichheit und andern derlei Phantasien, die die Wirklichkeit kaum berühren und vielleicht auf andern Sternen herrschen mögen, gewiß aber nicht auf dem unsrigen in der Wirklichkeit und auf die Dauer zu bewerkstelligen sind. — Für Jeden, der vorurtheilsfrei zu denken vermag, bleibt die Aristokratie ein ebenso nothwendiges Bedürfniß des gesellschaftlichen Zustandes, als die gesetzliche Autorität. — Soll sie jedoch in unsrer Zeit nützlich und von Bestand sein, so muß sie sich in erblichen Monarchien (und von solchen sprechen wir) auf ein der Lage des Staates angemessenes Gleichgewicht der drei aristokratischen Zweige gründen; nämlich auf die Aristokratie der Geburt, des Vermögens und des Verstandes oder Verdienstes. — Unter Geburtsaristokratie verstehen wir die ererbte Fähigkeit des Antheils an der Staatsverwaltung. — Vermögensaristokratie ruht auf dem Eigenthume in den langen Abstufungen von Wohlhabenheit bis zum Reichthum. — Verstandesaristokratie endlich gründet sich auf einen Grad von Erudition und moralischer Kraft, der zu politischer, militärischer, literarischer Auszeichnung geführt hat.

Unter diesen Zweigen der Aristokratie schien in neuerer Zeit jene der Geburt am wenigsten mit dem Zwecke des Staates und der Billigkeit übereinzustimmen, weswegen sie nicht nur von den übrigen Klassen der bürgerlichen Gesellschaft scheel angesehen, sondern selbst von den geistreichsten Schriftstellern als eingewurzeltes Vorurtheil und Ueberbleibsel einer finstern Vorzeit verrufen und oft lächerlich gemacht wird.

Und dennoch ist der Geburtsadel, in seinen gesetzlichen Schranken gehalten, eine bewahrende und erhaltende Institution der Monarchie, der einzigen haltbaren Staatsverfassung in unserer Zeit. Die Grundlage des Adels war stets die Ehre, die sich aus dem Ritterthume bis in unsre Zeit in selbem als Charakteristik erhielt, ungeachtet aller fehlerhaften Auswüchse, die diese Schöpfung des Menschen, gleich allen übrigen, im Laufe der Zeit entstellten. Das Edle an ihr aber: über das Grab hinausgehende Dankbarkeit der Staatsgewalt oder Mitbürger, edler Stolz auf die Verdienste der Vorfahren,

wird sich so lange erhalten, als das Göttliche im Menschen nicht dem Thieri=
schen unterliegt. Wo der Ruhm alter Geschlechter, der Name großer Vor=
fahren nicht mehr gilt, da mag man wohl frisch darauf Handel treiben und
Geld erwerben, aber edleren Aufschwung mag man da nicht erwarten*).
Alles, was das Mittelalter Großes, Erhabenes, Ungewöhnliches aufzuweisen
hat, gehört dem Adel an. Aber leider artete er in den meisten Ländern auf
eine empörende Art aus, durch Mangel an Gemeinsinn und an jener Selbst=
verleugnung, der, wo das Wohl des Vaterlandes in Frage steht, kein
Opfer zu groß ist. — Im Mittelalter wälzte er bald die Abgaben auf die
arbeitende Klasse, was die ausübende Gewalt geschehen lassen mußte, da sie,
ohne stehendes Heer, mit dieser mächtigen Corporation es nicht verderben
wollte. So stand denn der Adel blos als verzehrende Klasse im Staate,
und da er die Waffen fast ausschließlich handhabte, übte er bald Druck
auf die übrigen Abtheilungen und stand oft dem Throne, obgleich dessen vor=
zügliche Stütze, trotzig gegenüber. Nachdem dieses häufig in Raubsucht
und Tyrannei ausgeartet war, verbanden sich die reich gewordenen Städte
mit der Regierung, die sie noch nicht gefährlich hielt, und das Streben der
Krone nach Ausbreitung ihrer Macht, bald mehr bald weniger wirksam, rief
am Ende die stehenden Heere ins Leben, wodurch die drückende Macht des
Adels zum Theil gebrochen wurde. Doch überall, wo er sich großen Besitz
erworben und durch Institutionen gesichert hatte, blieb er noch immer die
mächtigste Kaste und wirkte in manchen Ländern selbst kräftig zur Erringung
der Freiheit gegen monarchische Willkür. England beweiset, was ein
kräftiger Adel für die Freiheit des Volkes vermag, denn er erkämpfte den
übrigen Klassen die charta magna. — Doch in der spätern Zeit, durch Uep=
pigkeit und Luxus verweichlicht und demoralisirt, legte er an vielen Orten
die Waffen aus der Hand, und da er durch eigene Vermehrung, Verschwen=
dung, Unglücksfälle, Verachtung gewinnreicher Beschäftigung immer mehr
und mehr verarmte, während neben ihm die Aristokratie des Vermögens
und Verstandes sich mächtig emporhob, wurde der Adel bald der Gegenstand
des Neides, Spottes und der Verfolgung, wie in Frankreich, wo er, von
Grundbesitz größtentheils entblößt, sich lange, obgleich ohne Erfolg, durch
lächerlichen Ahnenstolz, Verachtung der Bürger und krampfhaftes Anschmie=

---

*) Nordamerika kann hier nicht in Betracht kommen, denn außer Washing=
ton und Franklin hat es keine großen geschichtlichen Erinnerungen.

gen an den Thron, den er früher oft erschüttert hatte, zu erhalten suchte. — Da versetzte ihm endlich die Aristokratie des Verstandes durch Analyse seines innern Gehaltes eine tödtliche Wunde. Die Werke vieler Gelehrter des achtzehnten Jahrhunderts erklärten die entartete Aristokratie für eine Kaste, die da Lohn fordert ohne Arbeit, Genuß, Vorrechte, Auszeichnung ohne Anstrengung und Verdienste. Besonders wurde ihre Abgabenfreiheit als ungerecht und dem Staate verderblich erklärt, selbst dann noch, wenn sie sich auf positive Contracte zu stützen vermöchte, weil diese nur dann als rechtlich gelten könnten, wenn sie auf ein bestimmtes Steuerquantum abgeschlossen wären und der Abschluß deutlich könnte aufgewiesen werden; nie aber könne ein Vertrag als verbindlich anerkannt werden, in welchem die Uebernehmung aller künftigen Lasten, die unmöglich vorhinein zu bestimmen sind, bedungen wird. Auch werde dadurch die Abgabenpflicht zu einer schimpflichen Beschwerde erniedrigt, da doch die wahre Ansicht des Staatszweckes verlangt, daß jeder Bürger sich um so nützlicher und achtbarer halte, je mehr er zu den allgemeinen Lasten beiträgt. — Es ist hier nicht der Ort, Alles, was in diesem Streite für und dagegen angeführt wurde, zu wiederholen; der Erfolg jedoch war, daß der Geburtsadel in Frankreich gewaltsam aufgehoben, in andern Ländern seiner Steuerfreiheit, seiner Exemtionen und Privilegien, die man mit dem Staatszwecke unverträglich erachtete, verlustig wurde, an manchem Orte sich fast nur dem Namen nach erhielt, dagegen aber in einigen Ländern, wie Ungarn und England, theils durch äußere Verhältnisse, theils durch ein haltbareres historisches, staatsrechtliches und materielles Fundament, theils durch seine wirkliche Zweckmäßigkeit und Nützlichkeit sich erhielt. Doch überall werden zeitgemäße Modificationen für unerläßlich erachtet; selbst in England, wo der Adel von jeher als Vertheidiger der Volksfreiheit populär gewesen und seine Existenz auf ein ungeheures Vermögen stützt, von dem er, gleich den übrigen Staatsbürgern, Abgaben entrichtet.

Doch nicht minder sind die beiden andern Zweige der Aristokratie ausgeartet. Jene des Vermögens, ebenfalls ein erhaltendes Princip des Staates, gründet sich zwar auf das Eigenthumsrecht, ohne welches der gesellschaftliche Verband nicht kann gedacht werden. Selbst die Geburtsaristokratie mußte sich auf sie stützen, sollte sie nicht zur Fiction werden. Und dennoch ist der Druck der Vermögens- oder Geldaristokratie nicht minder empfindlich, als jener des Adels war; und da sie sich auf gar nichts Edles, nichts Erhabenes gründet, sondern nur die Leidenschaften der Unbemittelten als Hebel ihrer Herrschaft benutzt, so wird sie, auf einen gewissen Grad getrieben, mit Recht als die unedelste, allen Seelenadel erstickende angesehen. Ihr Druck ist der lästigste, und nie hat die Geburtsaristokratie auf eine so verletzende Art gewaltet, als die heutige Geldaristokratie. Da sie, bloß auf sich beschränkt und in sich abgeschlossen, gar nichts Blendendes, Imponirendes, Einschmeichelndes, Geniales für sich hat, so ist ihr Anblick für jeden Edelfühlenden so unendlich niederschlagend und beklemmend. Darum werden auch die auf die Geldmacht abgeschlossenen Pfeile mit so vieler Theil= nahme betrachtet, und die bornirte, aufgeblasene, langweilige Geldaristo= kratie durchgehends gehaßt. In Handelsstädten, wo sie gewöhnlich aus= schließend prangt und durch die andern Zweige nicht gemildert wird, ist sie durchaus unausstehlich. In unserm bedürfnißreichen, genußsüchtigen Zeit= alter hat sich dieser Zweig der Aristokratie den höchsten Altar gebaut; und während der Hochadeliche, wenn er arm ist, von Niemandem beachtet wird, während die glänzendsten Talente den Armen nur selten zu Auszeichnung und Wohlstand führen, steht dem Reichen, mag er von der Natur wie immer vernachlässigt sein, die Welt so ganz eigentlich offen. Da heißt es wohl mit Vater Horaz:

Virtus, fama, decus, divina humanaque pulchris
Divitiis parent, quas qui construxerit, ille
Clarus erit, fortis, justus. — „Sapiensne?" — Etiam rex
Et quicquid volet.

Obwohl sie in gewisse Schranken eingeengt, als Bürge und Stütze bürgerlicher Freiheit gilt, hat doch auch sie in ihrer Ausartung der Thrannei den Weg gebahnt. Durch sie ward der Sturz Griechenlands vorbereitet, und nur erst, als Crassus reich genug war, alle römischen Bürger bewirthen zu können, durfte Cäsar sich an ihre Unterjochung wagen. Auch in Amerika beginnt sie bereits zu spuken, und nicht immer wird es gelingen, sie, wie jüngst geschah, zurückzuweisen.

Aus der bei weitem edelsten Quelle entspringt endlich die Aristokratie des Verstandes und Verdienstes. Was den Menschen vom Thiere unter= scheidet und ihn der Gottheit näher rückt, ist die Grundlage dieser Aristo= kratie, des Hebels der Bewegung im Staate, ohne welche kein Vorwärts= schreiten erfolgte, ja die Gesellschaft sehr bald aufgelöst würde. Und dennoch artete auch dieser Zweig in fürchterlichen Druck aus, und, sonderbar genug, meistens dadurch, daß er den Verstand, dem doch er seine Ent=

ftehung verdankte, in die härteften Feffeln fchlug. Er fchuf in den älteften
Zeiten die Theofratie, fpäter die Greuel der Inquifition und die Politik der
Jefuiten; in neuerer Zeit gab er die rothe Kappe und die Guillotine, und
rief in unfern Tagen durch die zügellofen und eigenfüchtigen Beftrebungen
franzöfifcher, deutfcher und welfcher Demagogen den Froft herbei, unter
deffen Hauche die in fo fchönem Entwickeln begriffene Blume wahrer
Freiheit dahinwelft.

Aus all diefem geht nur die Beftätigung der alten Wahrheit hervor,
daß alle menfchlichen Inftitutionen früher oder fpäter an den menfchlichen
Leidenfchaften fcheitern, und daß daher jene Verfaffung die befte ift, durch
welche die Ausbrüche nicht auszurottender Leidenfchaften durch entgegen=
gefetzte im Gleichgewicht erhalten und durch eine fräftige, doch gegen Miß=
brauch gefetzlich befchränkte Autorität geleitet werden. — Diefer Meinung
find alle vorurtheilsfreien Denker unferer Zeit, die liberalften nicht aus=
genommen, wie Lafayette, Odilon=Barrot, Durham u. A., deren
Freiheitsfinn nicht kann beftritten werden.

Je vollkommener daher das Gleichgewicht ift, worin diefe Zweige der
Ariftofratie, unter fich fowohl als zum Staatszweck, ftehen, defto dauernder
und beglückender erweifet fich jede monarchifch=ariftofratifche Verfaffung;
ohne diefes trägt fie den Keim früherer oder fpäterer Zerftörung in fich.
Das unerreichbare Ideal, welchem jede weife Staatsverwaltung fo viel als
möglich fich zu nähern trachten follte, wäre jener Zuftand, in welchem alle
Einwohner eines Staates einem oder dem andern Zweige der Ariftofratie
angehörten.

Betrachten wir nun aus diefem Gefichtspunkte die ungarifche Ver=
faffung, fo werden wir finden, daß hier die Ariftofratie der Geburt vor
jener des Vermögens und Verftandes faft ausfchließlich begünftigt ift, und
daß die letzteren — und hierin liegt eigentlich die Quelle fo vieler Uebel
— nur in Verbindung mit erfterer in volle Wirkfamkeit treten können.
Hierzu kommt noch, daß der ungarifche Adel, durch Exemtionen fowohl als
durch die ftaatsbürgerliche Stellung, in die er fich entweder felbft verfetzte
oder durch die Regierung verfetzt wurde, einen hohen Grad von Odiofität,
nicht nur im eigenen Lande, fondern in der ganzen Monarchie und im
übrigen Europa fich aufgebürdet, in deren Folge faft alle Vorzüge deffelben
überfehen werden. Hierzu zählt man vorzüglich die ausfchließliche Fähig=
feit des Grundbefitzes und der Volfsvertretung. — Der reichfte Mann, ift

er nicht adelich, kann sich kein unbewegliches Besitzthum in Ungarn erwerben. Die ausgezeichnetsten Talente und Verdienste vermögen nicht, ihm Einfluß auf die Wahlen der Vertreter der Nation zu verschaffen, den doch jeder Edelmann, auch der ganz besitzlose und auf der tiefsten Culturstufe stehende gleichförmig mit dem ausgezeichnetsten Grundherrn ausübt. Dieses sind für die übrigen Stände höchst drückende Beschränkungen, die zahllose Uebel= stände — häufig für den Adel selbst — herbeiführen, in deren Auseinander= setzung wir uns jedoch hier nicht einlaffen wollen. — Nicht minder verlor der Adel in der Opinion dadurch, daß er sich, wie wir früher gesehen, in neueren Zeiten (1715) seine einzige, ausschließliche und edelste Ver= pflichtung, die der Vaterlandsvertheidigung, aus den Händen winden ließ und factisch fast ganz auf jenen Stand wälzte, dem auch die übrigen Lasten aufgebürdet sind.

Hatte es in jener Zeit wirklich seinen Grund, daß zu einer zweck= mäßigen Vaterlandsvertheidigung ein stehendes Heer erforderlich sei, so hätte nach den Regeln einer gesunden Logik die Schlußfolge nur dahin gehen sollen, „daß, da die Vaterlandsvertheidigung ausschließend die Verpflichtung des Adels ist, er sie auch auf die nun einzig als zweckmäßig erkannte Art erfüllen, das heißt, ein stehendes Heer bilden soll." Doch nach hundert= jährigen Aufständen unter dem ungarischen Adel, schien dieses der Regie= rung nicht gerathen; der Adel aber hatte, nachdem die Macht der Pforte, seines gefährlichsten Feindes, gebrochen war, wenig Lust, ununterbrochene Soldatendienste zu thun. Durch eigene und fremde Wünsche bearbeitet, kam er endlich auf den unglückseligen Entschluß, dasjenige, was hierin als zweckmäßig erklärt war, auf den Bauernstand zu übertragen, während er sich dasjenige davon vorbehielt, was für unzulänglich gehalten wurde und sich auch in der Folge als solches erprobte. Diese an sich schon gehäffige und für den Adel in jedem Betracht verderbliche Einrichtung ward noch auf einen höhern Grad der Odiosität dadurch gesteigert, daß, während die Rekruten der übrigen Erbstaaten eine bestimmte Capitulationszeit haben, der ungarische Soldat für immer gestellt wird; welche unkluge, weder auf Politik noch Menschenkenntniß gegründete Maßregel dem unhaltbaren Grundsatz gemäß adoptirt wurde, „daß man hierdurch der Pflicht der Completirung entgehe;" was doch am Ende abermals nicht dem Adel würde zur Last gefallen sein, den Bauernstand aber unendlich erleichtert und ihm diese neue Last weniger

verbittert hätte. Doch auch hierin trug die Rabulisterei des vorigen Jahrhunderts den Sieg über den wahren Staatsvortheil davon.

Die Rechtsgelehrten behaupteten nämlich und behaupten noch zur
Stunde: „der Adel habe 1715 dem Bauer durch Erlaffung seiner Pflicht,
bei Portalinsurrection auszuziehen und durch Ueberlaffung des Ertrages der
Urbarialgründe, die ein Eigenthum des Adels sind, eine Entschädigung
geleistet und trage daher indirect die Vaterlandsvertheidigung nun ebenso
als zuvor." — Wäre der Bauernstand im ungarischen Reichstag vertreten,
so würden die Repräsentanten deffelben gleich dazumal dargethan haben,
„daß der Tausch für den Bauer im höchsten Grade verlustbringend sei; denn
früher that er nur Kriegsdienste bei Portalinsurrectionen, die selbst in den
frühern kriegerischen Zeiten oft in zehn, manchmal kaum in zwanzig Jahren
stattfanden; dann ward aber von 10 bis 20 Häusern ein Mann gestellt
und während des Feldzugs vom Lande verpflegt. Nach geendigtem Kriege
kehrte er in seine Hütte zurück und lebte abermals unter seinen Angehörigen
dem Ackerbaue. Jetzt muß er, traf ihn die Reihe, zeitlebens Soldat bleiben,
die andern aber haben alle Jahre eine regelmäßige, schwere Last zu tragen."
Sie würden erinnert haben, „daß diese neue Last demselben Bauer aufge=
bürdet werde, von dem man jede Stunde im Gesetzbuche nachlesen kann, daß
die Reichsstände alles Unglück, welches das Land getroffen, als eine Strafe
Gottes ansehen für alle die Unmenschlichkeiten, die der Adel an dem unglück=
lichen Unterthan begehe, dem er außer einem unmenschlich zerschlagenen
Leibe nichts übrig laffe. — Daß ferner dieser Zustand wenig gemildert, ja
wohl in materieller Hinsicht, wegen vermehrter Bevölkerung, nur noch ver=
schlimmert sei." Die Repräsentanten würden endlich den Adel erinnert
haben, „daß man zwar deffen Eigenthumsrecht an dem Urbarialboden nicht
bestreite; doch nicht zugeben könne, daß es ein absolutes, reines Eigenthum
sei, mit welchem der Eigenthümer nach Willkür schalten könne, sondern ein
zur Subsistenz von Millionen bestimmter Landesstrich, von dem bisher nicht
nur billige, sondern unmäßige Abgaben geleistet wurden, die man weder
aufs höchste spannen, noch den Boden nach Willkür zurücknehmen könne,
ohne gefährliche Ausbrüche herbeizuführen." Denn zur Zurücknahme würde
dem Adel dazumal die Kraft ebenso gemangelt haben, als jetzt, selbst wenn
ihn nicht sein Edelmuth daran gehindert hätte. — Dieses und noch manches
Andre würde der Bauernstand gesagt haben; allein es ging hier wie überall,
wo diejenigen die Steuern bewilligen, die sie nicht entrichten: man begnügte

sich mit Bemäntelung und brachte das beabsichtigte Gesetz. — Hätten Jene, die den obigen Grundsatz behaupten, „daß der Adel nun durch seine Bauern zur gewöhnlichen Vertheidigung des Vaterlandes beitrage", doch nur be= dacht, daß dieser Satz schon seiner Unbilligkeit wegen nicht stehen könne. Eine solche Last mußte doch jedenfalls unter den Adel selbst gleichförmig vertheilt werden. Nun bestand aber 1715 die bei weitem größere Hälfte des adelichen Besitzes aus Prädien, die von allen derlei und andern Abgaben gänzlich befreit sind und deren Eigenthümer daher an der ordentlichen Vaterlandsvertheidigung gar keinen Theil hatten. Hieraus entstand denn nothwendig der sonderbare, doch so häufige Fall, daß von zwei Familien, deren eine funfzig Dörfer, die andere funfzigtausend Joch Prädien besitzt, die erstere in den letzten hundert Jahren Hunderttausende zur gewöhnlichen Vaterlandsvertheidigung beigesteuert hätte, während die andere ganz leer ausginge.

Da es nun erwiesen ist, daß dem Bauer durch den 8. Art. 1715 eine doppelte und eine dreifache Last gegen die vorige aufgebürdet wurde, ohne daß der Adel den Contributionalgrund auch nur um ein Joch Acker vermehrt hätte; nachdem dieses Gesetz jedenfalls für einen Theil des Adels selbst, insoweit seine Unterthanen in größeren Anspruch genommen werden, eine ungleichförmige Last bestimmt, welche der andere Theil des Adels gar nicht trägt; nachdem endlich die moralische und politische Wirkung auf den Adel von den verderblichsten Folgen war, indem sie ihm seinen edelsten Beruf aus den Händen wand, seinen Einfluß und sein An= sehen schmälerte, ihn verweichlichte und ihm statt der ehrenvollen, seiner würdigen Beschäftigung mit den Waffen, einen seinem Charakter wenig zu= sagenden Hang zu Sophisterei, Spitzfindigkeit, rostigen und schimmeligen Vorurtheilen*) beibrachte, so kann man dieses Gesetz für eine nicht geringere Niederlage des Adels halten, als die Schlacht von Varna und Mohács gewesen.

Der Adel trägt nun durchaus keine Lasten von seinem sämmtlichen Allodialbesitze, der gering gerechnet drei Viertheile des Landes beträgt, und eifersüchtig auf diese gehässige Exemtion, läßt er sich indirect ungleich stärker besteuern, als es bei einer zweckmäßigen, gleichförmigen reichstägigen Ver=

---

*) „Rozsdás és penészes, elöitéletek," wie unser geistreicher Szécheny i so treffend sagt.

theilung und daraus nothwendig hervorgehendem gehörigen Staatshaus=
halte der Fall sein würde. Doch nun gestattet man dem Adel aus dem
natürlichen Grunde keine Einsicht in die Verwendung der Staatsauslagen,
weil man ihm den Vorwurf machen kann, daß er zu den laufenden Staats=
lasten nicht beitrage.

Wie überall, so auch hier, geben sich die Mängel dieser Staatseinrich=
tung in den beiden Extremen, nämlich den ganz unbemittelten Edelleuten
und den ungewöhnlich großen Landbesitzern kund. Der so zahlreiche kleine
gemeine *) Adel ist eine Menschenclasse, deren größere Hälfte an Armuth,
Rohheit, Uebermuth, Trägheit und Nutzlosigkeit seines Gleichen in Europa
vergebens sucht. Es giebt Tausende unter ihnen, die bis zum höchsten
Alter nicht so viel für das Vaterland geleistet, als der geringste Bauer
oder selbst der mittelloseste Häusler in einem Jahre. In früheren Zeiten,
wo der kleinere Adel den Kern des ungarischen Heeres bildete, hielt ihn
militärische Disciplin im Zaume, und in den wenigen Friedensjahren ließ
man demjenigen wohl manche Unordnung hingehen, der fürs Vaterland
tapfer gekämpft und geblutet hatte. Seit hundert Jahren, wo dieses auf=
gehört hat, frägt man sich vergebens, worin denn eigentlich der Staatszweck
dieser zahlreichen Menschenclasse beruhe? welche noch obendrein durch den
verwickelten Rechtsgang, der ihren Vergehen in vielen Fällen eine Impuni=
tät angedeihen läßt, in ihrem Uebermuthe und Ausschweifungen bestärkt
wird; wie denn überhaupt fast in jedem Comitate die adelichen Communitäten
in jedem Culturzweige am meisten zurück, mitunter ein Herd immerwäh=
render Excesse, eine Geißel der Mitbesitzer, Nachbarn und der öffentlichen
Beamten sind, und gewöhnlich zur Bevölkerung der Gefängnisse, in welchen
sie der Bauer erhalten muß, wacker beitragen.

Das andere Extrem der ungarischen Aristokratie zeigt ihre Unvoll=
kommenheiten, besonders in Betracht der seit 1715 abgeänderten Reichsver=
theidigung, in einem nicht geringeren Grade. Die zehn reichsten Familien
im Lande **) werden so ziemlich den sechsten Theil des Königreichs be=

---

*) Auch spottweise bocskoros nemesség genannt, weil ein Theil sich nicht ein=
mal Stiefel anschaffen kann.

**) Unter diesen sind die Familien Eszterházy (vielleicht die reichste an Grund=
eigenthum in Europa), Bathyányi und Pálffy anerkannt die besitzreichsten; nach
ihnen könnten unter den übrigen reichen Dynastien die reichsten schwerer ausge=
mittelt werden.

ſitzen. Wenn wir nun auch den Satz als haltbar anerkennen wollten, daß
der Adel wirklich durch seine Bauern die Pflicht der gewöhnlichen Landes=
vertheidigung erfülle*), so beträgt doch der bloße Prädialbeſitz dieſer Familien
wenigſtens funfzig Quadratmeilen — (wir wollen lieber zu wenig als
zu viel annehmen). — Da nun ſeit 1809, alſo ſeit fünfundzwanzig Jahren,
keine adeliche Inſurrection geweſen, ſo entrichteten dieſe Grundbeſitzer, da
ſie als ſolche keine Unterthanen haben, durchaus keine Abgaben von einem
Beſitze, der während dieſer Zeit wenigſtens hundert Millionen rein einge=
tragen hat. Man ſtelle dieſes mit dem vorhin Geſagten zuſammen, und
beantworte ſich die Frage: „ob die jetzige Art der ungariſchen Landesver=
theidigung durch den Adel, der einzigen Abgabe von drei Viertheilen
des Reiches, den geläuterten Grundſätzen der Staatsverwaltung ent=
ſpreche?"

Doch bei allen Mängeln und Unzulänglichkeiten, welche in Folge ver=
änderter Zeitverhältniſſe in der urſprünglich ſo vorzüglichen Conſtitution
Ungarns entſtanden ſind, hüte man ſich dennoch, den Stab über die unga=
riſche Ariſtokratie zu brechen, bevor man das hiſtoriſche Fundament derſelben
genauer unterſucht, was bei jeder aus der Vorzeit ſich erhaltenen Corpora=
tion geſchehen muß, will man nicht in den entgegengeſetzten Fehler der
blinden Vertheidiger des Beſtehenden verfallen, denen die hiſtoriſche Auto=
rität Alles iſt, während dagegen die Radicalreformer, alle Documente der
Vorzeit verwerfend, die Claſſen der Geſellſchaft ſo behandeln und nach ihren
Anſichten umwandeln möchten, als wären ſie erſt geſtern entſtanden.

Das hiſtoriſche Fundament des ungariſchen Adels iſt ein ganz
anderes, als jenes der meiſten europäiſchen geſchloſſenen Corporationen.
Während bei allen Völkern, beſonders germaniſchen Urſprunges, nachgewieſen
werden kann, daß ihr Standpunkt ſich durch ſucceſſive Unterdrückung gleich=
freier Menſchen zur ſpätern Form ausgebildet hat, iſt es bis zur Evidenz
erwieſen, daß der ungariſche Adel einzig und allein die
ganze ungariſche Nation in ſich begreife, wie ſie vor neun=
hundert Jahren aus Aſien herausgebrochen und mit dem
damals einzigen Rechte der Völker, der Waffengewalt,

---

*) Dieſe Erfüllung einer perſönlichen Pflicht medio tertii gemahnt an die
Frömmigkeit gewiſſer Herrſchaften, die, um ſich Verdienſte vor Gott zu verſchaffen, ihre
Domeſtiken faſten ließen.

sich ihr Vaterland wacker erkämpft hat. Auch der letzte Reiters=
mann jenes Heeres war ein Freier und ist es in seinen Nachkommen bis auf
den heutigen Tag. Die Schenkungen der Könige machten blos die später
hinzugekommenen Gäste frei, den ursprünglichen Ungar nur zum Grundbe=
sitzer in Folge des magyarischen Urvertrages. — Die Ungarn trafen in
Pannonien auch nicht e i n e n freien Ureinwohner, wie sie etwa die Wälder
Germaniens in der Vorzeit bevölkerten. Pannonien war seit fünfhundert
Jahren die Landstraße der Völkerwanderung gewesen; die Bewohner, welche
die Ungarn daselbst angetroffen, sämmtlich Eroberer und Sieger, wie nun
sie mit demselben Rechte Eroberte und Besiegte wurden. Doch diese Be=
siegten zogen größtentheils weiter, und was zurückblieb, war nur die früher
schon dienende Classe dieser Völkerstämme; wie denn die ungarische Nation,
die, nachdem sie sich kaum festgesetzt hatte, Streifzüge bis nach Augsburg
hinaus unternahm, schon aus diesem Grunde keine zahlreichen Ureinwohner
in ihrem Rücken hätte dulden können. Doch kaum hatten die Ungarn, das
heißt die einzigen Vorfahren des jetzigen Adels, vollkommen festen Fuß ge=
faßt und durch Errichtung des Thrones und des christlichen Altars eine
staatsrechtliche Stellung unter den europäischen Nationen eingenommen, so
war die Sorge derselben vorzüglich auf neue Ansiedler gerichtet, die auch
von allen Seiten, angelockt durch die Fruchtbarkeit des Bodens und den
Schutz der Gesetze*), das Land bevölkerten. Slaven, Polen, Böhmen,
Deutsche, besonders Sachsen, Kumanen, Walachen u. a. begründeten nun
nebst dem Reste der zurückgebliebenen Knechte und den von Zeit zu Zeit
gemachten Kriegsgefangenen die ackerbauende Classe, von welcher nur Jene,
die sich neben ihren neuen Herren in den Waffen auszeichneten, unter den
Adel eintraten. Dagegen wurden in jener Zeit fast alle gesetzlichen Vergehen
des Adels und der Geistlichkeit mit der Knechtschaft bestraft. Wer sich im
Kampfe feig benahm, Schulden oder Strafgelder nicht bezahlen konnte,
selbst wer eine Magd heirathete, verlor seinen Adel. Die Nachkommen
dieser gesetzlichen Degradirten und jener Fremden, die sich in der Nähe ihrer
Herren oder unter den ungarischen Sträflingen magyarisirten, begründen den

---

*) Unsere Gesetzbücher enthalten aus der ersten Periode des Königreiches zahl=
reiche Provisionen zum Schutze der fremden Ansiedler — hospites. — Der Druck
gegen Unadeliche scheint erst mit dem Entstehen der Oligarchie begonnen zu haben, wo
auch der geringere Adel viele Bedrückungen zu erdulden hatte.

heutigen ungarischen Theil des Bauernstandes, neben welchem die Deutschen, Slaven, Walachen ꝛc. ihre Sprache fast durchgehends beibehielten. Und da der Adel fast ausschließlich die Waffen handhabte und Jahrhunderte hindurch blutete, auch überhaupt beim Ungar weniger Fruchtbarkeit bemerkt wird, als beim Deutschen, Slaven ꝛc., so war es natürlich, daß die Be= völkerung der eigentlichen ungarischen Nation nicht in jener Proportion zu= nehmen konnte, als die der Ankömmlinge und Knechte. — Man kann daher auch hier nicht mit dem Maaße anderer Völker messen.

Der ungarische Adel hat daher nichts Abusives; sein historisches Fun= dament steht rein da. Den nicht privilegirten Classen ist ursprünglich durch= aus kein anderes Unrecht geschehen, als das einer spätern unverhältniß= mäßigen Belastung.

Wenn nun schon überall, wo nicht gewaltsame Umwälzungen den adelichen Privilegien ein Ende machten, nur in Folge gegenseitiger Tractate und gesetzlicher Entschädigungen der Adel einen Theil seiner Rechte abtrat, so ist dieses nach dem eben Gesagten bei der ungarischen Aristokratie um so unerläßlicher, als sie von Urbeginn des Reiches neben dem Königthume sich unabhängig als erhaltendes Element aufrecht erhielt, in einer Stellung, die in dem Rechtszustande und der nationellen Bildung ebenso fest be= gründet ist, als jene des Thrones; so zwar, daß ein Bruch zwischen Aristo= kratie und Königthum die innersten Tiefen des ganzen nationellen Lebens erschüttern und zerreißen müßte. Daher kann die ungarische Aristokratie sich wohl selbst modificiren und, so weit es nothwendig sein wird, neu con= stituiren, sie kann aber nach keinem Rechtsbegriff dazu gezwungen werden, und nur die zwei mächtigsten Potenzen, Zeit und Gewalt, könnten sie um= werfen, wenn sie kurzsichtig genug wäre, der Stimme der Zeit und Noth= wendigkeit kein Gehör zu geben.

Nach dieser kurzen Uebersicht der ungarischen Aristokratie und Vater= landsvertheidigung, auf deren einzelne Theile wir noch öfter zurückzukehren gedenken, wollen wir nun auf das Operat der Reichsdeputation über diesen Gegenstand, das sogenannte Banderiale *), übergehen.

War es die Absicht der Reichsstände, daß hinsichtlich der Vaterlands= vertheidigung und der im natürlichen Zusammenhange mit derselben stehen=

---

*) Diese Benennung kommt von dem Banner, unter welchem der König, einzelne Aristokraten und die Comitate ihre Völker in den Krieg führten.

ten Aristofratie ein erschöpfendes, dem Bedürfniß des Landes sowohl als der neueren Kriegskunst, der vorgeschrittenen Civilisation und Staatskunst genügendes Werk geliefert werde, so hätte es die Aufgabe der Deputation sein sollen, auch hier, nebst dem technischen Theile, das Gleichgewicht unter den Zweigen der Aristofratie so viel als möglich herzustellen. Doch in Folge ihrer Instruction durfte die Deputation so weit nicht gehen, da Bei= behaltung des Alten und Herkömmlichen ihr zur Richtschnur gemacht, oder eigentlich von ihr verlangt wurde, daß sie ein altes Panzerhemd vergangener Jahrhunderte in einen bequemen Rock jetziger Zeit umwandle, ohne Stoff und Form zu verändern. Gewiß hat auch die Deputation in diesem Be= trachte ihr Möglichstes gethan; aber die Aufgabe überstieg unter solchen Umständen so sehr alle menschlichen Kräfte, daß das Resultat auch darnach ausgefallen ist; denn das ganze Operat enthält fast nur Citate der Ban= derien und Insurrectionen längstentschwundener Zeiten. Von einer den jetzigen Ansichten angepaßten Volksbewaffnung aber kömmt fast gar nichts vor, und selbst die Vorschläge der geringen Abänderungen gehen so wenig in die Modalität derselben ein, daß dieser Umstand dem Leser keinen hohen Begriff von den militärischen Kenntnissen ihrer Mitglieder beibringen kann, was doch hier ebenso erforderlich gewesen wäre, als bei einem Werke über Musik die Kenntniß des Generalbasses erfordert wird.

War es also darum zu thun, unsere Constitution und Vaterlands= vertheidigung dem wahren Staatsinteresse, den Forderungen der Zeit und den jetzigen aufgeklärten Begriffen eines monarchisch = aristokratischen Re= präsentativsystems anzupassen, hierdurch dieses zu befestigen und von seinen Unvollkommenheiten zu läutern, so hätte die Deputation vor Allem Vor= schläge machen sollen, wie die Geburtsaristofratie, als die einzige in Ungarn bestehende, von ihren Unvollkommenheiten zu reinigen und, ohne gewalt= same Umwälzung, dem Zwecke des Staates entsprechend zu organisiren sei. — Sie hätte, wollte sie hierin ein ganz genügendes Werk liefern, die Aristofratie des Vermögens und des Verstandes der Gesammtaristofratie einverleiben, mit ihr verschmelzen und endlich, wo dieses nicht zu bewerk= stelligen war, das Gleichgewicht der drei Aristofratiezweige so viel als mög= lich herstellen sollen. Statt dessen jedoch suchte man Rath in den alten Pergamenten verflossener Jahrhunderte, wo bei dem noch unentwickelten gesellschaftlichen Zustande die Begriffe der Gesetzgebung nur dunkel und unvollkommen sein konnten, daher auch ihre Institutionen wohl als Finger=

zeig, durchaus nicht als unabänderliche Norm zu gelten haben. Man glich
hierin dem Arzte, der in unserer Zeit seine Wissenschaft auf H i p p o =
k r a t e s, G a l e n u s und P a r a c e l s u s beschränken und Physik aus=
schließlich aus dem P l i n i u s studiren wollte, blos deswegen, weil sie zu
ihrer Zeit gewiß verhältnißmäßig größere Männer waren, als irgend einer
der neuern Epoche. — Das neunzehnte Jahrhundert wäre wahrlich zu
beklagen, wenn sein Staatsrecht zu den Rathschlägen des dreizehnten Zu=
flucht nehmen müßte.

Es wäre dieses Ortes zu weitläuftig und auch wenig lohnend, wenn
wir das Operat seinem ganzen Inhalte nach durchgingen, da, wie gesagt,
das Historische den größten Theil desselben anfüllt. — Wie alle Operate,
so wurde auch dieses in den Comitaten durch Deputationen geprüft und in
Folge dieser Untersuchungen die Instructionen den Reichstagsdeputirten
herausgegeben. Einer solchen Deputation reichte nun ein Mitglied derselben,
einer unserer ausgezeichnetsten Patrioten, B e m e r k u n g e n ein, welche wir
hier, mit seiner Genehmigung, vorlegen und welche, da sie das Wesentliche
des Operates recapituliren, uns aller vorläufigen Auseinandersetzungen
überheben.

Bemerkungen auf das Gutachten der Deputation
über die adeliche Insurrection und Vertheidigung des Vaterlandes.
Von E.

In Hinsicht des Gutachtens der Deputation über die adeliche In=
surrection und die Vertheidigung des Vaterlandes bin ich so frei meine
Meinung vorzulegen, und zwar der Art, daß ich sowohl das, was ich in
jenem Gutachten für annehmbar achte, in Erwähnung bringe, als auch
über jenes, was ich für unannehmbar halte, meine Bemerkungen beisetze,
Gründe anführe, und was ich meinem Urtheile nach für besser halte,
mittheile.

Die Meinung der Deputation, Seite 75 ihrer Relation d e p r i v a -
t o r u m b a n d e r i i s (von den Banderien Einzelner): „daß seit 1715,
wo die Methode der Vaterlandsvertheidigung durch Einführung des stehen=
den Heeres und der Contribution verändert und der zur Aufrechterhaltung
der Banderien bestimmte Fond hierzu verwendet wurde, man hinfür weder
dem Adel, noch den Präbialisten des Klerus und den Libertinen (Freisassen)

zur Pflicht machen könne, auch in Friedenszeiten Banderien zu halten;" — ferner auch das Gutachten auf der 80. Seite, de banderiis croaticis, und auf der 85. de banderiis cleri, sind meinem Erachten nach, kraft der daselbst angeführten Gründe annehmbar.

Die Grundsätze der Deputation über die Insurrection, so wie die aus dem Vertheidigungssystem des Vaterlandes fließenden Folgerungen in 6 §§. halte ich für richtig *). — Ebenso bin ich auch von der im folgenden §. aufgestellten Wahrheit des Grundsatzes überzeugt, auf welchem die Anordnung der Insurrection zu ruhen hat: „daß der wohlhabendere und mehr begüterte Adel den ärmern bei Erfüllung dieser Pflicht unterstütze," daher halte ich es auch außer Zweifel, daß bei Zusammensetzung einer Insurrection stets die Errichtung einer Insurrectional=Concurrential=Kaffe unumgänglich nothwendig sei.

Auf das Gutachten der Deputation jedoch: „daß die sehr weise Verordnung der Gesetzgebung von 1808, kraft welcher die Verpflichtung der Adelichen, bei der Reiterei oder beim Fußvolk auf eigne Kosten zu dienen, nach ihrem Vermögen bestimmt, die Aermern aber aus der Concurrential= Kaffe bezahlt werden; daß ferner diese Verordnung bei jeder Insurrection zur Richtschnur dienen und bestätigt werden soll," muß ich bemerken, daß so sehr auch diese Einrichtung mit der Gerechtigkeit, den Gesetzen und dem bisherigen Gebrauche übereinzustimmen scheint; so unläugbar es ferner ist, daß bei der Frage: „wer sich selbst zu erhalten habe?" diese Verordnung zur Richtschnur dienen könne, dieses dennoch in dem Sinne und der Ausdehnung, in welcher es die Deputation genommen zu haben scheint, kaum annehmbar erscheinen dürfte.

---

*) Diese sechs Punkte enthalten im Wesentlichen Folgendes: 1) Alle Edelleute, und die das Gesetz unter dieser Benennung begreift, sind im Sinne und nach der Art des Gesetzes verpflichtet zu insurgiren. 2) Hievon kann kein Einzelner, — er müßte denn untauglich und krüppelhaft sein, — um so weniger ein ganzer Stand ausgenommen sein. 3) Die Klerisei pflegt jedoch diese Pflicht bereits seit dem sechszehnten Jahrhundert durch Substitution zu erfüllen. 4) Nebst diesem ist, im Falle reichstägiger Erkenntniß, sämmtliches adeliches Vermögen der Vertheidigung des Vaterlandes geweiht, worunter auch der Zehent der Geistlichkeit zu verstehen ist. 5) Aehnliche Banderialverpflichtung kommt auch allen privilegirten Districten und Marktflecken, allen Ortschaften, die gelinder, als es das Urbarium bestimmt, behandelt werden, wie auch allen Freisaffen, Prädialisten, in der durch das Comitat zu bestimmenden Quantität zu. 6) Der Gegenstand der persönlichen Insurrection und der Banderien darf nur im Reichstag verhandelt und bestimmt werden. Anm. d. H.

Denn das Gutachten der Deputation geht dahin, „daß jeder Edel=
mann, der jährlich 1200 Fl. C.=M. Einkünfte hat, als Reiter; wer
400 Fl. C.=M., als Infanterist auf eigne Kosten dienen; jener endlich, der
weniger besitzt, ebenfalls Infanteriedienst thun, aber aus der Concurrential=
Kasse bezahlt werden soll. "

Nun ist es aber allgemein bekannt, daß, die Gesammtheit des ungari=
schen Adels betrachtet, es nur sehr Wenige giebt, die sich 1200 Fl. Ein=
künfte erfreuen, folglich eine viel geringere Zahl Reiter insurgiren würde,
als zur Vertheidigung des Landes hinreichend wäre. Dies lehrt die Erfah=
rung und beweist die Insurrection von 1809. Denn obschon auch dazumal
das Gesetz von 1808 die berittene Insurrection nach der erwähnten Quan=
tität des Vermögens bestimmte, war man dennoch, als der Adel in Wirklich=
keit insurgirte, gezwungen, das Gesetz von 1808 zu beseitigen und die Rei=
terei mehr als aufs Zehnfache zu erhöhen.

Hierzu kommt noch, daß — vorausgesetzt, daß Jeder in Person, nicht
durch einen Stellvertreter, zu insurgiren verpflichtet ist, — nach jener Ein=
richtung die ganze Reiterei blos aus Herren und Junkern bestehen würde,
die wohl zu Offizierstellen tauglich, aber zum Dienst als gemeine Reiter
durchaus untüchtig wären. Denn höchste a b g e h ä r t e t e p h y s i s c h e Kraft
findet sich doch fast nur unter der gemeinen Klasse, folglich auch bei der In=
surrection nur im gemeinen Edelmanne.

Geht aber die Meinung der Deputation dahin, daß die Zahl der Rei=
terei durch die von Porten zu errichtenden Reiter verstärkt werde, wie auch
daß Jene, die wegen Leibesgebrechen, Alter oder Aemter, gleichwie die Geist=
lichkeit, nicht persönlich insurgiren können, verpflichtet seien, Reiter an
ihrer Statt zu stellen, wodurch die Zahl der Gemeinen sich vermehren würde:
so möge hierauf die Bemerkung genügen, daß bei alledem die Zahl der durch
die Porten aufzustellenden Reiter nicht hinreiche, das Bedürfniß an Cava=
lerie in Kriegszeiten zu decken. Und da nebstbei jeder Edelmann, der es ver=
mag und durch das Gesetz nicht ausgenommen ist, in Person insurgiren
muß: so ist es gewiß, daß, sowohl von den Porten, als statt der wegen
obiger Gründe ausgenommenen Adelichen, nur Unadeliche gestellt werden
könnten. Daß nun aber der auf obige Weise gestellte Unadeliche als Reiter,
der größte Theil der Adelichen aber als Infanteristen dienen sollen, würde
wahrlich weder zum Glanz der Nation dienen, noch dem Genius derselben
zusagen. Obgleich daher die Pflicht, als Reiter oder Infanterist auf eigne

10 *

Kosten zu insurgiren, durch die Einkünfte bestimmt werden kann: so theile ich dennoch nicht die Meinung, daß die Zahl der insurgirenden Cavalerie oder Infanterie einzig nach dieser Richtschnur bestimmt werde.

Die Deputation erwähnt dreierlei Mängel, wegen welcher die Insurrection in ihrer jetzigen Form dem Zwecke nicht entsprechen kann: 1) weil die nöthigen militärischen Apparate fehlen; 2) weil der Adel in den Waffen nicht geübt ist; 3) weil die Insurrection meist zu spät, wenn der Feind bereits im Lande ist, sich zu erheben pflegt.

Diese drei Mängel wird wohl Niemand in Abrede stellen. Doch habe ich gegen die vorgeschlagenen Verbesserungen derselben mehrere nicht unbedeutende Einwendungen; und da ich mit der Meinung der Deputation in Hinsicht der Waffenübungen keinesweges einverstanden sein kann, so muß ich auch in Betreff des ersten Mangels, daß nämlich die nöthigen Waffen und Rüstung fehlen, in vielen Stücken anderen Sinnes sein. Damit aber der Grund meiner Bemerkungen hinsichtlich des letztern klar werde, ist es nöthig, früher meine Einwürfe in Betreff der vorgeschlagenen Waffenübungen vorzutragen.

Das Gutachten der Deputation in Hinsicht der Waffenübungen geht im Ganzen dahin: daß jeder Adeliche gleich einem regulären Soldaten zwei Jahre im kaiserlichen Heere diene, und auf diese Weise sich die Kenntniß des Waffendienstes eigen mache, und zwar dergestalt, daß Jene, die auf eigne Kosten zu Pferd oder zu Fuß zu insurgiren verbunden sind, auch hier sich auf eigne Kosten auszurüsten und zu verköstigen haben; in Betreff der übrigen Adelichen aber, die nur mit Beihilfe der Concurrential=Kaffe insurgiren, soll Se. Majestät gebeten werden, die Kosten auf sich zu nehmen; — ferner, daß die wegen derlei Uebung dienenden Adelichen so zu betrachten wären, wie die Gemeinen ex propriis in der Armee, jedoch in Kriegszeiten nicht gezwungen werden sollen, ins Feld zu ziehen.

Vorausgesetzt nun, daß nach der Meinung der Deputation blos Jene auf eigene Kosten als Fußgeher oder Reiter zu insurgiren haben, deren jährliche Einkünfte 400 oder 1200 Fl. C.=M. betragen, so fließt daraus von selbst, daß man auch nur Jene, die obgenannte Einkünfte haben, verpflichten könne, die Waffenübung auf eigne Kosten mitzumachen; und diese Pflicht kann man wohl auch nur dann Einem oder dem Andern auferlegen, wenn er blos für seine Person so viel einnimmt. Denn gesetzt, es habe ein Familienvater jährlich 400 Fl., dabei aber vier oder fünf Söhne, die, obwohl sie nicht alle zu insurgiren haben, dennoch von der Waffenübung nicht können dispensirt werden. Sollte er nun alle ausrüsten und verköstigen, so würde er dies wohl schwerlich erschwingen können, und viel schlechter daran sein, als Jener, der 100 Fl. Einkünfte hat. — Das Gutachten hätte daher zur Folge, daß nur ein kleiner Theil des Adels die Kosten der Uebung selbst trüge, den größeren aber Se. Majestät erhalten müßte. Nun darf man aber nicht hoffen, daß der König eine so bedeutende Last auf sich nehmen und in Friedenszeit auf eine Truppe Auslagen machen werde, die er in Kriegszeiten nicht benutzen dürfte. — Indessen, gleichwie das contribuirende Volk zu diesem Zwecke nicht noch mehr zu belasten ist, so kann auch, da die Deputation bereits der Meinung ist, „daß die zu diesen Waffenübungen jährlich durch den Adel zusammenzuschießende Concurrential-Kasse schon darum nicht ausführbar sei, weil es den Schein einer fixen Abgabe des Adels an sich trüge," — das Votum separatum des B. Perényi, „daß der Klerus diese Last auf sich nehmen soll*)," nicht bestehen. Denn die Geistlichkeit erfreut sich derselben Freiheit, als der Adel, und daher wäre es nicht gerathen, auf diesen ersten Stand des Reiches eine beständige jährliche Last zu wälzen. Es ist daher schon aus den vorausgesendeten Schwierigkeiten nicht zu hoffen, daß das Gutachten der Deputation einen guten Erfolg haben werde. Doch es giebt hier noch andere Berücksichtigungen.

Bis unsre studirende Jugend die Schulen durchwandert, erreicht sie gewöhnlich das zwanzigste Jahr. Nach dem Gutachten der Deputation soll nun der adeliche Jüngling nach Beendigung des Schulcursus noch zwei Jahre sich in den Waffen üben; bis er all dieses vollendet, ist er also 22 Jahre alt. Da die Uebung unter dem regulären Militär geschieht, wo der Einzuübende alle Dienstpflichten eines gemeinen Soldaten zu verrichten hat, so bleibt ihm gewiß keine Zeit, weder das Corpus juris, noch ein ökonomisches oder anderes wissenschaftliches Buch zur Hand zu nehmen. So vergißt

---

*) Dieses Votum separatum gründet sich auf folgende Ansicht: „Da die Geistlichkeit sich gleicher Freiheit und Privilegien mit dem Adel erfreut, so ist sie zu denselben Lasten der Vaterlandsvertheidigung verpflichtet. Dieser Pflicht hat sie in früheren Zeiten vollkommen Genüge geleistet, indem sie mit dem übrigen Adel zu Felde ziehend, Blut und Leben fürs Vaterland opferte. Gegenwärtig aber erfüllt sie diese Pflicht ausschließlich durch Substitution. Es erfordert daher die Billigkeit, daß die reich dotirten und stets patriotisch gesinnten Männer der Kirche das k. Aerar dieser Last überheben, und sie auf sich nehmen." Anm. d. H.

denn der junge Mensch, während er sich zwei Jahre in einem vom Civil ganz verschiedenen Stande übt, so sehr seine früheren Studien, daß, wenn er sich nun dieselben wieder eigen machen will, er, die zwei drei Jahre, welche er auf der Praxis zuzubringen hat, mitgerechnet, sein 26. Jahr erreicht, bevor er das Jurament eines Advocaten ablegen kann. Dann aber hat er noch keine gewisse Application; wogegen jene adelichen Jünglinge, die wegen Körpergebrechen zur Uebung nicht können gezwungen werden, so wie die Unadelichen, denen man einerseits das Studiren nicht verwehren kann, während sie die Waffenübung mitzumachen nicht gehalten sind, da diese Pflicht ihnen nicht obliegt, dadurch schon in ihrem Fortkommen zwei Jahre gewinnen, und auch jene wenigen Aemter, die den ungarischen Jünglingen noch offen stehen, besetzen, während sich jene zur Vertheidigung des Vaterlandes tauglich machen. Hieraus folgt dann nothwendig, daß jene Civilämter, die auch Unadelichen offen stehen, z. B. herrschaftliche Dienste, Advocatenstellen u. dgl., meist von diesen besetzt werden; andere Aemter aber, die adelichen Rang erfordern, größtentheils Gebrechlichen zu Theil werden. Die gesunden adelichen Jünglinge aber, nachdem sie sich durch zwei Jahre schon an das Soldatenleben gewöhnt, werden häufig lieber dabei verbleiben, als sich neuerdings zum Schreiben und Lernen bequemen, ohne auf gewisses Fortkommen rechnen zu können. Da nun hierdurch der Militärstand mit studirten Jünglingen sehr überfüllt werden dürfte, so ist vorauszusehen, daß man sie am Ende auch da nicht behalten, oder zwingen wird, Gemeine zu bleiben, was auch jetzt die längere Friedenszeit hinlänglich beweist, wo man die Gemeinen mit Urlaub nach Hause sendet, Cadetten aber nur auf besonderes Empfehlen annimmt; und auch unter diesen bleiben viele oft 15 Jahre hindurch Cadetten. Hierdurch wird also der Wunsch des Landes, daß die adelichen Jünglinge Application finden, nicht nur nicht erreicht, sondern noch weiter hinausgeschoben *).

---

*) Gegen diese Ansicht ließe sich wohl wenig einwenden, wenn die Vaterlandsvertheidigung beim ungarischen Adel Nebending, Application die Hauptsache wäre. Es ist aber umgekehrt, und darum muß die letztere der ersteren unbedingt weichen. Der Edelmann ist, wie schon gesagt wurde, durch die Waffen Alles, ohne sie Nichts. — Wer übrigens sein Corpus juris in zwei Jahren so sehr vergißt, daß er abermals Jahre braucht, um es sich wieder einzuprägen, dessen Wissen hat nicht gar tief gewurzelt. Auch wollen wir hoffen, daß unsere Rechtspflege bald mehr auf Billigkeit als auf alte Gesetze sich gründen werde, wo dann eine zweijährige Bildung in einem

Es ist ferner nicht zu hoffen, daß jene adelichen Jünglinge, die bloß Uebung halber unter das Militär getreten sind, während der zwei Jahre sich über den Rang eines Gemeinen erheben werden; denn es wäre ungerecht, wenn derjenige, der bloß, um zu lernen, auf zwei Jahre eingetreten ist, vor Jenem einen Vorrang erhielte, der sein ganzes Leben dem Dienste geweiht und ihn vollkommen erlernt hat. Auch wäre dies nicht rathsam. Denn da der adeliche Lehrling nicht verbunden ist, in Kriegszeiten mit dem Regimente, in welchem er exercirte, ins Feld zu ziehen, und daher sowohl die, welche vielleicht während ihrer Uebungszeit zu Offizieren erhoben wurden, als auch die übrigen adelichen Gemeinen vom Heere gerade dazumal wegfielen, wo man geübte Ober= und Unteroffiziere am meisten benöthiget: so ist es zweckmäßig, solche zu Offizieren zu befördern, die auch in Kriegszeiten zur Hand sind; und zwar um so mehr, als dann die Armee mit Rekruten vermehrt werden müßte, weil nun auch die adelichen Gemeinen, die in Friedenszeiten der Uebung willen die Regimenter überfüllten, sich aus selben entfernten. Auf diese Weise würde nun eben in Kriegszeiten die Zahl der eingeübten Soldaten empfindlich abnehmen, und ein namhafter Theil ungeübt bleiben. Gleichwie daher dieses Beherzigung verdient, so scheint es andererseits mit der Schicklichkeit nicht sehr vereinbarlich, daß ein gebildeter junger Edelmann, der übrigens zu einer Offizierstelle geeignet wäre, durch zwei Jahre unter dem Korporalstocke Gemeinendienste thue, während vielleicht sein Kamerad, der für beständig ins Militär eintritt, in einigen Monaten eine Offizierstelle erlangt.

Noch verdient hier in nähere Betrachtung gezogen zu werden, daß so

---

neuen Zweige des praktischen Lebens jedem Advocaten von größerem Nutzen sein dürfte, als das Hersagen zahlreicher Gesetze. — Und endlich, wird nicht jeder Private, jede Behörde eine offene Stelle lieber einem jungen Manne einräumen, der sich für seinen Beruf ganz ausgebildet hat, der vollkommen ist, was er sein soll? — Jene endlich, die wirklichen Beruf zum Militär fühlen und dabei verbleiben wollen, verdienen eine so vorzügliche Berücksichtigung der ungarischen Gesetzgebung, die kriegerischen Geist und militärische Ausbildung unter der Aristokratie durch alle Mittel zu befördern hat, daß für den Fall, als der Vorschlag der Reichsdeputation, den auch der Herausgeber als dem Bedürfniß viel näher kommend erachtet, angenommen würde, hierüber durchgreifende Verfügungen zu treffen wären. Es muß übrigens nicht unbeachtet bleiben, daß diese Abtheilung des Adels, von der hier die Rede ist, kaum den zehnten Theil desselben ausmacht; die meisten ungarischen Edelleute stehen auf einer ganz andern Stufe der Cultur. Anm. d. H.

ein blos der Uebung wegen dienender Junker, dem es nicht Pflicht ist, im gewöhnlichen Kriege auf den Kampfplatz zu treten, sehr wenig oder wohl gar keine Achtung bei seinen wirklich dienenden Kameraden genösse, mit denen er in demselben Regimente dienend, gerade dazumal austräte und sich zurückzöge, wo jene ihrem militärischen Zwecke wirklich Genüge leisten, und ihr Leben zum Opfer bringen. Dies würde zu tausend Vorwürfen, Schlägereien und Unannehmlichkeiten Anlaß geben *). Obwohl man aber von einem ehrliebenden Jüngling, in dessen Adern edles ungarisches Blut fließt, nicht leicht voraussetzen kann, daß er gerade beim Ausbruch eines Krieges aus dem Militär treten werde, so entsteht doch die Frage: „Wenn er sich aber, da es ihm freisteht, dennoch zurückzöge, wohin wird der Aus= tretende dann wohl kommen? Oder wenn die regulären Truppen längere Zeit vor dem Feind stehen, wo wird sich der adeliche Neuling in den Waffen üben?" Beim Regimente nicht, denn das steht im Felde; bei den Depots gleichfalls nicht, denn die brauchen höchstens zur Bewachung der Bagage Leute; und den wenigen zurückgebliebenen altgedienten Soldaten schaffen die regulären Rekruten so viele Arbeit, daß sie sich mit den sich übenden Adelichen nicht plagen können, die man nicht einmal gebrauchen kann. Und doch kann gerade bei Kriegszeiten der Fall eintreten, daß man auch der Insur= rection bedarf, und man gerade dann den Adel am meisten in Waffen üben sollte **).

Es giebt hier noch mehrerlei Bemerkungen, die ich gar nicht gern erwähne. Hierher gehört unter Anderm, daß das kaiserliche Heer, oder vielmehr einzelne Regimenter, auch in Friedenszeiten ihre Cantonirungen ändern, ja sogar ins Ausland versetzt werden. Bei solcher Gelegenheit nun lassen sie den übenden Adel nicht zurück; und gehen nun die Uebungsjahre des Einen oder des Andern gerade während dieser Zeit zu Ende, so wird es ihm schwer fallen, von da nach Hause zu kommen und oft darüber ein viertel oder halbes Jahr verstreichen. Ferner wird beim kaiserlichen Heer

---

*) Dieses würde wohl nur dann der Fall sein, wenn der junge Edelmann aus= träte, um an dem Kriege nicht Theil zu nehmen; es geschieht aber nur, um in seiner gesetzlichen Heeresabtheilung in das Feld zu ziehen, in so weit dieses vom König und den Ständen nothwendig erachtet wird.   Anm. d. H.

**) In diesem Falle der Noth wird der noch nicht ganz eingeübte Jüngling das Waffenhandwerk schon praktisch erlernen müssen, wie das überall in ähnlicher Lage der Fall ist.   A. d. H.

das Commando und alle Dienſtſachen deutſch geführt, bei der Inſurrection aber die ungariſche Sprache erfordert; woraus natürlich folgt, daß im Falle einer Inſurrection auch der geübte Adel von Neuem lernen und ſich einüben müßte *).

Aus dieſen Gründen kann ich daher der Meinung nicht beiſtimmen, daß der Adel den Waffendienſt im kaiſerlichen Heere erlerne; ſondern ich werde weiter unten mein Gutachten hierüber vorlegen. Jetzt wünſchte ich den andern Mangel, das Waffenzeug und die militäriſche Ausrüſtung betreffend, zu beſprechen.

Darin, daß der Adel ein Zeughaus beſitzen ſoll, bin ich mit der De-putation ganz einverſtanden, und erkenne, daß es ihm ſowohl zur Zierde, als im Falle der Inſurrection zum Nutzen gereicht. Doch darin, daß alle Waffen, deren der Adel bedarf, zu Peſt aufbewahrt werden, bin ich ganz entgegengeſetzter Meinung. Die Waffen und andere militäriſche Apparate werden nur dann von Nutzen ſein, wenn der Adel damit umzugehen und ſie gehörig zu gebrauchen verſteht. Sie dürfen daher nicht im Zeughauſe ver-ſteckt bleiben, ſondern müſſen unter den exercirenden Adel vertheilt werden, damit er ſowohl in Hinſicht der Handhabung, als auch des Putzens mit ſelben umzugehen lerne, und ſich einübe. Denn da jedem Edelmanne die Pflicht, perſönlich ſein Vaterland zu vertheidigen, obliegt, ſo iſt es auch ſchicklich und nothwendig, daß jeder Adeliche die Werkzeuge, mit deren Hilfe er dieſe ſeine Pflicht erfüllt, ſich verſchaffe und Sorge für ſie trage. Das erwähnte Zeughaus wäre daher nur in ſo weit nothwendig, als die An-ſchaffung der Waffen, die nach neuerer Kriegskunſt gleichförmig ſein müſſen, Einzelnen erleichtert würde, oder damit ſelbe unter Jene, die ſie ſich an-zuſchaffen unvermögend ſind, vertheilt, oder endlich in Fällen beſondern Mangels ergänzt werden. Doch daß alle Waffen im Landzeughaus zu Peſt aufgeſchichtet und bei jeder Uebung oder Inſurrection mit Koſten und Zeit-verluſt verführt und unter den Adel vertheilt werden, damit kann ich nicht übereinſtimmen.

Was den dritten Mangel betrifft, daß der Adel gewöhnlich zu ſpät inſurgirt, ſo wird ihm ſchon dadurch beträchtlich abgeholfen, daß der Adel ſtets mit Waffen und Rüſtzeug verſehen, dann jährlich gemuſtert und in

---

*) Mag für den jungen Herrn wohl ein wenig läſtig ſein, im Weſentlichen aber iſt es nur von unbeſtreitbarem Nutzen. A. d. H.

Waffen geübt sein wird. Denn sobald dann die Nothwendigkeit einer In=
surrection durch den Landtag ausgesprochen ist, wird der Adel, der jährlich
vorzunehmenden und so zu sagen vorausgegangenen Musterung gemäß, zu=
sammenberufen, indessen aber schon mit Waffen und andern Vorrichtungen
versehen und geübt, in kurzer, ja gewiß in kürzerer Zeit brauchbar sein, als
jene Reiterei und jenes Fußvolk, welche die Deputation bei dringender Noth
zur Vertheidigung der Grenze durch Jene auszurüsten befiehlt, die zur In=
surrection beizusteuern haben *). Denn dieses Volk müßte ja erst dann
zusammengerafft, geworben, oder wohl gar eingefangen, erst dann ausge=
rüstet und abgerichtet werden, während der Adel nach publizirtem Gesetze

---

*) Die Deputation äußert sich hierüber: „Ein anderer Grund der üblen Erfolge
lag bisher darin, daß die Insurrection immer zu spät, meistens wenn der Feind schon
an den Grenzen stand, proclamirt wurde. So von der Zeit gedrängt, konnte sie nicht
gehörig eingeübt ins Feld ziehen. Daher ist die Deputation folgender Meinung:
Ungeachtet des Defensivsystems Ungarns, wird dennoch durch die übliche Weise, den
Staat in Kriegszeiten mit baarem Gelde und Naturalien zu unterstützen, die Vater=
landsvertheidigung nicht vollkommen bewerkstelligt. Denn obwohl es keinem Zweifel
unterliegt, daß dergleichen Subsidien die Mittel des Kriegführens und der Erhaltung
des Reichs in sich fassen, so bleibt dennoch, im Falle unglücklicher Erfolge bei der
k. k. Armee, das Land ohne alle physische Vertheidigung, und findet seinen einzigen
und letzten Schutz nur in der adelichen Insurrection. Doch verlangt sowohl die Er=
haltung des Adels, der nur in höchster Gefahr dem Feinde entgegenzustellen ist, als
auch die Sicherheit des Vaterlandes, daß die Gesetzgebung neben der persönlichen
Insurrection, im Falle einer reichstägig anerkannten Gefahr, noch für andere Ver=
theidigungsmittel Sorge trage. Bevor daher der Fall des Gesetzes, nämlich der
persönlichen Insurrection, vorhanden wäre, könnte, indem Se. Majestät die Reichs=
stände w ä h r e n d d e s K r i e g e s zusammenberiefe, und diese die Größe der Gefahr
erkennten, unter gewissen Cautelen und Bedingnissen verordnet werden, daß für jeden
Fall zur Sicherung der Reichsgrenzen eine bestimmte, der Größe der Gefahr ange=
messene Zahl Reiterei und Fußvolk, auf Kosten Jener gestellt, mit Allem ausgerüstet
und erhalten werde, die auf was immer für eine Art zur Insurrection beizutragen
haben. Diese Miliz wäre nur auf Kriegsdauer, ohne Belastung der Contribuenten,
zu errichten; dem Palatin und dem Ban von Kroatien unterzuordnen; ihre Verwen=
dung blos reichstägig zu bestimmen; mittels Handgeld anzuwerben; dürfte ohne
Einwilligung der Reichsstände nicht aus dem Lande geführt und dem k. k. Heere an=
geschlossen werden; wenn aber die Stände auf Antrag Sr. Majestät im Reichstag
in die Hinausführung dieser Schaaren zur Unterstützung des k. k. Heeres willigen,
soll deren Unterhaltung dem Aerar zur Last fallen. Und dieses wäre auch der Mo=
ment der Gefahr, in welchem die persönliche Insurrection proclamirt werden möchte."

Anm. d. H.

entweder in Masse oder nach dem Bedürfniß theilweise sogleich bereit und eingeübt zusammenstehen könnte. Auch darf ich die Bemerkung nicht unter= drücken, welche gefährliche Folgen die Annahme des Gutachtens der Depu= tation nach sich ziehen müßte. Dies würde sicherlich dahin führen, daß der Adel sich von seiner Pflicht persönlich aufzustehen loskaufte; es gäbe Anlaß, daß der Adel nie mehr zur persönlichen Insurrection aufgefordert würde, sondern im Falle eines Kriegs stets nur zur Soldatenstellung und Ausstattung gehalten wäre. Was würde denn aus dem von der Depu= tation selbst aufgeführten Spruche des h. Königs Stephan: illi tibi militent, non serviant (sie sollen dir Soldaten, nicht Knechte sein); wo bliebe die Er= füllung Werböczy's 9. Kap. 1. Theils: Nobiles militare duntaxat pro defensione regni obligati (der Edelmann ist nur verpflichtet, zur Verthei= digung des Vaterlands Kriegsdienste zu thun), wenn der Adel diese Pflicht nicht persönlich, sondern durch erkauftes Volk erfüllen würde, und durch jenes Volk, das zur Ergänzung und Erhaltung des regulären Militärs nothwendig ist? Hat man nach der Meinung der Deputation den Adel zu schonen, so ist dieses viel mehr beim Unadelichen der Fall, der nicht nur zur Kriegs=, sondern zu jeder Zeit Soldat sein muß. Doch kann da von keiner Schonung des Adels die Rede sein, wo das Vaterland, der König, der adeliche Besitz, und was noch mehr ist, wo die Freiheit, die Verfassung in Gefahr ist; und genügen zur Vertheidigung dieser das stehende Heer und die zur Führung des Kriegs bewilligten Subsidien an Geld und Naturalien nicht, benöthigt man physischer Kraft, so mag auch der Edelmann, der alle Rechte genießt, sein Blut und Leben opfern, und solches nicht erkaufen und von Leuten verlangen, denen man ohnehin den ge= wöhnlichen Soldatendienst auf den Hals gewälzt hat. Schäme sich Jeder, zur Zeit der Gefahr auch nur das Wort Loskaufen feig auszusprechen. Ehre läßt sich für Geld nicht kaufen; selbst der friedfertige Jude fühlte dies, und schickte zu gewisser Zeit in gewissen Ländern weder seinen Beutel, noch Erkaufte an seiner Statt, sondern kämpfte selbst. Durch Waffen hat der ungarische Adel seine Freiheit errungen, durch Waffen behaupte er sie und mache sich ihrer würdig. Die Grundsätze der Aristokratie kann man in un= serem Zeitalter blos bei Hofe und in den Salons nicht mehr aufrecht er= halten, nur Vaterlandsliebe, Muth, Nationalität und Verdienste vermögen sie gegen den Zeitgeist zu schützen. Zu jeder Zeit gab es Particular= und Personal=Insurrectionen; diese können auch forthin bestehen; und ist es nicht nöthig, daß der Adel insgesammt sich in Waffen erhebe, so kann dies theilweise geschehen; wessen Person nicht nothwendig ist, erfülle seine Pflicht dadurch, daß er die persönlich Insurgirenden mit Ausrüstung, Erhaltung und Geld unterstütze. Hinsichtlich der Modalität aber, nach welcher diese Insurrection auszubilden und zu verwenden sei, läßt sich das Gutachten der Deputation in diesen Stücken ebenso auf die adelichen Insurgenten, als auf die zu erkaufende Schaar anwenden, die jedoch nur das wäre, was die Be= liten waren, deren Aufstellung das Land ohnehin schon als Haupt= beschwerde angesehen hat.

Nachdem ich nun meine Bemerkungen auf das Gutachten der Deputation gemacht habe, will ich, ehe ich vortrage, was ich an dessen Stelle zu setzen wünschte, die Nothwendigkeit, Brauchbarkeit und Prakticabilität einer In= surrection erweisen.

Was die Nothwendigkeit der Insurrection betrifft, ist gewiß Jedermann überzeugt, daß zur Vertheidigung des Vaterlandes und überhaupt zum Krie= gen physische Kräfte, d. h. Menschen nothwendig sind; je größer die Kraft, desto sicherer die Vertheidigung. Jedoch diese größere Kraft durch stehende Heere aufzustellen, bleibt um so schwerer, je gewisser der gesunkene und ver= worrene Zustand der Finanzen eher durch Verminderung der regulären Truppen hergestellt, als durch deren Vermehrung noch tiefer herabgedrückt werden muß. Daher ist es nothwendig, die erforderliche Streitkraft auf andern Wegen zu erlangen. Schon längst erblickten berühmte Schriftsteller die wohlfeilste, stärkste und loyalste Vertheidigung des Vaterlandes in der Bewaffnung der Nation; wie dies Palafox, Gentz, Roschmann, Stein, Hormayr, Kotzebue, Chasteller, Scharnhorst und Andere beweisen. Doch nicht nur die Werke dieser, sondern die Erfahrung beweist, daß fast überall die Insurgenten die Reserve bilden. So hat z. B. Preußen in Folge seines Vertheidigungssystems 500,000, Rußland sammt den ungeregelten Schaaren 1,200,000, Frankreich 1,000,000 Soldaten; die blos aus 40,000 Mann bestehende, aber bei einem Angriff des Reichs auf 400,000 anwachsende Armee Englands wird größtentheils aus Landbesitzern gebildet. Es ist daher nöthig, daß auch Ungarn seine Macht nicht blos auf das stehende Heer, sondern auf nationale Bewaffnung, nämlich auf die Insurrection des Adels, gründe. Denn sonst wäre seine Vertheidigungsmacht in keinem Verhältniß mit der anderer Völker. —

Daß die Insurrection nützlich und prakticabel sei, beweist das Beispiel

von Amerika, Spanien, Holland, der Schweiz, von Griechen=
land, Tyrol und andern Ländern. Die ältere und neuere Geschichte
zeigt, was eine gut organisirte Nationalarmee zu vollbringen im Stand ist.
So wurde Deutschland in den Jahren 1813 und 1814 meist durch In=
surgenten vom Joche Napoleons befreit; ein Gleiches gilt von Spanien.
Die Vendéer hatten weder Säbel noch Flinten und nahmen mit Knitteln die
Batterien und Kanonen weg. Insurgenten fochten unter Washington,
Lafayette, Pichegru und Moreau; unter Borraris, Kos=
ciusko, Hofer, Schill und Lützow u. s. w. Warum sollte daher
die gegenwärtig einzige aristokratische Insurrection nicht auch von Erfolg
sein, da wir sehen, daß die Demokraten Barrikaden errichteten und sich zu
vertheidigen wußten? — Daß im Jahr 1809 die noch nicht organisirte, un=
vorbereitete und unbewaffnete Insurrection bei Raab zurückgeworfen wurde,
beweist noch nicht die Unbrauchbarkeit derselben, und dieser Vorwurf ist
ebenso ungerecht, als wenn Jemand die Preußen nach der Jenaer und
Eilauer, die Oesterreicher nach der Ulmer Schlacht, die Türken aber nach
dem Ausgange des letzten Krieges beurtheilen wollte. Man muß vielmehr
staunen, wie man auch nur hoffen konnte, eine ungeübte Schaar, die man
gehörig zu bewaffnen vergaß, würde nun plötzlich siegend sich messen mit den
kriegserfahrenen Legionen, die einige Wochen früher die ganze Armee von
der Hauptstadt nicht abhalten konnte. Die Armee wurde bis Raab zurück=
gedrängt; was Wunder daher, daß eine noch nicht gehörig ausgerüstete
Schaar, in das größte Kanonenfeuer gestellt, sich einige Meilen zurückzog,
und später nicht mehr aufgemuntert und ermuthigt, noch als sie schon gere=
gelt war, vor den Feind geführt wurde *)? Man kann daher nicht be=
haupten, daß die Insurrection unmöglich und nutzlos sei, wenn sie zu ihrer
Zeit organisirt wird. Man möge doch bei jetziger Zeit die Vaterlands=

---

*) Eben dieses beweist aber auch die Unzulänglichkeit unserer gesetzlichen Pro=
vision, „daß der ungarische Adel erst dann dem Feinde entgegenzuführen sei, wenn
die regulären Truppen nicht mehr vermögend sind, ihn zurückzuhalten.“ Heißt das
nicht mit andern Worten: „wir trauen uns mehr Kraft und militärische Kenntniß
zu als der Armee?“ Hätten unsre Gesetzgeber doch bedacht, wie viel vom ersten
Nachdruck einer militärischen Unternehmung abhänge; wie erfolglos gewöhnlich die
ungeheuersten Kraftanstrengungen gegen einen Feind sind, der bereits bedeutende
Vortheile errungen hat. Unser großer Mathias, unser Kenesey, Telekesy
ꝛc. hätten sich gewiß besser in die veränderte Kriegskunst gefunden, als die gesetzkundi=
gen Herren der spätern Zeit.   Anm. d. H.

vertheidigung nicht nutzlos erklären, und statt derselben vorschlagen, daß die Edelleute, anstatt selbst in den Kampf zu gehen, eine erkaufte Schaar stellen und ausrüsten sollen; dies wäre unrühmlich, und würde nur beweisen, daß die Aristokratie aus Menschen bestehe, die selbst für Ehre nicht mehr empfänglich sind. Man soll den Adel vielmehr auf einen Fuß stellen, daß er zu jeder Zeit zum Schutze des Vaterlandes sich erheben und dieser seiner Pflicht in Person Genüge leisten könne *).

Dieses vorausgesendet, füge ich noch hinzu, daß man die Exercitation oder Uebung in den Waffen von der Insurrection oder dem wirklichen Aufgebot, beide aber von der Musterung unterscheide. Meine Meinung geht nun vor Allem dahin, daß ich ebenso, wie die Deputation und das ganze Land, als Grundsatz annehme, daß zur Anordnung der Insurrection die Errichtung einer Concurrential-Kasse unumgänglich nothwendig sei. Denn nie wird die Waffenübung mit Erfolg geschehen können, wenn nicht dem ärmern Adel zur Erfüllung seiner diesfälligen Pflicht Mittel und Hilfe gereicht wird. Es wäre überflüssig, diese Wahrheit mit Gründen zu unterstützen, denn Jedermann weiß, daß es viele arme Edelleute giebt, die weit entfernt, sich während der Zeit der Uebung erhalten zu können, durch Handarbeit sich und die Ihrigen kümmerlich ernähren. — Noch überflüssiger wäre es aber auseinanderzusetzen, daß die Zahl des Adels und verhältnißmäßig zu dieser wieder der Grundbesitz in den Gespanschaften sehr verschieden ist. Man wird daher leicht begreifen, daß billigerweise nicht verlangt werden kann, jede Gespanschaft solle abgesondert ihre armen Edelleute bei Erfüllung dieser Pflicht unterstützen; sondern es ist hier nothwendig, ein gewisses allgemeines Verhältniß zu beobachten, so daß die vom ganzen Lande zu diesem Zweck einzusammelnden Hilfsgelder unter die Gespanschaften im Verhältniß der Zahl ihrer armen Edelleute vertheilt werden.

Was nun schon die Hilfsleistung selbst betrifft, so ist es gewiß, daß der 8. Art. 1741 den Adel von allen Abgaben freispricht; doch auch das ist ausgemacht, daß er ihn von der Insurrection nicht befreit, sondern vielmehr jedes Hauptgesetz ihn dazu verpflichtet. Wenn daher der Adel diese heilige Pflicht unausweichlich erfüllen muß, so kann man mit Recht von

---

*) Wie gern stimmt man dieser sehr richtigen, oder vielmehr einzig richtigen Ansicht bei! Möchten doch nur dabei auch recht zweckdienliche Mittel in Anwendung gebracht werden. Anm. d. H.

ihm fordern, daß er sich auch zur Erfüllung derselben selbst mit Opfern tauglich mache. Wer Rechte besitzt, hat auch Pflichten, und wer in Erfüllung derselben das Ziel erreichen will, muß auch die Mittel dazu anwenden.

Als im Anfang des vorigen Jahrhunderts die Art der Vaterlandsvertheidigung und des Krieges die Einführung des stehenden Heeres nothwendig machte — obschon auch dazumal der Boden, von dem jetzt Contribution gezahlt wird, ein Eigenthum des Adels, und er von der Zahlung einer gewöhnlichen Abgabe befreit war — gerieth er doch, weil es die Vaterlandsvertheidigung erforderte, durch den 8. Art. 1715, und jetzt durch das Gesetz von 1825—1827 unter die Contribution im weiteren Sinne; und demohngeachtet steht die adeliche Freiheit aufrecht. Ich sehe daher keinen Grund, warum nun, da die jetzige Art Krieg zu führen beweist, daß der Adel, wenn er nicht in den Waffen geübt wird, zur Insurrection und Vaterlandswehr nicht zu gebrauchen ist, folglich diese seine Hauptpflicht nicht mit Erfolg erfüllen kann, er, um sich in Waffen zu üben und tauglich zu machen, nicht sich selbst unterstützen und die nöthigen Geldkosten zur jährlichen Abrichtung anbieten könnte, ohne die adeliche Freiheit dabei in Gefahr zu bringen. Ich glaube vielmehr, daß eben in Betracht der Erhaltung seiner Freiheit es Pflicht sei, zu jeder Zeit die zur Erfüllung seiner damit verbundenen Obliegenheiten nöthigen Kosten zu tragen. Auch kann ich nicht als Abgabe ansehen, was der Adel sich selbst zahlt*), was der Begüterte dem Mittellosen darum giebt, damit dieser sich tauglich mache, im Nothfall auch die größern Güter, zu deren Vertheidigung die Vermöglichern allein unzulänglich wären, schützen zu helfen. Denn sonst müßte ich auch Abgabe nennen, was Jemand jährlich seinen Dienstboten zahlt. Nun hat es aber bisher wohl Niemand mit der adelichen Freiheit

---

*) Eine Abgabe bleibt es allerdings, denn der Umstand, daß man sie sich selbst zahlt, ändert nichts an der Wesenheit derselben. Alle constitutionellen Völker zahlen eigentlich nur sich selbst die Steuern, da sie einen Theil der Staatsverwaltung ausmachen. Aber dieses hindert nicht, daß die fragliche Concurrential-Kasse errichtet werde; denn warum sollte denn der ungarische Adel keine Abgaben zahlen, vorausgesetzt, daß er reichstägig selbst dieselben als nützlich erkennte, sie gesetzlich festsetzte und über ihre Verwendung strenge Aufsicht führte? — Fürchten wir uns denn so sehr vor dem Namen einer Sache, die uns in der Wirklichkeit, und leider ohne unsre Mitwirkung, schon längst nicht mehr fremd ist? — — Anm. d. H.

unverträglich gefunden, daß man dem zahle, der einem dient. Es kann folglich auch das Niemand für verfassungswidrig halten, wenn Jemand dem zahlt, der sich geeignet macht, im Nothfall ihm es damit zu vergelten, daß er seine Güter und Freiheit vertheidigt. Daher ist meine Ansicht, daß Alle, die im Falle einer Insurrection in die zu errichtende Concur= rential=Kasse zu zahlen haben, auch zu den Uebungskosten nach Bedürfniß und nach einer reichstägig zu bestimmenden Norm jährlich beitragen sollen. Zugleich könnte man beim Reichstag alle Jene, die vom Staate besoldet werden und deren Bezahlung 2000 Fl. C.=M. übersteigt, mögen sie im Militär=, Civil=, Gesandtschaftsdienst oder im Ruhestand stehen, so auch Jene, die Wartegelder beziehen, auffordern, einen Theil ihrer Besoldung in die Uebungskasse abzuführen. Vorzüglich aber sollte man hierzu den geistlichen Stand auffordern, der im Verhältniß mit andern Ländern hier am reichsten dotirt ist, und außerdem, daß er seit dem 16. Jahrhundert nicht mehr insurgirt, auch keine Familie zu versorgen hat. Der Klerus erklärte übri= gens bereits 1808 im Reichstag, daß er zu allen Hilfsleistungen für die Vaterlandsvertheidigung bereit sei, wenn es reichstägig verfügt wird. Ja er erfüllt dieses schon in Wirklichkeit, indem er sich der beständigen Be= steuerung zur Erhaltung der Burgen und Festungen unterwarf. Er möge daher hier mit gutem Beispiele vorangehen, und diesen heiligen Zweck be= fördern helfen.

Obwohl ich die nun erwähnte Art eine Concurrential=Kasse zu errich= ten für die natürlichste und zweckmäßigste halte, will ich doch, wenn dieser Vorschlag allenfalls als freiheitswidrig verworfen würde, einen andern vorlegen.

Darbringung von Subsidien zur Vertheidigung des Vaterlandes war in den ältesten wie in den neuesten Zeiten stets üblich und gesetzlich, wenn die Noth sie erheischte und der Landtag bestimmte. Die Vaterlandsver= theidigung bringt nun mit sich, daß der Adel in den Waffen geübt werde, die Uebung aber erfordert Kosten und Hilfsleistungen; es wäre daher nicht gesetzwidrig, wenn für die Uebungskosten der Landtag eine angemessene Hilfsleistung an Geld bestimmte. Zu diesem Zwecke könnte eine Natio= nalbank auf folgende Weise errichtet werden. Nachdem die Quantität der Hilfsgelder reichstägig bestimmt und verhältnißmäßig unter die Ge= spanschaften vertheilt wäre, sollten diese ebenso in ihrer Mitte Jedem im Verhältniß seines Besitzes, nach einem im Landtage angenommenen Schlüssel, die Tragung derselben auferlegen. Diese Summen könnten vorzüglich bei den Großen und Begüterten, wo hinlängliche Sicherheit ist, uneinkassirt bleiben, und blos nach geschehener Intabulation die jährlichen sechs Proc. abgenommen werden; wogegen die kleinern Summen und die Competenzen Jener, bei welchen sich weniger Sicherheit vorfände, eingetrieben und an sichern Orten wieder angelegt werden müßten. Hierauf sollte jede Gespanschaft einen Nationalschuldschein über ihre Competenz ausstellen und ihn jährlich mit sechs Proc., die sie in der Gespanschaft pünktlich einsammelte, verzinsen. Die Uebungskosten der Insurrection würden dann durch die Bank getragen. Da nun aber hierzu wahrscheinlich ein größeres Kapital erfordert würde, als durch Subsidien einzubringen wäre, könnte man die Einkünfte dieser Bank noch durch andere Quellen vermehren. Die Nationalbank würde nämlich genau so viel Fond und Credit besitzen, als sie Schuldscheine von den Gespanschaften in den Händen hätte; folglich könnte sie, nach dem Beispiele anderer Banken, ebenso viele Banknoten herausgeben, welche überall gleich baarem Gelde abgingen, da sie auf wirklicher Habe gegründet sind. Wer daher Banknoten zu leihen nähme, müßte davon, wie vom baaren Gelde, sechs Proc. Interessen bezahlen, und somit würden die landtäglich bestimmten Hilfsgelder schon zwölf Proc. eintragen. Außerdem könnte die Bank ihre Einkünfte auch dadurch vermehren, daß sie wie alle andern Banken auf vier Proc. Gelder aufnähme, welche sie gewiß leichter als alle andern bekäme, weil ihr reeller Fond allgemein bekannt wäre. Diese vierprocentigen Kapitalien könnte sie nun auch zu sechs Proc. auf hinlänglich sichere Orte ausleihen. Uebrigens ist dieser Vorschlag nur sehr oberflächlich erwähnt, und es würde von den weitern weisen Einrichtungen des Landes abhängen, diese Bank noch mehr zu heben, damit sie ihrem Zwecke vollkommen entspräche.

Ich wüßte endlich noch eine Art, auf welche die Kosten der alljährlich unausbleiblich vorzunehmenden Waffenübung herbeigeschafft werden könnten. Es ist gewiß, daß die Geistlichkeit seit dem sechszehnten Jahrhundert nicht insurgirt, sondern an ihrer Statt Andere stellt und durch Beiträge an Geld zur Concurrential=Kasse steuert. Hieraus fließt also von selbst, daß für diese hinsichtlich ihrer Person die Uebung in den Waffen überflüssig wäre. Doch ganz unzweckmäßig wäre es, wenn sie zur Uebung Andere statt ihrer stellte; denn Edelleute kann sie nicht substituiren, weil die für sich selbst ausrücken müssen; stellte sie aber Unadeliche, so wäre deren Ver=

wendbarkeit in Fällen der Insurrection nie gewiß, weil sie theils zu Sol=
daten genommen, theils aus andern Ursachen nicht zur Insurrection ge=
zwungen werden könnten; daher würde die Einübung Unadelicher nicht
zum Ziele führen. Andererseits aber genießt die Geistlichkeit dieselben
Freiheiten und Rechte, wie der übrige Adel; es ist daher gerecht, daß sie
die damit verbundenen Lasten und Pflichten gleich ihm trage und erfülle,
und wenn sie dieses persönlich nicht vermag, wenigstens durch ihr Vermögen
Genüge leiste. Dagegen ist es ebenso gewiß, daß, wenn die Meinung der
Deputation, kraft welcher der Adel darum keine jährlichen Uebungskosten
tragen kann, weil dies einer fixen Abgabe gliche, Grund hat, dieses ebenso
auf die Geistlichkeit anwendbar ist. Es bliebe also Nichts übrig, als daß,
gleichwie der 8. Art. 1715 einen gewissen Fond zur Aufrechthaltung des
stehenden Heeres bestimmte, nun auch die Geistlichkeit, um von den jähr=
lichen Uebungskosten befreit zu werden, ihren Zehent zu diesem Zwecke
abträte. Es versteht sich dann von selbst, daß die Geistlichkeit bei Ge=
legenheit einer Insurrection vom Zehent keine Last zu tragen verpflichtet
wäre, sondern nur im Verhältniß ihres übrigen Besitzes beisteuerte.

Wird nun einmal festgesetzt, daß nach einer oder der andern Art eine
bestimmte Kasse zur Tragung der Uebungskosten zu errichten sei, ohne die
ich keine Möglichkeit der Uebung sehe, wäre in Hinsicht dieser selbst meine
Meinung, daß es nicht leicht ausführbar, ja vielleicht auch nicht unumgäng=
lich nothwendig sei, jetzt auf einmal den ganzen Adel vom 18. bis 50.
Jahre, ohne alle Ausnahme, in Waffen zu üben; sondern Anfangs wäre
die Uebung nur auf Jene auszudehnen, die, wenn der Fall einer Insurrec=
tion einträte, persönlich aufzustehen verpflichtet wären. Doch müßte dann
durch die jährliche Uebung der Jünglinge der Adel so organisirt werden,
daß mit der Zeit jeder Edelmann ein geübter Soldat wäre. Daher ist es
unumgänglich nothwendig, der Uebung die Musterung vorangehen zu lassen,
und diese jährlich ordentlich fortzusetzen, woraus dann auch die Zahl des
Adels, das Alter eines Jeden, sein Vermögen, seine Tauglichkeit und die
Ursachen, welche Einen oder den Andern am persönlichen Insurgiren ge=
setzlich hindern, bekannt würden.

Von der Uebung selbst hege ich folgende Ansicht:

1) Wäre es nothwendig, in jeder Gespanschaft nach Verhältniß des
daselbst wohnenden Adels Ober= und Unteroffiziere und eine gewisse Zahl
Gemeiner zu wählen, die zu jeder Zeit, gleich einer andern regulären Schaar,

bereit daständen und aus der Concurrential = Kasse bezahlt würden. Diese Ober = und Unteroffiziere und Gemeine müßten sämmtlich Edelleute, nach ihrem Range mit den nöthigen Kenntnissen ausgerüstet 'und so viel als möglich aus dem Comitate sein. Sie herbeizuschaffen wäre sicher nicht schwer, denn es würden sich fast in jeder Gespanschaft noch über die nöthige Zahl Offiziere und Gemeine vorfinden, die, aus der k. Armee getreten, den Dienst verständen und gern diese Pflicht übernähmen; mit der Zeit aber könnte man die erledigten Stellen schon aus dem später eingeübten Adel ersetzen.

2) Sollten alle Adelichen ohne Unterschied, und zwar übereinstimmend mit der Meinung der Deputation, Jene, die sich den Studien widmen, nach Vollendung ihres Lehrcurses, die Oekonomen in ihrem Jünglingsalter, so= bald sie durch die Gespanschaft für tauglich erklärt worden, sich unter den oben erwähnten Offizieren, im ersten Jahre u n u n t e r b r o ch e n d u r ch b e i l ä u f i g a ch t W o ch e n, in den folgenden zwei Jahren aber jedesmal durch drei Wochen in den Waffen üben, bei der durch die Deputation fest= gesetzten Strafe *).

Die Uebung wäre mit Rücksicht auf die Zeit und die Uebenden folgender Weise zu unternehmen:

Die achtwöchentliche Uebung hätte jährlich im Frühjahr, wo der Feldbau noch nicht dringend ist, zu geschehen. Indem aber jetzt beim Be= ginn der Uebungen im Lande noch der ganze Adel ungeübt ist, daher noth= wendig wäre, daß nicht blos die Jüngsten und so mit der Zeit erst der ganze Adel geübt werde, sondern daß auch im Beginn wenigstens jener Theil des Adels exercirte, der bei einer persönlichen Insurrection schon geübt sein müßte, so würde ich die Uebung des ersten Jahres von den darauf folgenden hinsichtlich der Personen also unterscheiden:

Im ersten Jahre sollte die achtwöchentliche Uebung sich auf Alle er= strecken, die keine gesetzliche Entschuldigung vorzubringen haben, daher im Insurrectionsfalle persönlich insurgiren müßten, und das fünfunddreißigste

---

*) Es heißt daselbst: „Kein Edelmann, welcher sich nicht durch Zeugnisse über seine zweijährigen Militärdienste ausweisen kann, soll zur Praxis bei irgend einem königlichen Kameral=, Comitats=, städtischen oder Districtualamte zugelassen werden können. Die ärmern Edelleute aber sollen bei jedesmaliger Uebertretung, durch die Behörden mit beliebiger Strafe, selbst mit Arrest, zur Erfüllung ihrer Pflicht an= gehalten werden." Anm. d. H.

Lebensjahr noch nicht überschritten haben. Im zweiten würden Jene davon ausgelassen, die das einunddreißigste Lebensjahr erreicht, dagegen aber Jene zur dreiwöchentlichen Uebung erscheinen, die unter den Vorjährigen das dreißigste Jahr noch nicht überschritten haben; außer diesen auch jene Jünglinge, die noch nicht geübt wurden, und nach meinem obigen Vortrag schon dazu tauglich sind. Dieses könnte in folgender Ordnung geschehen: Die Neulinge müßten gleich am ersten zur Uebung ausgeschriebenen Tage erscheinen und bis zu Ende volle acht Wochen dabei zubringen. Die vom vorigen Jahre, so nicht über dreißig Jahre alt sind, würden in zwei Abtheilungen erscheinen, so daß, wenn die Neulinge in den zwei ersten Wochen sich schon vorgeübt hätten, dann in der dritten die Hälfte der nun benannten vorjährigen erschiene; und hätten sich diese nach drei Wochen nach Hause begeben, so käme dann die andere Hälfte an die Reihe. Auf diese Weise würden sich die Neulinge in den ersten zwei Wochen etwas einüben, während die Uebrigen durch sechs, aber im Verein mit Jenen, die sich schon im vorigen Jahre eingeübt, exercirten. — Im dritten Jahre würden alle Jene ausgelassen, die sich nach obiger Art schon zwei Jahre auf einander geübt und das sechsundzwanzigste Lebensjahr überschritten haben. An ihre Stelle treten nach obiger Weise die Neulinge, und nach zwei Wochen Jene, die sich schon im ersten und zweiten Jahre geübt haben und noch nicht über sechsundzwanzig Jahre alt sind. Hätten diese letzteren die drei Wochen ausgehalten, und somit ihre dreijährige Pflicht der Waffenübung erfüllt, so wären sie ganz zu entlassen, und für die drei rückständigen Wochen hätten nur Jene zu erscheinen, die sich im vorigen Jahre zuerst übten. Wären die ersten Jahre vorüber, so ginge es dann schon in voller Ordnung, daß für die achtwöchentliche Uebung stets die Neulinge, für die ersten drei Wochen die schon zwei Jahre Geübten, und für die letzten Jene, die sich erst ein Jahr geübt, erschienen.

Auf dieses Gutachten könnte man wohl einwenden, daß auf diese Weise nur ein Theil Jener, die im Beginn zur Uebung gelangten, durch drei Jahre exercirte, indem gleich im darauf folgenden Jahre Diejenigen, welche das dreißigste Jahr überschritten, ganz entlassen werden, ebenso im zweiten Jahre wieder ein Theil, und auf diese Art Einige sich nur ein, Andere zwei Jahre übend, die Pflicht der dreijährigen Uebung nicht erfüllten. Doch ich wünschte diese Ordnung blos darum beizubehalten, damit durch die Entlassungen den Neulingen Platz gemacht würde, und durch den jährlichen

Zuwachs die Zahl und mit ihr die Unkosten nicht zu hoch stiegen. Uebrigens bestände diese Ordnung ohnehin nur für die ersten Jahre und in Friedens= zeiten, und es würden nur die Aeltern sich weniger üben, von denen ohnehin zu erwarten ist, daß sie, im Falle einer plötzlichen Insurrection, befreit und durch die Jüngern ersetzt würden. Müßte demohngeachtet sich aber die In= surrection wirklich in den drei ersten Jahren erheben, dann würden ohnehin die einmal oder zweimal Geübten einberufen, und sämmtliche Insurgenten geübt werden. Nach Verlauf der ersten drei Jahre aber ginge es schon in der Ordnung; Jedermann hätte die dreijährige Uebung ganz vollendet, und wäre dadurch hinlänglich geschickt gemacht, selbst wenn erst in mehreren Jahren der Fall der Insurrection einträte, nach einer Uebung von einigen Wochen (welche Zeit man jeder aufzustellenden Truppe gönnen muß) ganz (?) zum Dienste zu taugen, um so mehr, als ein Theil der Insurgirenden stets aus unlängst Geübten bestände; auch die Ober= und Unteroffiziere, wie die einigen beständigen Gemeinen, die den Kriegsdienst ganz verstünden, und dann unter die weniger Geübten eingetheilt würden.

Damit aber die achtwöchentliche Uebung mit größerem Erfolge ge= schehe, und diese allgemeine Einübung erleichtert werde, sollte es den Ober= und Unteroffizieren zur Pflicht gemacht werden, in den Wintermonaten, z. B. vom October an, wo die Feldarbeit aufhört, in Bezirke, gleich Stuhl= richtern und Geschwornen, vertheilt, unter den Adelichen umherzuziehen, und jenen Jünglingen, die künftiges Frühjahr die achtwöchentliche Uebung beginnen, zu Hause oder im benachbarten Dorfe die erste Anleitung zur Uebung vorläufig beizubringen, so daß, wenn der junge Mensch sich zur achtwöchentlichen Uebung stellte, er wenigstens einige Vorkenntniß mitbrächte. Dies könnte mit großem Nutzen, geringer Unbequemlichkeit und ohne Kosten geschehen, da es nicht ununterbrochen und durch längere Zeit, sondern in Absätzen und gerade zur Zeit, wo der Landmann Muße hat, so zu sagen in seiner Wohnung, unterm Dache, geschehen kann. Mit Nutzen aber könnte es darum vor sich gehen, weil es da möglich wäre, jedem Einzelnen zu zeigen, wie er stehen, zu Pferde sitzen, sich schwenken soll, aus welchen Theilen das Gewehr, die Zäumung und andere Waffenstücke bestehen, wie er damit umgehen, wie er satteln, zäumen, packen soll; man könnte ihn das Com= mandowort verstehen lehren, so daß es ihm und dem Lehrer dann im Frühjahr, wenn sie zur achtwöchentlichen Uebung ausrückten, zur Erleich= terung dienen und möglich sein würde, gleich die Uebungen zu beginnen.

Es wäre ferner nöthig, daß die oftermähnten Ober- und Unteroffiziere die vom Lehren freie Zeit zur eignen Vervollkommnung verwendeten, und sich außer den streng militärischen auch Kenntnisse der Geographie, Mathematik und anderer nützlichen Wissenschaften aneigneten; außerdem jährlich selbst zusammenträten, und sich mit den Waffen und mit Leibesübungen beschäftigten.

Da aber die Uebung im ganzen Lande gleichförmig und nach demselben Systeme zu geschehen hat, so folgt natürlich, daß man jeder Gespanschaft und den betreffenden Offizieren die hierüber und vom Reglement handelnden Bücher ausfolgen müßte. Außerdem müßten nicht nur die den Landesdistricten vorgesetzten Generäle der Insurrection Eingeborne sein und beständig unterhalten, sondern auch an die Seite des Palatins, der jederzeit Anführer der Insurrection, folglich auch des sich übenden Adels wäre, mit allen Kriegskenntnissen ausgerüstete Individuen beigegeben werden, die mit ihm einen immer bestehenden und zur Insurrectionszeit vollkommen brauchbaren Generalstab bildeten; unter dessen Aufsicht folglich auch die Uebungen geschehen *).

---

*) So viel Gutes und Zweckmäßiges auch diese Vorschläge enthalten, so muß der Herausgeber dennoch bekennen, daß sie ihm nicht genügend erscheinen. Für gebildete junge Edelleute, die nach vollendetem Lehrcurse sich in den Waffen üben, mögen wohl acht Wochen zum ersten Einlernen und drei zur jährlichen Uebung zur Noth genügen, aber gewiß nicht für die ungebildete und leider größere Hälfte des Adels, welche, wie die Erfahrung der vorigen Insurrectionen zeigte, oft nicht leicht begriff, noch öfter nicht begreifen wollte und überhaupt schwer in Disciplin zu erhalten war, da natürlich die von Kindheit auf genährte Lieblingsidee, „daß der ungarische Edelmann Niemandem als des Königs Macht untergeordnet sei," bei ungebildeten Seelen ihre Wirkung nicht verfehlen konnte. In jene Individuen ferner, die sich der Abrichtung dieser Truppe unterziehen sollen, kann der Herausgeber nur sehr geringes Vertrauen setzen. Denn selbst wenn sie überall in gehöriger Zahl zu finden wären, dürften die meisten unter ihnen, da sie fast sämmtlich den Dienst verließen, weil er ihnen nicht behagte, oder weil ein unabhängiges Leben sie zu Hause erwartete, oder weil man ihnen vielleicht den guten Rath gab, sich zu entfernen, oder endlich aus Gebrechlichkeit, sich hierzu wenig eignen oder Neigung zu einer so dornenvollen Bahn in sich verspüren. Denn viel leichter ist es, ein ganzes disciplinirtes Regiment in Ordnung zu halten, als fünfzig arme Edelleute. — Da ferner bei Jenen, die durch Noth gezwungen den Antrag annähmen, leicht die Flasche eine zu große Rolle spielen dürfte, so könnten gar leicht Mars und Bacchus bei den Waffenübungen so stark auf einander stoßen, daß Wein und Blut in Strömen flösse. Wie wenig übrigens acht oder drei Wochen für den

Es wäre ferner gerathen, in Kriegszeit, wenn die Insurrection auf=
stände, einen Theil der ungarischen Leibgarde, mit einem ihrer Ober=Offiziere
als Adjutanten und Galopins dem Palatin unterzuordnen; so auch aus=
gelernte Zöglinge des Ludoviceums als Offiziere zu verwenden, ferner jene
Adelichen, die irgend eines Gebrechens wegen sich nicht persönlich unter die
Bewaffneten stellen könnten, auch dazumal kein Amt im Lande bekleiden und
im Stande wären, andere Dienste zu thun, zur Zeit der Insurrection für an=
dere Stellen zu verwenden, als z. B. das Verpflegungswesen, die Kriegskassen=
manipulation, Führung der Protokolle und Rechnungen, damit man hiezu
keiner Fremden bedürfte. Endlich sollte man noch Se. Majestät bitten, ein
aus ungarischen Kanoniren bestehendes Regiment oder wenigstens eine Ab=
theilung huldreichst zu errichten, die zur Insurrection geschlagen würde, und
wozu man in Kriegszeiten noch die nöthigen Handlanger aus den ungarischen
Regimentern zutheilen könnte, um selbe zu vermehren.

Die Bewaffnung und andern militärischen Apparate betreffend, könnte
man auch von dem ärmsten Edelmanne verlangen, daß er sich wenigstens ein
Gewehr selbst anschaffe und in gutem Stand erhalte. Denn die Waffe steht
dem Edelmanne zu und ist das Werkzeug, mit dem er die mit seinen adelichen

---

Cavaleriedienst seien, weiß Jedermann. Ganz unerklärlich war dem Herausgeber diese
Behauptung einer so leichten Diensterlernung von einem Manne, der selbst in der
österreichischen Cavalerie rühmlich diente; doch die mündliche Aufklärung des Ver=
fassers löste bald das Räthsel. Auch er ist und war stets von der Unzulänglichkeit seines
Vorschlages überzeugt; allein es saßen in der Deputation mit ihm Männer zu Rathe,
denen auch dieses schon zu viel schien und die, gleich so vielen Andern, Alles mit dem
Blute ihrer Urgroßväter und mit der Jahreszahl 1741 für jetzt und ewige Zeiten be=
zahlt haben möchten. Da er denn keine Hoffnung hatte, ein durchgreifenderes Project
durchzuführen, im Gegentheil befürchten mußte, durch ein solches leicht die Deputation
und durch sie das Comitat zu einer ungünstigen Instruction zu bestimmen, stellte er die=
ses Minimum auf, hoffend, daß die Unzulänglichkeit seines Vorschlages, wird nur einmal
erst die Sache ins Werk gesetzt, von selbst sich darlegen und zu endlichen Verbesserungen
führen werde. — Und so steht es leider fast bei allen Zweigen unserer Verwaltung:
die „rostigen und verschimmelten Vorurtheile" ersticken beinahe Alles im ersten Keime,
und um nicht eine eigensinnige Opposition hervorzurufen, sind die liberalsten Män=
ner oft gezwungen, halbe erfolglose Vorschläge zu machen. — Der Leser wird nun,
nachdem er den Grund der Sache weiß, der Klugheit des Verfassers um so mehr Ge=
rechtigkeit widerfahren lassen, als es ihm wirklich gelang, durch seinen Aufsatz Jene,
die noch bei weitem weniger leisten wollten, zum Schweigen zu bringen und seine An=
sicht als Grund der Instruction seines Comitates aufzustellen, welche auch dadurch eine
der weniger illiberalen wurde.

Rechten verbundene Pflicht erfüllt. Auch ist es kein Werkzeug, dessen Anschaffung sehr kostspielig wäre, oder das häufig durch ein neues ersetzt werden müßte; denn bei nöthiger Sorgfalt können das nämliche Gewehr noch die Urenkel benutzen; die unbedeutende Last träfe also nur den ersten Anschaffer. Demungeachtet könnte man den Vorschlag der Deputation hinsichtlich eines Nationalzeughauses annehmen; doch bei alledem sollte man den Adel so viel als möglich dazu anhalten, daß Jeder, der nur halbwegs kann, Gewehr und Rüstzeug, nach vorgeschriebenen Kategorieen und wie es die Noth erfordert, sich anschaffe; oder was noch zweckmäßiger wäre, aus dem Nationalzeughause sollten den Gespanschaften nur so viel Gewehre und andere Waffen ohne Zahlung herausgegeben werden, als für die Uebung Jener nöthig ist, die sich dieselben durchaus nicht anschaffen können. Die solchergestalt hinauszugebenden Gewehre und militärischen Apparate würden bei Gelegenheit der Uebung unter die erwähnten Aermern vertheilt, mit Ausgang derselben wieder abgenommen und den obgenannten Offizieren in Verwahrung gegeben. Uebrigens scheint es viel zweckmäßiger, daß nicht nur an einem Orte ein Zeughaus errichtet werde, sondern an mehreren Orten, z. B. zu Pest, Kaschau, Großwardein oder Munkács, Komorn und andern Festungen, damit man im Nothfall den Adel schneller bewaffnen könne.

Es wäre nun noch die Frage zurück, welcher Edelmann als Reiter, und welcher als Fußgänger aufzustehen und sich folglich darnach zu üben habe? Bei dieser Frage stellt sich die Bemerkung auf, daß, obwohl Ungarn ein von den übrigen Ländern der österreichischen Monarchie unabhängiges Reich bildet, es mit denselben dennoch im Falle eines Krieges in so enger Verbindung steht, daß, wenn ein Theil der Monarchie vom Feinde angegriffen wird, nicht nur dieser, sondern die ganze Monarchie mit vereinter Kraft zu dessen Vertheidigung herbeieilen muß; demzufolge kämpft auch das stehende ungarische Heer außer Landes, gleichwie der Deutsche und Böhme zum Schutze Ungarns dasteht. Obschon daher die adeliche Insurrection blos zur Vertheidigung des Vaterlandes bestimmt ist, so unterliegt es doch keinem Zweifel, daß bei einem feindlichen Angriff auf Ungarn, nicht blos die Insurrection und das stehende ungarische Heer selbes vertheidigt, sondern auch die übrigen Armeen der Monarchie, ja es kommt auch die allda aufgebotene Landwehr hinzu. Betrachtet man daher einerseits die jetzt erwähnte Verbindung, andererseits den Umstand, daß die kaiserl. Armee durch die übrigen Erblande hinlänglich mit Infanterie verstärkt wird, so scheint es sehr zweckmäßig, daß die ungarische Insurrection größtentheils aus Reiterei bestehe und höchstens Jene Infanteristen werden, die in den gebirgigen Gegenden des Königreichs wohnend, bei der Musterung es selbst verlangten und sich darnach übten. Ferner könnten noch als Infanteristen insurgiren, die durch Andere gestellt werden, z. B. durch k. Freistädte, privilegirte Marktflecken, Wittwen, durch die Geistlichkeit, kurz durch Jene, die nicht persönlich insurgiren können. Ebenso, wenn nach dem Beispiele der Ge= setzartikel 63. 1741 und 1. 1805 nebst der persönlichen noch eine Portal= Insurrection errichtet würde, könnte auch diese blos aus Infanterie bestehen. Doch verstehe ich durch die Errichtung dieser Infanterie nicht, daß hierdurch Jemand schon seine Pflicht ganz erfüllt habe, wenn sein Besitz so beschaffen ist, daß er von selbem auch einen Reiter hätte stellen können. In diesem Falle kann er zwar den Infanteristen stellen, doch muß er von dem Ueber= schusse seines Vermögens zur Concurrential = Kasse zahlen, die den ärmern Edelmann bei der Reiterei unterstützt. Dadurch wäre auch die Infanterie hinlänglich stark; denn nur 6111 Porten gerechnet, und angenommen, daß laut 1. Art. 1805 jede derselben sechs Fußgeher zu stellen habe, gebe dies schon 36,666 Gemeine; würden aber außerdem die von jeder Porte zu stellenden zwei Reiter auch als Infanteristen dienen, so wäre dies abermals ein Zuwachs von 12,222, und noch wären Jene zurück, die für Andere in= surgiren. Der größte Theil des Adels, als Reiterei ausgerüstet und geübt, würde dann nach Maßgabe des Bedürfnisses in größerer oder kleinerer Zahl dergestalt insurgiren, daß anfangs nur Jene sich erhöben, bei welchen Alter, häusliche Verhältnisse, Aemter und andre am persönlichen Insurgiren hin= dernde Umstände weniger angetroffen würden; die Nichtaufstehenden indessen die Concurrential-Kasse unterstützten, und sich bereit hielten, aufzustehen, sobald größere Macht nöthig wäre.

Dieser Vorschlag scheint mit einer Schwierigkeit verbunden zu sein; woher nämlich der ärmere Adel die zur Uebung nöthigen Pferde nehmen werde? Doch auch diese Schwierigkeit dürfte vielleicht in der Ausführung nicht so groß sein, als sie beim ersten Anblick erscheint. Ich muß neuerdings erinnern, daß die Uebung von der wirklichen Insurrection zu unterscheiden sei, und demzufolge ist es auch gewiß, daß man die Qualität der Pferde nach dem Bedürfniß dieser oder jener, d. h. der Insurrection oder der Uebung, verschieden wählen kann und muß. Denn manche Pferde wären bei einer

Insurrection unbrauchbar, die bei der Uebung noch gute Dienste leisten können; und man glaube ja nicht, daß es nöthig sei, die zur Uebung be= nutzten Pferde auch im Feldzuge zu gebrauchen. Denn ist erst der Mann geübt, versteht er nur mit dem Pferde umzugehen, so wird er in kurzer Zeit jedes halb abgerichtete Pferd, wenn es nur anderweits tauglich ist, benutzen können. Uebrigens kommen auch ohnehin meist solche Pferde zur Insur= rection, die an der Hand aufgezogen und gebraucht wurden; nur selten ist es der Fall, daß, wie beim regulären Militär, aus dem Gestüt wilde Pferde abzurichten wären. Dieses vorausgesendet, will ich mich nicht näher ein= lassen, wie und woher man bei einer Insurrection Pferde nehmen soll, denn dies mußte ja auch bei den früheren geschehen; im Gegentheil ist zu hoffen, daß, wenn der größere Theil des Adels im Reiten geübt wird, auch die Pferdezucht sich im Lande heben und hiedurch die Anschaffung erleichtern werde. Aber hier will ich nur über die zur Uebung nöthigen Pferde spre= chen. Da zur Uebung auch schlechtere Pferde brauchbar sind, andererseits aber doch der Feldbau treibende Adel, selbst der ärmere, größtentheils Pferde besitzt, die in Städten Wohnenden aber doch meist vermöglicher sind, daher sich Pferde anschaffen können: so soll Jeder mit seinem Pferde zur Waffen= übung erscheinen. Erleichtert würde die Sache noch, wenn man die ganz Armen aus der Concurrential=Kasse unterstützte, damit sie sich wenigstens für die einigen Wochen der Uebung ein Pferd miethen könnten; und da die nöthige Fourage jedenfalls aus der Kasse bestritten und strenge Aufsicht auf die Pferde geführt würde, so wäre zu hoffen, daß, besonders vor Beginn der dringenden Feldarbeit, mancher Landmann gern sein Pferd vermiethete. Denn in der Regel würde das Pferd nicht nur nicht verdorben, sondern durch ordentliche Behandlung besser werden. — Endlich wäre auch noch ausführbar, daß man in jeder Gespanschaft mit Beihilfe der Concurrential= Kasse für den armen Adel eine gewisse Anzahl Pferde kaufte, deren Ober= aufsicht außer der Uebungszeit den bleibenden Offizieren, die Besorgung aber den Gemeinen obläge, und die nur für die Uebungszeit jenen Aermern übergeben würden. Die Zahl dieser Pferde dürfte nicht groß sein, weil auch die Zahl der Uebenden in einem Jahre nach obiger Art auf einmal nicht so bedeutend ausfiele. Denn der Neulinge würden nur so viele sein, als es achtzehnjährige Jünglinge in einer Gespanschaft gäbe; die Zahl der im zwei= ten und dritten Jahre sich Uebenden aber wäre in zwei Klassen vertheilt, deren jede auch nicht mehr betrüge, als die der Neulinge. Da denn aber doch faſt jeder der ſich Uebenden ſein Pferd ſelbſt brächte, ſo würden die ge= kauften Pferde nur als Aushilfe der ganz Armen dienen, und nach dreiwö= chentlicher Uebung des einen Theils dem folgenden übergeben werden.

Wenn daher vierundzwanzig durch die Concurrential=Kaſſe gekaufte Pferde zu erhalten wären, und zwölf davon für die Neulinge, zwölf aber für die in zwei Abtheilungen durch drei Wochen ſich Uebenden dienten: ſo könnten ſie ſchon für ſechsunddreißig dienen; mehr aber würde eine von Adelichen mit= telmäßig bewohnte Geſpanſchaft jährlich wohl ſchwerlich brauchen.

Und dies iſt mein Gutachten in Hinſicht der Vaterlandsvertheidigung. —

———

Die in vorliegendem Aufſatze enthaltenen Grundſätze und Vorſchläge, denen wir großen Theils beipflichten, überheben uns der Mühe, bei dem, was wir noch beizufügen haben, in Einzelnheiten einzugehen, und geſtatten uns eine viel kürzere Auseinanderſetzung.

Da kein Land der Erde weniger als Ungarn eine Anwendung allge= meiner Grundſätze geſtattet, weil auch keines durch ſo viele Intereſſen getheilt, nirgends ein ſo greller Abſtand in den Graden der Cultur anzutreffen iſt, ſo dürfte weder der Vorſchlag der Deputation, noch die projectirte acht= wöchentliche Waffenübung allgemein und unbedingt annehmbar ſein, ob= wohl jede derſelben viel Zweckmäßiges enthält.

So mag denn der junge begüterte Magnat und Edelmann, oder Jener, der nach vollendeten Studien einer Brotwiſſenſchaft entgegengeht, mag der junge verheirathete Künſtler oder Handwerker, in wie weit ein gewiſſer Grad von Bildung bei ihm getroffen wird, mag endlich der minder wohlhabende, ja der ganz unbemittelte Edelmann, wenn er ſich durch geiſtige Bildung auszeichnet, immerhin den achtwöchentlichen Unterricht in den Waffen ver= ſuchen; und nur dann, wenn er eine vollkommene Unfähigkeit oder Unfolg= ſamkeit an den Tag legte, ſollte er in die Linie eintreten. Dagegen aber wäre der ganz arme und der ungebildete Edelmann — beſonders wenn er nicht einmal leſen und ſchreiben kann, was leider nur zu häufig der Fall iſt — von einer längeren oder kürzeren Dienſtzeit in der Armee nicht freizu= ſprechen. Doch ſollte in dieſem Falle keine beſtimmte Zahl der Jahre feſt= geſetzt werden, ſondern die frühere oder ſpätere Entlaſſung einzig von den Fähigkeiten und der Verwendbarkeit des Individuums abhängen, was bei der jährlichen Muſterung zu beſtimmen wäre.

Davon aber, daß dieſe Edelleute auf Koſten des Aerariums zu erhal=

ten wären, dürfte durchaus keine Rede sein, und es ist unbegreiflich, wie die Deputation auf diese, weder mit dem Geiste der ungarischen Verfassung, noch mit der Stellung und Würde der ungarischen Aristokratie vereinbarliche Idee verfallen konnte. Der ganze sich übende Adel muß ausschließend durch die Concurrential=Kasse verpflegt werden, die vollkommen laut obigem Vor= schlage eingerichtet und mit der mit vieler Umsicht und richtiger Kenntniß der Verhältnisse projectirten Nationalbank in Verbindung zu setzen wäre.

Doch durch diese Provisionen wäre dem eigentlichen Zwecke, der Zu= rückführung des Adels zu seinem ursprünglichen militärischen Geist und zur vollkommenen Tauglichkeit bei Erfüllung seiner einzigen und ausschließlichen gesetzlichen Verpflichtung noch nicht genug gethan, und zu diesem Behuf er= laubt man sich, folgenden unmaßgeblichen Vorschlag zu machen.

Sämmtliche in den Waffen bereits eingeübte Edelleute, sie mögen sich nun in der Armee oder zu Hause die nöthige Fertigkeit erworben haben, sollen, wenn sie Lust zu ferneren Kriegsdiensten bezeigen, eigens zu errich= tende vaterländische Schaaren bilden, bei deren Organisirung Folgendes als zweckmäßig erachtet wird.

Diese Truppe, die als stabile Pflanzschule und als Kern der adelichen Insurrection zu betrachten wäre, soll einzig und ausschließlich durch den Adel besoldet und mit Waffen, Pferden und Allem ausgerüstet, auch bedeutend reichlicher besoldet und zweckmäßiger ausgestattet werden, als es in den Linienregimentern der Fall ist. Die Offiziere ernennt auf Vorschlag der Landesbehörden der König, als gesetzlicher oberster Heerführer; die Stabs= offiziere und Generale jedoch werden nur vom Reichstag Sr. Majestät zur Bestätigung vorgeschlagen.

Der Dienst soll in diesen Abtheilungen mit größter Strenge und Pünktlichkeit, jedoch mit Vermeidung jeder körperlichen und entehrenden Strafe, erfüllt werden. Im Winter sind zahlreiche Militärschulen zu errich= ten, und von sämmtlicher Mannschaft regelmäßig zu besuchen.

Diese Abtheilungen sind im Königreiche zweckmäßig zu vertheilen, da= mit sie die Abrichtung des jungen Adels ausschließlich bewerkstelligen.

Wenn, wie mit Gewißheit vorauszusehen, ein großer Theil des unbe= mittelten Adels durch die gute Subsistenz und das Ansehen dieser Truppe angezogen, in so großer Anzahl herbeiströmen sollte, daß aus den Schwa= dronen und Compagnien Regimenter formirt würden, so wäre Se. Majestät unterthänigst zu bitten, ebenso viele ungarische Linienregimenter eingehen zu laffen, und zu diefem Zwecke aus der fämmtlichen ungarifchen Armee Jene zu entlaffen, die fich über die Mittel ihrer Subfiftenz ausweifen können und nach Haufe zu gehen wünfchen. Der Reichstag hätte dann zu beftimmen, in wie weit die Contribution herabzufeten, oder bei erweislicher Fähigkeit des Bauernftandes, in Folge zunehmenden Wohlftandes, zu andern Zwecken zu verwenden fei.

Diefe adelichen Regimenter, die als Garderegimenter zu betrachten wären, follen nun den Friedensdienft im Lande verfehen und in Friedens= zeiten nur mit Einwilligung der Stände außer Landes geführt werten dür= fen; doch könnte der König gebeten werden, einen Theil diefer Truppen ab= wechfelnd zur Aufwartung in der Refidenz zu beordern, damit fowohl der Adel auf diefe Art der Perfon des Monarchen immer nahe wäre, als auch Gelegenheit fände, fich theilweis auszubilden.

Der Eintritt in diefe Regimenter foll jedem Edelmanne geftattet fein, der in den Waffen geübt, keines Verbrechens überwiefen und im Lefen und Schreiben fertig ift; doch darf Niemand gezwungen werden, in diefe Schaaren einzutreten.

Diefes wären die Grundzüge meines unmaßgeblichen Vorfchlages. Da er aber, fo viel ich weiß, ziemlich neu und ungewöhnlich ift, fo will ich auch meine Gründe etwas umftändlicher darlegen; nicht Jener wegen, die jeden nicht in ihren Kram taugenden Vorfchlag ungeprüft verwerfen und als Blasphemie und Hochverrath ausrufen, denn für fo fanatifche Thoren fchreibe ich nicht; fondern damit der ruhige und prüfende Theil meiner Na= tion fehe, von welchem Gefichtspunkte ich ausgegangen bin.

Im großartigen Ueberblick der Sache concentrirt fich der Vortheil diefer Einrichtung darin, „daß die ungarifche Ariftofratie dadurch in der Wirklichkeit wird, was fie, dem Sinne des Urvertrages gemäß, fein follte, und nun fchon längft nicht mehr ift: der Schild des Reiches in materiellem, der edelfte und vorzüglichfte Theil der Nation in moralifchem Betrachte." — Durch diefe Einrichtung erftarkt fie phyfifch und moralifch, und mit ihr das ganze Volk. — Durch diefe Einrichtung gewinnt fie die Opinion von Außen und macht fich populär von Innen. Kein Ver= nünftiger wird fich beigehen laffen, eine Corporation zu verunglimpfen oder anzufeinden, die, geftütt auf feftes hiftorifches Fundament, dem Geifte ihrer Verfaffung und ihrem Nationalcharakter gemäß, die edelfte und zugleich fchwerfte Pflicht auf fich genommen, jene, mit Gut und Blut das Vater=

land zu vertheidigen; die im Frieden die innere Ruhe des Landes aufrecht erhält und aus ihrer Mitte alles Nutzlose, Störende, Unnatürliche entfernt. — Die übrigen Klassen werden gern alle äußere Auszeichnung, höheren Glanz und Wohlstand einer Corporation gönnen, die reichlich zu den Bedürfnissen des Staates beisteuert, die Lasten der übrigen Landeskinder ver= mindert und der Nation Kraft verleiht, ihre gerechten Ansprüche durchzu= setzen und dadurch zu größerem Wohlstande zu gelangen. — Diese Ein= richtung endlich würde den gerechten Forderungen des Landes moralisches Gewicht verschaffen und alle nur mögliche Gewährung unausbleiblich nach sich ziehen. Was nützen gegenwärtig alle schönen und heftigen Reden im Reichstag, wenn ihnen das gehörige Gewicht fehlt? sie gelten doch nur für die Wünsche einer in sich abgeschlossenen, uneinigen, unpopulären Kaste, bei der man überall nur eigensüchtige Absichten voraussetzt, weil ihre ganze Stellung diese Voraussetzung zu rechtfertigen scheint. Die Regierung ist wenig geneigt, den Adel als wirklichen Repräsentanten der übrigen neun Zehntheile der Bevölkerung anzusehen; und würde man diese befragen, so dürfte der Adel wohl kaum eine ihm günstige Antwort erlangen. — Dieser und jener energische Deputirte verlangt Herstellung des mercantilen Ver= kehrs, zweckmäßigen Staatshaushalt, Einsicht in die Verwendung der Staatseinkünfte, Abstellung gesetzwidriger Beschränkungen u. s. w.: durch= gehends heilsame, gegründete Forderungen; aber welchen Widerklang finden sie wohl im Lande, welchen Eindruck machen sie auf die Regierung? Die Meinung der unadelichen Bevölkerung unterstützt gar lau Forderungen, von deren Gewährung sie sich nur unbedeutende Vortheile verspricht, und sie nur aus eigensüchtigen Absichten der Aristokratie entsprungen wähnt; und wenn etwa der Adel die unglückselige Ansicht des Verfassers der „Glocke" theilte, daß der Bauer stolz sei, einen Herrn zu besitzen, der in unbeschränkter Frei= heit keine Abgaben zahlt, so müßte man ihn wahrlich nur bedauern. — Und eben, weil die Regierung die Stimme des Reichstages nicht für die Stimme von ganz Ungarn ansieht, schenkt sie ihr nur in so weit Beherzigung, als sie sie leicht gewährbar und mit ihrem Systeme vereinbar erachtet; wozu wohl die Persönlichkeit des Monarchen und die dem ungarischen Adel so günstige Tendenz der Cabinete nach Aufrechthaltung des Hergebrachten beiträgt. Dieses mag nun wohl ein Grund zu momentaner Beruhigung und Sicher= heit sein; in wie weit es aber dem constitutionellen Staatsleben in die Dauer genüge, kann schon die einzige Betrachtung zur Genüge darthun:

„wie wenn ein anderer Kaiser Joseph den Thron bestiege, und, gewitzigt durch die früheren Mißgriffe, seine Reformen umsichtiger ins Werk setzte?" Es ist kaum zu hoffen, daß dann ein Diwan oder eine preußische Politik der ungarischen Aristokratie als deus ex machina zu Hilfe käme. Wo sollten wohl auch ihre Klagen jetzt Widerklang finden? Bei den Cabineten? Gewiß nicht, denn der Westen würde sie ignoriren, der Osten — soll sie ignoriren. — Etwa bei den Liberalen? Bei den wahrhaften nicht, denn diese würden in der ungarischen Aristokratie nur das Entgegengesetzte von dem finden, was sie allgemein eingeführt wünschen; und vor der Theilnahme gewisser Klubs möge der Schutzgeist Ungarns noch lange unser Vaterland be= wahren!

Es bleibt dem ungarischen Adel daher, will er sich und das ungarische Reich recht lange erhalten, Nichts übrig, als durch weise Einrichtungen in seinem Schooße und durch nothwendige Concessionen zu Gunsten der übrigen Bevölkerung, sich die Opinion von Außen zu erwerben und im Lande selbst populär zu werden. Dann muß jeder billige Antrag, selbst mit der größten Bescheidenheit vorgetragen, sich eines ungeheuern Gewichtes erfreuen. — Denn ist der Adel nur erst ganz, was er der Verfassung nach sein sollte, vereinigt er nur erst die Interessen der übrigen Klassen mit den seinigen, besitzt er nur erst das volle Vertrauen der ganzen Bevölkerung, so steht er nicht mehr als schwache, kaum beachtenswerthe Corporation da, sondern er wird zum hehren Organ einer edlen, kräftigen Nation. Denn sein Recht ist ein unbestreitbares, mit dem Throne identisches, und jede kluge Re= gierung wird sich hüten, eine erhaltende, zweckmäßige, populäre und daher kräftige Corporation unwürdig und ungerecht zu behandeln, in einer Pe= riode, wo man sich selbst gegen Einzelne jeder Gewaltthat nach Möglichkeit enthält.

Doch auch die partielle Wirkung auf die Aristokratie selbst wäre nur wohlthuend. Der unbemittelte Edelmann, jetzt durch seine in Lumpen ge= hüllten Privilegien und den aus ihnen gewöhnlich hervorgehenden Stolz ein Gegenstand des Hasses und Spottes, fände zweckmäßige Beschäftigung für seinen von Natur kriegerischen, durch seine verkehrte Stellung gegenwärtig auf Irrwege geleiteten Geist, während bei reichlichem Auskommen die Be= schäftigungen des Dienstes, die Strenge der Disciplin und die Ausbildung seines Verstandes ihn so vollkommen umwandelten, daß in kurzer Zeit Niemand in dem wohlgekleideten, gutgenährten Krieger mit anständiger

Haltung und edlem Selbstbewußtsein, den zerlumpten, trotzigen, fanatischen Schreier und Raufbold mehr zu erkennen vermöchte. Ausgezeichneten Fähigkeiten würde eine aufmunternde Aussicht auf Beförderung und Wohlstand; ein zweckmäßig einzurichtender Pensionsfond würde sein Alter sicherstellen, während die seltenern Heirathen ganz unbemittelter Menschen die Zahl des eigentlichen Pöbels — sei es nun adelicher oder unadelicher — verminderten. Und da Keinem, der den Forderungen der bürgerlichen Gesellschaft entspricht, der Eintritt in dieses ehrenvolle Corps verwehrt wäre, würde der nutzlose Faullenzer, der sich jetzt mit der Unmöglichkeit einer anständigen Unterkunft zum Theil gegründet entschuldigt, ein Gegenstand allgemeiner Verachtung werden. — Daß ferner alle diese heilsamen Wirkungen sich auch bei den vermöglicheren adelichen Jünglingen kund gäben, versteht sich von selbst. Der Waffendienst in diesen nationellen Regimentern würde die grellen Schattirungen in der Aristokratie lästren, eine größere Identität der Ansichten hervorbringen und dem Adel einen heilsamen Gemeingeist beibringen. Auch würde hiedurch die Circulation der Landeskinder in der ungarischen Armee, mit Ausschließung der Fremden, von selbst erreicht. — Für den Bauerstand bestünde die wohlthätigste Wirkung zunächst darin, daß viele tausend Hände dem Ackerbaue zurückgegeben würden. Bald würde der Bauer in seinem Grundherrn seinen wirklichen Vater verehren, und jener patriarchalische Verband, der jetzt in der Wirklichkeit fast nirgends, aber desto häufiger im Munde mancher Landtagsredner — bei denen jedoch gewöhnlich das: „Richtet euch nach meinen Worten, nicht nach meinen Werken!" in starke Anwendung kommt — getroffen wird, sich von selbst begründen. Die Errichtung eines jeden adelichen Regimentes würde mit Jubel aufgenommen werden, da mit selbem ein Theil der Abgaben und commissariatischer Plackereien des Landvolkes abnähme; der entlassene Soldat würde den Adel segnen und sich dann zu Hause gern zu dem Landwehrdienst bequemen, von welchem wir an einem andern Orte zu handeln gedenken. — Was endlich die Bürgerschaft und Honoratioren betrifft, so wäre der höchst vortheilhafte Einfluß auch auf diese Klasse sehr leicht zu erweisen, wenn dieses nicht mit der Verschmelzung der drei Zweige der Aristokratie in zu engem Zusammenhange stände, und wir diesem Vorschlage nicht einen eigenen Aufsatz zu widmen gedächten.

Zwei Betrachtungen scheinen aber hier vorzüglich sich der vorgeschlagenen Einrichtung entgegenzustellen, nämlich, „daß die Erhaltung dieser Armee

für den Adel zu kostspielig sein" — und — „daß die Regierung in die
Errichtung derselben nie einwilligen werde *)." —

Was den ersten Punkt betrifft, kann nicht geleugnet werden, daß der
Adel im Ganzen geldlos ist und ihm diese Last empfindlich fallen würde;
aber nebstdem, daß ein so großer Vortheil nicht ohne Opfer zu erreichen ist,
wären die Kosten anfangs nicht so ungeheuer, da sich der Adel erst einüben
müßte und der militärische Geist in Friedenszeiten nicht so leicht zu erwecken
ist. Bis dahin würden sich aber in Folge des früher Gesagten unsre mercantilen und industriellen Verhältnisse verbessern und dem Adel Mittel in
die Hand geben, das große Werk würdig ausführen zu können. Mit der
Hälfte unsrer jährlichen indirecten Steuern — die wir successiv doch los-
werden müßten, wenn wir uns selbst einer so edlen, nützlichen Abgabe unterwürfen — könnte dann sehr leicht diese ganze Armee reichlich besoldet werden.
Bedenken wir doch, daß unsre Voreltern vor 1715, noch mehr aber vor 1527,
ununterbrochen mehr leisteten, als es nun der Fall wäre, indem sie stets zu
Rosse saßen und mit Vernachlässigung ihrer eigenen Angelegenheiten immer
im Felde standen. Wie viele tapfere Männer haben durch unmäßigen Kriegs-
aufwand sich und ihre Nachkommen zu Grunde gerichtet! — Und nun, da
wir bei weitem nicht mehr so kriegerisch sind, wollen wir unsre ganze politische
Existenz n u r a u f d e n K r i e g gründen? Wie aber, wenn, gleichwie wir schon
fünfundzwanzig Jahre keine Gelegenheit hatten aufzusitzen, es noch andre
fünfzig der Fall wäre? Würde man den ungarischen Adel dann nicht für die
kostspieligste Armee der ganzen Mit- und Vorwelt halten müssen, da die
Einkünfte von drei Viertheilen des Landes zu ihrer Subsistenz bestimmt
sind? — Haben unsre klugen Vorfahren in ihren kriegerischen Zeiten sich
ausschließlich für den Krieg eingerichtet, so kommt es ihren Nachkommen zu,
sich in den Zeiten der Civilisation und des Friedens ebenfalls nach den Bedürfnissen der Zeit zu richten. — Reinigen wir doch unsern bürgerlichen Zu-

---

*) Daß es nebstbei an zahlreichen Einwendungen nicht fehlen dürfte, ist nur zu
gewiß; nur sind sie sämmtlich nicht bedeutend genug, um das Heilsame einer solchen
adelichen Landesarmee zu überwiegen. — Das Gesetz, das den Adel von allem Tri-
bute auf ewige Zeiten lossspricht, ist auch uns gar wohl bekannt. Allein nebst so
vielen andern Motiven erlauben wir uns nur die Frage zu stellen: „Wenn der ungarische Adel einen solchen Abscheu vor einem g e s e t z l i c h e n, sich selbst reichstägig
zum Wohl des Vaterlandes aufzulegenden Tribut hat, wie kam es, daß er den unge-
setzlichen so lange trägt, von dem es sogar noch nicht erwiesen ist, daß er ganz dem
Vaterlande fromme?"

stand von allem Gehässigen — es ist nicht blos ein Werk der Hochherzigkeit, der Pflicht, es ist eine Eingebung der Klugheit; denn wir kommen viel leichter daraus, wenn wir uns selbst gesetzlich besteuern, als wenn es vielleicht einst Andere ungesetzlich thun. — Nebstbei würde auch die immer mehr er= starkende Nationalität viele Vermöglichere zu namhaften Opfern anspornen. Der reiche adeliche Jüngling würde ohne Besoldung dienen, ja bei seinem Austritte wohl noch seinen Namen durch eine Stiftung verewigen. Jene unsre großen Grundbesitzer, die jetzt so wenig Antheil an dem Wohle des Vaterlandes nehmen, und deren ganze Lebensgeschichte durch ein Kartenblatt, eine Trüffel und einen Phallus darzustellen wäre, würden am Ende doch so sehr die allgemeine, laute Verachtung erfahren, daß sie wenigstens zum Schein patriotisch würden und für das Vaterland Einiges opferten; bis dann ein allgemeiner Wohlstand uns diese Last leicht machte. Alle diese Summen blieben übrigens in der innern Circulation und wären daher für das Land selbst von großem Nutzen. — Durch zweckmäßige selbstbestimmte, festgesetzte Opfer ist noch kein Volk, kein Stand zu Grunde gegangen; England und Frankreich danken ihre Größe vorzüglich dem Umstande, daß sie nicht kargen, wo es das Wohl des Landes erheischt. Und ist denn endlich die wahre Vater= landsvertheidigung so gar gering anzuschlagen? Zweimal hat der Feind in unserem Zeitalter Ungarn überschwemmt, ohne daß die Aristokratie ihm die Stirne bieten konnte; seine Krönungsstadt ward wochenlang beschossen, während die Schanzen vor selber durch den braven österreichischen Landwehr= mann tapfer vertheidigt wurden, und sich auch nicht e i n Edelmann blicken ließ. — Ist denn diese Stellung gar so reizend, daß wir uns durchaus nicht aus derselben hervorarbeiten wollen? Daß übrigens mit der Zeit auch der zum Wohlstand gelangte Bauernstand durch Naturalienlieferungen gern seine Beschirmer unterstützen würde, läßt sich wohl erwarten. Bedenkt man endlich, daß es unser unbemittelter Adel ist, dem wir hiedurch zu einer anständigen Existenz und einem der ungarischen Aristokratie würdigen moralischen Stand= punkt verhelfen, so wird die magyarische Vaterlandsliebe gewiß den Sieg über kleinliche, mitunter unlautere Rücksichten davontragen.

Daß endlich die Regierung die Errichtung dieser Regimenter und dafür die Reduction ebenso vieler aus der ungarischen Linie nicht gestatten sollte, dürfte nur bedingt erfolgen. Nur bedingt; dann nämlich, wenn wir den ganzen Gegenstand und unsern edlen Zweck nicht offen und gerade dar= legten, sondern uns abermal zu überflüssigen Verclausulirungen und miß=

trauischen Beschränkungen verleiten ließen. Sieht die Regierung, daß der Adel nur Edles und dem Allgemeinen Nützliches will, so wird sie gewiß kein Hinderniß in den Weg legen. Warum sollte sie auch? Aus Furcht vor uns? Daß sie hierzu wenig Grund hat, ist bereits gezeigt worden, und hätte Fürst Metternich keine größere Sorge als diese, seine Würde wäre die vollkommenste Sinecure nach jener des Schahs von Persien. — Der König von Ungarn hat die Nationalität seiner Aristokratie nicht zu fürchten, und noch besitzt er gesetzliche Macht genug, sich nicht zum Schattenkönig entwürdigen zu lassen. Vertrauen wird gewiß Vertrauen erregen; und handeln wir nur erst selbst groß, so dürfen wir auch Großes bei der Re= gierung ansprechen. So lange wir aber selbst Mißtrauen zeigen, uns mit der vis inertiae behelfen, in uns selbst nicht einig sind, durch Factionen verleitet mitunter verdecktes Spiel spielen, dürfen auch wir kein unbedingtes Zu= trauen verlangen. — Die Sache ist übrigens des Versuches werth. Wird einem so edlen, offen und ohne Hinterhalt vorgebrachten Antrage nicht willfahrt: nun, so ist doch die Opinion für eine so hochherzige Corpo= ration gewonnen — und das ist in unsern Tagen keine Kleinigkeit. Doch dem Adel, der zur Erhaltung des Thrones und Vaterlandes sich selbst gesetzlich zu besteuern anbietet, wird man gern willfahren, ihm vorerst die indirecte Besteuerung, wenn auch nicht auf einmal, doch successiv, ab= nehmen, dann aber alle möglichen Begünstigungen gewähren. So könnte es denn leicht kommen, daß Ungarn bald zu jenem Grad des Wohlstandes und der Kraft gelangte, dessen es seinen moralischen und materiellen Hilfs= quellen nach fähig ist. Dieses würde eine würdige Berücksichtigung der ungarischen Interessen im österreichischen Staatenbunde zur natürlichen Folge haben; und nach hergestelltem Gleichgewichte unter den verschieden= artigen Ansprüchen der Provinzen, dürften dann die übrigen Glieder dieser erhabenen Familie gern den moralisch und physisch stärksten Bruder als ältesten des Hauses anerkennen.

III.

Einiges über die jetzige Stellung Kroatiens zu Ungarn.

———

Die Spannung, welche seit einigen Jahren zwischen dem Königreiche Kroatien und dem Mutterlande eingetreten ist, verdient allerdings Beachtung, da man bei genauerer Untersuchung das Uebel leicht bedenklicher finden dürfte, als es sich auf den ersten Anblick darstellt, und vielleicht noch zu rechter Zeit durch gegenseitige Verständigung und ruhige Analyse des fraglichen Gegenstandes einem verderblichen Bruche zuvorkommen könnte.

Die Kroaten beklagen sich vorzüglich über Druck von Seiten Ungarns, welcher namentlich in zwei Punkten bestehen soll: „daß man den Kroaten die ungarische Sprache und nebstbei die Protestanten aufdringen wolle.“

Der Grund zu diesen Klagen wurde im Reichstag 1830 gelegt. Hinsichtlich der ungarischen Sprache durch die Provisionen, die mit Genehmigung Sr. Majestät des Königs zur Verbreitung der ungarischen Sprache gemacht wurden, und die wir im Auszuge Seite 110 fg. angeführt haben. Die Ungarn gingen hier vorzüglich von dem Grundsatze aus, „daß ein durch so verschiedenartige Interessen zerklüftetes Land wenigstens durch das Band einer gemeinschaftlichen Sprache zusammenzuhalten sei, und zwar um so mehr, als eine eigene Muttersprache selbst dann, wenn eine Nation Alles verloren hat, immer ein Funke bleibe, der, zu rechter Zeit angeblasen, noch in helle Flammen der Nationalität auflodern und dem Volke seine politische Existenz und Selbstständigkeit zurückgeben kann; wogegen ein Volk, das sich seine Sprache nehmen ließ, als vollkommen todt zu betrachten.“ — In wie weit nun in den Provisionen zur Verbreitung der ungarischen Sprache Zwang und Bedrückung liege, möge der Leser selbst beurtheilen.

Hinſichtlich der Proteſtanten, denen laut dem gleichfalls oben Seite 51 erwähnten Geſetze in Dalmatien, Kroatien und Slavonien das Bür=gerrecht abgeſprochen wurde, ſtellte im Reichstage 1830 das Neograder und andere Comitate das Poſtulat um Abſtellung dieſes, weder dem Geiſte der ungariſchen Verfaſſung, noch dem jetzigen aufgeklärten Jahr=hunderte angemeſſenen Geſetzes, und um zu ertheilende Beſitzfähigkeit der Akatholiken in jenen Ländern. Als Grund wurde beſonders die in jenen Reichen beſtehende Beſitzfähigkeit der Bekenner des griechiſchen Cultus, ſo=wie die Verdienſte der Vorfahren der Proteſtanten um die Geſammtmonar=chie ſowohl, als um die Erhaltung Kroatiens ſelbſt, vorgebracht.

In einer ziemlich langen Rede bewies der zweite Ablegat der kroatiſchen Königreiche, Zdenchay, daß dieſes Poſtulat noch nicht könne vorgelegt werden, wozu er noch durch ſeine beſondere Inſtruction angewieſen ſei. — Vor Allem ſtehen die Munizipalrechte dieſer v e r b ü n d e t e n R e i c h e — socia regna — jenem Verlangen entgegen. Um derlei Munizipalgeſetze abzuſtellen, müſſen höchſt wichtige Gründe vorhanden ſein. Der Vergleich mit den griechiſchen Chriſten ſei unſtatthaft, denn dieſe bewohnen die König=reiche ſchon ſeit den älteſten Zeiten, wahrſcheinlich ſeit jener Periode, wo das Chriſtenthum dahin verpflanzt wurde, wogegen mit Ausnahme eines kleinen Theiles des Veröczer Comitates, wo die Akatholiſchen ihren Gottes=dienſt frei ausüben, ſie ſonſt nirgends angetroffen werden. — Daß die Vorfahren der Akatholiken Vieles zur Befreiung dieſer Länder vom Türken=joch beigetragen, ſtellt der Redner nicht in Abrede, allein darauf erwidere er nur, daß auch das kroatiſche Blut für Ungarn in reichlichen Strömen gefloſſen und zu fließen jederzeit bereit ſei. Er bittet, ſeine Erklärung zu Protokoll zu nehmen.

Hierauf äußerte Niczky, Ablegat des Eiſenburger Comitats (Katho=lik): „Zu einer Zeit, wo unſre Glaubensgenoſſen in England endlich in ihre Rechte eingeſetzt wurden, kann, glaube ich, dieſe Frage keinem Zweifel mehr unterliegen. Auch in England waren die Munizipalgeſetze der Eman=cipation entgegen, allein Aufklärung, Zeitbedürfniß und ein ächter Patrio=tismus haben den Sieg über ſie davongetragen, und die allgemeine Freude, welche dieſer Fall bei uns erregte, hebt alle Zweifel über die diesfälligen Anſichten der Nation."

Nach ihm nahm der erſte Ablegat von Kroatien, Oſegovich, das Wort: „Es iſt nicht Fanatismus, ſprach er, der mich beſtimmt, dem Poſtu=

late hinsichtlich der Besitzfähigkeit der Akatholiken in den verbündeten Reichen mich zu widersetzen, und den durch meinen Collegen bereits angeführten Grün= den noch Einiges beizufügen. — Gleichwie die hierüber lautenden Munizi= palgesetze im vereinten Willen beider Nationen gebracht wurden, ebenso können sie nur auf ähnliche Weise mit vollkommener Beistimmung der be= treffenden Königreiche abgestellt werden; denn Alles löset sich auf, wie es geschlossen wurde. Nebst diesem bestimmt mich vorzüglich der Wunsch nach Eintracht, und die Furcht vor allen Religionsstreitigkeiten zur Aufrecht= haltung von Bestimmungen, bei welchen sich meine Committenten bis zur Stunde, Gott Lob! immer beruhigt gefunden; während dessen jeder Reichs= tag Zeuge vieler Klagen ist, die ihren Grund in der Verschiedenheit der Religionen haben. Die Emancipation der irländischen Katholiken mußte jeden Menschenfreund mit gerechter Freude erfüllen; allein die Umstände waren daselbst ganz verschieden. Es handelte sich dort um Einsetzung in bürgerliche Rechte, welche mehrern Millionen Einwohnern durch verhäng= nißvolle Zeitverhältnisse entrissen waren. Die irländischen Katholiken be= wohnten schon einen Theil von Großbritannien und trugen daselbst von jeher alle Staatslasten, ohne bürgerliche Rechte besessen zu haben. In Kroatien giebt es keine Akatholiken, folglich können sie auch keine Rechte reclamiren: sie sollen erst dahin versetzt werden. — Welch ein gewaltiger Unterschied! — Was in Großbritannien geschah, um Eintracht zu be= fördern, würde hier gerade die entgegengesetzte Wirkung hervorbringen, und Religionszwistigkeiten, von welchen wir seit Beginn unserer politischen Existenz befreit waren, in unsern Schooß verpflanzen. — Ebenso wenig Gewicht lege ich dem Grunde bei, daß unser Handel und unsre In= dustrie dadurch gehoben würden. Wir stehen in diesem Betrachte dem übrigen Theile des Reiches nicht nach; und sollten auch hierin unbedeutende Vortheile erzweckt werden, so wiegen sie die Uebel nicht auf, welche die Abstellung dieser mit so vieler Weisheit und Vorsicht gebrachten Munizi= palgesetze herbeiführen müßte.“

Diese Aeußerungen erregten großes Mißfallen unter den Deputirten, und sehr viele derselben (fast durchgehends Katholiken) erhoben sich, um zu sprechen. Als der erste nahm das Wort Földvary: „Die Zeit, sagte er, ist gekommen, wo die Finsterniß dem Lichte Platz macht, und die Söhne eines Vaterlandes gleiche Rechte besitzen müssen. Nimmermehr werde ich zugeben, daß dieser gesetzgebende Körper nicht Gesetze bringen könne,

die auch für Kroatien bindend sind; es bilden diese Länder e i n e n Körper
mit uns, und hätten sie das Recht, Gesetze mit uns für das Gesammtreich
zu bringen, ohne daß wir ein gleiches Recht hinsichtlich ihrer hätten, so
wäre unser Loos gegen das ihrige sehr zu bedauern. Doch da der Gegen=
stand mit kaltem Blut verhandelt werden muß, und die Beistimmung der
betreffenden Königreiche, wäre es auch nur zu leichterer Erlangung der
königlichen Einwilligung, immer wünschenswerth bleibt: so stimme auch ich
für die Verschiebung dieser Frage zum nächsten Landtag, und bin überzeugt,
daß, wenn die Deputirten ihren Committenten den einhelligen Wunsch der
Nation hinterbringen, die Stimme des Zeitgeistes, der Billigkeit und des
gesetzgebenden Körpers für sie nicht werde verloren sein."

Nach ihm sprach B o r s i c z k y: „Die kroatischen Munizipalgesetze kön=
nen mich nicht hindern, auf diesem Punkt des Postulates zu verharren;
es sind dieses keine Fundamentalgesetze, die der 8. Art. 1741 abzuändern
verbietet. Hat man derlei Gesetze in früheren Zeiten zu bringen für zweck=
mäßig erachtet, so verlangen die gegenwärtigen, sie abzustellen. Wenn wir
selbst unsre ungarischen Munizipalrechte modificiren können, wäre es für=
wahr traurig, wenn dieses nicht auch mit den kroatischen geschehen könnte.
Wo stünde noch unsre Cultur, wenn wir an den alten Gesetzen gar nichts
verändern und sie dem Zeitgeiste nicht anpassen dürften? Es liegen uns
hierin zahlreiche praktische Fälle vor. Unter König M a t h i a s C o r =
v i n u s ward den Polen und Venezianern das Indigenat und der Grund=
besitz in Ungarn auf ewige Zeiten untersagt, und dennoch hat der vorige
Reichstag dieses Gesetz, als dem Zeitgeist zuwider, abgestellt. Kroatien
selbst hat ein ähnliches Beispiel aufgestellt, als es den nichtunirten Grie=
chen *), welche vorher ebenso ausgeschlossen waren wie die Protestanten
gegenwärtig, den Grundbesitz gestattete. Und welch ein Unterschied herrscht
zwischen dem Culturzustand dieser Griechen und jenem der Protestanten!
Während die Popen der ersteren in die gröbste Unwissenheit versunken, oft
kaum schreiben können, bemerkt man überall unter der protestantischen
Geistlichkeit einen höhern Grad von Aufklärung, als unter unserem Klerus.
Die Erfahrung bestätigt es nicht, daß jene Länder die glücklichsten und
aufgeklärtesten seien, wo nur e i n Cultus herrscht. Denn eben die Ver=
schiedenheit der Religionen erweckt den wahren Wetteifer unter den Laien

---

*) Durch den 8. Art. 1741.

sowohl, als besonders unter der Geistlichkeit der Glaubensbekenntnisse. Die gegenseitige Beobachtung ist hier unumgänglich nothwendig, wenn man nicht unter eine gefährliche Theokratie gelangen soll. Die Tendenz der Klerisei spricht sich nur zu deutlich aus, und selbst die Reformation war eine Folge der Mißbräuche des Klerus. Aus dieser Quelle — —"

Da hier mehrere Domherren mit heftigem Unwillen aufstanden und die Sache einen bedenklichen Charakter anzunehmen drohte, unterbrach ihn der Präsident (der königliche Personal Majláth) folgendermaßen: „Ich be=daure sehr, daß Vorwürfe der Art in diesem heiligen Orte stattbaben. Außerdem, daß ähnliche Aeußerungen nur zu Erbitterungen führen, gehören sie auch nicht eigentlich zur Sache. Laffen wir den Klerus ungestört bei seiner Meinung. — Was die Besitzfähigkeit der Protestanten betrifft, wünsche auch ich, daß unfre Brüder nicht ferner ausgeschlossen bleiben; nur ist der Gegenstand von zu großer Wichtigkeit, zu viele Berücksichtigungen zu neh=men, die Zeit dazu endlich zu kurz, um Alles hier beendigen zu können. Auch bemerke ich ungern, daß die Verhandlungen dieser Frage mit einer Heftigkeit geführt werden, die ich bei so wichtigen Gegenständen ganz ver=bannt wünschte. — Zwar kann auch ich die Meinung der Majorität nicht theilen, daß dieses Postulat noch im gegenwärtigen Reichstag verhandelt und unterbreitet werden könne; da ich jedoch der Mehrheit gern nachgebe, auch die Zeit schon weit vorgerückt ist, so halte ich jede weitere Verhand=lung dieses Gegenstandes für überflüssig, und das Postulat möge demnach an die Magnatentafel abgesendet werden."

Bevor die Stände auseinandergingen, machte noch Ragályi die Bemerkung: „Wiederholt vernahm ich heute aus dem Munde der ver=dienstvollen Ablegaten von Kroatien den Ausdruck: verbündete Reiche — socia regna — ja selbst in der Redaction des Postulates kommen sie unter diesem vor. Dieses kann nun um so weniger übersehen werden, als auch in den heutigen Verhandlungen eine gefährliche Tendenz daraus her=vorzugehen schien. Kroatien, Slavonien und Dalmatien sind ein inte=grirender Theil von Ungarn, nicht socia regna, wie allenfalls Sieben=bürgen. Es haben zwar diesen Ausdruck die kroatischen Ablegaten auch im vorigen Reichstag affectirt, man hat aber das Prinzip nicht zugegeben. Ich verlange daher, daß dieser Ausdruck im Postulate abgeändert werde."

Personal: „Nun so setzen wir: die vereinigten Theile — partes adnexae." (Angenommen.)

Als das Postulat in der Magnatentafel zur Verhandlung kam, äußerte sich der Oberstreichsrichter (Graf Cziráky) auf folgende Weise: „Der Geist des Jahrhunderts spricht gewiß für das Postulat hinsichtlich der Königreiche Kroatien, Slavonien und Dalmatien; ja ich bin überzeugt, daß dieses Verlangen unserer protestantischen Mitbürger auch durch einen erwünschten Erfolg werde gekrönt werden. Allein man kann dem einen Theile nicht willfahren, ohne vorher den andern gehört zu haben, dessen Gerechtsame hier in Frage stehen. Ich bin überzeugt, daß, wenn die Deputirten dieser Königreiche ihren Committenten diesen gerechten, fast einstimmigen Wunsch des Königreichs Ungarn vortragen, die Stände dieser Königreiche einwilligen, und für den nächsten Reichstag solche Instructionen ertheilen werden, daß der endlichen Verhandlung dieses wichtigen Gegenstandes Nichts im Wege stehen kann."

Fürst Bathyányi ist der nämlichen Ansicht. — Graf Karl Erdödy zweifelt jedoch, daß die Stände dieser Königreiche den schönen Hoffnungen S. E. des Oberstreichsrichters entsprechen dürften.

Da die Majorität der Magnatentafel sich für die Ansicht des Oberstreichsrichters erklärte, so sprach der Erzherzog Palatin den Schluß so aus: „Hinsichtlich Kroatien muß man den dortigen Ständen Frist gönnen, sich über den Gegenstand zu berathen; denn sonst würde die Aufnahme der Protestanten, welche ich von Herzen wünsche, eher zu Zwistigkeiten, als zu Vermeidung derselben Anlaß geben. Die Deputirten jener Königreiche mögen daher ihre Committenten von diesem allgemeinen Wunsche der Nation verständigen, und dann, mit den nöthigen Instructionen versehen, beim nächsten Reichstag erscheinen. Die Ständetafel soll aber ersucht werden, von diesem ganzen Gravamen wegen Mangel an der zur vollkommenen Berathung nöthigen Zeitfrist einstweilen abzustehen."

Weil nur noch einige Tage bis zum Schluß des Reichstages zurück waren, so konnte der Gegenstand, als der Beschluß der Magnatentafel an die Stände zurückgelangte, nicht mehr gründlich verhandelt, noch weniger eifrig betrieben werden. Es ergaben sich daher nur noch einige kräftige Aeußerungen, die wir anführen wollen, weil sie den Geist der Ständetafel noch mehr kund gaben. — Paul Nagy erklärte: „Wenn es hier darum zu thun wäre, schöne Tiraden hervorzubringen, so dürften wir nur auf dem Postulate bestehen; es ließen sich die schönsten Dinge über Duldung, Zeitgeist, Aufklärung sagen. Das Gravamen ist auch durch mein Comitat ge-

ſtellt worden, und ich ſchmeichle mir, einen nicht geringen Antheil daran ge=
habt zu haben. Allein nun, da der Reichstag zu Ende geht, und die Mag=
natentafel ſich d a g e g e n ausgeſprochen hat, wo man die Munizipalrechte jener
Königreiche ſo hoch anſchlägt, zweifle ich, daß wir ans Ziel kommen können.
Allein wir müſſen vor Allem uns darüber verwahren: daß wir keine ſolchen
Munizipalrechte einverleibter Theile anerkennen, die durch das Mutterland
nicht könnten abgeändert werden, beſonders aber ſolche, die eine namhafte
Zahl der Landeskinder von einem Theile des Reiches ausſchließen; wir müſ=
ſen erklären, daß nicht nur die Munizipalrechte der einverleibten Theile,
ſondern ſelbſt jene von Ungarn, wenn es die Zeitverhältniſſe fordern, im
Einverſtändniſſe der Nation und des Königs können verändert werden.
Hier gewinnen beide Theile: und ich möchte die Proteſtanten nicht mit Ge=
walt eingeführt ſehen, ſondern durch das Geſetz; eben weil ſie ein Recht da=
zu haben. — Wenn die Stände von Kroatien die Anforderungen des Zeit=
geiſtes, das Bedürfniß des Vaterlandes nicht begreifen, dann kann ich ſie nur
bedauern, — und es dürfte ihnen ſchwer werden, etwas hemmen zu wollen,
welches aufzuhalten die ganze Welt nicht im Stande iſt. Ich nenne es da=
her nicht die E m a n c i p a t i o n, ſondern die I n t r o d u c t i o n der Prote=
ſtanten. Aber auf die Operate will ich die Frage nicht verſchoben wiſſen,
ſondern ſie muß mit Beginn des nächſten Reichstages verhandelt werden.
Wie die Sachen aber jetzt ſtehen, fürchte ich, daß wir, abgewieſen durch
die Regierung, übler ſtünden als zuvor."

Niczky von Eiſenburg: „Ich glaube nicht, daß die Proteſtanten einen
falſchen Weg einſchlugen, indem ſie ſich früher mit ihren Beſchwerden an
die Regierung wendeten, welche ja auf daſſelbe Geſuch bereits über die un=
ehelichen Kinder eine Entſcheidung gebracht hat. Es bedarf hier keiner
Tiraden und Declamationen, denn es handelt ſich nicht um M e i n u n g e n,
ſondern um R e c h t e. Keinen Augenblick dürfen wir dulden, daß dieſes
finſtere Geſetz in Wirkſamkeit bleibe."

Répás: „Das Munizipalgeſetz von Kroatien entſpricht weder dem
Gemeinwohle noch der Aufklärung; denn weder Grundbeſitz noch Aemter,
es mögen nun öffentliche oder private ſein, ſind daſelbſt den Proteſtanten ge=
gönnt. Dürfen wir dieſes Geſetz, welches unſere Cardinalprärogativen
verletzt, auch nur einen Augenblick dulden? Nebſtbei widerſtrebt es dem
Zwecke der geſellſchaftlichen Verbindung und unſern Toleranzgeſetzen:
Ne molestentur acatholici, quia sunt utiles patriae cives, und liberum sit

eis commercium — sagen unsere Gesetze. Ohne bürgerliches oder adeliches Grundeigenthum, wie können sie die Concurrenz aushalten? und wie viele Fabrikanten, welche die Industrie dieser Länder emporzubringen im Stande wären, werden dadurch gehindert? Hier, indem wir dasjenige abstellen, was uns zur Schande gereicht, bedürfen wir keines Beifallrufes."

Beöthy: „Es muß jeder Aufgeklärte nach allen Kräften mitwirken, daß die Gesetze der Unduldsamkeit abgestellt werden. Wir dürfen hierin nicht auf fremde Völker blicken: unsere Väter gaben uns in den Gesetzen von 1790 den schönsten Beweis religiöser Duldung; ihrem Beispiele müssen wir folgen."

Gyurcsányi: „Wenn ich mit Oedenburg (Paul Nagy) darin vollkommen übereinstimme, daß wir die gänzliche Abstellung der Reverse verlangen sollen: so kann ich jene Ansicht nicht theilen, daß die Prote=stanten einen falschen Weg eingeschlagen haben. Es ist ein bitterer Vor=wurf für die Regierung, daß man alle Wege einschlagen muß, und dennoch so schwer ans Ziel kommt. — Auch kann ich nicht zugeben, daß die Muni=zipalgesetze hier länger im Wege stehen können. Wie viele derlei Gesetze sind schon nach Bedürfniß verändert und abgestellt worden; und nimmer will ich einräumen, daß die kroatischen Königreiche bei unsern Gesetzen Stimme haben, ohne dieses Recht auch für uns im entgegengesetzten Falle giltig zu erklären. — Daher müssen wir hierin unverzüglich handeln. Werden wir abgewiesen, so bleibt die Beschwerde auf künftige Zeiten, und wir bringen unsern Committenten wenigstens die Ueberzeugung mit, daß der Fehler nicht an uns gewesen. Ich habe hier noch Folgendes zu erinnern: Es giebt gegenwärtig wenig Länder in Europa, wo der Zeitgeist nicht gewaltsam sich Schranken gebrochen hat, oder es noch thun wird; Ungarn allein könnte so glück= lich sein, durch weise Concessionen zu verhindern, daß der Umschwung nicht gewaltsam geschehe."

Borsiczky: „Was Kroatien betrifft, nun wohl, sie sollen auch gehört werden; aber warum erst im nächsten Reichstage? War dieses ihre Absicht, so hätten ihre Deputirten erklären sollen, daß ihnen die Frage ganz fremd und unerwartet sei, und sie hierüber keine Instruction haben. Allein sie haben über den Gegenstand umständlich und laut Instruction gesprochen; man kann daher nicht behaupten, daß sie nicht seien gehört worden. Höchst gefährlich aber wäre das Princip, daß man nur dann ein Munizipalrecht dieser Königreiche abändern könne, wenn sie sämmtlich und nebstbei noch ganz Ungarn darein willigen. Wenn bei einer Ungarn betreffenden ähnlichen Frage, im Falle wo die Stimmen gleich vertheilt sind, das votum von Kroatien den Ausschlag giebt, kann uns doch ein ähnliches Recht hinsichtlich Kroatiens nicht bestritten werden, sonst wäre ihr Recht größer als das unsere. Ich sehe daher keinen Grund, aus welchem der Gegenstand zum nächsten Reichstag verschoben werden soll."

Somsich: „Das Verlangen der Protestanten ist vollkommen gesetzlich. Hat die Magnatentafel hierüber eine verschiedene Ansicht, so sollte man es Satz für Satz widerlegen, statt auf eine Rechtsfrage eine politische Antwort zu ertheilen." — Er stimmt im Uebrigen für die Verhandlung des Gegenstandes noch während dieses Reichstages, weil auf diese Art die allgemeine Meinung deutlich ausgesprochen wird, und die Stände jener Königreiche sich von dem Willen des ganzen Reiches leichter überzeugen können.

So standen die Angelegenheiten der Protestanten in Dalmatien, Kroatien und Slavonien, und blieben auch so, weil die Stände jener Königreiche in ihrem in der Zwischenzeit abgehaltenen Provinziallandtage streng bei ihren Munizipalrechten zu verharren beschlossen; nur eines der drei slavonischen Comitate (Veröcze) sonderte sich von den übrigen ab, und ertheilte seinen Deputirten für den nächsten Reichstag die Instruction, daß sie für die Postulate stimmen sollen.

Der Reichstag 1833 — 1835 selbst ist zwar für die Operate bestimmt; allein auf den Antrag des Biharer Ablegaten Beöthy kam das ganze Religionsgravamen zur Sprache und mit selbem auch das Postulat wegen Kroatien. Die kroatischen Ablegaten in beiden Tafeln blieben bei ihrem vorigen Widerspruche, und bald darauf wurde der Gegenstand, auf Weigerung der Magnatentafel, ihn außer der Ordnung vorzunehmen, einstweilen vertagt.

Während dieser Zeit waren in Kroatien verschiedene Brochüren erschienen, wo die Beschlüsse des Reichstages hinsichtlich der ungarischen Sprache als illiberaler Druck erklärt, die Verfügungen einiger ungarischen Comitate unrichtig und höhnisch dargestellt und lächerlich gemacht, dagegen der Slavismus auf das glänzendste herausgestrichen wurde. Ueberall sah Gehässigkeit heraus, und es wurde nicht undeutlich zu verstehen gegeben, daß man die Sache eher aufs Aeußerste zu treiben, als sich in diese Willkür der ungarischen Stände zu fügen bereit sei.

Da wurde dem Herausgeber (Mai 1834) der folgende Aufsatz eines Mannes, der mit den kroatischen Verhältnissen auf das vollkommenste vertraut ist, zu beliebigem Gebrauche übergeben.

Skizze von Kroatien und Slavonien
mit
Hinblick auf die Folgen einer Trennung dieser Länder von Ungarn.

Divide et vinces —

Privatum commodum, latens odium et juvenile consilium omnem perimunt rempublicam.

Um dieses Theorem gründlich erörtern zu können, sei es mir, dem sowohl Ungarn, als die verbundenen fraglichen Theile genau bekannt sind, erlaubt, meinen ungarischen Mitbürgern eine gedrängte politische, psychologische, militärische und finanzielle Schilderung von Kroatien und Slavonien vorzulegen, um dadurch die Urtheilsfähigkeit besonders Jener zu steigern, die bisher die Ursachen und Wirkungen ihrer Wünsche zu prüfen unterließen.

Kroatien hieß vor Zeiten jener Landstrich, welcher durch die Save, den Verbas, das Denarien = Gebirg (montes Denarii), den Velebit und den Quarner eingeschlossen wird, mit gegen Westen lange unbestimmten Grenzen; denn erst spät wurde daselbst ein Theil der Kulpa, dann die Kerka und Breganna, zwischen diesen aber eine trockene Grenze festgesetzt. — Slavonien hieß der zwischen der Drave und Save gelegene Theil, von den Römern Illyricum interamne genannt; auch hier wurde gegen Westen erst später die Sutla als Grenze bestimmt. Erst nachdem die Türken einen Theil von Slavonien unterjochten, begann die Eintheilung in Ober = und Unterslavonien, und als später Unterslavonien ganz occupirt war, verband man den obern Theil mit Kroatien, und errichtete die nunmehr noch bestehende Warasdiner Grenze, als Cordon gegen das untere Slavonien. Die Friedensschlüsse mit den Türken veränderten den Bestand dieser Theile, indem nebst Slavonien ein großer Theil von Kroatien an die Pforte abgetreten wurde. Gegenwärtig sind die Türken im Besitze der Hälfte des alten Kroatiens. —

Im jetzigen Provinzial=Kroatien wohnen auf 172 ☐ Meilen 367,000 Seelen — das Militair=Kroatien enthält 292 ☐ Meilen mit 396,000 Seelen; — das ganze Litorale 6 ☐ Meilen mit 20,000 Seelen; das Pro=

vinziale von Slavonien 172 □ Meilen mit 320,000 Seelen; das Mili=
tairslavonien 123 □ Meilen mit 204,000 Seelen. Im Ganzen auf
765 □ Meilen 1, 307,000 Seelen.

Die ganze Bevölkerung von Kroatien und Slavonien — mit Aus=
nahme von Syrmien, wo blos Serben wohnen — so wie von ganz Bosnien
und Dalmatien sind Kroaten, gleichen Charakters, gleicher Sprache, gleicher
Vorzüge und Fehler mit sehr geringen Schattirungen; die Anhänger der
griechischen Culte jedoch, die Hälfte der Bevölkerung, sind unwissender und
roher, was größtentheils der kargen Dotation und der mindern Bildungs=
stufe ihrer Priester zuzuschreiben ist.

Im Allgemeinen ist der Nationalcharakter sehr ausgesprochen und durch=
aus nicht schwankend. In gleich hohem Grade der Freundschaft fähig, sind
alle diese südlichen Slaven der Industrie und dem Ackerbaue wenig geneigt,
besitzen auch, mit geringer Ausnahme, nur magern, steinigen und kalten
Boden; dagegen sind sie der Viehzucht, dem Handel und den Waffen ganz
ergeben. Ihre Nationalität und Gebräuche aber sind ihnen heilig und
theuerer als das Leben.

Unversöhnlichkeit ist ein hervorstechender Zug ihres Charakters; bei
ihnen, wie bei jedem armen Volke, trifft man auf Neid und Gehässigkeiten,
aber es vermag doch jeder beliebte Kanzelredner oder Volksfreund sie im
Augenblick zu vereinigen, wenn es sich um Vertheidigung des gemeinsamen
Wohls und der Nationalität handelt. — Weichlichkeit und Luxus kennen
sie nicht; selbst Wohlhabendere unterscheiden sich hierin wenig, und weichen
selten von den alten Gewohnheiten ab; daher werden ihnen auch Industrie
und Erzeugnisse feinerer Bedürfnisse noch lange fremd bleiben. — Sie sind
andächtig, nicht aus Ueberzeugung, sondern aus Gewohnheit; daher kommt
es denn auch, daß die zwei im Lande seit Jahrhunderten herrschenden Culte
sich sehr gut neben einander vertragen, und nie Reibungen unter ihnen ent=
stehen, sie müßten denn aus der Fremde von Höhern künstlich herbeigeführt
werden, was jedoch äußerst selten geschieht, und nie von Dauer ist. In dem=
selben Grade, wie Haß und Liebe vorherrschen, sind auch die Talente ver=
theilt, so daß man unter den an den Grenzen cultivirter Länder wohnenden
mehr verbastardirten Kroaten viel weniger Geistesgaben find:t, als mitten
im Lande. Das Meer, die Save und Drave helfen Manchem zum Wohl=
stande, allein obgleich er hiedurch, wie früher durch militärische Gefangen=
schaft im Auslande, die Genüsse des Wohlstandes kosten gelernt, ist es

dennoch ein äußerst seltener Fall, daß irgend ein Kroate nicht ins Vaterland zurückkehrte, um seine Tage daselbst zu beschließen, und seine Lebensweise abermals der vaterländischen anzupassen. Auch gehört es zur Charakteristik des Kroaten, daß er äußerst gastfrei ist, und oft den letzten Bissen mit dem Gaste willig theilet.

Gutmüthigkeit und Herzlichkeit im Allgemeinen, Treue gegen seinen Herrn und die Vorgesetzten insbesondere, sind auch Charakterzüge des Kroaten, besonders wenn jene durch Milde und Billigkeit Liebe zu verdienen suchen. — Es ist unerhört, daß ein sanftmüthiger Herr oder Vorgesetzter je bestohlen oder verlassen wurde. — Dagegen ereignet sich Raub und gewaltsamer Einbruch viel häufiger, als es der Fond des Nationalcharakters erwarten ließe, was zum Theil durch das Beispiel der benachbarten Türken, wo Grundherren selbst Räuber werben und anführen, erklärlich wird, zum Theil Folge der künstlich herbeigeführten Armuth an der Grenze ist, wodurch das sonst so edle Grenzvolk sich gezwungen sieht, sein Brot in der Türkei zu suchen, woselbst Helden= und Räuberlieder die Müssigen zur Nachahmung reizen. Hierzu kommt noch die deutsche Rechtspflege in der Grenze mittelst deutscher Auditoren, wodurch die Ausmittelung der Schuldigen durch Formalitäten erschwert wird, und die Strafen immer zu gelinde ausfallen.

Das Kroatenvolk liebt den Trunk; da jedoch gewöhnlich nur Verwandte und Freunde zusammen trinken, so erfolgen nicht nur keine Zänkereien aus ihren Trinkgelagen, sondern die Verbrüderung knüpft sich häufig, zum Nachtheil der Hausökonomie, nur noch inniger. — Die patriarchalische Lebensweise ist noch immer die gewöhnliche, und man sieht zu 50 bis 80 Seelen in einem Hause beisammen wohnen, über welche der Aelteste das Regiment führt. Auch die Dorfältesten und gewählten Vorsteher der Gemeinden erfreuen sich immer des vollsten Zutrauens, wenn nicht etwa der Priester, Grundherr oder Vorgesetzte durch Verstand, Wohlthätigkeit und Popularität sich es in einem noch höheren Grade zu erwerben weiß.

Der Kroat ist von harter, an Ungemach gewohnter Natur; er entbehrt leicht, liebt persönliche Freiheit, dient in der Regel nie gern und lange, ist gleichgiltig gegen den Tod, und hegt für seine Kinder eine alle Grenzen überschreitende Affenliebe; übrigens ist er zu allen Hantirungen und Speculationen geschickt; zum Hirten, Soldaten und Matrosen ganz eigentlich geboren. — Einen ungeheuern Einfluß auf den Nationalcharakter übte im Anfang dieses Jahrhunderts der gewinnreiche Fruchthandel; später die An=

kunft der Franzosen, ihr vortreffliches Civil= und Militärsystem und die humane Behandlung der Behörden, nicht minder der durch sie begünstigte aus= gedehnte Baumwollhandel, welcher sämmtliche Baumwolle für ganz Europa durch Jllyrien führte, und Thätigkeit und Verdienst erzeugte; hierauf die deutsche, in unverständlicher Büreaukratie bestehende, der vorigen ganz ent= gegengesetzte Verwaltung; endlich jetzt die zurückgekehrte alte Ordnung, ohne allen Handel und Verkehr.

Eben der langwierige französische Krieg, das belebte Commerz, hierauf die auf Erweckung der Nationalehre gegründete französische Herrschaft, die häufig ertheilten Belobungen, das durch die Freundschaft einer großen Nation geschmeichelte Ehrgefühl, endlich die aus dem Völkerverbande des großen Kaiserreiches nothwendig entsprungene Berührung und der Verkehr mit so vielen Nationen: Alles dieses erzeugte bisher unbekannte Jdeen, führte zu Vergleichungen, in Folge derselben aber zur Erkenntniß des eigenen Werthes. Der neuerweckte Nationalgeist äußerte sich bald in Begriffen und Handlungen, von denen man früher unter dem Volke nichts gewußt. Es entstand allmählig unter der gebildeteren Jugend eine leidenschaftliche Liebe zur Muttersprache, und ein literarischer Verkehr mit sämmtlichen Slaven, wel= cher nicht nur in alle Theile Ungarns drang, sondern sich noch weiter nord= östlich ausdehnte. —

Als Folge dieser Verbindungen findet man jetzt durch ganz Kroatien und einen Theil von Slavonien den Schleichhandel dergestalt organisirt, daß fast in jedem Dorfe verborgene Magazine von Salz, Zucker, Kaffee und andern Colonialwaaren bestehen, die mit Lebensgefahr weiter verführt werden. — Nebst diesem gründete sich in den meisten Gegenden ein bedenklicher Klein= handel, wo einzelne Menschen Schnittwaaren auf dem Lande herumtragen, wie einst blos die Furlaner thaten. Diese verbreiten unter dem Volke die Wünsche und die Stimmung ihrer Gegend. Da nun unter diesem Volke Nichts die Verbreitung erwünschter Jdeen hemmt, wie allenfalls bei uns, wo so viele deutsche und slavische Ortschaften die ungarischen Mittheilungen unterbrechen und verzögern, so wird sowohl auf diesem Wege, als durch Schiffe, die mit Früchten, Tabak und Holz ununterbrochen die Save und Kulpa befahren, endlich durch die Geistlichkeit beider Culte, jede Bekannt= machung ungemein erleichtert und mit Blitzesschnelligkeit bewerkstelligt. Auch kommen jährlich viele Jtaliener in allerlei Gestalten nach Kroatien und Slavonien, um durch Gewerbe Lebensunterhalt zu suchen, und aus Serbien häufige Frucht=, Vieh= und Bilderhändler, das Land in allen Richtungen durchkreuzend. Diese Menschen verbreiten fremde Begriffe, und viele unter ihnen bereiten das Volk auf künftige Ereignisse vor. Alle Mittheilungen dieser Art werden jedem Nichtkroaten oder Vorgesetzten mit solcher Gewissen= haftigkeit verheimlicht, daß nur höchst selten, und dann nur in einem der Beichte ähnlichen Vertrauen, dem Grundherrn etwas von diesen Umtrieben eröffnet wird.

Dieser Umstand, und vorzüglich die Meinung, daß Ungarn in die Ab= tretung Illyriens geflissentlich eingewilligt, bewirkten im Volke, daß die noch zu Ende des vorigen Jahrhunderts bestandene Anhänglichkeit an Ungarn sehr vermindert wurde. Hiezu kommt noch das seit einigen Jahren bös= willig verbreitete Gerücht, daß wir die ungarische Sprache und die prote= stantischen Religionsbekenntnisse in allen Ortschaften von Kroatien und Slavonien durch ungarische Schulen und Geistliche gewaltsam einführen wollen, glaubwürdig gemacht durch die Behandlung, welche wir, unklug ge= nug, den kroatischen Ablegaten in den Landtagsfitzungen widerfahren lassen. Dieses letztere setzt der Stimmung, welche in Kroatien gegen uns herrscht, die Krone auf.

Dies ist der Stand der Dinge und die Stimmung im Volke, zu welchem ich auch die Geistlichkeit auf dem Lande, alle pensionirten oder aus= rollirten Offiziere oder Unteroffiziere, alle Kaufleute und gewerbtreibende Menschen rechne; nur einige in Fiume wohnende italienische Handelshäuser ausgenommen, die aber auch nur wegen unseres so sehr ausgerufenen Reichthums Ungarn, jedoch mit Beibehaltung der italienischen Sprache, zu werden wünschen, weil sie hoffen, daß man Fiume zum Nachtheil der übrigen Küstenländer emporheben, und bedeutende Summen durch ihre Hände laufen lassen werde. Allein der Charakter des isolirten Kaufmanns ist in allen Ländern derselbe: erreicht er seinen Vortheil nicht in diesem Lande, so zieht er in ein anderes, seinen Patriotismus mit dem Gelde fort= tragend.

Was die Kategorie der geistlichen und weltlichen Staatsdiener und die aus den lateinischen Schulen kommende Jugend betrifft, so bilden sie ge= wöhnlich Anfangs einen besondern Stand. Aber viel zu schwach an moralischem und finanziellem Vermögen, um das immer zusammenhaltende Volk leiten zu können, werden sie bald gezwungen sich im Ganzen der Nation anzupassen. Die zahlreiche studirende Jugend kehrt größtentheils

Terra incognita. 13

in den Schooß der Nation zurück, denn die meisten werden in den kleinern Comitatsbedienstungen, im geistlichen Stande, bei der Oekonomie und beim Militär angestellt, und stehen dadurch in unmittelbarer Berührung mit dem Volke. Die Magnaten, Bischöfe, Domherren und die wenigen höheren Gerichts- und Comitatsbeamten sind zu arm, um das Volk auf eine andere Bahn zu bringen, oder um sich herum eine eigene Welt schaffen zu können. Der einzige Bischof zu Agram kann reich genannt werden, aber seit 150 Jahren vermochte keiner bei dem Volke Epoche zu machen. — Diese Rück= sichten und die vielen kleinen Grundherren, Edelleute, Landgeistlichen, aus= rollirten Unteroffiziere, kleinen Arendatoren und Winkeladvocaten, die alle auf dem Lande wohnen und vom Volke leben, auch einige Bildung besitzen, sind in Kroatien viel häufiger, als in irgend einem Theile der ungarischen Monarchie; sie behalten sämmtlich den gemeinsamen Nationalcharakter durch ihre enge Verbindung mit dem Landvolke. Allen diesen sind die ungarischen Rechte und ihre eigenen Munizipalprärogativen entweder theo= retisch oder per traditionem bekannt; sie schreiben letztere den Verdiensten und Aufopferungen ihrer Vorfahren zu, und sind im Falle der Noth bereit, ihr Leben für die Erhaltung dieser mitunter nutzlosen Vorrechte zu opfern. — Diese Entschlossenheit wird durch ihre Fertigkeit in Führung der Waffen noch erhöht, indem in den Grenzbezirken außer dem kleinen Adel und den zahlreichen Prädialisten, Slobodniaken, Decimalisten und Jägern, Alle mit Waffen versehen sind, und nicht nur im Kriege bei Bewachungen ihrer Herrn und beim Räubertreiben, sondern auch im Frieden sich in selben üben und von ihnen Gebrauch machen. —

Da das Land keine Fabriken besitzt, und die rohen Producte ebenso wie aus Ungarn, nirgends ohne drückende Zölle verführt werden können, so ist auch der Handel in Kroatien und Slavonien jetzt ganz auf die Detail= krämerei und den Viehhandel beschränkt, welcher letztere die Kroaten mit den Türken in Verbindung setzt. Der Fruchthandel wird zwar noch immer mit Banater Getreide, aber seit 10 Jahren mit geringem Gewinne, betrieben, weil die Häfen von Fiume und Triest immer mit wohlfeilen russischen Früchten angefüllt sind. Kroatien und Slavonien bedarf nur in Mißjahren unserer Früchte, aber auch dann versorgen sie sich für ihren geringen Bedarf aus der Türkei wohlfeiler; daher bleibt für Ungarn nur der Handel mit Tabak, Hanf, Wein und Wolle übrig, welche Artikel auf der See gebracht, bei klug angestellten Versuchen und nach Wegräumung der Hindernisse beim Trans=

port, wirklichen und bedeutenden Vortheil gewähren würden. — Der Kroat treibt nur mit Borstenvieh Activhandel; alles Uebrige ist blos Transito=handel, mit zwar geringem, doch gewissem Vortheil. Hieraus ist ersichtlich, daß nur durch diese unbedeutenden Handelsartikel und durch das besoldete Militär Geld nach Kroatien gezogen und in Circulation gesetzt wird; und selbst dieses wird durch den Luxus der Städte und durch die Contribution vermindert.

Aus der Zusammenstellung dieser Schilderung mit den in unseren Gesetzbüchern zahlreich enthaltenen, den Kroaten einst zu Theil gewordenen Auszeichnungen, wird man sehr bald das Resultat abstrahiren können, daß die durch uns so heftig gewünschte Verschmelzung dieses Volkes mit dem ungarischen, besonders auf dem begonnenen Wege, nicht möglich sei. — Jedermann wird einsehen, daß die leider nur zu sanguinisch gehoffte Ver=zichtung der Kroaten auf ihre Munizipalien nicht erfolgen konnte, und daß ein ganz anderes, unserm Ehrgeiz etwas näher tretendes System begonnen werden müßte, um zum Zwecke, und selbst da sehr langsam, zu gelangen. Da wir nun hierzu keine Lust haben, in der Wahl der Mittel etwas gebun=den, und über das Langwierige des Gelingens ungeduldig sind, von der andern Seite aber factisch überzeugt zu sein glauben, daß manche Zuge=ständnisse der Regierung uns blos wegen der Gesellschaft der Kroaten dürf=ten abgesprochen werden: so erscheint Manchem der Satz ganz logisch, daß die Trennung von Kroatien, auch wegen der Unbedeutenheit des Flächen=raumes und der Bevölkerung — da wir nur die drei Comitate desselben ins Auge fassen — um so wünschenswerther sei, als ohnehin Kroatien für seine Halsstarrigkeit nicht empfindlicher bestraft werden könnte, als wenn man es des ungarischen Schutzes beraubt, dem schwankenden Schicksale aller kleinen Provinzen preisgäbe. — Ein zweites sehr beliebtes Argument zu diesem Zwecke bietet auch Slavonien dar. Zwei Repräsentanten dieser Provinz sprachen sich bereits für die Verschmelzung mit uns aus, und die Erfüllung ihrer Wünsche wird nur durch ihren Verband mit Kroatien ge=hindert; wenn daher Kroatien allein abfiele, stünde dann der Vereinigung Slavoniens nichts im Wege. Endlich scheint auch der ganz verschiedene Nationalcharakter, die Armuth des Bodens und des Volkes und Mangel jedes finanziellen Vortheils von dorther eine Trennung jener Provinz für Ungarn nicht nur unschädlich, sondern wegen der Unterstützungen, die einst daselbst noch nothwendig werden dürften, sogar apodiktisch vortheilhaft zu machen. Es werden daher sehr Viele der Meinung sein, daß diese heroische Curart aus den eben erwähnten, und so vielen nicht genannten, aus Haß erzeugten Ursachen, durch Ablösung dieses kleinen krebsbehafteten Theiles der Monarchie, zur Bewahrung des übrigen noch gesunden Körpers höchst wünschenswerth, ja nöthig sei.

Betrachten wir nun aber auch die Kehrseite dieses Theorems mit genauer Prüfung desjenigen, was wider obige Daten und die daraus gezogenen Folgerungen gründlich kann eingewendet werden. Lassen wir zuerst die Kroaten selbst sprechen. Sie behaupten, daß sie ein seit länger als 600 Jahren mit Ungarn conföderirtes Volk sind, und ihre Verdienste um dieses Reich zu erweisen vermögen; daß sie als Urbewohner ihrer Königreiche, folglich nicht Colonien, sich auch nicht coloniemäßig wollen behandeln lassen, daher keine Ursache sehen, warum sie auf dem Wege der Willkür alles Erworbene für ungewisse Vortheile aufopfern sollen. Andererseits versprechen sie auch ferner ihren ursprünglich eingegangenen Verpflichtungen getreulich nachzukommen und fordern uns kühn heraus, sie einer Versäumniß ihrer Pflichten, in frühern und jetzigen Zeiten, zu bezüchtigen, und sind bereit, sich hierüber vor dem gemeinsamen Vaterlande und vor ganz Europa richten zu lassen. — Bevor ihnen aber nicht Pflichtvergessenheit bewiesen wird, protestiren sie gegen jede Beeinträchtigung ihrer Gerechtsame, und erklären sich bereit, Gewalt mit Gewalt abzutreiben, ja sich lieber in corpore, wie sie sind, abzusondern, als sich durch eine muthwillige (?) Mehrzahl der Stimmen unrecht thun zu lassen. — Auf dem Wege gütlichen Vergleiches aber, und unter Formen, welche einem gesitteten Jahrhundert und einer respectablen Nation geziemen, versprechen sie, in ihren eigenen Landesversammlungen sich ihren ungarischen Brüdern in so weit zu nähern, als es ihre Stimmung und der Stand ihrer Cultur erlauben wird. — Sie fordern uns ferner auf, das durch die Weltgeschichte erprobte einzig seligmachende (?) Conföderationssystem zu adoptiren, wodurch allein verschiedene Nationen ein heilbringendes Ganze bilden können, wo nämlich nur gemeinsam nützliche Gesetze für alle gebracht, in theilweisen Rechten aber jeder Provinz ihre Privat- und Localinteressen durch besondere Gerechtsame bewahrt und aufrecht erhalten werden.

Wenn nun diese Sprache nicht annehmbar ist, so lasset uns die Folgen einer wirklichen Trennung untersuchen. — Vor Allem müssen wir die Hypothese prüfen, welche wegen der Trennung Slavoniens von Kroatien aufgestellt ist. Die Kroaten behaupten, daß sie theils durch das Corpus juris, theils durch publizistische Urkunden beweisen können, daß Slavonien immer zum Verbande des unter die Bane von Kroatien gehörigen Körpers gezählt wurde, zu den Regnicolar-Congregationen durch seine Ablegaten er=schienen und an der innern Administration Theil genommen, bei der Zu= rückeroberung aber mit kroatischem Blute wieder erkauft worden sei. — Sie werden daher diesen integrirenden Theil ihrer Nation um keinen Preis trennen lassen*).

Wenn man nun dies und den Umstand erwägt, daß das slavonische Volk mit dem kroatischen eines und dasselbe sei, daß ferner die Repräsen= tanten jener zwei Comitate, die sich für die Verschmelzung mit uns aus= sprachen, fremde und größtentheils unbegüterte Menschen sind, die das brave und zahlreiche Volk ihrer Comitate und der Grenze gewiß nicht zu Rathe ge= zogen haben, dessen Berücksichtigung jedoch in unserm Jahrhundert höchst nothwendig ist**), so ersteht man das Schwankende unserer Behauptung um so mehr, als es keinem Zweifel unterliegt, daß die Regierung alle oben an= geführten Gründe der Kroaten nicht ungern beherzigen und den nunmehrigen gesetzmäßigen Verband dieser Provinzen auf jeden Fall bestätigen wird. Die erwähnten Repräsentanten handeln übrigens sehr unklug, indem sie sich hierdurch der Willkür der Geistlichkeit ganz anheimstellen. Denn es ist nicht zu bezweifeln, daß bei dem Volke die bloße Kunde von den Wünschen dieser Repräsentanten die persönliche Sicherheit derselben, ja selbst ihre Existenz zu Hause, auf das Spiel setzen würde.

Was für Beweisgründe übrigens nach geschichtlichen und publicistischen Prinzipien von ganz Slavonien oder von welchem Theile desselben geführt

---

*) Diese Behauptung scheint mit der oben geäußerten Ansicht der Kroaten, daß sie um keinen Preis sich den Diätalbeschlüssen hinsichtlich der ungarischen Sprache und der Akatholiken fügen wollen, nicht übereinzustimmen. Wenn den Kroaten frei steht, gegen den Willen des Mutterlandes zu handeln, muß Slavonien auch das Recht haben, mit Einwilligung der ungarischen Stände sich von Kroatien zu trennen, um so mehr, als es bereits jetzt, eben so wie Kroatien, ein integrirender Theil Un= garns ist.   Anm. d. H.

**) Es scheint jedoch nicht, daß die kroatischen Stände diese sehr löbliche Noth= wendigkeit bei ihrem Volke besonders berücksichtigt haben, sonst würden sie im jetzigen Reichstage nicht allen Concessionen zu Gunsten des Unterthans mit einer bewunderungs= würdigen Consequenz sich widersetzt haben.   Anm. d. H.

werden können, gilt hier gleich viel, sobald dagegen unbezweifelte, spätere und gegenwärtige Daten bestehen.

Da nun wegen Slavonien das Unstatthafte ziemlich klar dargestellt wurde, so wollen wir einstweilen davon präscindiren und blos die Trennung Kroatiens von Ungarn, und zwar in finanzieller und commerzieller Hinsicht beleuchten. Wahr ist es allerdings, daß Kroatien arm an gutem Boden, einzelnen reichen Privaten und allen jenen mineralischen und geognostischen Vorzügen ist, deren sich Ungarn erfreut. Doch zu letzterem gebricht es nur an Betriebscapitalien, die zwei ersten Gebrechen aber ersetzt ein zwar kleiner, aber lebhafter Verkehr auf zwei schiffbaren Flüssen, der Save und Kulpa, endlich das Meer, sowie zahlreiche nach allen Richtungen führende gute Straßen. Auf diesen Wegen und durch diese Mittel bringt ganz (?) Unterungarn seine Früchte, Hanf, Tabak und Knoppern, nebst manchem kleinern Zweige roher Erzeugnisse in den Handel; und hätten wir Nationalhandels= gesellschaften, so könnte auch unseren Weinen und der Wolle eine wohlfeilere Spedition und gewisser Absatz verschafft werden. — Man wird zwar ein= wenden, daß wir auf dem Punkte stehen, einen natürlichen Ableitungscanal durch die Donau zu bekommen; allein noch ist das Problem der Möglichkeit nicht ganz gelöst, und bis dieses Werk seinem Zwecke dergestalt entspricht, daß es den Segen der Nationen verdient, wird noch so viele Zeit ver= streichen, so viele Millionen verwendet werden müssen, daß wir auch bis dahin das bestehende Commerz nicht werden entbehren können. Denke man sich aber die Losreißung von Kroatien praktisch; würden nicht sogleich neue Hemmungen des ungarischen Handels durch Zölle eintreten, welche die Kroaten selbst als einen Beitrag zu ihrem öffentlichen Fond beabsichtigen können, da sie unserer rohen Producte nicht bedürfen? — Man frage ferner die ungarischen Tuchmacher, die Leinwandfabrikanten in Oberungarn und alle die zahlreichen Kleinverkäufer der nächsten ungarischen Comitate, welche stets guten Absatz ihrer Waaren in Kroatien finden, was wohl sie bei einem erhöhten Zollsystem beginnen würden? Die Kroaten aber würden diese Be= dürfnisse entweder selbst erzeugen oder aus Krain oder Steiermark als Tausch= artikel für ihre Weine beziehen, und sowohl die Regierung, als auch die Stände dieser Provinzen, würden bereitwillig Handelsverträge eingehen, wenn sie durch die besprochene Trennung vor der Ueberschwemmung ungarischer Producte gesichert wären. Wohin wenden wir uns nun bei einer solchen Beschränkung des Handels, welcher nach allen Nachbarstaaten hin stockt, mit unseren vielen Naturproducten, auch während jener 15 Jahre (?), bis unser Donauhandel emporkommen wird? Dieses müssen uns Jene lehren, die kein Bedenken tragen, diesen einzigen (?) Kanal durch Kroatien aufzugeben, welchen zu erleichtern doch nur einiger Kenntniß in der Hydrotechnie und einer größern Consequenz in den Finanzen bedarf. Ich frage nun meine Mitbürger, wenn wir unter solchen Umständen geldärmer und durch den Verlust von anderthalb Millionen Menschen schwächer geworden sind, wird es uns dann in Hinsicht unserer Gesetze und Freiheiten besser ergehen, wenn sich die Kroaten auch wirklich in ihrer Rechnung geirrt hätten, indem sie einen prekären Zustand unserer ungerechten Herrschaft vorzogen?

Betrachten wir nun unseren künftigen Zustand ohne Kroatien und Slavonien von politischer Seite und wir werden alsbald wahrnehmen, daß sich unsere sämmtlichen slavischen Mitbürger mit gespannter Aufmerksamkeit um das Schicksal jener Provinzen bekümmern werden. Sollte nun die Kroaten ein besseres Loos treffen, so werden unsere Slaven sehnsuchtsvoll auf sie hinblicken, und es uns bei erster Gelegenheit fühlen lassen (!).

Galizien und diese unsere verbündeten Königreiche sind in politischer und strategischer Hinsicht für uns die interessantesten Länder, deren Einwohner wir aus gebieterischen Gründen zu unseren verbündeten Freunden machen müssen, da unser wahres Unglück, unsere wirkliche Gefahr nur von dorther sowohl in östlicher, als westlicher Richtung kommen kann. — Die Politik von Europa hat sich seit 20 Jahren gänzlich geändert; unsere Gerechtsame, bürgerliche Freiheit und Ruhe werden nicht mehr daher bedroht, wohin wir früher unser ganzes diplomatisches Streben zu wenden gewohnt waren. — Anarchie einer und der östliche Eisscepter andererseits sind Gefahren, welche uns nicht minder als die westlichen Nachbarn bedrohen. — — Diese beiden haben allenthalben eine gleich thätige, gleich gefährliche Propaganda. Kroatien aber und Slavonien wäre seiner Lage nach in jeder Art von Gefahr der bedenklichste Punkt für uns, wenn es nicht neben, sondern gegen uns stände. Diese zwei Provinzen haben 1809 65,000 tapfere Krieger durch ihre Grenztruppen und Insurrection, die allein 17,000 Mann betrug, dem gemeinsamen Feinde entgegengeführt, von welchen keiner mit Stricken gebunden dem Wehrstande einverleibt werden mußte. Wohlunterrichtete Menschen versichern, daß Kroatien allein diese Summe von Streitern aufbringen könnte, wenn es sich um einen volksthümlichen Zweck handelte. Wenn nun diese Provinzen von was immer für einer

200

Seite w i d e r u n s gewonnen würden, so können sie um so unbezweifelter ohne alle fremde Hilfsmittel Ungarn erobern (?), als dieses in Hinsicht seiner alten militärischen Tugenden schon ganz entartet ist *) und sehr viele Ein= wohner zählt, die sich gern mit diesen Schaaren wider uns verbinden würden.

Ich bitte euch, meine theuersten Brüder, diese Rücksichten ins Auge zu fassen und hier nicht auf unser reguläres Militär zu zählen, weil dieses immer entweder in Einklang mit Kroatien handeln, oder im übelsten Falle schon nicht mehr existiren würde **). — — — — Wenn auch die Gefahren noch ferne zu sein scheinen, so liegt unser diesfälliges Verderben doch im Reiche der Möglichkeit nach dem Gange der Weltereignisse und unseres eigenen Treibens, ja sogar im Bereiche der Wahrscheinlichkeit, besonders wenn wir nicht besonnener und consequenter zu Werke gehen und unsere Jugend sich nicht reelleren Studien und Beschäftigungen ergiebt, als es leider bisher der Fall ist. — Ferner ist auch zu berücksichtigen, daß weder Fiume, noch Dalmatien oder Bosnien nach einer Trennung der Kroaten uns je einverleibt würde; da alle diese Provinzen von einer und derselben Nation bewohnt und durch die fraglichen verbündeten Länder von Ungarn geogra= phisch getrennt sind ***).

Hier habe ich nun, wie ich hoffe, alle Gründe, die eine Trennung, sei es von beiden, oder nur von einer dieser Provinzen, anrathen, durch viel wichtigere Gegengründe entwaffnet. Allein noch bleiben die Fragen übrig: Ob nicht die Kroaten selbst diese Trennung, und warum sie sie suchen? wie dieses folgenreiche Ereigniß zu verhindern und die Gemüther zu besänftigen wären? — Ich habe gezeigt, daß diese Nationen getreue Freunde, folgsame Unterthanen des Gesetzes, tapfere und bereitwillige Soldaten zu sein ver= mögen; daß ihr Land Alles in kleinem Maßstabe hervorbringt, wessen sich

---

*) Es muß hier nothwendig bemerkt werden, daß die tapfern Grenztruppen durchaus nicht in diese Controverse gehören, sondern als rein militärische Körper sich nur dem Commandoworte fügen, folglich ebenso auf Agram losgehen würden, als auf Pest. — Die kroatische Insurrection aber ist nicht um einen Grad kriegerischer als die ungarische und hat 1809 ebenso wenig geleistet. Auf ihre Eroberungen darf man daher nicht sehr sanguinische Wünsche bauen. Anm. d. H.

**) Der Sinn dieser Worte ist uns nicht klar. Anm. d. H.

***) Dennoch aber hat Fiume im verflossenen Herbste im Reichstag die Einverlei= bung mit Ungarn verlangt, aller Reclamationen Kroatiens ungeachtet Nichts von einem Rechte dieses Königreichs wissen wollen und gegen selbes solenn protestirt. Es scheint daher die nationelle Identität nicht so groß zu sein. Anm. d. H.

unser Vaterland erfreut, ja noch so Manches, was wir nicht besitzen, und was uns unentbehrlich ist; endlich daß beide Länder nur eine Nation ausmachen, und in den künftigen ereignißreichen Zeiten leicht einen ableitenden Talisman für uns bilden können, wenn wir sie zu würdigen wissen. Der Wunsch einer Trennung ist von Seite der Kroaten, wie mir scheint, nur bedingnißweise; von unsrer Seite hingegen sind Forderungen eingetreten, von welchen wir gewissermaßen die Kroaten nicht lossprechen können.

Versuchen wir nun diese Streitpunkte mit reifer Ueberlegung und Unparteilichkeit zu untersuchen, und wir werden finden, daß, wenn wir das Gerechte von dem Usurpatorischen absondern, wir hoffen können, daß auch die Kroaten dann sub pendente et dubio litis eventu, unsern billigen Ansinnen einen vernünftigen Beifall, uns und sich selbst zu Liebe, zollen werden.

In Hinsicht der ungarischen Sprache wäre es unsererseits wohl kindisch, jetzt, wo noch sieben unserer Comitate und mehr als die Hälfte der königlichen Freistädte, sämmtliche Capitel, die ungarische Hofkammer, alle Dreißigstämter und das ungarische Militär entweder lateinisch oder in deutscher Sprache ihre Amtsgeschäfte abhandeln; wo noch unsre Frauen gewöhnlich deutsch sprechen, und mehr als die Hälfte unserer Bevölkerung nicht ungarisch versteht, von den Kroaten zu verlangen, daß sie ihre Officiosa ungarisch verhandeln, oder ihnen zuzumuthen, daß nur irgendwo in Kroatien ein Theil ihres Volkes ungarisch sprechen soll. Nordamerika communicirte mit seinen deutschen Colonien durch 30 Jahre deutsch, und erhob die englische Sprache erst dann zur Geschäftssprache, als die Colonien selbst im Bewußtsein ihrer Fähigkeit darum angesucht hatten. — In der Schweiz findet man dreierlei Geschäftssprachen, und nur im Großen Rath wird unerläßlich die deutsche gefordert. Daher wäre es weiser, früher zu Hause die Verbreitung der ungarischen Sprache mit gelinden moralischen Mitteln intensiv und extensiv zu bewerkstelligen, als sie durch Zwang allenthalben verhaßt zu machen. Wir gewinnen schon durch das Gesetz, daß alle bedeutenden Aemter in unserem Vaterlande die Kenntniß unserer Sprache erfordern, und daß sie überall studium ordinarium in den Schulen, selbst in Kroatien, geworden ist. Das Einzige, was wir von Rechtswegen fordern können, ist, daß in Zukunft die kroatischen Deputirten bei der Ständetafel auch ungarisch sprechen. — Zu Hause mögen sie dann ihre Geschäfte lateinisch, oder kroatisch nach eigenem Wunsche verhandeln.

Wegen Freiheit der Religionsübung ist es auch nicht weise, die Kroaten zwingen zu wollen, daß sie ihren Prärogativen, auf welche sie, da sie selbe mit Blut erkauft haben, sehr viel halten, zu Gunsten jener Menschen entsagen sollen, die sie in ihrem Lande noch nicht besitzen. Sollten aber kraft des 26. Art. 1790 mehrere Protestanten sich in Kroatien niederlassen, und man Ursachen haben mit ihnen zufrieden zu sein, so zweifle ich nicht, daß die Kroaten dann auch anders denken, und in ihren Landesversammlungen den Protestanten zuerst das Bürgerrecht verleihen, mit der Zeit aber auch das adeliche gewähren werden*). Ueberhaupt bitte ich alle Patrioten, sich in Europa umzusehen und sie werden finden, daß die Katholiken ebenso in protestantischen Staaten mißtrauisch behandelt werden, wie in Kroatien die Protestanten. Sehr unklug ist es übrigens, in Meinungssachen Nationen gebieten zu wollen, wo doch nur Ueberzeugung und freier Wille gelten kann; denn Mahomeds Schwert würde heute schwerlich Proselyten machen**). Dagegen sind wir aber berechtigt zu fordern, daß an der Meeresküste und in den Freihäfen des Commerzes wegen alle Religionen gleich tolerirt werden, und ich erwarte von dem weiseren Theile der Nation, daß hierin kein Widerspruch erfolgen werde. Mit der Beilegung dieser Anstände wird auch die Frage des Besitzes von Fiume von selbst aufhören; denn so lange Kroatien uns gehört, wird auch Fiume unser sein, fällt aber ersteres ab, so rettet Niemand Fiume mehr (?!), weil die erste Schenkung doch die rechtsgiltigste ist, und obwohl wir durch eine Privatisirung von Fiume auf eine mögliche Trennung von Kroatien antragen, so nützt dies Auskunftsmittel zu weiter nichts, als daß es eine schnellere Trennung von Ungarn herbeiführt.

Was den Anstand wegen der Contribution betrifft, daß nämlich Kroatien nur die Hälfte von dem zahlt, was unsere Contribuenten von einer Porta leisten: müssen wir hier gerecht sein, und anerkennen, daß Kroatien

1) sehr schlechte Gründe hat ;

---

*) Es ist sehr zu bezweifeln, daß die Protestanten auf diese Hoffnung hin sich in Kroatien niederlassen werden.　　　　　　　　　　　　Anm. d. H.

**) Ich glaube nicht, daß man hier in Meinungssachen gebieten wolle, denn es handelt sich nur um bürgerliche Rechte ungarischer Staatsbürger. Ebenso wenig ist auch nur entfernt von Proselytenmacherei die Rede. Mahomeds Schwert dürfte sich daher leicht in ganz andern Händen befinden, als in jenen der ungarischen Reichsstände.

　　　　　　　　　　　　　　　　　　　　　　　　　　　Anm. d. H.

2) daß es durch die vielen Land= und Wasserstraßen, die es wegen uns erhalten muß, sehr leidet;

3) daß es durch die Grenze von seinem Arealgrunde namhaft ver= loren hat;

4) daß die kroatische Contribution blos für die Grenze bestimmt ist;

5) daß ein großer Theil des Volkes zu den Vanderien gehört, welchen die Last der inneren Bewachung obliegt, folglich nicht so viel zu leisten vermag.

Daß aber die Bewachung nöthig sei, beweisen die häufig aus der Tür= kei hereinbrechenden Räuberbanden. — Slavonien ist in dieser Hinsicht anders constituirt, weil der Contribuent ein um vieles gelinderes Urbarium, bessere Gründe und die Save als Cordon besitzt, nicht wie Kroatien trockene Grenze gegen die Türkei hat, welche viel schwerer zu bewachen ist. Man darf sich daher nicht wundern, wenn die Kroaten auf diesen Punkt ihrer Vorrechte so viel halten, denn sie haben giltige Gesetze hierüber, welche nur dann verändert werden könnten, wenn der Handel besser regulirt, alle Straßen für baares Geld, nicht durch den Contribuenten, erhalten würden, wenn endlich die Türkei aufhörte, ein Pest und Raub bringendes Nachbar= land zu sein.

Nun bliebe nur die in den Augen unserer jetzigen Patrioten unange= nehm wirkende Art der reichstägigen Vertretung Kroatiens zu erörtern übrig. Ich bin überzeugt, daß die Nachwelt bei Durchlesung aller hierbei angewendeter Angriffs= und Vertheidigungsargumente sich kaum des Lächelns wird enthalten können. Die Kroaten sind hierin gegenwärtig durchaus im Uebelstande, da sie statt sechs nur zwei Deputirte zu der Ständetafel senden; allein sie sind damit zufrieden, warum wollen wir ihnen einen Vortheil auf= dringen, den sie nicht als solchen erkennen? Uebrigens wird im Operate de publico-politicis Raum und Zeit genug erübrigen, Alles reiflich zu über= legen, was man zur endlichen Gründung eines Staatsrechtes zweckmäßig zu bestimmen hat. Nur bitte und beschwöre ich meine Mitbürger, das in der Gesetzgebung so unumgänglich nothwendige Phlegma und die unentbehrliche Rechtlichkeit nicht bei Seite zu setzen, allen ungegründeten Haß abzulegen, und die launische Despotie aufzugeben, welche auf diesem Landtage wirkungs= los und zu unserem Nachtheile gegen die Kroaten ins Werk gesetzt wird, weil wir diese Handlungsweise dereinst gewiß bedauern und uns vor ganz

Europa des Erröthens nicht werden erwehren können*). Für jetzt aber mache ich im Sinne des früher Gesprochenen den Vorschlag, unsre Brüder Kroatiens herzlich aufzufordern, daß sie sich in einer gemeinsamen Deputation über Alles einverstehen, was die dermaligen Ablegaten Kroatiens ihren Committenten als gemeinsamen Wunsch Ungarns vorzutragen sich getrauen werden. — Durch solche Maßregeln, durch freundschaftliches Entgegenkommen, und den aufrichtigen Wunsch, uns ebenso wie den Kroaten zu einer behaglicheren Stufe der Cultur allmählich zu verhelfen, werden wir alle böswilligen Schritte und Aufreizungen entwaffnen, und die Kroaten, welche nicht minder moralische Wesen sind als wir, bald beruhigen, in unsere besten Freunde und Verfechter umwandeln, wie sie es wirklich früher und noch vor 20 Jahren gewesen.

———————

Aus dieser Abhandlung läßt sich denn gar wenig Trostreiches entnehmen, weder für einen engern Verband Kroatiens mit Ungarn, noch weniger für eine vollkommene Verschmelzung im Laufe der Zeit, die doch bei einem integrirenden Theile des Reiches, welcher gleichen Antheil an der Gesetzgebung hat und dessen Söhne an allen Würden und Aemtern des Reiches theilnehmen, nicht nur zu wünschen, sondern zu verlangen wäre. Hier wurde nun durch einen einflußreichen, mit der Lage Ungarns sowohl als Kroatiens vertrauten Mann bestätigt, was zahlreiche anonyme Flugschriften, oft mit schwer verhaltener Mißgunst und tief liegendem Hasse gegen das Mutterland, thätig verbreiteten.

Obwohl der Herausgeber die Ansicht der ungarischen Ständetafel vollkommen theilt, daß Kroatiens Munizipalgesetze ebenso der Entscheidung des Reichstages unterliegen als jene Ungarns, so mußte er sich dennoch mit

———————

*) Nie haben die ungarischen Reichsstände zu dieser empfindlichen Rüge auch nur entfernt Anlaß gegeben; nie haben sie gegen die kroatischen Ablegaten Phlegma und Rechtlichkeit bei Seite gesetzt. Zwar blieben die Kroaten fast immer in der Minorität; die Ursache lag aber darin, weil die ungarischen Reichsstände aus eigener Ueberzeugung und in Folge der königlichen Propositionen das Loos des Bauers erleichtern wollten, und so weit es unter den jetzigen Umständen thunlich war, auch hochherzig erleichterten, dagegen der kroatische Adel zu gar keinen Concessionen sich verstehen wollte. Stets wurden die mitunter sehr langen und bereits gegen die erkannte Majorität vorgebrachten Reden der kroatischen Ablegaten angehört. Die ungarischen Reichsstände haben daher vor Europa durchaus nicht zu erröthen, und dürfen im Gegentheil des allgemeinen Beifalls versichert sein. Anm. d. H.

einer Art Beschämung bekennen, daß ihm der Inhalt dieser Staatstractate völlig unbekannt sei. Um daher hierüber ins Reine zu kommen, wandte er sich an einen der Repräsentanten von Slavonien, dessen statistische Kennt= nisse der fraglichen Königreiche, an deren Provinzialversammlungen er auch Antheil zu nehmen pflegte, nicht minder anerkannt sind, als seine hellen legislatorischen Ansichten, die ihm im ungarischen Reichstage schon längst einen ehrenvollen Ruf gegründet. Der Herausgeber ersuchte ihn daher um Mittheilung seiner Ansichten über die Lage der kroatischen Angelegenheiten, wobei er ihn auch mit dem Wesentlichen des obigen Aufsatzes bekannt machte; er bat ihn namentlich um eine Abschrift der Verträge zwischen Ungarn und Kroatien, seine diesfällige Unwissenheit ohne Rückhalt bekennend. — Die hierauf erhaltene Antwort, für welche der Herausgeber seinen Dank öffent= lich an den Tag legen zu müssen glaubt, verbreitete sich über die in Frage stehende schwierige Lage der Dinge mit nicht alltäglicher Sachkenntniß und Scharfsinn. Leider ist aber diese vorzügliche, in alle Verhältnisse Kroatiens, Slavoniens und Dalmatiens tief eindringende Abhandlung von einem Um= fange, der bei der vorliegenden Menge höchst wichtiger Gegenstände ihre wörtliche Mittheilung hier nicht gestattet, obwohl sie, besonders herausge= geben, einen höchst willkommenen Beitrag zu den bereits vorhandenen Notizen hierüber liefern würde *). Hoffend daher, daß der geistreiche Ver= fasser recht bald das ungarische Staatsrecht durch Herausgabe derselben bereichern werde, wollen wir hier nur dasjenige aus dem Schreiben heraus= heben, was zur Aufklärung der kroatischen Frage unumgänglich noth= wendig ist.

„Sie erhalten hiermit die verlangten Aufschlüsse über Kroatien, in so weit dieses nämlich im Reiche der Möglichkeit liegt; denn eine Abschrift der Staatsverträge zwischen Ungarn und Kroatien kann wohl Niemand ertheilen, aus dem natürlichen Grunde, weil diese Pacten noch keines Sterblichen Auge gesehen, da sie nur leere Träume sind und außer dem Munde der Kroaten nirgends existiren. — Wie' wäre es auch anders möglich bei einem Volke, das die Könige von Ungarn mit Waffengewalt unterjocht, nachdem es schon

---

*) Besonders empfehlenswerth ist eine eben erschienene Abhandlung: Brevis et sin-cera Responsio ad reflexiones etc. scripsit E. M. de MM. et G. E. E. A. P. P. Lipsiae 1835, wo die neuesten kroatischen Ansprüche mit vieler Gelehrsamkeit zurück= gewiesen werden.

früher unter dem Joche verschiedener fremder Herren geschmachtet hatte? — Schon Ludwig der Fromme, Sohn Karls des Großen, nennt in seinem Briefe an den griechischen Kaiser Constantin den Macedonier, im Jahre 871, die Kroaten und Slavonier „Völker unseres Slavoniens, durch die Griechen lange in Knechtschaft gehalten." — Constantin Porphy=rogeneta sagt, „die Chrobaten seien den Franken unterworfen gewesen." — Nach dem gelehrten dalmatinischen Schriftsteller Farlatus haben sie sich 879 unter Branimir vom fränkischen Joche befreit; sein Nachfolger Sedesklav übergab sich und sein Volk abermals den Griechen und ging von der römischen zur griechischen Kirche über. Die griechischen Kaiser er= laubten den Fürsten der Kroaten, sich Könige zu nennen, jedoch unter der Bedingniß eines starken Tributes in byzantinischen Goldstücken. Doch kurz darauf, so erzählt Dandolo in seiner Chronik, entstand Uneinigkeit zwi= schen den Söhnen König Terpimirs, Muzimir und Siragira, und in Folge der Verheerungen des erstern, riefen die dalmatinischen Seestädte die Venetianer zu Hilfe, die auch die dalmatinische Küste mit Einwilligung der griechischen Kaiser Basilius und Constantin eroberten. Im Jahre 997 nahmen die Venetianer unter dem Dogen Urseolo den Sohn des Königs Surigna als Geißel mit sich. — So stand es mit der so gepriesenen Unabhängigkeit der Kroaten, bis sie endlich nach der Erzählung des heimi= schen Schriftstellers, Thomas von Spalato, vom ungarischen König Ladislaw dem Heiligen und seinem Sohne Colomann, mit Ausgang des eilften und Anfang des zwölften Jahrhunderts, unterjocht wurden, indem nach dem kinderlosen Tode des Königs Swinimir, die Suppane und andern Herren das Land in einen vollkommen anarchischen Zustand versetzten, daß in Folge dessen der h. Ladislaw von einer Partei herbeigerufen wurde. Die durch seinen Vater schon größtentheils vollbrachte Unterwerfung mit den Waffen vollendete Colomann 1104, nachdem er die noch widerstrebende Stadt Spalato zur Uebergabe gezwungen. — Von da müßten sich nun die so oft erwähnten Staatstractate herschreiben; doch es ist keine Spur von ihnen vorhanden, weil die Könige von Ungarn sie mit dem Schwerte auf der Ueberwundenen Nacken geschrieben. Hätten die Reichsstände 1830 den kroatischen Deputirten die Vorlegung der so kühn allegirten Verträge auf= erlegt, so würden die Kroaten wahrscheinlich die Saiten viel tiefer gespannt haben, und die unverschämten Flugschriften einiger Fanatiker hätten schwer= lich das Licht erblickt. Doch auch jetzt noch sollten sie aufgefordert werden, ihre ausgerufenen Pacta conventa vorzuzeigen, und bald würde sich darthun, daß es viel leichter sei, Rechte vorzugeben, als sie zu erweisen.

Doch die großmüthige ungarische Nation hatte die Besiegten nicht unterjocht, sondern als Brüder aufgenommen und sie ihrer constitutionellen Freiheit theilhaftig gemacht; welches auch die Kroaten redlich vergalten, indem sie den Ungarn den Usurpator K a r l d e n K l e i n e n ins Land zogen, später unter ihrem berüchtigten Ban H o r v á t h y, dem Prior P a l i s z n a und Mehrern, im Verbande mit den Bosniern, Rebellion erregten und nur mit Waffengewalt durch den Palatin G a r a gebändigt werden konnten. — Zum Theil aus diesem Grunde gestattete man den Kroaten in der ersten Periode der ungarischen Könige keinen activen Theil an der Gesetzgebung; sie sendeten nur Redner an den Reichstag, um die Anliegen ihrer Landsleute vorzutragen, hatten jedoch kein Votum und waren nur zugegen, um in den einheimischen Versammlungen den Kroaten die gebrachten Gesetze zu ver= kündigen. Erst in den neuern Zeiten erlangten sie Sitz und Stimme im Reichstag, erst unter König L e o p o l d II. ward auf Ansuchen der Kroaten das Gesetz gebracht, nach welchem sie nun, aufs engste mit dem Mutterlande verbunden, zu allen Aemtern und Würden des Reiches zugelassen, ja in den ungarischen Dikasterien eine bestimmte Anzahl Plätze für ihre Landeskinder aufbewahrt werden, die Contribution von Kroatien aber nur in dem ungari= schen Reichstag bestimmt werden kann."

Ueber die neuesten Differenzen enthielt der Brief die umständlichsten Aufklärungen, welche er mit einem Schatze diplomatischer Citate belegt und durch selbe die Ausfälle und Ansprüche der kroatischen Flugschriften voll= kommen entkräftet. Da jedoch dieses auf die Analyse jener Pamphlete leiten müßte, die der Zweck dieser Blätter nicht gestattet, so führen wir hier nur das Wesentlichste daraus an.

„Daß es den Ungarn nie in den Sinn kam, den Kroaten ihre Sprache zu nehmen, zeigt der Inhalt des zur Verbreitung der ungarischen Sprache gebrachten Gesetzes. Daß man aber mit Recht verlangen konnte, ein Volk, welches an der Gesetzgebung und der Staatsverwaltung Ungarns unmittel= baren Antheil hat, solle nun, da der heimische Geschäftsgang und die Legislation in der Muttersprache geführt werden, auch in Kroatien sich die Sprache so viel als möglich eigen machen, hätte bei einer unbefangenen Betrachtung der Sache nur den Dank desselben verdient. Allein die dieser Sprache unkun= digen Beamten raunen dem Volke ins Ohr: „Die Ungarn wollen euch ihre

Sprache aufdringen, die eurige rauben und somit eure Exiſtenz vernichten u. ſ. w." Auf dieſe Art wird der rohe Pöbel aufgeregt, der es dankbar erkennen würde, wenn man ihm die Wahrheit ſagte, daß man ihnen ihre Sprache ungeſchmälert gelaſſen, ſondern nur will, ihre Söhne ſollen auch verſtehen, was im Lande vorgeht; ſie ſollen ſich hinfür viel leichter und wohlfeiler die Staatsſprache in den Volksſchulen eigen machen können, als bisher geſchehen, um dann mit der Zeit um ſo inniger mit Ungarn ver= bunden zu ſein und auch daſelbſt leichter ihr Fortkommen finden zu können. — Allein das paßte ſchlecht in den Plan Derjenigen, die nun im Lande auf Koſten der Uebrigen das Monopol der Aemter ſich zueignen und gern alles Licht davon fern hielten."

„Ein gleiches Bewandtniß hat es mit der Aufnahme der Proteſtanten. Auch hier wird das Volk aufgeregt und ihm vorgeprediget, man wolle die katholiſche Religion umſtoßen und das Land lutheriſch machen. Der arme, ruhige Landmann bekümmert ſich wenig um das Glaubensbekenntniß An= derer, wenn man ihm nur das ſeinige unangefochten läßt. Sein geſunder Sinn würde ihm zeigen, wie ungerecht es ſei, einen Staatsbürger des Mutterlandes hindern zu wollen, daß er für ſein Geld ſich ankaufe, ja ihn nicht einmal die Erbſchaft ſeiner Mutter in Beſitz nehmen zu laſſen, da doch die Geſetze die gemiſchten Ehen geſtatten. — Aber den Fanatikern liegt hier etwas ganz Anderes im Sinne. Sie fürchten, daß die gebildeten Prote= ſtanten in Schaaren herbeiſtrömen, ſich einbürgern, einen Theil ihrer Aemter beſetzen und ſie ihres Monopols berauben werden. Dieſe Befürchtung hat zwar wenig Grund, denn gewiß finden die Proteſtanten viel leichter Unter= kunft in dem geſegneten Ungarn, als in dem armen Kroatien, das kaum im Stande iſt, ſein eigenes Volk zu ernähren. — Die ungariſchen Stände bezwecken bei der Abſtellung dieſes Geſetzes weiter Nichts, als die Vernich= tung eines höchſt ungerechten, weder mit dem Verbande beider Länder, noch mit der Reciprocität, noch endlich mit unſerm aufgeklärten Zeitalter verein= barlichen Gebrauches. — Daß alle gegen die neueſten Verordnungen u. Abſichten der ungariſchen Stände gerichteten Klagen nur Folge eines herzigen Kaſtengeiſtes ſeien, und daß man hier das irregeleitete Volk als Aushängeſchild gebraucht, unterliegt wohl keinem Zweifel, wenn bedenkt, daß die ungariſchen Stände ſchon in den frühern Zeiten großmü= thig genug waren, dem kroatiſchen Volke in Betracht ſeiner Lage und de=

Nachbarschaft der Türken nur die Hälfte der in Ungarn üblichen Contri=
bution aufzuerlegen. Diese Erleichterung ward zwar auch noch einigen
andern Theilen Ungarns, aus eben demselben Grunde, zu Theil, sie ist
jedoch bereits überall nach gebrochener Macht der Pforte abgestellt. Nur
in Kroatien, obwohl während der letzten Decennien die Preise aller Natur=
producte daselbst viel höher stiegen als in Ungarn, auch daselbst ein viel
größerer Handelsverkehr waltet, weigerten sich die kroatischen Stände ihre
Unterthanen die ganze Contribution zahlen zu lassen, da doch das Land
gleichförmig des Schutzes der Truppen genießt, zu deren Erhaltung die
Contribution bestimmt ist. Immer wurde die Lage des Unterthans als
vollkommen hilflos dargestellt. Dieses scheint nun auf den ersten Blick
aus einer väterlichen Fürsorge entsprungen zu sein; der schöne Nimbus
verschwindet jedoch, wenn man der Sache ein wenig tiefer auf den Grund
sieht. Ist die Lage des kroatischen Bauers wirklich so beschränkt, daß er
die Staatslasten nur zur Hälfte tragen kann, und sie zum Theil auf die
ungarischen Contribuenten wälzen muß, so verlangt die Billigkeit sowohl
als das Staatswohl, daß auch die Grundherren die Hälfte der Urbarial=
Prästationen erlassen, damit der angeblich kraftlose Bauer nicht ganz zu
Boden gedrückt werde. — Allein davon wollen die Edelleute nichts hören;
und wer die kroatischen Urbarialverhältnisse kennt, wird wissen, wie sehr
die Unterthanen daselbst von ihren Herren hergenommen werden, die mit=
unter ihre Macht selbst über ihre Personen ausdehnen, indem sie die schön=
sten Burschen und Mädchen nach Willkür für den herrschaftlichen Dienst
bestimmen; ein Frevel, von welchem in Ungarn schon längst keine Spur
mehr vorhanden ist. — Doch der väterliche Sinn des kroatischen Adels
zu seinen Unterthanen hat sich im gegenwärtigen Reichstage am deutlichsten
ausgesprochen, als er das Urbarial = Operat zugleich mit den ungarischen
Ständen berieth. Ich frage Jedermann, der mit den Verhandlungen dieses
Operates bekannt ist: sind die Deputirten von Kroatien auch nur einer
einzigen der so häufigen Concessionen beigetreten? Kann in Betracht der
Liberalität und Kargheit gegen den Bauer irgend ein ungarisches Comitat
mit Kroatien in die Schranken treten? Gewiß nicht! denn mochte es sich
auch nur um die geringste Erleichterung des Unterthans handeln, wogegen
sich nicht eine Stimme erhob: der Ablegat von Kroatien war gewiß
der einzige, der dem Antrag widersprach. So scheint es denn der eigene
Beutel zu sein, den man bei der Contribution bewahren wollte, um den

Bauer auf Kosten des allgemeinen Wohles zu schonen, damit man ihm von Seite des Grundherrn wacker zusprechen könne. "

„Auf diese Art möchten die Kroaten auch das V e r ö c z e r Comitat, welches an diesen Werken der Intoleranz und Finsterniß keinen Theil haben will, gern verketzern. Man wollte anfangs den liberalen Geist dieses Comitates als gefährlichen Schwindel seiner Ablegaten darstellen, von dem die Gesammtheit des Adels nichts weiß. Allein es vergingen bereits Monate und Jahre, ohne daß die Stände jenes Comitates sich entschlossen hätten, auf der kroatischen Pfeife zu blasen. — Eine gleiche Beschämung erfuhren die kroatischen Eiferer mit Dalmatien und dem Litorale, welches sie am engen Verbande mit Ungarn verhindern und sich incorporiren wollten. Die kroatischen Flugschriften, gedruckte und geschriebene, stellten die Verbindung des Küstenlandes mit Kroatien als unumgänglich nothwendig, als staatsrechtlich und in dem Wunsche der Fiumaner gegründet dar. Allein von Allem diesem wollte der Gouverneur von Fiume in der Magnatentafel und der Ablegat dieser Stadt bei den Ständen nichts wissen, und beide bewiesen mit den triftigsten diplomatischen und politischen Gründen, daß die Ansprüche Kroatiens durchaus ungegründet seien. "

Nachdem unser würdiger Correspondent noch über den nothwendig aufrecht zu erhaltenden Verband Kroatiens mit Ungarn; über die Militäreinquartierungen, welchen sich Kroatien gleichfalls zu entziehen wußte; über die Landescongregationen der drei Königreiche; über ihre Vertretung beim Reichstage; über die Ansprüche der Kroaten auf verschiedene Aemter und über andere innere und äußere Verhältnisse Kroatiens so manches Gediegene vorgebracht, was wir, mit seiner Erlaubniß, anderen Ortes zu benutzen gedenken, schließt er seinen Brief folgendermaßen:

„Im Uebrigen giebt es im Königreiche Ungarn zwei Grundpfeiler, um welche alle Völker und Theile des Reiches sich versammeln: sie sind der K ö n i g und die V e r f a s s u n g. Sie beide, als die festesten Stützen, mit Blut und Leben zu vertheidigen, durch gemeinschaftliche Rathschläge unversehrt zu erhalten, in wie weit die Hilfsquellen des Staates zu ihrer Aufrechthaltung nicht hinreichen, die vereinten Kräfte zum Opfer zu bringen, mit weisem Rathe zur Hand zu sein, begründet die vorzüglichste Pflicht der Gesellschaft. In dieser Vereinigung wird sie, bei gleichförmiger Vertheilung der Lasten, aus jeder Gefahr als Siegerin herausgehen. Es ist daher unsere Pflicht, diese Einigkeit aufrecht zu erhalten und vor Jenen auf der Hut zu sein, die diese Grundpfeiler zu erschüttern sich bemühen. Nur bei Solchen muß die Quelle der Uneinigkeit gesucht werden, nicht bei Jenen, die Mittel an die Hand geben, wie alle Bewohner des Reiches sich gleicher Fürsorge erfreuen können. — Möge Jeder seine Schritte wohl in Acht haben und reichlich überlegen, ob man nicht mitunter den Anforderungen der Zeit weichen müsse, damit die eigene und des Staates Wohlfahrt aufrechterhalten werde."

„Hier haben Sie denn Alles, was ich auf Ihr Verlangen senden konnte. Stellen sie damit Ihre Erfahrungen zusammen, und Sie werden sich überzeugen, daß mein eifrigstes Bestreben nur auf Einigkeit gehe. Möchte man doch alles Veraltete, unseren Verhältnissen, unserem Zeitalter nicht mehr Entsprechende fahren lassen, damit Jeder an sich und seinen Mitbürgern unseres weisen Monarchen Wahlspruch bewährt finde: Justitia regnorum fundamentum."

Ihr
S.

Ja wohl scheint dieser Wahlspruch den Herren, die im starren Halten an dem Buchstaben, in so weit er ihnen günstig ist, das Heil des Staates suchen, nicht immer vor Augen zu schweben. — Wahr bleibt es indessen immer, daß auf diesem Wege wenig Gutes zu erwarten ist. Und nimmt man zu dem Gesagten noch alle die in den letzten Brochüren und Aufsätzen enthaltenen Hindeutungen auf das feste Band und die Sympathie aller slavischer Völker; die verdeckten Drohungen mit einer Riesenmacht, welcher sich anzuschließen man sich im äußersten Falle dennoch bewogen sähe; den schlecht verhaltenen Groll und die Unfügsamkeit in die gelindesten Vorschläge und Abänderungen: so muß man wirklich wünschen, daß die ganze Sache mit der größten Vorsicht, zugleich aber mit gehörigem Nachdrucke verhandelt und die reiflich gefaßten Beschlüsse mit aller Kraft ausgeführt werden. Das Uebel hat bereits einen so bedenklichen Charakter angenommen, daß es durch zu energische und rasche Maßregeln ebenso sehr verschlimmert würde, als durch kraftlose und halbe.

Vor Allem aber scheint es nothwendig zu sein, daß die Staatsverträge, auf welche sich Kroatien nun bereits im zweiten Reichstage stützt, vorgelegt und einer allseitigen Prüfung unterworfen werden. Sollte sich aber keine derlei Urkunde vorfinden, dann wäre freilich wohl Manches, was sich im Laufe der letzten Jahre zugetragen, schwer zu entschuldigen.

14 *

IV.

Gesetzgebung.

Ausdehnung, Vorzüge, Mängel und Anomalien derselben in der jetzigen Zeit.

———

Die ungarische Gesetzgebung wird nur in den Reichsversammlungen, im Verein des Königs mit der Nation ausgeübt. — Wir nannten die un=garischen Reichstage „die Schutzwehr der ungarischen Volksthümlichkeit und den Grundstein ihrer Rechte und Freiheiten," und das mit vollem Rechte. Seit länger als neunhundert Jahren sind sie die Seele des ungarischen Staatslebens; sie konnten wohl oft lange verzögert werden; sie gänzlich abzustellen, hat wohl mancher König versucht, doch ist es keinem gelungen. Häufig trat in selben Streben nach unumschränkter Gewalt mit besonne=nem Widerstande in die Schranken; aber jeder Reichstag ohne Ausnahme charakterisirte nie einzuschläfernde Wachsamkeit der Stände über Aufrecht=haltung der Grundverfassung.

Es liegt außer dem Bereiche dieses Aufsatzes, der sich nur mit der Gegenwart beschäftigt, eine Geschichte der ungarischen Reichstage zu liefern. Vielen unserer Leser ist sie ohnehin vollkommen bekannt, die andern aber werden ihre jedenfalls ersprießliche Wißbegierde gar leicht in den zahlreichen historischen Quellen befriedigen können. Ebenso wenig wollen wir hier eine individuelle Beschreibung des letzten, noch zur Stunde versammelten Reichstages liefern, die einem andern Orte aufgespart bleibt. — In aller Kürze wollen wir nur erwähnen, daß im ganzen Verlaufe der ungarischen Geschichte alle wichtigen Staatsacte in den Reichstagen beschlossen wurden und vor denselben alle Zweige der Staatsverwaltung in Berathung kamen. Den Umfang und Geist der ungarischen Reichstage beschreibt Feßler,

Th. 8. S. 3, in folgenden gedrängten Zügen: „Erhaltung der alten ma=
gyarischen Constitution in voller Kraft, ihre Befestigung durch Constitutio=
nalgesetze, Behauptung und Sicherung der Nationalrechte, Freiheiten, löb=
lichen Gewohnheiten; Gesetzgebung für besondere Fälle; Bewilligung der
Steuern, Bestimmung der Art und Weise ihrer Erhebung; Entscheidung
über die Mittel, des Reiches Selbstständigkeit, Freiheit von auswärtigem
Einflusse, und Sicherheit vor benachbarten Feinden zu erhalten; Genehmi=
gung und Prüfung öffentlicher, gemeinnütziger Einrichtungen und Anstalten;
Verfügungen über das Münzwesen; Verleihung des Indigenates, der
Grundsässigkeit, der Besitz= und Standschaftsrechte an Ausländer, sei es an
Einzelne, oder an ganze Corporationen: dies waren die vorzüglichsten
Gegenstände des gemeinsamen Bürgerwillens; sie waren also auch und
blieben bis auf den heutigen Tag die eigenthümlichsten Gegenstände der
ungarischen Reichsversammlungen. In Verhandlung, Entscheidung, Fest=
stellung derselben waren und sind die Rechte des Königs und der Stände
dermaßen gleich und gegenseitig z u s a m m e n geordnet, daß jede einseitig
eigenmächtige, oder durch erzwungene U n t e r ordnung des einen Macht=
theilhabers unter den andern entstandene Entscheidung aller staatsrechtlichen
Kraft und Giltigkeit entbehrt.‟

„Wenn kräftige Regsamkeit des inneren Staatslebens lediglich durch
den wesentlichen Trieb der constitutionellen Staatsgewalt zu freier Willkür,
und durch den unwiderstehlichen Drang der constitutionellen Unterthänigkeit
zur Erweiterung ihrer Freiheit besteht, und beiderseits sich verstärkt in
der Anstrengung, womit die eine freien Spielraum ihrer Wirksamkeit über
die Constitution hinaus verfolgt, diese der herrschenden Obermacht inner=
halb der constitutionellen Schranken selbst noch engere Grenzen zu ziehen
strebt: so wird auch der ungarischen Völker inneres Staatsleben in seiner
Kraft und Würde fortdauern, so lange sie ihren Landtag erhalten und an
seiner Ausbildung arbeiten; so lange die Diarien und Acten desselben nichts
klarer und bestimmter, als jenes Streben und Entgegenstreben zwischen den
zwei Wendepunkten der Freimüthigkeit und Mäßigung beurkunden. Dies
war schon der Landtage dieses Zeitraumes eigenthümlicher Charakter.‟

In den frühesten Zeiten erschien der ganze Adel persönlich; wie denn
oft achtzigtausend Bewaffnete den Reichstag auf freiem Felde bildeten. Wie
es daselbst mit den Berathungen gestanden haben mag, kann sich wohl Jeder=
mann leicht einbilden. Die Mächtigsten nahmen nahe an des Königs Seite

Platz, während der Aermere sich mit einem bescheideneren Platze in größerer Entfernung begnügen mußte. Doch auch der Geringste durfte seine Ansicht frei und ohne Rückhalt äußern; ob aber immer eben nur das geschah, was die Mehrheit auf tumultuarische Art verlangte, dürfte wohl zu bezweifeln sein. Die Seele dieser Berathungen der frühern Periode waren die Bischöfe, welche dazumal noch alle drei Zweige der Aristokratie in sich vereinigend und selbe noch durch die religiösen Ansichten verstärkend, einen ungemeinen Einfluß bei Hofe sowohl als im Volke ausübten. Später kamen dann die Zeiten oligarchischen Druckes und der aus ihm hervorgegangenen Anarchie, bis endlich äußere und innere Verhältnisse nicht minder, als der Lauf der Zeit und die Entwickelung der Begriffe, Schritt für Schritt die jetzige Form herbeiführten. Diese hat in der Wesenheit in den letzten Zeiten wenig Veränderungen erfahren und besteht im Allgemeinen fast ebenso, wie vor zweihundert Jahren. Nur in der Form der Berathungen sind in der neuesten Zeit bedeutende Reformen vorgenommen worden*).

Die ungarische Gesetzgebung besteht in einer Art von Zweikammersystem, das sich jedoch von jenem anderer Nationen wesentlich unterscheidet. Die Initiative ist sowohl bei dem König als bei den Reichsständen, jedoch nur in der Ständetafel, daher ein Glied der Magnatentafel, welches eine Motion zu machen oder eine Beschwerde vorzubringen hat, dieses zuerst in einer Comitatsversammlung vorzutragen hat, wo nach vorläufiger Prüfung und Annahme, der Gegenstand den Deputirten der Gespanschaft zur Anregung aufgetragen wird. Daher beurkundet sich auch ein viel regeres Leben in der Ständetafel, wo sich auch die Interessen viel schroffer kreuzen als in der Magnatentafel, die ihrer Stellung nach zum Theil ein conciliatorisches Mittel bildet.

Wir wollen nun vor Allem die Elemente betrachten, aus welchen Ungarns gesetzgebender Körper besteht, und hier mit der Ständetafel, als dem ersten Felde der legislatorischen Kämpfe, beginnen und so erst auf die Magnatentafel und die Regierung übergehen. Haben wir die Stoffe erst ein-

---

*) Da der Verfasser sich nur da Wiederholungen und Citationen erlaubt, wo er sie für unerläßlich hielt, so muß er hinsichtlich der Form des Reichstages seine Leser, in so weit sie mit selber nicht bekannt wären, auf das schon einigemal in den Anmerkungen berührte Werk: „Ungarns gesetzgebender Körper, 1830. Leipzig, bei Kummer," verweisen, welches ein ziemlich treues Bild der jetzigen Reichstagsverhandlungen darstellt.

zeln untersucht, so gehen wir dann auf die Zusammensetzung, gegenseitige Stellung derselben und auf die Weise ihrer Verhandlungen über, woraus denn die Vorzüge und Mängel des Ganzen sich von selbst dem Beschauer darstellen werden.

Die Ständetafel und namentlich die Comitate betrachten sich als vorzügliches Organ des Nationalwillens, was jedoch in der angesprochenen vollen Ausdehnung von den Gliedern der Magnatentafel nicht eingeräumt wird. Da jeder im Lande wohnende Adeliche an der Wahl der Deputirten Antheil nehmen und bei Ertheilung der Instruction seine Ansichten kundgeben darf, so ist nicht zu leugnen, daß in diesem Betrachte die Comitatsdeputirten als unmittelbare Repräsentanten des ungarischen Adels zu betrachten sind, und um so kräftiger aufzutreten vermögen, als sie, in so fern sie sich in den Grenzen ihrer Instruction bewegen, durch mächtige moralische Körper unterstützt und vertreten werden; welches bei andern constitutionellen Nationen, wo der Deputirte nach geschehener Wahl fast ausschließend seinen eigenen Ansichten überlassen ist, durchaus nicht der Fall sein kann. — Den ersten und vorzüglichsten Bestandtheil der Ständetafel begründen also die hundertundvier Deputirten der neunundvierzig Comitate, der Königreiche Slavonien, Kroatien und Dalmatien und der freien Districte.

Der Adel bildet, sowohl in den Comitatsversammlungen als im Reichstage, vorzugsweise die Opposition, diese nothwendige Bedingniß jeder Constitution, in Ungarn mehr als in irgend einem Reiche der Erde. Ohne sie wäre bei dem beständigen Streben aller Cabinete constitutioneller Völker — England und Nordamerika nicht ausgenommen *) — nach Ausbreitung ihrer Macht, längst schon keine Spur der unsrigen vorhanden. Doch um billig zu sein, dürfen wir die Aufrechthaltung der Verfassung nicht ausschließlich ihr beimessen, sondern nebst den bereits angeführten günstigen innern Conjuncturen, auch den äußern Verhältnissen und namentlich der Pforte in frühern, und Frankreich in neuern Zeiten. Wunderbare Verkettung der menschlichen Verhältnisse! der Erbfeind der Christenheit und das demokratische Prinzip erhalten zum Theil das christlich-aristokratische Ungarn, der Koran, Sansculottismus, die Napoleonische Willkür, die Charte und

---

*) Es ist daher Nichts lächerlicher, als die Wuth Jener, die in jeder Aeußerung dieses Bestrebens der Regierung ein Verbrechen sehen. Diese gegenseitigen Bestrebungen begründen ja eben das constitutionelle Leben; ohne selbe wäre nur Stagnation.

dreifarbige Kokarde sind die geheimen Alliirten einer alten scythischen Ver=
faffung. —

Der intellectuelle, befonders aber der publiciftifche Standpunkt des
Adels läßt noch Vieles zu wünfchen übrig, obwohl die Ungarn, fo viel es
ihre Lage und ihr intellectueller Standpunkt erlaubte, ftets bemüht waren,
ihre Verfaffung auszubilden und den magyarifchen Grundvertrag nach den
Grundfätzen des europäifchen Staatsrechtes zu erklären. Diefes ift bei
unferem Schulwefen, Cenfurzwang und unferer Abfperrung von allem lite=
rarifchen Verkehre nicht anders denkbar. — Doch find gebildete, höchft ge=
bildete Ungarn nicht felten, und wenn bei der Deputirtenwahl nur ftets
Erudition, Erfahrung und Charakter berückfichtigt würde, fo könnte diefer
Theil der Ständetafel den unterrichtetften gefetzgebenden Corporationen bei=
gezählt werden. Allein auch hier verdirbt gewöhnlich politifcher und reli=
giöfer Fanatismus, Unwiffenheit und Käuflichkeit der Wähler ebenfo viel,
als durch die Bemühungen der Regierung, mittelft einiger Obergefpane,
Emiffäre und Factionen verfchoben wird. Eine natürliche, in allen confti=
tutionellen Ländern vorkommende Selbfthilfe, die in Ungarn, wo die Regie=
rung im Reichstage faft gar nicht direct vertreten ift, fich noch leichter ent=
fchuldigt.

Es mochten übrigens die intellectuellen und moralifchen Eigenfchaften
der Deputirten früherer Reichstage wie immer befchaffen fein, fo waren fie
dennoch den Aufgaben derfelben faft immer gewachfen, da nach dem faft
immer verlangten Aufgebote des Adels und den Subfidien, die unumgäng=
lich nothwendigen gefetzlichen Provifionen ohne alles Syftem, nur nach dem
augenblicklichen Bedürfniß, gebracht wurden. Denn da bei den meiften De=
putirten eine genaue Bekanntfchaft mit der innern Lage des Reiches und
dem heimifchen Gefchäftsgange angetroffen wurde, welche Eigenfchaften für
den Zweck jener Reichstage ziemlich ausreichten, fo hatte man weniger Ge=
legenheit, die Unzulänglichkeit des ungarifchen Reichstages zu jeder fyftema=
tifchen Verhandlung, noch mehr aber zu Erörterung und theilweifer Abftellung
des Beftehenden, zu erkennen.

Diefe vollkommene Kenntniß des innern Staatslebens ift die natür=
liche Folge der Munizipalverfaffung, deren fich die Nation feit der graue=
ften Urzeit erfreut, die gleich ihrer Sprache originell und mit der Entftehung
ihres bürgerlichen Lebens gleichzeitig ift. In diefem Betrachte übertreffen
die Fähigkeiten der ungarifchen Ständetafel jene aller europäifchen Depu=

tirtenkammern, und so weit die innere Administration in Frage steht, ist es durchaus nicht möglich, mit Vorspiegelungen, wären sie auch der feinsten Art, bei ihnen auszulangen. Während in andern constitutionellen Staaten der größte Theil der Deputirten aus Männern besteht, die, wie gebildet sie auch in publicistischer Hinsicht sein mögen, größtentheils keinen unmittelbaren Antheil an der Staatsverwaltung genommen, weil diese bei jeder eines vollkommen ausgebildeten Munizipalwesens ermangelnden Nation ausschließlich durch die Diener der Regierung geübt wird: befinden sich unter den Deputirten der Comitate fast durchgehends Leute vom Fache, die alle politischen und juridischen Fälle der innern Staatsverwaltung selbst zu verhandeln pflegen. Die größere Hälfte besteht aus wirklichen oder gewesenen Vice-Gespanen, welches Amt sich über alle Zweige der Administration erstreckt und mit allen innern und den meisten ausländischen Civil- und Militärbehörden in unmittelbarer Correspondenz steht. Doch auch die übrigen Deputirten der Comitate, wenn sie auch nie ein öffentliches Amt bekleidet hätten, sind als Comitats-Assessoren berechtigt, unmittelbaren Antheil an jeder öffentlichen Verhandlung zu nehmen; und da gewöhnlich nur Solche deputirt werden, die ihre Assessorstelle nicht nur dem Namen nach bekleiden, so trifft man auch unter diesen selten Einen, der mit dem innern Geschäftsgange nicht vollkommen vertraut wäre. So häufig sich daher in andern Kammern der Fall ereignet, daß die Vertreter der Regierung den Forderungen und Vorschlägen der Deputirten aus dem Gange der Administration genommene Schwierigkeiten entgegensetzen, muß die ungarische Regierung bei ihren Anträgen mitunter ähnliche, aus dem praktischen Geschäftsgange genommene Difficultäten sich gefallen lassen. Als besondere Charakteristik dieser Abtheilung der Ständetafel erscheint jene Behutsamkeit, jener politische Instinkt, durch den die Majorität der Ablegaten gewöhnlich bestimmt wurde, jeden Antrag der Regierung, er mochte sich noch so loyal und annehmbar darstellen, als gefährlich zu betrachten und wo möglich abzulehnen. Die Stände schienen das „timeo Danaos et dona ferentes" selbst auf Gefahr, für unbeugsam, mißtrauisch und finster zu gelten, sich zum Wahlspruch genommen zu haben, wozu sie vorzüglich durch die zahlreichen Erfahrungen bestimmt worden zu sein scheinen, daß Entfernung vom Altherkömmlichen gewöhnlich in der Folge durch die Regierung, und wohl auch durch die obere Tafel, zum Nachtheil der Nationalrechte ausgelegt wurde. Doch mit aller Wachsamkeit konnten sie dennoch nicht verhindern,

daß nicht verschiedene Vorrechte und gesetzliche Emolumente ihren Händen
factisch entwunden wurden; was zu zahlreichen, oft bittern Landesbeschwer=
den Anlaß gab, deren genauere Untersuchung und Erledigung man jedoch
von Seite der ausübenden Gewalt gewöhnlich beseitigte, und so viel als
möglich mit ausweichenden Bescheiden und Versprechungen zu beschwichtigen
trachtete, ohne den fraglichen Besitz aufzugeben.

Wie überall, so auch in Ungarn, ist die Opposition auf verschiedene
Weise ausgeartet, und schadete der guten Sache, besonders dem Vorwärts=
schreiten, ebenso oft durch starres Halten an dem Buchstaben und durch einen
lähmenden Widerstand, als sie oft durch kleinliche Rücksichten und Mangel
an gehöriger Würdigung der Verhältnisse und an einem großartigen Ueber=
blick, manchmal die günstigsten Augenblicke unbenutzt vorübergehen ließ, aus
Ursachen, die wir später berühren werden. — Auch hier war der Protestan=
tismus eine der vorzüglichsten Stützen der Freiheit, woran ihn weder hier=
archische noch oligarchische Verbindungen hinderten. Protestanten bilden
von jeher einen nachdrücklichen Theil der Opposition, aufgeregt und erbittert
durch theilweise, der ungarischen Gesetzgebung sowohl als dem National=
charakter zuwiderlaufende Hintansetzungen, theilweise Verkürzungen und
mitunter Verfolgungen. Doch am Ende des vorigen und im Anfang des
jetzigen Jahrhunderts suchte man durch häufige Versprechungen größern po=
litischen Einflusses und namhafter Begünstigungen, die jedoch nicht erfüllt
wurden, sie zu gewinnen, was auch nach dem Laufe der menschlichen Dinge
in Folge der gebrechlichen Natur fast überall, bei Jenen am leichtesten zu
erreichen ist, denen sich Glanz und Auszeichnung durch schwieriges Dahinge=
langen nur noch unwiderstehlicher darstellen. Das Zusammentreffen ander=
weitiger Umstände kam hier jedoch Ereignissen zuvor, die das Land vielleicht,
die Protestanten gewiß, zu bereuen Ursache gehabt hätten. — Aehnliche
Versuche wurden bis in unsre Zeiten oft mit ziemlichen Erfolgen — bei
Einzelnen wenigstens — in Ausübung gebracht, und hatten gewöhnlich,
wenn auch nur auf kürzere Zeit, theilweise Entfremdung und Argwohn zur
Folge, die jedoch am Ende immer durch jene Geradheit und Biederkeit, die
dem ungarischen Charakter nicht abzusprechen sind, zerstreut wurden. Ge=
genwärtig scheint jedes künstlich zu erregende Mißtrauen der verschiedenen
Religionsparteien, bei hellerer Ansicht der ewigen Wahrheit, immer mehr
und mehr edleren, des Ungars würdigern Gefühlen zu weichen, wodurch nun

auch diese Waffe, nebst so vielen andern, gar bald den abgenutzten und stumpfen beigezählt werden dürfte.

Die Haltung des Adels auf den Reichstagen war fast durchaus patrio= tisch und würdevoll. In der bedrängtesten Lage, in den drohendsten Ver= hältnissen des Vaterlandes, verleugnete seine Majorität nie die Pflichten wahrer Volksvertreter, ohngeachtet eines kräftigen Widerstandes, des directen der Regierung nämlich durch das Präsidium der beiden Tafeln und die k. Hofkanzlei, des indirecten der Hofpartei unter den Ablegaten, worunter die Zahl der Supplicanten um Titel und Aemter fast mit jedem Reichstag auf eine bedenkliche Art zunahm, und endlich jenes der Magnatentafel, deren Majorität durch ihre Würden selbst der ausübenden Gewalt angehört und daher nur schwer zu einem Einspruch gegen Eingriffe in die Gerechtsame der Nation zu bewegen war, bei denen oft ihre einflußreichsten Mitglieder als Rathgeber und Werkzeuge selbst betheiligt waren.

Zwar entbehren die Verhandlungen der Ständetafel der eigentlichen parlamentarischen Form, indem vorbereitete und schulmäßig ausgearbeitete Dictionen nicht gebräuchlich sind, und die Aeußerungen meistens nur aus dem Stegreife, nach dem Gange der Debatten, erfolgen; sie sind jedoch größten= theils gemäßigt, gehörig durchdacht, gehaltreich, freimüthig — zuweilen sehr geistreich und mitunter sogar witzig; obwohl es auch dieser Versamm= lung an flachen und verschrobenen Köpfen, an langweiligen Pedanten, unbe= dachtsamen Polterern und gallsüchtigen Zänkern nicht gebricht. In den letzten Zeiten hat sich namentlich, durch die Vivat! (Éljen) der zuhörenden Jugend angelockt, eine ganz neue Classe parlamentarischer Auswüchse gebil= det, die zur Verlängerung der Verhandlungen nicht wenig beiträgt. Ihre stets geläufige Zunge spricht fast nie Wesentliches, noch weniger Neues, ob= wohl selten eine Sitzung vorgeht, in welcher sie sich nicht wiederholt hören ließen. Bei der eigenen Geistesarmuth beschränkt sich ihr Wortreichthum auf die Brocken, die sie unter dem Tische der Reichen begierig aufsammeln. Sie schmücken dann diesen kümmerlichen Erwerb mit einem Schwalle erlern= ter Phrasen und hochtrabender Worte, die fast nie ihre Wirkung verfehlen, indem die ungebildete Abtheilung der Zuhörer, gekitzelt durch die halb= verstandenen Tiraden, in lauten Beifall ausbricht, und dadurch die unglück= seligen Redner in ihrem verderblichen Wahne ungewöhnlicher Weisheit und Wohlredenheit nur noch bestärkt.

Die Reichstage gewannen progressiv an Interesse; ihr Andenken aber erhält sich unter der Nation leider nur durch Tradition, da bis auf den letzten Reichstag keine getreue Darstellung erschien, das Diarium aber, ein höchst geistloses, unvollkommenes Werk, sich früher nur mit verstümmelter, geschmackloser Darlegung der Ständetafelsitzungen beschäftigte, jetzt aber dadurch zu voluminös und unauthentisch wird, daß die meisten Redner nach der Sitzung ihre Dictionen schriftlich einsenden, wo denn wohl manchmal etwas Schönes zu Protocoll kommt, was der Redner zufällig zu sagen vergaß. Ein Uebelstand, der im jetzigen Reichstag wiederholt gerügt wurde. Die Verhandlungen der Magnatentafel aber und der vorzüglich charakterisirenden und belehrenden Circularsitzungen werden gar nicht zu Protocoll gebracht. — Der Verlust, den unser Staatsrecht hierdurch erlitt, ist sehr empfindlich, und namentlich dadurch, daß die Reichstage von 1807, 1808, 1811 und 1825 nicht erschöpfend beschrieben wurden, unersetzlich.

Fehlt nun, wie gesagt, den mündlichen Vorträgen in der ungarischen Ständetafel auch jene Eleganz und Classicität, welche die englischen, französischen und zum Theil auch die deutschen Ständeversammlungen charakterisiren, so zeichnen sich dagegen die schriftlichen Vorträge an den König und die Zuschriften — Nuncien — an die Magnatentafel größtentheils durch Scharfsinn, Patriotismus, helle staatsrechtliche und freisinnige Ansichten, vollkommene Würdigung der königlichen Gewalt und männliche Entschlossenheit aus. Diese Repräsentationen begründen eine unschätzbare Fundgrube für den ungarischen Publicisten, und werden einst, wenn Ungarn dahin kömmt, ein geschriebenes Staatsrecht zu besitzen, als die triftigsten Belege desselben dienen. Diesen Noten verdankt Ungarn vorzüglich das aufrechterhaltene Prinzip seiner Constitution in voller Reinheit, mag nun aus theilweiser Nichtbeachtung desselben was immer vorgegangen sein; ihnen verdankt das Vaterland das erhebende Selbstgefühl, sich nie entwürdigt zu haben, und es komme was da wolle, stets achtungswerth in der Geschichte zu erscheinen. Diese Repräsentationen und Nuncien konnten glücklicherweise der Vergessenheit nicht übergeben werden; sie bilden nun reichliche Hilfsquellen, die bei jeder vorzunehmenden Reform von größtem Nutzen sein werden, daher sie auch der jetzige Reichstag, insoweit es ihm möglich sein wird, in diesem Werke vorwärts zu schreiten, in seinem ganzen Umfange wird benutzen können. Es dürfte schwerlich ein Gegenstand zur Sprache kommen, worüber sich nicht Darstellungen der Reichsstände vorfänden, die den Verhandlungen zu trefflichen Wegweisern dienen können. Eine Sammlung dieser reichstägigen Noten, mit gehöriger Wahl veranstaltet, würde einen klaren Beweis aufstellen, daß, mag auch die individuelle Bildung, besonders extensiv, hinter jener so mancher anderer Völker zurückstehen, die Gesammt= heit der ungarischen Nation schon vor Jahrhunderten auf einem Punkte staatsrechtlicher Reise gestanden, deren sich dazumal kein europäischer Staat rühmen konnte, und deren sich manche ungleich mehr abgeschliffene Nationen noch zur Stunde nicht erfreuen.

Zu dieser Vollkommenheit in schriftlichen Vorträgen gelangte die Ständetafel vorzüglich durch die ungarische Munizipalverfassung, die stets reges Leben in die Masse der Nation goß, während bei andern Völkern meistens eine lähmende Centralisation und Büreaukratie fast allen Sinn für Staatsleben erstickte. In Folge dieser Munizipalverfassung entstanden jene Repräsen= tationen, die durch die Comitate dem König bei allen wichtigen innern Staatsereignissen unterbreitet werden, worunter viele, besonders der jetzigen Epoche, wahre historische Urkunden zu nennen sind. Nur unsere Absperrung hinderte bisher, daß ihnen Europa die wohlverdiente Anerkennung nicht zollen konnte.

Es ist daher auch nicht zu bezweifeln, daß diese Abtheilung des gesetz= gebenden Körpers in großer Majorität einem Theile der zu lösenden Auf= gabe des jetzigen Reformreichstages vollkommen gewachsen wäre, wenn über= all organische Fehler der ganzen ungarischen Legislatur eine vollkommene Durchführung sämmtlicher Operate möglich machten. Es ist aber dennoch nicht ohne Grund zu befürchten, daß manche Fragen und die Aufstellung sol= cher Grundsätze, die in andern constitutionellen Reichen bereits feststehen und als bekannt angenommen sind, bei der ungleichen Bildungsstufe der ungarischen Legislatoren noch zu weitläufigen Erörterungen Anlaß geben, die Berathungen ungemein hinhalten und erschweren werden, so zwar, daß, wenn die Reihe an die wichtigsten Lebensfragen der Staatsverwaltung und besonders der Gesetzgebung kommen wird, ein Theil der Deputirten oft kaum wissen dürfte, wovon eigentlich die Rede sei. Dieses muß einzig der durchaus verhinderten und doch so nothwendigen Vorbereitung des Stoffes durch die Presse zugeschrieben werden. Denn während andere constitutio= nelle Länder in ähnlicher Lage noch lange vor den Berathungen mit guten und schlechten publicistischen Schriften überschwemmt waren, um durch Bei= pflichtung oder Widerspruch das zur Klärung unentbehrliche Aufbrausen zu bewirken, werden neuerdings der Herausgabe freisinniger Werke über das

innere Staatsleben und die bevorstehende Reform unübersteigliche Hindernisse in den Weg gelegt, wodurch natürlich den meisten Staatsbürgern die
Lust entschwindet, ihr Scherflein zum Wohle des Vaterlandes beizutragen.
Auf diese Art wird nun wohl bei den wichtigsten Gegenständen die Gährung
erst dann erfolgen, wenn selbst die scharfsinnigste politische Sehergabe ihre
Richtung und ihr Ziel nicht mit Gewißheit vorher zu bestimmen, die ge-
wandteste und kräftigste Leitung ihr keine beliebige Richtung zu geben vermögen wird. Hindernisse dieser Art gleichen dem Wasser, womit man die
Gluth der Eisenhämmer besprißt.

Einen empfindlichen Verlust erlitt die Ständetafel in den letzten Zeiten
durch die Beförderung einiger ausgezeichneter Repräsentanten zu königlichen
Dienern, worunter wir vorzüglich jene Ernennungen von 1825 bis 1830
verstehen, deren im ersten Aufsatze Erwähnung geschah. Man wird in der
Ständetafel gewiß die Talente und Erfahrungen dieser talentvollen, kräftigen
und rechtlichen Männer beim jetzigen Reichstage schmerzlich vermissen; und
so viele Hoffnung man auch in die nova progenies setzen mag, wäre es dennoch höchst ersprießlich gewesen, den oft allzu regen Eifer Dieser mit der Erfahrung Jener zu paaren. Zum Glück für die Ständetafel jedoch hat Alter
und Cholera nicht stark genug in den Bureaux aufgeräumt, um noch mehr
Plätze zu erledigen, daher dem Lande noch manche der vorzüglichsten Deputirten voriger Reichstage geblieben sind.

Dieses ist jedoch nur die Lichtseite des Bildes, dem es auch an Schatten
durchaus nicht fehlt; denn könnte man von der ungarischen Ständetafel
überhaupt und ohne Ausnahme nur das eben Gesagte behaupten, so wäre
sie unstreitig die vollkommenste Corporation der Mit- und Vorwelt. Neben
dieser edleren Hälfte der Opposition aber steht noch jene leidenschaftliche und
eitle, die ohne Schonung und Billigkeit über Alles herfällt, was von der Regierung oder der andern Tafel ausgeht. Ihr Widerstand ist gewöhnlich
unbedingt und maßlos, daher auch nur erbitternd und lähmend. — Vielen
unter diesen Gliedern der Opposition strömen die Quellen ihrer Staatskunst
nur aus halbverstandenen Artikeln der Allgemeinen Zeitung, daher sie auch
in dem Felde der Fictionen einem fremden, ihnen selbst unbekannten Ziele
nachjagen. Da sie von der ungarischen Grundverfassung keine richtigen
Ansichten haben, träumen sie von absoluter Gleichheit, die in der Praxis
nirgends getroffen wird, in Ungarns gegenwärtiger Lage aber nur einen
vollkommenen Umsturz aller heilsamen Institutionen herbeiführen müßte.

Sie predigen immer vom Huhn im Topfe, und sind nicht im Stande, in der Wirklichkeit auch nur schwarzes Brot herbeizuschaffen. Und wenn nun Mancher unter ihnen, gestützt auf seine Instruction, eine heftige Rede hält, in welcher die gewöhnlichen beifallerregenden Gemeinplätze nicht fehlen dürfen, hält er sich wohl für einen O'Connell und Odilon=Barrot, oder wird doch wenigstens von einem Theile der Jugend für etwas Aehnliches gehalten. Das moralische Gewicht dieses Theiles der Opposition ist nicht sehr bedeutend, was nebst dem eben Gesagten auch daher kömmt, daß sie nur eine Opposition der Worte, nicht aber der Thaten, bildet, was überhaupt auch fast auf die ganze Opposition kann angewendet werden. Brougham, als er noch der Opposition angehörte, arbeitete und wirkte in einem Jahre mehr als alle Glieder der ungarischen Opposition in einem Jahrhundert *). Solche, die über die geringe Theilnahme an der Muttersprache die heftigsten Reden halten, besitzen nicht hundert ungarische Bücher in ihrem Vermögen und haben oft nicht zehn gelesen. So Mancher, dessen Rede über das Loos der Bauern Thränen entlockt, ist von seinen Regulationen derselben bekannt, und Viele, die die Volksbildung stets im Munde führen, haben auf Schulen noch nicht einen Heller gegeben; Andere, die stets von Vaterlandsver= theidigung reden und sich für geborne Soldaten ausgeben, verwendeten zeit= lebens nicht eine Viertelstunde auf diesen ihren Beruf, und früge man die Meisten unter ihnen, was sie denn schon für das Vaterland gethan, ob sie denn auch den Muth hatten, außer den Schanzen des Reichstages und der General=Congregationen für Freiheit und Recht da zu reden, wo man

---

*) Eben um hierauf und auf so manches Andere aufmerksam zu machen, hat der Verfasser dieses Aufsatzes kurz vor Beginn des jetzigen Reichstages die zwei ersten Hefte einer Zeitschrift unter dem Titel: „Szózadunk" (Unser Jahrhundert) herausgegeben, wo er namentlich durch die Lebensbeschreibung Broughams und Chateaubriands zeigen wollte, wie man in jeder Schattirung eines öffentlichen Lebens wirken soll. Das dritte Heft sollte nun schon näher auf die Reichstagsverhandlungen einwirken, und ein Aufsatz desselben handelte von der Ablösbarkeit der bäuerlichen Gründe, wo man in den Beispielen anderer Länder leicht manches Nützliche für das erste Operat, das Ur= bariale, hätte finden können. Allein obwohl der Verfasser sich aufs sorgfältigste in Acht nahm, auch nur ein Wort einfließen zu laffen, was der strengsten Censur anstößig sein konnte, weigerte sich dennoch der Censor, diesem Aufsatze das „Imprimatur" zu ertheilen und verwies ihn an die k. ungarische Statthalterei; wovon er jedoch keinen Gebrauch machen konnte und wollte. Und so zog der Verfasser vor, die fernere Heraus= gabe einer Zeitschrift, die vielleicht Nutzen stiften konnte, gänzlich aufzugeben.

leicht beim Worte genommen wird? ob sie sich auch je getrauten, gegen die alten Vorurtheile und die gewöhnlichen Nationalgötzen zu Felde zu ziehen? die Antwort dürfte nicht sehr befriedigend ausfallen. — Ein gleiches Bewandtniß hat es mit einem Theil der Conservativen, denen jedes Vor= wärtsschreiten und Abgehen vom Veralteten ein Greuel ist; auch ihre Anstrengungen und Aufopferungen würden gar schlecht zu ihren Worten passen. — Dazu kömmt noch der leidige Eigendünkel, der keinen Wider= spruch, keine Belehrung verträgt; der Wahn, mit der Würde eines De= putirten habe schon die Salbung und der Strahl der Weisheit sich über sie ergossen; dieses Widerstreben gegen alle Anerkennung fremder geistiger Superiorität, das auch ausschließend verhindert, daß die ungarische Opposition sich unter einem Führer vereinige und dadurch Kraft und Haltung erlange; kurz, alle die Geißeln der menschlichen Eigensucht und Verkehrtheit, die in allen Lagen des Lebens, auf allen Stufen der Cultur mehr oder weniger angetroffen werden, üben auch hier ihre Macht und äußern sich bei der kräftigen, eigenthümlichen Zeichnung des ungarischen Charakters gewöhnlich um so sichtbarer, je weniger ein vielseitiges, bewegtes Leben, belehrende Erfahrungen und geistige Bildung das Schroffe von selbem abgeschliffen haben. Zwischen diesen Extremen im Vorzüglichen wie im Mangelhaften bewegen sich theils jene braven Männer, die das Gute aufrichtig wünschen, aber weder Kraft noch Geschick genug haben, es ausführen zu helfen; jene ganz gehaltlosen Menschen, die gar Nichts ernstlich wollen, sondern glauben, Alles gehe gut und könne verbleiben; endlich die Ehrsüchtigen, die, um sich bei der Regierung angenehm zu machen und ein Amt zu erhaschen, an dem Umfange ihrer Instructionen dehnen und zerren, so viel es nur gehen mag, und die zur Verwirrung und Verzögerung der Verhandlungen so Vieles beigetragen. Kurz, alle Farben der übrigen europäischen Parlamente werden auch im ungarischen getroffen.

In der Ständetafel gebührt nebst den Ablegaten der Gespanschaften auch den Deputirten der Domcapitel Sitz und Stimme. Ersteres Vor= recht genießen sie in vollem Umfange, ihr Stimmrecht ist ihnen aber ziemlich geschmälert, da man ihnen sämmtlich nur ein einziges Votum curiatum ein= räumt, wovon sie auch sehr selten Gebrauch machen. Ihr Antheil an jenen Verhandlungen, die nicht das Kirchenwesen oder die materielle Existenz der Klerisei betreffen, ist nicht sehr lebhaft, obwohl unter ihnen Männer von großen Fähigkeiten getroffen werden und gewöhnlich ein rühmlicher Geist

christlicher Duldung, so weit er sich mit ihrer Stellung vereinen läßt, sich
unter ihnen offenbart. Als eine in sich abgeschlossene, wohlhabende und be-
hagliche Corporation, deren Glieder der Regierung verpflichtet sind und zum
Theil noch Begünstigungen erwarten, kann hier weder von einem Geiste der
Bewegung, noch von einer Opposition die Rede sein, und ihre Rolle im
Reichstage kann daher im Allgemeinen nicht sehr werkthätig, sondern vielmehr negativ erscheinen, obwohl die Vorträge einiger ihrer Redner den
gediegensten beigezählt werden können. Bei einer Regulation des geseß-
gebenden Körpers dürften sich die Domcapitel größtentheils nur auf das
historische Fundament stützen, da ihr materielles und moralisches Gewicht
ihnen schwerlich einen bedeutenden Einfluß in die Staatsverwaltung einräumen dürfte.

Nach dem Buchstaben der Constitution bilden auch die königlichen Freistädte einen Theil der Ständetafel; doch ist diese Gerechtsame im Wesentlichen
kaum mehr als eingebildet; denn in der Wirklichkeit nehmen die Deputirten
der Städte an der Gesetzgebung fast gar keinen Antheil. Ohne Votum
decisivum (auch ihnen gönnt man nur zusammen ein einziges Votum, wovon sie in der letzten Zeit durchaus keinen Gebrauch machen wollen), wird
ihnen auch das deliberativum dergestalt verkümmert, daß sie es äußerst selten
in Ausübung bringen. Außer den Fragen, die entweder einzelne Städte
oder das Städtewesen im Allgemeinen betreffen, nahmen sie bisher selten
Antheil an den Verhandlungen, weil selbst jene Städtedeputirten, die mit
den nöthigen Gaben ausgerüstet sind, durch viele Berücksichtigungen in der
freien Aeußerung ihrer Ansichten gehindert werden. Ungarns Freistädte sind in
dieser Hinsicht nichts weniger als frei, wie die anderer constitutioneller Länder
und wie sie es auch in Ungarn nach dem Geist der Constitution zum Vortheil
des Ganzen sein sollten. Sie stehen in starker Abhängigkeit von den Behörden, und daher dürfte leicht jede der Regierung mißfällige Aeußerung
unangenehme Folgen für den Redner nach sich ziehen. Da diese Deputirten
nun fast niemals der Opposition beizustimmen wagen, so werden auch anderseits ihre Aeußerungen zu Gunsten der Regierung gewöhnlich bitterer aufgenommen, als die der andern Abtheilungen, wodurch diese beklagenswerthen
Repräsentanten zwischen zwei Feuer gebracht, größtentheils zu einem be-
scheidenen Schweigen bestimmt werden, welches ihnen am Thermometer des
legislativen Einflusses kaum einige Grade über dem Gefrierpunkt anweist.
Eben deswegen wird auch in den meisten Städten bei den Wahlen nicht

Terra incognita. 15

sowohl auf Talente, die ohnehin nicht in Anwendung zu bringen sind, als vielmehr auf die größere Bereitwilligkeit des Individuums, oder seine leichtere Entbehrlichkeit zu Hause gesehen. — Die Armuth und Unbedeutenheit vieler Städte und der daraus hervorgehende Mangel an Erudition läßt nun häufig Menschen beim Reichstag erscheinen, die wenig geeignet sind, der Städte= repräsentation Gewicht zu verleihen, ja Manche scheinen ganz gemacht, sie vielmehr zum Gegenstand des Spottes zu qualificiren. Sie geben denn mitunter zu manchen komischen Auftritten Anlaß, während Andere ihre ganze Zeit mit Nichtsthun zubringen, indem sie den Schweiß der Armuth verzehren, während sie daheim ihrer Amtspflicht obliegen könnten. Hierin ist eine radicale Abhilfe um so nöthiger, als aus dem gesetzgebenden Körper alles Störende und Nutzlose zu entfernen ist; anderseits die Ablegaten einiger Städte bei den seltenen Gelegenheiten, wo ihnen frei zu sprechen vergönnt war, Talente an den Tag legten, die eine ungehinderte Anwendung um so wünschenswerther machten, als die größeren Städte des Reiches einen unmittelbaren wirklichen Antheil an der Gesetzgebung mit vollem Rechte anzusprechen haben. So lange sie aber in ihrer jetzigen Abhängigkeit ver= bleiben, sind sie im Reichstag nur geringer Beachtung würdig. Wir werden später noch auf diesen Gegenstand zurückkommen.

Ungleich mehr wußten die freien Districte ihre Unabhängigkeit zu be= wahren, wie denn die Ablegaten der Jazyger, Kumanen und der Heidukenstädte sich durch keine Rücksicht an der freien Ausübung ihres Stimmrechtes hindern lassen.

Eine andere, ganz überflüssige Art Figuranten sind die Deputirten ab= wesender Magnaten und deren Wittwen. Obwohl es unter ihnen sehr viele höchst unterrichtete Männer giebt, so ist bei dem Umstande, daß ihnen weder eine consultative Stimme und nicht einmal ein Votum curiatum gestattet ist, ihre Anwesenheit ganz ohne Nutzen, und ihre ganze Function besteht darin, daß sie den Deputationen beigegeben werden, woselbst sie jedoch auch ohne alle geistige Mitwirkung bleiben. Der größte Theil dieser Absentium absentirt sich gewöhnlich aus den Sitzungen, da ihre vorzügliche Anomalie noch darin besteht, daß sie in der Magnatentafel keinen Sitz haben, sondern in der Ständetafel, woselbst ihren Prinzipalen weder Sitz noch Stimme gebührt. In den letzten Zeiten wurde mit den Credentional = Briefen viel Unfug getrieben, indem sie häufig benutzt wurden, um Glücksrittern und Spielern von Profession unentgeltlich Wohnung zu verschaffen. Es ist auch dies ein Theil der Organisation unseres Reichstages, wo so bald als möglich gesegt werden muß.

Die in der Ständetafel verhandelten Gegenstände gelangen an die **Magnatentafel**, deren jetzige Form der ungarischen Grundverfassung zwar fremd, nun aber schon durch den Gebrauch mehrerer Jahrhunderte ge= heiligt ist. Ihrer Stellung nach ist das Hinneigen dieser Kammer an die Regierung nicht minder vorherrschend, als bei allen Pairskammern von Europa. Nach dem, was über die Ständetafel gesagt wurde, deren Schatti= rungen auch hier mehr oder weniger vorkommen, nebst dem, was man über= haupt von den Pairskammern anderer Nationen weiß, läßt sich die Beschrei= bung der ungarischen sehr kurz abfertigen. — Die Stellung und Haltung der einen Abtheilung dieser Tafel, nämlich der ungarischen **Klerisei**, gleicht vollkommen jener der englischen, und wer die britischen Parlaments= verhandlungen der letzten Decennien aufmerksam verfolgte, wird bei jedem Schritte auf die sprechendste Aehnlichkeit beider Hierarchien stoßen. Wie aller Orte, so auch hier, erzeugen gleiche Ursachen gleiche Wirkungen; und wer daher von einer so mächtigen, ganz in sich abgeschlossenen, privilegirten, hierarchischen Corporation ganz unbefangene Ansichten der gesellschaftlichen Correlationen oder wohl gar Ideen der Bewegung suchte, würde nur seinen vollkommenen Mangel an Menschen= und Völkerkenntniß an den Tag legen. — Diese Abtheilung des gesetzgebenden Körpers bildet die höchste Potenz der conservativen Partei, der sie zu jeder Zeit und bei allen Fragen als kräftigster Schild dient, sei es nun aus innerer Ueberzeugung von der Heilsamkeit alles Bestehenden, wie die Glieder der Klerisei stets behaupten, oder aus dem von der Partei der Bewegung aufgestellten Grunde, daß die Lage der hohen Geistlichkeit in materiellem und moralischem Betrachte so beneidenswerth sei, daß jede Veränderung dieselbe unmittelbar oder doch mittelbar beschränken müßte. Welche aber dieser beiden Ansichten die rich= tige sei, getraut man sich hier nicht zu entscheiden; doch wird es vielleicht schon einigermaßen klar sein, obwohl auch hier überhaupt sehr Vieles von der individuellen Stellung des Beurtheilers abhangen dürfte.

Die weltliche Abtheilung dieser Tafel zerfällt in zwei Aeste, in die **Würdenträger** und die **Titularmagnaten** oder **Regalisten**. In wie weit die Anwesenheit und der Einfluß der letzteren sich auf den magyarischen Urvertrag zu stützen vermöchte, kann hier ziemlich gleichgiltig fein, da für felbe nicht nur ein verjährter Gebrauch fpricht, fondern die eine Abtheilung derfelben nach allen geläuterten neueren Anfichten über Reprä= fentation hier mit vollem Rechte Sitz und Stimme anfprechen kann. — Von den Würdenträgern felbft läßt fich wenig fagen, was nicht auch bei andern Nationen gegenwärtig anzutreffen und bereits hiftorifch da gewefen wäre. Neben den glänzendften Fähigkeiten Einiger eine mehr oder minder complete Unfähigkeit der Andern, zum Belege der Nichtigkeit des alten Sprichwortes: wem Gott ein Amt giebt, dem verleiht er auch den dazu nöthigen Verftand. Als Glieder der ausübenden Gewalt find fie eines= theils Vertreter der Rechte der Regierung, während ihre Stellung in der ungarifchen Ariftokratie ihnen diefe Pflichterfüllung oft innerlich und äußer= lich verbittert und Jedem derfelben, der nicht flach oder kurzfichtig genug ift, hier nur momentanem Kitzel der Eitelkeit zu fröhnen, Stoff genug zu reif= licher Abwägung der fich kreuzenden Intereffen darbietet. Woher denn auch dem unbefangenen Betrachter größtentheils der Grund jener Unentfchloffen= heit und jenes Schwankens klar wird, welche diefem Zweige der Gefetzgebung häufig — mitunter wohl ohne Grund — vorgeworfen wurden. Daß auch hier das Prinzip der Erhaltung vorherrfche, wäre überflüffig eines Breiteren zu erwähnen, gleichwie man es dahingeftellt laffen muß, in wie weit die häufigen Anfchuldigungen eines theilweifen Hanges zu Rückfchritten und zum Obfcurantismus fich haltbar erweifen dürften. Ganz verfchieden ftellt fich uns die Abtheilung der Regaliften dar. So fehr diefe Repräfentanten der Geburtsariftokratie, hier wie überall, in fo weit fie fich auf einen großen Grundbefitz ftützen, dem confervativen Theile zuzuzählen find, haben fich doch zahlreiche Mitglieder derfelben mehr oder weniger zu der Partei der Bewegung gehalten. Diefer Theil des gefetz= gebenden Körpers fchließt die hochherzigften, gebildetften und unbefangenften Glieder der Ariftokratie in fich, gleich weit entfernt von der natürlichen, größern oder mindern Befangenheit der Angeftellten, wie von der theilweifen Ungebundenheit der Bewegungspartei, während ihr näherer Standpunkt zur Staatsverwaltung fie vor irrigen Anfichten bewahrt, die in der Ständetafel oft von den geiftreichften Rednern dargelegt werden. Sie begründen auch großen Theils den edlen Bund jenes edlen patriotifchen Handelns, von dem wir gefprochen. Um fo mehr ift es zu bedauern, daß fie im jetzigen Reichstag, wo fie in Verfechtung der bürgerlichen und religiöfen Freiheit befonders kräftig auftraten, durch fchonungslofe allgemeine Ausfälle auf die

Magnatentafel gekränkt, größtentheils den Reichstag verließen, wozu wohl auch die Ueberzeugung Vieler unter ihnen von der Erfolglosigkeit fast aller Verhandlungen auf diesem Wege, die ihnen in ihrer Lage viel klarer werden mußte, als den meisten der nicht ganz Unbefangenen, nebst der Unbestimmt= heit ihres legislatorischen Standpunktes, Vieles beigetragen haben mag. Es ist jedenfalls zu wünschen, daß dieser Theil der ungarischen Aristokratie recht bald gesetzlich stabilirt und von allem Zweckwidrigen und Störenden je eher befreit werde; denn leider ist von der eminenten Majorität dieser bereits auf mehrere Hunderte angewachsenen Abtheilung nicht das eben Gesagte zu behaupten, im Gegentheil ist bei der unverhältnißmäßigen Vermehrung der ungarischen Magnaten, in diesem Betrachte, der Antheil der größern Hälfte derselben an der Gesetzgebung weder auf einen bedeutenden Vermögensstand, noch weniger auf ausgezeichnete Fähigkeiten gegründet, so daß sehr Vielen unter ihnen alle Gegenstände der Verhandlung so durchaus fremd und die zwei in der Magnatentafel üblichen Geschäftssprachen so unbekannt sind, daß sich ihre Gegenwart im Saale höchstens durch eine Garnitur antiker Knöpfe, oder durch einen einst an tapfern Lenden gehangenen alten Säbel kundgiebt. Sie können daher nur körperlich anwesend erachtet werden und geben ge= wöhnlich auch nicht das leiseste Zeichen geistiger Anregung von sich. — Uebrigens werden die Verhandlungen in dieser Tafel mit vielem Anstande und zum Theil mit großer parlamentarischer Fertigkeit, jedoch mit sorg= fältiger Vermeidung aller Heftigkeit und persönlicher Ausfälle geführt, deren Ernst und theilweise Einförmigkeit jedoch nicht selten in der Hilflosigkeit einiger Redner, die theils der Kitzel nach parlamentarischer Auszeichnung, theils Scham vor einer zu ihrer Stellung nicht ganz passenden completen Schweigsamkeit in die Schranken führt, Abwechselung findet.

Aus diesen heterogenen Elementen besteht die eine Hälfte der ungari= schen Gesetzgebung, die sich aus einem ursprünglich reinen Grundprinzipe vollkommener Volksvertretung, unter beständigen Kriegsgefahren und inneren Unruhen, unmerklich zu der jetzigen, im allgemeinen staatsrechtlichen Sinne voll= kommen haltbaren, jedoch jeder systematischen Verhandlung wichtiger Staats= fragen wenig zusagenden Form ausgebildet. Wenn wir die so complicirte Maschine dieser Gesetzgebung einer genauern Prüfung unterwerfen, so finden wir sie ohne politisches Gleichgewicht der beiden Tafeln zu einander, ohne obligative moralische oder materielle Kraft von Innen und nach Außen, ohne bestimmte Zahl und Proportion der Stimmen, endlich ohne Haltung und Gewicht der Regierung gegenüber. Von Urbeginn an mehr auf Erhaltung des Bestehenden als auf wesentliche Abänderungen berechnet, ist auch nicht eine einzige Neuerung, die das Interesse einer Corporation berührt, durch das Einverständniß der übrigen Theile einzuführen. Der ungarische Reichs= tag war daher von jeher eine Versammlung zum Geben, wenn die Noth dringend geworden, überall an der Oberfläche bleibend, Alles provisorisch feststellend, hinausschiebend, dunkel und unbestimmt lassend und Gesetze bringend, von denen man vorhinein weiß, daß sie nur theilweise oder wohl gar nicht beobachtet werden. Ohne über Stimmenrecht auch nur entfernt im Klaren zu sein, befindet sich unser gesetzgebender Körper in einer Zusam= mensetzung, wo man nach geläuterten Begriffen der Legislation kaum die Frage über Sicherheit der Person und des Eigenthums systematisch zu ver= handeln im Stande wäre. Hinreichend blos für das Aufsitzen des Adels zur Zeit der Gefahr, für Subsidien in Geld und Früchten, Rekrutenstellung oder höchstens einige der dringendsten Provisionen, genügte der Reichstag bisher so ziemlich den Bedürfnissen der Gesellschaft, obgleich es fast aus= schließlich dieser mangelhaften Organisation zuzuschreiben ist, daß unsre Gesetze so wenig befolgt werden. — Beim Anblick unserer zwei ungeheuren Gesetzbücher sollte man freilich auf eine große legislatorische Vollkommenheit schließen; wenn man jedoch aus selben Alles striche, was nicht hineingehört, wenn man alle politischen Provisionen, Grenzberichtigungen, Indigenats= verleihungen u. dergl. ebenfalls entfernte, würde das Zurückgebliebene, auf achthundert Jahre eingetheilt, eben von keiner besondern legislatorischen Thätigkeit zeugen. Daher die so vielen sich widersprechenden Gesetze, weil sie nur auf einzelne Fälle, bei dringlicher Noth, oder im Sinne der eben herrschenden Partei, selten mit gehörigem großartigen Ueberblicke des Ganzen gebracht wurden. — Aus den vielen heterogenen Materialien bleibt daher nur das unbestreitbare Recht der Nation auf die mit dem König gemeinschaftliche gesetzgebende Machtfülle ohne Widerrede: alle übrigen innern und äußern Correlationen des gesetz= gebenden Körpers bedürfen mehr oder weniger einer organischen Verbesserung. So aber, wie er gegenwärtig dasteht, sollte er sich mit der Reformfrage noch nicht befassen, und aus dem, was wir hierüber noch zu sagen gedenken, wird jeder Unbefangene entnehmen können, ob und in wie weit die Reformfrage bis in ihren tiefsten Grund von einer Versammlung durchgeführt werden könne, wo nicht einmal die ersten Grundsätze über Zahl und Verhältniß der Stimmen staatsrechtlich festgestellt sind.

Dieser, durch ihre hellen und richtigen Ansichten über alle ihre consti=
tutionellen Verhältnisse stets ausgezeichneten, durch ihr Zurückbleiben hinter den Institutionen der neuern Zeit aber und durch andere ungünstige Ver=
hältnisse so mangelhaft gewordenen und in ihrer jetzigen Zusammensetzung innerlich und äußerlich ziemlich unbehilflichen Congregation steht der König gegenüber, welchem die Hälfte der Legislation gesetzlich zukommt und dessen Rechte durch die Präsidien der beiden Tafeln und die Hofkanzlei direct, durch einen Theil des gesetzgebenden Körpers aber indirect, im Ganzen ziemlich unvollkommen vertreten werden.

Bevor wir uns über diese Hälfte der ungarischen Gesetzgebung einige flüchtige Bemerkungen erlauben, halten wir es für nöthig, zur Vermeidung aller falschen Deutungen, denen man hier eher als irgendwo ausgesetzt ist, feierlich zu erklären: „daß wir die Regierung durchaus nicht mit der geheiligten Person des Monarchen verwechseln wollen." — Der Verfasser dieses Aufsatzes theilt vollkommen die Ueberzeugung der meisten Bewohner Ungarns, daß, läge es einzig an der Willfährigkeit des besten der Könige, nicht nur alle Landesbeschwerden in Kurzem verschwänden, sondern kein Ein=
wohner des Königreichs gegründete Ursache zu Klagen fände. Allein die Systeme der Regierungen gründen sich nicht ausschließlich auf die Persön=
lichkeit der Herrscher, sie mögen nun wie immer selbstständig regieren; denn es liegt in selben so viel Ererbtes, es wirken, besonders bei der jetzigen Stellung der Diplomatie, so viele äußere Potenzen darauf ein, daß der Monarch es wohl nach seiner Individualität mehr oder weniger modificiren, durchaus nicht vollends umändern kann. Nur ein Napoleon, der aus dem Chaos der Revolution ein neues Reich schuf, konnte hierin ganz seinem Charakter, seinen Neigungen folgen; und selbst ihn stürzte hauptsächlich eben der Umstand, daß sein ganzes System sich nur auf ihn gründete. Es fällt daher keinem Vernünftigen ein, Englands Regierungssystem einzig der Individualität des Königs zuzuschreiben, denn dieses ist nicht einmal beim Selbstherrscher aller Reußen der Fall.

Eine andere, nothwendig vorauszusendende Bemerkung besteht darin, daß man das System nach Außen von dem innern, und bei diesem abermals jenes in Bezug auf die ganze Monarchie von dem hinsichtlich Ungarns, eben=
falls genau zu unterscheiden habe. — Die Beurtheilung des erstern gehört

nicht hierher und es wird nur darum in Erinnerung gebracht, weil es jetzt mehr als je auf den Gang der innern Staatsverwaltung einzuwirken scheint, wie denn gewöhnlich in Zeiten, wo große Ereignisse walten oder auch nur zu erwarten sind, die innere Politik vor der äußern zurücktreten muß. Das jetzige System des österreichischen Cabinets in Bezug auf die europäische Politik ist weltbekannt, denn es wird seit einem Menschenalter mit ungemeiner Consequenz in Ausübung gesetzt. Daß in Zeiten der politischen Aufregung, wie die unsrigen sind, jedes System seine Anhänger und Gegner findet, wird wohl Niemand bezweifeln; es wäre daher sehr anmaßend, wenn man sich hierin ein absprechendes Urtheil erlaubte. Hierüber sind die Ansichten subjectiv, und was dem Einen als Knechtschaft erscheint, hält der Andere für einen beneidenswerthen Zustand, ein Dritter sogar für Ungebundenheit. Welche Verfassung wäre wohl in unserer Periode vollkommen genug, um sich des allgemeinen Beifalls zu erfreuen, und wer könnte hinwieder ein so unsinniges politisches System in Anregung bringen, daß es nicht zahlreiche Anhänger fände? Doch nur die Erfolge sind der Maßstab großer Maßregeln, und ist es wahr, daß Nichts auf Erden absolut schlecht oder gut, daß höchstens nur Dasjenige absolut schlecht zu nennen sei, was nicht mit sich selbst übereinstimmt, so kann letzteres gewiß auf das System des österreichischen Cabinets durchaus nicht angewendet werden.

Das herrschende innere System des österreichischen Kaiserstaates gründet sich auf das Princip der absoluten monarchischen Gewalt, indem zwei Drittheile der Gesammtstaaten demselben unterworfen sind; nur Ungarn besitzt eine beschränkte monarchische Verfassung. Auch hier wäre es schwer, ein allgemeines Urtheil über die Vorzüge oder Nachtheile zu fällen, unter deren Einflusse die fraglichen Staaten in Folge ihrer verschiedenen Regierungsweisen stehen; denn auch hier hängt Alles von dem Standpunkte der Völker und von so vielen andern Verhältnissen ab, daher auch wahrscheinlich keine der bestehenden Formen auf alle Theile des Staatenbundes mit Vortheil könnte angewendet werden. Hier muß vor der Hand überall nur das Bestehende als Norm dienen, über welche hinaus sich wohl Wünsche, doch nie eigenmächtige Handlungen wagen sollen und dürfen. Gleichwie es demnach ein Verbrechen von Seiten der deutschen Erbstaaten wäre, wenn sie sich die ungarische Constitution factisch anzueignen strebten, so müßten andererseits die ungarischen Stände als höchst strafbar und verächtlich erscheinen, wenn sie, ohne vorhergegangene reichstägige Uebereinkunft, von ihren In-

stitutionen ab= und zu jenen der übrigen Staaten überzugehen sich bei=
kommen ließen. Andererseits aber ist es ebenfalls Pflicht der Regierung,
sich überall in den Schranken der bestehenden Institutionen zu halten; und
in so weit sie diese überschritte, handelte sie nicht minder rechtswidrig als die
Völker in ähnlichem Falle, selbst wenn sie Macht genug hätte, sich über die
unmittelbaren Folgen ähnlicher Schritte beruhigen zu können.

Dieses vorausgesendet und mit Demjenigen zusammengestellt, was wir
im zweiten Aufsatze dieser Blätter über die innere Consistenz der ungarischen
Aristokratie sagen zu müssen glaubten, wird man über die Haltung der an=
dern Hälfte der gesetzgebenden Gewalt, den Reichsständen gegenüber, mit
ziemlicher·Sicherheit urtheilen können; und würde sie aus diesem Gesichts=
punkte in der Reichsversammlung betrachtet, so dürften viele zwecklose Schritte,
noch mehr derlei Handlungen unterbleiben und wahrscheinlich viel zahlreichere
Erfolge erzielt werden.

Daß Ungarns Repräsentativsystem mit seinen constitutionellen, oft
verzögernden und beschränkenden Formalitäten dem allgemeinen Systeme
nicht immer zuträglich sein kann, daß es daher den Lenkern desselben häufig
als lähmend und einem regeren Staatsleben zuwiderlaufend erscheint, dürfte
schon aus der Lage der Verhältnisse klar werden, selbst wenn es nicht schon
häufig offen und verdeckt erklärt worden wäre. Jedenfalls aber sind bei dem
Gange der Administration, und vorzüglich bei der Denkungsart des Monarchen
thätliche Beschränkungen oder wohl gar Gewalthandlungen kaum zu befürchten.
In wie weit übrigens des Guten sowohl, als desjenigen, worüber man sich
beklagt, geschieht oder nicht geschieht; in wie weit der Grund davon in den
innern oder äußern Verhältnissen zu suchen sei, mag sich Jeder selbst beant=
worten. Gewiß bleibt es jedenfalls, daß die ungarische Constitution zur
Zeit keine festere Stütze besitzt, als das Wort des edlen, frommen, väter=
lichen Monarchen.

Nach dieser nothwendig erachteten kurzen Andeutung wollen wir nun
zu der Untersuchung der inneren Consistenz des ungarischen Reichstages
übergehen, wobei unsere Absicht keine geringere ist, als darzuthun, „daß
derselbe in einem solchen Grade an organischen Uebeln laborire, daß die
vollständige systematische Verhandlung sämmtlicher Operate, vor seiner gänz=
lichen Umgestaltung, mit Erfolg durchaus nicht kann vorgenommen werden.“
Hierbei wollen wir uns aber jeder weitläufigen und umständlichen Aus=
einandersetzung um so mehr enthalten, als wir kein Schulbuch schreiben

und bei jedem unserer Leser die Grundsätze einer zweckmäßigen Gesetzgebung vorauszusetzen.

Jeder moralische Körper kann jeden in den Grenzen seiner Beurtheilungskraft liegenden Gegenstand in Berathung ziehen; doch über selben einen Beschluß zu fassen vermag er nur dann, wenn entweder alle Berathenden derselben Meinung sind, oder im Fall eines Abweichens in den Ansichten das Stimmenrecht eines jeden Gliedes genau festgesetzt ist. Dieses Gleichgewicht der Stimmen wird nun im ungarischen Reichstage gänzlich vermißt; denn in der Ständetafel sind die Stimmen durchaus nicht geregelt, indem ein Theil nach Köpfen stimmt, ein anderer curiatim; den 75 Ablegaten der k. Freistädte und den 30 Deputirten der Domcapitel wird in concreto ein Votum curiatum, factisch, nicht nach einem bestimmten Gesetze oder altem Gebrauche gegönnt, während die kleinsten Comitate und die freien Districte einzeln ein Votum besitzen. Doch auch hier ist der Präsident oft in Verlegenheit, wie er bei einer gleichen Zahl der Comitate die Stimmen der Capitel, der Jazyger, der Heidukenstädte, der k. Freistädte und des Vertreters der Edelleute von Turopolya in Anschlag zu bringen, oder ob er ihnen überhaupt ein gleiches Votum mit den Comitaten zu geben habe. Dieses erbitterte besonders die Deputirten der Domcapitel und der Städte, und brachte sie dahin, daß sie nun gar nicht votiren; ja die letztern waren unlängst nahe daran, den Reichstag sämmtlich zu verlassen. — Eine gleiche Unbestimmtheit wird auch in der Magnatentafel angetroffen, wo ebenfalls keine gesetzliche Provision existirt, wie die Stimmen der Regalisten zu nehmen und gegen die der Bischöfe und Würdenträger zu zählen seien. Kommt es nun vollends zu einer gemischten Sitzung, so weiß der Präsident gar nicht, wie er es mit der Abstimmung zu halten habe. Bisher half man sich in ähnlichen Verlegenheiten gewöhnlich mit dem alten ungarischen Auskunftsmittel: der Enthusiasmus wurde auf diese oder jene Art erweckt und am Ende erfolgte eine Conclamation, die als einstimmig galt. Wenn nun auch dieses bei Subsidien, Rekrutenstellungen u. dgl. aus der Verlegenheit half, so kann eine solche tumultuarische Abstimmung bei systematischen Verhandlungen über alle Zweige der Staatsverwaltung doch durchaus nicht stattfinden, und sie wird bei Fragen, wo das Interesse einer oder der andern berathenden Partei unmittelbar betheiligt ist, auf keinen Fall angenommen werden. — Welchen Kämpfen hierin entgegenzusehen sei, geht schon aus den Operaten selbst hervor, wo gegen die Ansicht der Deputation, die doch dem Klerus sowohl als den k. Freistädten eine ziemlich angemessene Stimmenzahl in Vorschlag brachte, sehr heftige Vota separata abgegeben wurden, die man vollkommen als die Ansichten ihrer Corporationen betrachten kann. Ohne in die Wesenheit der Sache ganz einzudringen, ohne den Prinzipien eines moralischen und materiellen Gewichtes Gehör zu geben und auf das Ganze des berathenden Körpers billige Rücksicht zu nehmen, arbeiteten sie nur sämmtlich auf eine größere Stimmenzahl los, und indem sie sich ausschließlich auf historische Autorität stützten, schienen sie um den ganz veränderten Stand der Dinge wenig bekümmert. Wir wollen hier in publicistische Untersuchungen durchaus nicht eingehen, was an einem andern Orte geschehen soll, und begnügen uns nur diesen Mangel an einem geregelten Stimmenrecht als einen organischen, fast nicht zu heilenden Fehler zu erklären. — Denn wenn es ausgemacht ist, daß zur systematischen Verhandlung der wichtigsten Staatsfragen ein vorhinein bestimmtes vollkommenes Gleichgewicht der Stimmen, nach ihrem jetzigen politischen Standpunkte, unumgänglich nothwendig sei, so ist es ebenso gewiß, daß dieser Zweck nicht erreicht werden kann, wenn die betheiligten Parteien, sich nur auf historische Autorität stützend, ihren jetzigen Standpunkt sowohl als die veränderten Verhältnisse ganz außer Acht setzen.

Wenn nun schon dieser Mangel den ungarischen Reichstag wenig zu systematischen Verhandlungen qualifizirt, so ist eine andere Unvollkommenheit desselben nicht minder wesentlich. Die Gesetzgebung hat nämlich kein gehöriges Gewicht, um dem Willen einer großen Majorität Erfolge zu verschaffen. So mag z. B. die ganze Ständetafel einmüthig etwas beschließen, so ermangelt dieser Gesammtwille sämmtlicher Vertreter der Nation dennoch alles Erfolges, wenn die Magnatentafel damit nicht übereinstimmt; und ebenso wird aus dem einhelligen Diätalbeschlusse beider Tafeln kein Gesetz, wenn der König die Sanction versagt. In andern constitutionellen Ländern hat in ähnlichen Fällen der Gesammtwille moralische oder materielle Zwangsmittel, z. B. die gesetzliche Provision, daß ein Gesetzvorschlag unter gewissen Umständen die Sanction erlangen muß, ansonsten der Antrag gesetzliche Kraft bekommt. Eines der üblichsten Zwangsmittel ist die Verweigerung der Subsidien im Ganzen, oder doch besondere Hartnäckigkeit der Stände bei Berathung des Budgets, wodurch am Ende die ausübende Gewalt sich veranlaßt sieht, dem Volkswillen nachzugeben. Ein ebenso wirksames Mittel ist die öffentliche Meinung, durch die Presse be-

arbeitet, welche dann unmittelbar auf die Deputirtenwahlen einen für die
Regierung ungünstigen Einfluß üben kann. — Von Allem diesem ist in Un=
garn keine Spur, weil daselbst weder Geldbewilligung, noch Opinion, noch
Presse existirt. Sollte sich der Reichstag beigehen lassen, die Contribution
zu verweigern, so stehen der Regierung unzählige Mittel zur Entschädigung
zu Gebote, wenn der Fall schon an sich nicht fast unmöglich, und bei der
jetzigen Stellung des Adels ein ganz nutzloses Wagestück wäre. Ebenso
kann die Magnatentafel bis zum jüngsten Tag den Beitritt verweigern,
ohne daß ihr auch nur ein Haar gekrümmt würde, selbst wenn es ihr nicht
belieben sollte, ihrer Weigerung Gründe beizufügen. — Wir erlauben uns
daher die Frage: „Auf welche Art man denn Provisionen herbeizuführen
gedenke, bei welchen die Interessen der Regierung oder Magnatentafel in
Anspruch genommen werden?"

Nebst diesen beiden organischen Fehlern hat die ungarische Gesetz=
gebung noch andere Mängel, neben diesen aber noch Eigenthümlichkeiten,
die sie von allen übrigen legislatorischen Körpern unterscheiden und die mit=
unter als Vorzüge können angesehen werden. Unter den Mängeln wären
folgende bemerkenswerth.

Die Ständetafel besitzt keinen aus ihrem Mittel durch Stimmenmehr=
heit gewählten Präsidenten, sondern dieser ist ein königlicher Diener (der
Personal, zugleich Vorsitzer der königlichen Gerichtstafel). Die nächste
Folge dieser Einrichtung ist die höchst schwierige Stellung des Präsidenten,
die ihn wenig geeignet macht, die in einer so zahlreichen Versammlung sich er=
gebenden Aufwallungen und die theilweise Erbitterung zu mäßigen. — Einer=
seits soll er die Regierung vertreten, muß jedoch mit der größten Behut=
samkeit auftreten, soll er nicht seine Popularität verlieren und somit zur
Ausführung der Intentionen der Regierung ganz untauglich werden. Jeden=
falls aber muß nun, bei vermehrter Intelligenz der Deputirten, der Stand
dieses nicht identischen Gliedes der Versammlung mit jedem Jahre be=
schwerlicher werden, und es ist mit Gewißheit vorauszusehen, daß sein Ein=
fluß fast ganz aufhören wird, besonders wenn die Opposition sich unter
einem Führer versammelt und dadurch in den Circularsitzungen systematisch
zu Werke geht. Die eine Anomalie, daß die Feder gleichfalls durch einen
königlichen Diener geführt wird, ist bereits ganz paralysirt, da die Nuncien,
Repräsentationen und Gesetzartikel nun schon ausschließlich durch die Cir=
cularnotare verfaßt werden.

Eine mit diesem Mangel in enger Verbindung stehende und zum
Theil aus selbem fließende Unvollkommenheit der ungarischen Gesetzgebung
besteht darin, daß die Regierung in der Ständetafel nicht direct vertreten
ist. — Daß dieses durch den Präsidenten nur unvollkommen geschehen
könne, wird schon der Umstand erweisen, daß er als Präsident der könig=
lichen Gerichtstafel nicht leicht Verlangen der Regierung unterstützen oder
Schritte derselben entschuldigen kann, die in die Gerichtspflege einschlagen,
ohne den Vorwurf zu gewärtigen, „daß man diese Aeußerungen vom Vor=
sitzer des Gerichtshofes nicht erwartet hätte, der überall und unter allen
Verhältnissen strenges Recht zu sprechen hat, selbst wenn es gegen den Kö=
nig gefordert würde." Solche Fälle, die auch schon dagewesen sind, setzen
dann gar leicht die Ehrfurcht aufs Spiel, die man dem öffentlichen Charak=
ter des Präsidenten schuldig ist, und gefährden dadurch die Autorität der
Regierung selbst. Aus dieser Quelle entspringt auch das gewöhnliche,
so leise, umsichtige Auftreten des Personals; das häufige Dahingestelltsein=
lassen dieser und jener Aeußerung, die doch auf der Stelle aufgenommen
werden sollte; die Ungleichheit beim Beschlußnehmen, wo manchmal ge=
zögert, manchmal ziemlich geeilt wird, und all das verdeckte Spiel, welches
nicht ganz dem Zwecke und der Würde jener Versammlung zu entsprechen
scheint und worauf sich auch größtentheils das Vermissen des Systematischen
im Gange der Verhandlungen gründet, da man aus den eben angeführten
Gründen nicht streng auf die Tagesordnung halten kann, deren theilweise
Verletzung mitunter der Regierung zu statten kommt. Viel zweckmäßiger
würden daher die Rechte der Krone, bei einem selbstgewählten Präsidenten
der Ständetafel, durch Regierungscommissäre auf der Ministerbank ver=
theidigt werden. Diese könnten dann frei, ohne lähmende Rücksichten thun,
was ihres Amtes ist, gleichwie die Ablegaten sich in den Grenzen ihrer
Instructionen viel freier bewegen. Es wäre ein Kampf mit gleichen Waffen,
würdig einer mächtigen Regierung und einer hochherzigen freien Nation.
Ist denn die königliche Autorität Contrebande beim Reichstag, daß man sie
gleichsam einschmuggeln muß? — Nur in dem gesetzlich geregelten offenen,
redlichen Kampfe der entgegengesetzten Kräfte geht die Staatsmaschine, und
dieser ist unumgänglich nothwendig zu einem gesunden Staatsleben. Muthig
und im edlen Selbstvertrauen würden talentvolle Männer für die Rechte der
Krone in die Schranken treten, überzeugt, daß sie dadurch zur Aufrecht=
haltung der Verfassung ebenso beitragen, als wenn sie in den Reihen

der Opposition ständen; und jeder gewagte, oder wohl gar ungebührliche Ausfall gegen die ausübende Gewalt würde durch sie abgeschlagen und durch ein unabhängiges Präsidium nachdrücklich gerügt werden. Auf diese Weise übte Jeder nur seine Pflicht, Dieser in Vertheidigung der Nationalrechte, Jener in der Wahrung der nicht minder constitutionellen königlichen Autori= tät. Dagegen würde der von genauerer Geschäftskenntniß entblößte rege Eifer und der gute Wille mancher Deputirten sich an den Einsichten, der Geschäftskunde und der Bekanntschaft mit den Hindernissen, welche diesen Männern der Regierung eigen sein müßte, sich Rathes erholen und manches unstatthafte Ansinnen unterbleiben, welches nun manchmal das Ansehen der Gesetzgeber compromittirt; wogegen die Regierung selbst offener hervor= zutreten genöthigt wäre und auch manche Uebelstände der jetzigen Concer= tation der Gesetzartikel schon hier beseitigt würden. — Selbst in der Magnatentafel ist, bei aller Hinneigung derselben zum Throne, die Ver= tretung der Regierung nur unvollkommen; denn der Palatin ist als ge= setzlicher Vermittler zwischen König und Nation und als Präsident der Septemviraltafel — des Cassationshofes — denselben Berücksichtigungen ausgesetzt als der Personal; was sich besonders in gemischten Sitzungen kundgiebt. Und selbst die Würdenträger sind nicht ganz geeignet zur absoluten Vertretung der Interessen der Regierung, in soweit das System der ganzen Monarchie mit in Berücksichtigung zu kommen hat, welches bei manchen der wichtigsten Gegenstände nun schon nicht mehr vermieden werden kann. Was daher in ähnlichen Fällen durch den ungarischen Würdenträger nicht füglich in Anregung gebracht werden könnte, würde durch den Mini= ster, mit Hinblick auf die Bedürfnisse der ganzen Monarchie, viel freier können dargelegt werden.

Eine andere Unvollkommenheit der Gesetzgebung Ungarns entspringt aus dem Mangel der Publicität. Diese wird durch die Zuhörer nur sehr unvollkommen vertreten, besonders zu Preßburg, wo sie sich größten= theils auf die den Deputirten beigegebenen jungen Leute beschränkt, die gewöhnlich gar schwache Vertreter der allgemeinen Stimme sind, so laut sie sich auch mitunter äußern. Wir wollen hier weder auf die Censur, noch überhaupt auf umständlichere Auseinandersetzungen eingehen, was für jetzt zu weit führen könnte; doch wird Niemand in Abrede stellen, daß schon die factisch ausgeübte Befugniß der Comitate, ihre Acten ohne Censur der Presse zu übergeben, das Recht zu einer Diätalzeitung über alle

Frage stellt, welches um so weniger verhindert werden sollte, als bei dem Umstande, daß die Deputirten nur Mandatare sind, folglich die Legis= lation eigentlich in den Gespanschaften geübt wird, die Verhinderung einer schnellen, ununterbrochenen und wohlfeilen Verbindung der Able= gaten mit ihren Committenten in unsern Zeiten unter die beklagenswerthesten und für das allgemeine Beste schädlichsten Beschränkungen gehört, wodurch noch obendrein der Zweck nur höchst unvollkommen erreicht wird, da gegenwärtig die Nachrichten häufig entstellt und in einem der Regierung wenig günstigen Lichte ertheilt, und von dem durch die kargen, seltenen und zum Theil kostspieligen Nachrichten verstimmten Publicum willig aufgenommen und bei dem Mangel an authentischen Berichten nach Belieben noch mehr entstellt werden; wie denn überhaupt die ungarische Grundverfassung durch die im Laufe der Zeit successiv entstandenen Veränderungen durchaus nicht gewonnen hat, nachdem sie weniger das Resultat durchdachter Beschlüsse, als das Ergebniß des Zufalls und der Erfolg partieller Vortheile waren. — Eine dieser mangelhaften Umgestaltungen ist die Absonderung der Reichs= stände in zwei Tafeln. Das Zweikammersystem im Allgemeinen hat fast ebenso viele Anhänger als Gegner, welchen hier weder zugelegt, noch abgesprochen werden soll. Darin aber kommen alle Anhänger desselben überein, daß bei selbem die eine Tafel privilegirt, die andere eine unprivi= legirte sein muß, weil eben hierdurch ausschließend die Nothwendigkeit zweier Kammern begründet wird, die sich auf das wohlthätige Gleichge= wicht des aristokratischen und demokratischen Prinzips stützt, wodurch die Aristokratie als ausgleichende Potenz zwischen dem Throne und dem Volke erscheint. In Ungarn aber stehen zwei ganz gleichförmig privilegirte Tafeln neben einander, oder eigentlich, die Hofpartei der privilegirten Stände berathschlagt sich in einem abgesonderten Saale, ohne über ihre Berathungen auch nur ein Protocoll zu führen. Daß dieser Einrichtung auch nicht das geringste haltbare Staatsprinzip zum Grunde liegt, springt auf den ersten Anblick in die Augen, und der Effect derselben war bisher nur Verzögerung und Verwickelung der Verhandlungen, theilweise Ge= hässigkeit und Verhinderung erwünschter Resultate. — Als Scheingrund für das Bestehende wird wohl angeführt, daß in der Ständetafel, bei allen Privilegien des Adels, dennoch das demokratische Prinzip vorherrschend sei, indem daselbst das contribuirende Volk indirect vertreten werde, die königlichen Freistädte aber schon für sich das demokratische Prinzip vertreten. Aber wir sahen schon früher, was es mit der Vertretung des contribuirenden Volkes durch den Adel für eine Bewandtniß habe, wenn auch nicht schon der adeliche Grundsatz: „daß aller Grundbesitz ausschließend dem Adel gehöre," folglich dem Bauer Nichts als seine gleichfalls nicht freie Person und eine geringe, sich größtentheils auf seinen, nicht seinen, Grundbesitz stützende fahrende Habe als karges Eigenthum bleibt, mit dem Prinzipe der Demokratie im geraden Widerspruche stände. — Daß ferner die königlichen Freistädte nur in so fern Antheil an der Gesetzgebung nehmen, als sie einen Theil der Aristokratie ausmachen, ist gleichfalls schon gesagt worden. Aber das Son- derbarste bei dem Städtewesen Ungarns, dieses Landes der Contraste, ist, daß hier die Städte auch in Hinsicht ihrer innern Organisation, welche ebenfalls rein aristokratisch ist, sich von allen Städten der Welt unterschei- den. Zwar giebt es auch in andern Ländern Städte, wo der innere Rath auf Lebensdauer erwählt wird; wo diesen nur ein äußerer, ebenfalls auf Lebenszeit gewählter Rath wählt; ob aber außer Ungarn eine Stadt ge- troffen werde, in welcher die Bürgerschaft nicht einmal auf die Wahl dieses äußeren Rathes ein Recht hat, sondern dieser sich selbst allein ergänzt, möchte wohl zu bezweifeln sein. Doch zugegeben, daß eine ähnliche Ano- malie noch anderwärts getroffen werde, so ist es gewiß nur in absoluten Monarchien, wo die Regierung über den ganzen Machtumfang des städtischen äußeren und inneren Rathes Inspection führt und den Mißbrauch desselben zügelt. In Ungarn jedoch darf sich diese oberste Einsicht der Regierung auf den legislatorischen Wirkungskreis der Städte nicht erstrecken, weil die- ser nach dem Sinne der Constitution von jedem Einfluß der ausübenden Ge- walt frei sein muß. Da nun noch in mehreren Städten der Gebrauch waltet, daß die Deputirten nur durch den innern Rath, ohne Einfluß des äußeren, gewählt werden, so sind denn diese durchaus nicht als Stellvertreter der ganzen Bürgerschaft, nicht einmal des vermöglicheren Theiles derselben, sondern nur als Mandatare einiger Rathsherren oft dorfähnlicher Städte zu betrach- ten. Daß hierin auch nicht eine Spur von Demokratie vorhanden sei, wird wohl Niemand bezweifeln, und wie wenig überhaupt der ungarische Bürger, seinem Magistrate gegenüber, sich einer demokratischen Stellung erfreue, kann man aus den zahllosen Klagen Einzelner sowohl als ganzer bürgerlicher Communitäten gegen den willkürlichen Druck des Magistrates und aus den hierauf entsendeten königlichen Commissionen zur Genüge ersehen; wie es denn überhaupt eine allbekannte Sache ist, daß der einflußreichste und angesehenste Vicegespan sich gegen den unbemitteltsten bocskoros Edelmann sich nicht Dinge herauszunehmen unterfangen würde, die sich die Stadt= magistrate und einzelne Glieder derselben so häufig gegen die verdienstvollsten und vermöglichsten Bürger erlauben, wenn sie nicht dem äußeren Rathe angehören, dessen Glieder gewöhnlich ungebührliche Begünstigungen erfahren, weil sie es sind, die in dem lebenslänglichen Magistrate die einflußreichsten und einträglichsten Aemter periodisch restauriren. — In wie weit daher die Ständetafel durch Zuwachs dieser Deputirten — denen man aus obigem Betrachte mit vollem Rechte ein vollständiges Stimmenrecht verweigert — sich der Demokratie nähere, ist wohl nicht schwer herauszubringen, folglich bleibt auch diese Tafel eine rein aristokratische Corporation. — Wenn daher die Regierung, nach unserm obigen Vorschlage, direct vertreten würde, wäre sogar jeder Scheingrund für die Beibehaltung zweier Tafeln verschwunden, es müßte denn sein, daß man sich entschlösse, neben dem Adel noch den Unade= lichen Antheil an der Gesetzgebung zu gönnen und die Städte auf ihr ursprüng= liches demokratisches Prinzip zurückzuführen, wo man dann natürlich neben der privilegirten Adelskammer eine der Nichtprivilegirten erheben müßte. Wie die beiden Tafeln aber gegenwärtig stehen, wird durch die Absonderung nur ein absolutes Veto der Magnatentafel gegründet, welches doch dem Staats= zwecke durchaus nicht entsprechen kann, und bei der Verhandlung der syste= matischen Operate die Auflösung des Reichstages unmittelbar nach sich ziehen muß, sobald Fragen zu entscheiden sind, die dem Interesse der oberen Tafel oder auch der Regierung nahetreten, was doch in den meisten Ope= raten durchaus nicht kann vermieden werden. Bis jetzt haben die Gegen= stände und Form der Berathungen, die äußern und innern Staatsverhält= nisse und die minder deutliche Bekanntschaft mit den allgemeinen Grund= sätzen einer zweckmäßigen Staatsverwaltung die vollkommene Erkenntniß dieses Mangels noch stets verhindert.

Unter die Eigenthümlichkeiten der ungarischen Legislation, die nicht minder Vorzüge als Mängel mit sich führen, zählt man die Instructio = nen der Ablegaten, welche besonders in den Comitaten wesentlich sind und welche zum Theil mit einem Eide über strenge Befolgung müssen be= kräftiget werden. Der Grund derselben liegt in dem Wunsche der Wähler, daß ihren Ansichten pünktlich nachgekommen und jeder Bestechung vorgebeugt werde. In soweit diese Absicht durch die Instructionen erreicht wird, unterliegt ihr Nutzen durchaus keiner Frage; doch lassen sich gegen selbe einige nicht unge=

grünbete Einwendungen machen. Durch sie wird vorerst der Deputirte in der freien Ausübung seiner geistigen Kräfte wesentlich gehindert und fast ganz in die Grenzen eines gewöhnlichen Mandatars eingeengt. Da auf diese Weise die Berathungen eigentlich durch mehr oder weniger entfernte moralische Körper geführt werden, und sich fast immer im Laufe der Debatten nicht vorherzusehende Ereignisse ergeben, so wird bei der Nothwendigkeit häufig zu erbittender suppletorischer Instructionen entweder der Gang der Geschäfte ungemein verzögert, oder es bleibt die Behörde bei rascherem Gange der Geschäfte oft ohne Stimme, welches um so leichter zu erfolgen hat, je weiter die Entfernung und je schwieriger eine schnelle Zusammenberufung der Committenten ist. — Durch diese Instructionen weiß die Regierung schon von vorhinein die Ansichten der Nation über die in den königlichen Einberufungsschreiben enthaltenen Anträge, da die Instructionen in den öffentlichen Congregationen verfaßt werden, in denen die Regierung stets ihre Agenten hat und auch haben muß. Sie kann daher den erst im Beginne des Reichstages vorzutragenden königlichen Propositionen, die sich nicht strenge nach dem gewöhnlich nur die Hauptsache enthaltenden Einberufungsschreiben zu richten haben, den Forderungen eine Wendung geben, durch die sie manchem ihrer Anhänger ein leichteres Uebertreten bereitet, während die Behörden nie vorhinein den ganzen Umfang der königlichen Propositionen kennen. — Daher sind auch diese Instructionen, die nebstbei gewöhnlich nur durch Einige im Comitate gegeben werden, für die Meisten unzureichend und nicht überall anwendbar. Dieses ist besonders bei complicirteren und unter sich zusammenhängenden Fragen der Fall, wo sich aus den verschiedenartigen Durchkreuzungen oft Resultate ergeben, die durchaus nicht vorauszusehen waren. Bleiben dann, wie es häufig der Fall ist, die suppletorischen Instructionen länger aus, als die Reihe an eine andere, mit der vorigen verbundene Frage kommt, so weiß der Ablegat, dessen Instruction nur auf einen bestimmten Fall lautet, nicht, woran er sich halten soll. Da nun die Instructionen nicht immer alle Ergebnisse in sich fassen können, so wäre es zweckmäßig, bei verwickelten Gegenständen, wie allenfalls die Operate sind, dem Ablegaten nur einige Prinzipien, die ihn an jedem Mißbrauche seiner Amtspflicht hindern, aufzustellen; was auch mitunter nicht ohne guten Erfolg geschehen ist. Denn gar häufig scheitern die besten Instructionen an der Persönlichkeit der Ablegaten, die sich manchmal zu dem Orden der fratrum laxae interpretationis bekennen; wo denn

mitunter an den Instructionen gewaltig gezerrt wird, ohne daß es die Com=
mittenten immer im ganzen Umfange erführen, indem keine öffentliche Mit=
theilung der Debatten erfolgt, der Ablegat selbst aber in seiner Relation
Manches beschönigen kann. Hieraus entspringt manchmal der befremdende
Fall, daß die beiden Ablegaten einer Gespanschaft dieselbe Instruction ganz
entgegengesetzt auslegen, wodurch sie sich elidiren und die Behörde ohne
Stimme ausgeht; hieraus ergeben sich auch mitunter Dinge, die sehr komisch
sein würden, wenn der Gegenstand selbst nicht gar ernsthafter Art wäre. So
geschah es im jetzigen Reichstage, daß ein Deputirter, dem in seiner Instruc=
tion — der größern Deutlichkeit wegen wollen wir die Sache nur numerisch
bezeichnen — eine Bewilligung von 70 aufgetragen war, entweder allein
oder in einer bedeutenden Minorität blieb. Stand nun die Majorität der
einen Partei auf 10, der andern auf 100, und waren die Stimmen gleich=
förmig, so trat der von seiner Instruction bereits Abgeschlagene nicht zu der
ihm näher liegenden Partei von 100, sondern zu jenen 10. Auf diese Art
wurden dann oft durch dergleichen Neutralisirungen ganz unerwartete Resul=
tate erzielt. Doch diesem ist auf keine Weise vorzubeugen, besonders wenn
sich das allgemein verbreitete und nicht widerlegte Gerücht einer ganz un=
verhältnißmäßigen Anzahl Supplicanten, selbst aus den ersten Reihen der
Opposition, bestätigen sollte.

Die erst in dem letzten Decennium zu ihrer jetzigen Form gelangten
Circularsitzungen gewähren der ungarischen Gesetzgebung ebenfalls
mancherlei Vortheile, ohne jedoch von Mängeln frei zu sein. Zwar ist eine
unter selbstgewählten Vorsitzern von keinem Einfluß der Regierung gestörte
vorläufige Berathung des vor den Reichstag zu bringenden Gegenstandes
an sich schon von unbestreitbarem Nutzen, kann jedoch bei einer Versammlung
von Mandataren nur untergeordnet einwirken, da die meisten derselben durch
gemessene Instruction gebunden sind. Ja man mußte oft mit Bedauern
vernehmen, daß nach einer mehrtägigen lebhaften Verhandlung einer Frage
ein Mitglied sich also vernehmen ließ: „Lasset uns zur Abstimmung schreiten!
Ueberzeugung kann hier ohnehin nicht statthaben, da wir sämmtlich durch
unsere Instructionen gebunden sind." — Da nun diese Circularsitzungen
kein Protocoll führen, so gewähren die oft geistreich geführten Verhandlungen
wenig bleibende Belehrung, im Gegentheil werden dann manche wichtige
Fragen, in denen sich bereits hier eine bedeutende Majorität kundgegeben,
oft nur mit dem Rufe: „Es bleibe!" (Maradjon) abgemacht, ohne daß die

16*

dafür oder dawider angeführten Gründe zu Protocoll kämen. Sollten jedoch einst die Parteien Führer bekommen, wie es in England der Fall ist, so läßt sich leicht voraussehen, daß diese Circularsitzungen die ganze Art der Berathung umwerfen und zunächst den Einfluß des jetzigen Präsidenten der Ständetafel ganz paralysiren werden. Doch an eine Fügung ungarischer Deputirter unter die Leitung eines Führers ist noch lange nicht zu denken; nicht als ob an den hierzu vollkommen geeigneten Individuen Mangel wäre, sondern weil es sich mit dem Eigendünkel so Vieler durchaus nicht vertrüge, auch nur in einer scheinbaren Abhängigkeit zu stehen, oder eine fremde geistige Superiorität, wenngleich schweigend, anzuerkennen; der vielen Spaltungen unter den Deputirten nicht zu gedenken. Zur Abkürzung der Verhandlungen tragen sie durchaus nichts bei, da sie stets in den Stunden der Reichstags= sitzungen gehalten werden, folglich diese unterbleiben müssen. Im Gegen= theil: durch den Umstand, daß nach vollständiger Circularverhandlung noch die meisten Deputirten die bereits daselbst vorgetragenen Ansichten in der Reichstagssitzung wiederholen, theils um sich bei ihren Committenten zu legitimiren, theils um ihre Ansichten ins Protocoll zu bringen, sind diese Zirkel als sehr zeitraubend anzusehen und es wurden schon manchmal An= regungen zu deren Abstellung gemacht; was jedoch aus anderweitigen Ur= sachen nicht zu wünschen wäre. — Uebrigens können sie in Betracht der Zeitersparung mit den Comitéen anderer Parlamente durchaus nicht verglichen werden, wie denn überhaupt Haushalt mit der Zeit und fleißiges, langes Zusammensitzen nicht die Sache der Ungarn ist. Darum hat auch der jetzige Reichstag nach zweijähriger Dauer keine größern Resultate aufzuweisen, als bei zweckmäßiger Zeiteintheilung, Versammlung unter ordentlichen Führern und dadurch erlangter Vermeidung aller unnützen Expectorationen und bis zum Unausstehlichen getriebenen Wiederholungen in einem halben Jahre zu erzielen waren. — Durch diese Zirkel wird die Regierung immer bei Zeiten von der Stimmung der Stände unterrichtet und kann ihre Maßregeln darnach nehmen. — Dadurch, daß seit dem vorigen Reichstage alle Nuncien und Repräsentationen in den Circularsitzungen verfaßt und dem Reichstag durch die Vorsitzer derselben eingereicht werden, die auch mit dem Personal in ununterbrochenem Verkehre stehen; nicht minder dadurch, daß mancher Gegenstand von der Reichstagssitzung aus abermals an die Zirkel verwiesen wird, die Motionen fast ausschließend da gemacht und die Nuncien der Magnatentafel, wie auch die königlichen Resolutionen, nach vorläufiger Ver=

lesung in der Ständetafel gleichfalls der Circularberathung übergeben werden, besitzen sie nun eine diplomatische Authentie, ohne jedoch vollkommen diplomatisch anerkannt zu sein. Sie sind daher diplomatisch und wieder nicht diplomatisch und passen vollkommen in ein Land, was noch so vieles Andere hat und zugleich nicht hat.

Neben diesen Eigenthümlichkeiten trifft man noch häufige Mängel und Anomalien, wie z. B. daß die königliche Gerichtstafel im Reichstage Sitz und Stimme hat, wodurch, nebst der politischen Stellung des Präsidenten, das Juridische und Politische auf eine gar wunderfame Art vermengt wird; daß während des Reichstages die obern Gerichte schweigen, gleich als ob man jeden Augenblick dem Feinde entgegenrücken wollte; daß die Magnaten= tafel kein Protocoll führt, obwohl ihre Verhandlungen öffentlich sind; daß in der Ständetafel keine bestimmte Tagesordnung eingeführt ist, und eine Menge kleinerer Mängel, die alle anzuführen und zu untersuchen viel zu lang und wenig lohnend wäre.

Aus dem Gesagten geht unbestreitbar hervor, daß der ungarische Reichs= tag nur zum Erhalten des Bestehenden, durchaus nicht zu durch= greifenden Reformen geeignet ist. Schon der Gang des jetzigen Reichstages beweist dieses vollkommen, da man selbst bei jenem Operate, wo doch so wenig fremde Interessen in Frage stehen, — dem Urbariale — nach langen Verhandlungen die bereits reichstägig festgesetzten Reformen nicht durchzu= führen vermag, und wo die Majorität der Ständetafel durch Bestätigung des durch den Reichstag 1827 ohne richtige Ansicht über die Natur einer Reform aufgestellten gehaltlosen Satzes: „nil per excerpta!" ferner durch die Aufstellung des Grundsatzes: „daß man bei der jetzigen systematischen Ver= handlung der Operate keine allgemeinen Prinzipien vorausfenden wolle" — ihre vollkommene Unfähigkeit zur Durchführung der Reform ebenso sehr an den Tag gelegt hat, als sie durch erfolglose Anregung des Religionar= Gegenstandes und der polnischen Angelegenheit wenig parlamentarisches Divinationsvermögen und einen Mangel jenes richtigen Tactes, der nie Dinge in Anregung bringt, deren Unausführbarkeit vorhinein gewiß ist, an den Tag gelegt hat. Ihr Staunen und ihr Unwillen über das ausgeübte Veto der Magnatentafel, welches doch schon längst factisch bestanden hat, bewies nicht minder, daß den Meisten das Vorhandensein desselben bisher nicht klar gewesen, wie denn auch überhaupt der Umstand, daß ungleich mehr Comitate den Reichstag mit dem Commerziale, als mit dem Publico-politicum

und Banderiale beginnen wollten, nicht günstig für den im Lande herrschen=
den Grad der Intelligenz spricht.

Ist es daher der Majorität im Lande und der Regierung darum zu
thun, daß Alles im Wesentlichen verbleibe, wie es ist, so dürfte man schwer=
lich eine diesem Zwecke mehr angemessene Organisation der Gesetzgebung
erdenken können, als die gegenwärtige ist, da bei günstigen äußern Umständen
neben ihr unsre Verfassung noch neue achthundert Jahre als ehrwürdigstes
Denkmal constitutioneller Dauerhaftigkeit bestehen kann. Doch mit derselben
die Reform durchführen wollen, wäre das erfolgloseste und undankbarste
Unternehmen. — Sollen daher sämmtliche neun Operate reichstägig ver=
handelt, vollkommen, nicht mit Palliativen, vollendet und in Ausführung
gebracht werden, so muß vor Allem der gesetzgebende Körper in allen seinen
Theilen organisch reformirt werden.

Allein wie wäre das zu bewerkstelligen, da der Reichstag sich
selbst nicht reformiren kann? Denn da die Reform des gesetz=
gebenden Körpers darin bestehen muß, daß das Gleichgewicht unter den ver=
schiedenen Theilen desselben vollkommen hergestellt und alles die Erreichung
des richtigen Staatszweckes Verzögernde und Hemmende aus selbem entfernt,
aller ungebührliche, auf was immer gestützte Einfluß beseitigt werde;
dieses aber nicht erfolgen kann, ohne den zu großen Machtumfang einzelner
Organe mehr oder weniger zu beschränken, dagegen andere bisher zu schwach
wirkende Potenzen zu verstärken und nöthigenfalls neue zu erschaffen: so
ist es ganz natürlich, daß in einem Lande, welches weder volle Publicität,
noch Opinion, noch Preßfreiheit besitzt, dieses vom guten Willen der in
Frage stehenden Organe nimmer kann erwartet werden, da bei der natür=
lichen Gebrechlichkeit der menschlichen Natur und bei der Macht der Leiden=
schaften und Vorurtheile über selbe eine Corporation, die durch den Gebrauch
geheiligte, zum Theil gesetzlich bestimmte wesentliche Vorrechte und Emolu=
mente ohne äußern Impuls zum Opfer bringen soll, noch zur Stunde auf
unserm Planeten nicht getroffen wird, und erst geboren werden soll. Hierin
werden wir uns nun vergebens in unsern Gesetzbüchern Rathes erholen und
die Mittel dieser Reform schwerlich im Reichstage auffinden. — Wir müssen
daher unsere Blicke nach Außen richten und sehen, auf welche Art andere
Völker die Reform begannen. Ueberall erblicken wir vorläufige Bearbeitung
des Stoffes durch die Presse; und von einer Reform, über welche vorhinein
ungehindert zu schreiben untersagt gewesen wäre, ist dem Verfasser nie Etwas

zu Ohren gekommen. — Will man daher die vollständige Durchführung der schon so lange beabsichtigten Reform, so muß vor Allem, für diesen Gegenstand wenigstens, die Presse bedingnißweise freigegeben werden. Da hier das Interesse Ungarns mit dem bestehenden Systeme in Conflict kommt, so ließe sich auch hier ein Mittelweg treffen, indem man Abhandlungen nur in ungarischer Sprache herauszugeben gestattete und jeden Mißbrauch und Unfug — der in Ungarn leichter als irgendwo Spielraum fände — durch ein strenges Preßgesetz zügelte. Nur auf diese Art könnten durch die Wirkung der Einsichten Gebildeter auf die Intelligenz der großen Masse die Ideen so weit ins Reine gebracht werden, daß die Comitate, von deren Instructionen doch der Erfolg einer Reform ausschließend abhängt, über die Operate neuerdings und mit wirklichem Erfolge sich berathen könnten. Will man aber nicht über alle neun Operate auf diese Art zu schreiben erlauben, so sollte wenigstens die Reform des Reichstages frei dürfen besprochen werden. — Man wende hier übrigens nicht ein, daß das Wort in den Comitaten ohnehin frei sei; denn daß dieses nicht hinreiche und daß ein Buch hierin mehr Aufklärungen verschaffen kann, als hundert Redner in den Congregationen, besonders wenn dasselbe gleich beantwortet, berichtigt und wo es nöthig ist, bekämpft werden kann, wird wohl kein Vernünftiger in Abrede stellen.

Nebst diesem müßte die Nation noch über die Absicht der Regierung in vollkommene Kenntniß gesetzt werden. Denn daß die Operate nicht ganz als Organ derselben gelten können, obwohl bei ihrer Verfassung der Einfluß der ausübenden Gewalt vorherrschend war, hat nun schon das Urbariale vollkommen erwiesen. — Da nun in Ungarn der König die Initiative mit den Ständen gemein hat, so würde hier eine volle Ausübung derselben von ungemeinem Nutzen sein. England kann uns hier zum Muster dienen, wo man bei den Reformen sich einerseits der Kenntnisse Einzelner bediente, und die Zweige der Reform anerkannt fähigen Männern zur Bearbeitung auftrug, bei vielen Gegenständen aber die Regierung eine Bill einbrachte und somit der Opinion eine Richtung gab. In Ungarn nun vollends, wo nach der richtigen Bemerkung Szécheny i's nicht drei Menschen zusammenzubringen sind, die über einen Gegenstand dieselbe Ansicht hegen, würde die deutlich ausgesprochene Absicht der Regierung von unberechenbarem Nutzen sein, und besonders die Einsprüche gegen jede Restriction des bestehenden Mangelhaften stark herabstimmen und bescheidener machen.

Der Reichstag aber in seiner jetzigen Organisation sollte sich durchaus nicht an das Commissariaticum, Commerciale, Publico-politicum, Literarium und Banderiale wagen. Da er jedoch nun schon im dritten Jahre ohne besondere Erfolge beisammen sitzt, so wäre vor Allem das Criminale, und wo möglich auch das Wechselrecht in Verhandlung zu nehmen, da beide Gegenstände von großem Nutzen sind, der erstere nun gar eine schreiende Nothwendigkeit geworden: so wäre doch in der langen Zeit einiger Erfolg gewonnen. Noch länger aber sich mit der Hoffnung einer dennoch möglichen vollkommenen Reform auf dem eingeschlagenen Wege trösten, würde nur zu einer späten, aber um so schmerzlicheren Enttäuschung führen.

Dieses mit aller Offenheit, selbst auf Gefahr mancherlei Gehässigkeiten und falscher Deutungen, seinen Landsleuten vorzutragen, hielt der Verfasser für unerläßliche Pflicht; und da er die Meinung einiger Bureaukraten, „daß es dem Einzelnen durchaus nicht zukomme, über Staatsverwaltung ein Urtheil zu fällen," nimmermehr theilen wird, im Gegentheil es für nützlich, ja nothwendig erachtet, daß jeder Einzelne hierüber gutgemeinte, wenn auch mangelhafte Ansichten darlege, damit durch Beipflichtung zum Gehaltvollen sowohl, als durch Berichtigung der Irrthümer die Wahrheit aufgefunden werde: so glaubte er alle, nicht unbedeutende Bedenklichkeiten ablegen und seine Ansichten über einen so höchst wichtigen und dringlichen Gegenstand freimüthig dem allgemeinen Urtheile vorlegen zu müssen. Und da nicht Eitelkeit, noch Kitzel nach Ruhm oder Popularität, noch endlich Eigennutz — die sämmtlich bei ähnlichen Unternehmungen gar schlecht ihre Rechnung zu finden pflegen — ihn zum Schreiben bewogen, und er gar gern geschwiegen hätte, wenn nur irgend Jemand sich zum Sprechen hätte entschließen können: so würde, gleichwie ihm gütige Anerkennung seiner guten Absicht von Seiten seiner Landsleute stets als beneidenswerther Lohn gegolten hat und ewig gelten wird, das theilweise Verkennen und Anfeinden seines gewiß nicht unlautern Zweckes ihn wohl tief kränken, doch nimmermehr entmuthigen.

Bevor wir schließen, glauben wir noch einen vor Kurzem erhal=
tenen Brief des Verfassers der obigen „Bemerkungen über adeliche Insur=
rection" mittheilen zu müssen, da der Inhalt desselben mit dem dieser Blätter
identisch ist und über Ungarn noch manche Aufklärungen ertheilt, die hier
noch keinen Raum finden konnten und nur in der Folge umständlich ab=
gehandelt werden.

V.

Preßburg, am 18. Dezbr. 1834.

Liebster Freund!

Die königliche Resolution auf die unterbreiteten Gesetzartikel des Ur=
bariums hat in der Ständetafel theilweise heftige Erbitterung erregt und man
kann noch manchen unangenehmen Reibungen entgegensehen. Auf diese Art
werden wir nicht zum Ziele gelangen, und ginge doch der Reichstag lieber
heute auseinander als morgen.

Wenn Sie meinen „Bemerkungen" in Ihrem Werke Raum
geben, so bitte ich Sie, selbe zwar in ihrer mangelhaften Form —
deren Grund ich Ihnen erklärte — darzulegen, doch selbe durch Anmer=
kungen unter Ihrem Namen — denn ich möchte mich nicht mit fremden
Federn schmücken — zu ergänzen und zu berichtigen. Meinerseits wäre
höchstens noch beizufügen, daß ich glaube, der Adel Ungarns würde unüber=
legt handeln, wenn er hierin außerordentliche Opfer brächte, bevor er das
Gewicht seiner bereits bestehenden legalen Last, der Insurrection nämlich,
genau zu beurtheilen vermag. Denn ich trete Jenen durchaus nicht bei,
die alle Opfer nur zu dem Zwecke bringen, damit die Contribution erhöht

werbe. Zu wünschen wäre es, daß den Deputirten hierüber deutliche In=
structionen ertheilt werden, wobei besonders darauf Rücksicht zu nehmen wäre,
daß Ungarn ein Defensivsystem besitzt und in seiner Lage auch kein
anderes adoptiren kann. Dieses ist eigentlich schon seit Ferdinand III.,
dem Linzer Frieden, und besonders seit Joseph I. der Fall. Ungarn kann
allen Welthändeln gleichgiltig zusehen; seine moralische und geographische
Lage bringt es mit sich, daß ihm vieles Näherliegende fremd sein soll, Ent=
ferntes fremd bleiben muß. — Doppelt wichtig ist die Insurrection in un=
serer unritterlichen Zeitepoche mit ihrer frühzeitig decrepit gewordenen soge=
nannten Civilisation; besonders wichtig bleibt selbe in einem Lande, dessen
Städte eigentlich nur Fremdencolonien sind, mit fremder Sprache, fremden
Meinungen, Begriffen und Wünschen; die in serviler Dependenz von den
Behörden, in einer ärmlichen Krämerlage den öden Flecken Englands zu
vergleichen sind, und gewiß leichter eine Repräsentation im Reichstage ver=
missen könnten, als Birmingham, Manchester und Leeds selbst bis 1831
entbehrten, mit denen sie nur den Namen „Stadt" gemein haben; deren
Bürger, ohne eigentliches Vaterland, nur die Errichtung einer Börse, durch
welche unserer geringen Industrie durch Entziehung des noch schwach circu=
lirenden Geldes der letzte Stoß versetzt würde, als höchstes Ideal betrachten.

Gemessene und strenge Instructionen sind hier um so unentbehrlicher,
als ohnehin das Banderial=Operat — wahrscheinlich blos aus Zufall — im
Vergleiche mit den übrigen so viel als gar nicht ausgearbeitet ist.

Obwohl ich weiß, daß man in unserer so complicirten Lage nicht Alles
auf einmal sagen kann, ohne einen vorhinein abschreckenden Folianten zu
schreiben, so werden Sie mir dennoch gestatten, einige meiner Ideen über
verschiedene unsrer Verhältnisse flüchtig und ohne System hinzuwerfen,
Ihnen überlassend, in wie fern und auf welche Art Sie selbst zu Ihrem rühm=
lichen Zweck benützen wollen.

Man wird jetzt im Reichstag an dem Juridischen fortarbeiten; da sich
hier der Mangel an Credit auf die fühlbarste Art im Lande zeigt, und
alles Geld entweder todt und unbenutzt in der Kasse des Privatmannes auf=
bewahrt bleibt, oder dem Handel mit auswärtigen Staatspapieren und dem
schädlichen, alle Klassen demoralisirenden Börsenspiele in Wien zugewendet
ist, so wird hoffentlich eines der wichtigsten Bedürfnisse Ungarns, die Errich=
tung einer Creditanstalt, ins Leben treten. Sie dürfte vielleicht in der Art
zu organisiren sein, wie die in Baiern durch das Gesetz vom 1. Juli 1834

errichtete Hypothek- und Wechselbank. — Der dazu nöthige Gesetzentwurf wird im Juridicum verhandelt werden. — Es ist unumgänglich nöthig, daß endlich Einrichtungen getroffen werden, durch welche der des Credites so benöthigende Landwirth Kapitalien auf mäßige Zinsen zu leihen bekomme, die ihm zum Betriebe seiner Wirthschaft oft unentbehrlich sind. — Nur durch die Errichtung einer Bankanstalt im Lande ist dies zu erreichen. — Zu wünschen wäre, daß die Comitate ihren Deputirten deutliche Instructionen über diesen Punkt geben; denn daß mit dem Improvisiren der Deputirten dem Lande wenig gedient sei, beweiset der jetzige Landtag nur zu sehr. — Die zu errichtende Nationalbank dürfte keine zu Finanzoperationen leicht zu verwendende Staatsanstalt werden, sondern müßte eine durch das Gesetz geschützte Privatgesellschaft bleiben, welche nur auf Hypotheken leihen und Wechselgeschäfte machen dürfte. — Das constitutionelle Baiern kann uns auch darin als Leitstern dienen, daß dort der Bankanstalt die Verbindlichkeit auferlegt ist, einen bedeutenden Theil ihres Fonds zu Anleihen auf liegenden Grund und Boden ausschließend zu verwenden; so wie auch im Kassen- und Rechnungswesen mit größter Offenheit zu verfahren. Die Bank wurde daselbst für eine unter den Schutz der Regierung gestellte Privatanstalt erklärt. — Sobald ich etwas Näheres darüber berichten kann, werde ich eilen, Sie davon zu benachrichtigen.

Bei dem im Publico-politico vorkommenden Abschnitte: „Ueber die Coordination des Reichstages" — wäre meine Meinung, daß das Prinzip der Instructionen zu vertheidigen sei. In der Instruction liegt die Kraft des Deputirten. Sie schützt ihn ebenso gegen allen Einfluß der Regierung, als vor seiner eigenen Schwäche für Gunstbezeigungen, Orden, Würden, Geld, Popularität u. dergl. Doch selbst für den Thron sind sie von Nutzen, da die Regierung durch umsichtige, mit Ruhe ertheilte Instructionen viel weniger heftigen Angriffen ausgesetzt ist, als durch die Hitze einzelner, sich selbst überlassener leidenschaftlicher Talente. Der französische Nationalconvent erweist dieses ebenso sehr als Frankreichs neueste Geschichte. In demselben Lande, wo die Wuth einzelner Deputirter bis zum Terrorismus gesteigert wurde, sank der gesetzgebende Körper überall, wo die Regierung nicht unterlag, zum Schattenbilde herab. Die Geschichte des französischen Kaiserreiches und anderer Länder, wo ein dreitägiger Postulatenlandtag zur Farce geworden ist, zeigen dieses sonnenklar. — In England erblicken die Wähler nicht einmal in der Preßfreiheit, dem Petitionsrechte und der Verantwortlichkeit der Minister Garantie genug für die Vertretung ihrer Ansichten und sie kehren zu den Instructionen zurück unter der Form eines durch den Wahlcandidaten abzulegenden politischen Glaubensbekenntnisses. — Sollte nun wohl das von aller andern Garantie entblößte Ungarn die einzige Waffe, die man ihm noch nicht entreißen konnte, freiwillig niederlegen, während die Regierung dem Palatin, den Obergespanen und im Auslande den Gesandten stets Instructionen ertheilt, während der Reichskanzler nicht ohne Instructionen sich zur Concertation der Gesetzartikel mit Ende des Reichstages dahin verfügt? Sollte denn die Regierung, selbst gepanzert, Andere wehrlos wünschen? — Die Gegner der Instructionen sagen: „daß durch diese die Comitate über den Reichstag gestellt werden.“ — Das geschieht aber von Rechtswegen; denn in einem constitutionellen Lande muß die Nation obenan stehen, der gesetzgebende Körper aber muß untergeordnet sein. Das Prinzip der Instructionen beweist, daß, gleichwie Niemand über dem bereits gebrachten Gesetze steht, ebenso der legitime Wille des Königs und der Nation über dem gesetzgebenden Körper thront. Ohne Instructionen der Deputirten müßten wir auf dem Rákoser Felde Nationalversammlungen halten. Deswegen mußten auch die Franzosen auf das Marsfeld zurück. — Selbst die Regierungen sehen sich gezwungen, in der Noth ihre Zuflucht stets zu den Völkern zu nehmen. So mußte Preußen 1806 an das Volk appelliren; Hormayr und Roschmann 1809 an die Thyroler Bauern; Gentz an die Völker; Rußland 1812 an das russische Volk; und Minister Stein 1813 an das deutsche Volk; Napoleon 1815 an die Nation und die Partisanchefs, Baiern 1833 an die Gemeinden. Alle mußten in der Noth, von ihren Schattenbildern verlassen, sich an die Völker wenden und Nationalmilizen errichten. Obige Aufrufe nebst einigen andern auf ähnliche Zwecke hinarbeitenden Schriften, wie Cevalo's Briefe in Spanien, Kotzebue's Schriften zc., Rostopschins Aufruf 1812 liefern auch den Beweis, daß die Cabinete in der Noth keine Feinde der Presse sind. — Darum glaube ich, daß die Instructionen den Deputirten heilig sein sollen und als Richtschnur dienen müssen, an die sie sich so nahe als möglich zu halten haben. Nur nach ihrem Inhalte müssen sie die Verhältnisse im Lande und auf dem Reichstage berücksichtigen und sich überhaupt so benehmen, wie es bei Gesandten auf Congressen der Fall ist, wo man sich gleichfalls oft bewogen sieht, eine Angelegenheit eher unbeendigt zu lassen, als sie übereilt und gegen die Ansichten der Höfe zu beendigen.

Die Auslagen sind hier nicht in Betracht zu ziehen, sondern nur der Zweck und die Wichtigkeit der Sendung. So betrachten es auch stets die Cabinete, denn ihre Gesandtschaften, Congresse, Protocolle ɔc. kosten den Völkern viele Millionen. — Welche Summen verschlang nicht der Wiener Congreß! — was kosteten nicht die griechischen Negociationen, die Londoner Protocolle! was kostet nicht der deutsche Bundestag! ɔc. ɔc. Darum bleibe auch der ungarische Deputirte seinem Antrage so treu als möglich, und lasse sich nicht von der kleinlichen Berücksichtigung, daß eine längere Dauer dem Lande viele Auslagen verursache, in der strengen Beobachtung seiner Pflicht irre machen, sonst würde aus dem ungarischen Reichstage leicht eine Geseŋ = Re= visions = Commission, eine dependente Stelle mehr, bestehend aus taubstummen Consiliärs; und dann könnten wir noch leicht auch in Ungarn erleben, daß die Ablegaten in den Vorzimmern der Minister Instructionen faßten, sammt ihrem Solde, — wie die gemeinen Soldaten beim Rapport ihre Löhnung, Brot, Montur und den Befehl ɔc. ɔc.

In der „Coordination der Comitate" wäre vielleicht gut, die Cadres der Insurrection zu erwähnen, welche aus beeideten Landbesitzern zu bestehen hätten, denen vorzüglich die Aufrechthaltung der so sehr verfallenen Ordnung obläge. Für eine aus Besitzern bestehende Miliz sprechen die Beispiele so vieler Völker, die Yeomanrie in England, die Nationalgarden und die neuern Beispiele in Frankreich, wo die vermöglicheren Bürger die Mehrzahl derselben bilden, die Ruhe aufrecht erhalten und sie zurückführen. Für diese Miliz sprechen auch Pitts Ansichten, der, als Napoleon von Boulogne aus in England landen wollte, die Besitz und Vermögen Habenden zur Vertheidigung ihres Eigenthums aufrief. — In den Comitaten ist größere Ordnung unerläßlich, denn die Anarchie artet daselbst schon oft in Despotie aus. Irlands jetzige Lage, Frankreich zu Zeiten Robespierre's und Marats stellen hierin war= nende Beispiele auf.

Mit Beginn des nächsten Landtages dürfte wohl zu der „innern Ein= richtung des gesetzgebenden Körpers" geschritten werden. — Vor allem An= dern wären hier die Rechte, Pflichten und die Wahl des Präsidenten der oberen und unteren Kammer zu bestimmen. Bentham sagt darüber Fol= gendes, vielleicht auch in Ungarn zu Beherzigendes: „Es soll in jeder Ver= sammlung ein einziger — permanenter — der Versammlung immer unter= geordneter — keine andere Function verrichtender — von ihr allein gewählter — von ihr allein entsetzbarer Präsident sein." —

In jeder Versammlung kann auch nur ein Präsident sein. — Wären zwei, würde es an einer Entscheidung fehlen, so oft eine Differenz in ihren Ansichten entstände. — Dieser Präsident soll permanent sein, nicht nur um das Umständliche häufiger Wahlen zu vermeiden, sondern hauptsächlich zum Wohl seines Amtes. — Ist er permanent, so wird er mehr Erfahrung be= sitzen, wird die Versammlung besser kennen, und ein größeres Interesse haben, als ein Präsident auf kurze Zeit (wie in Ungarn die Präsidenten des Zirkels), denn dieser, er mag seinem Posten gut oder schlecht vorstehen, muß ihn doch immer verlieren; der permanente Präsident hingegen, der ihn nur dann verliert, wenn er ihn schlecht versieht, hat einen Beweggrund mehr, alle Pflichten desselben zu erfüllen. —

Der zu große Einfluß eines permanenten Präsidenten ist nicht zu fürchten; die Kammer muß ihm aber die Macht zu pflichtwidriger Ein= wirkung auf die Motionen und Debatten, wie auf die Art, die Vota zu sammeln, nehmen. Bei der zweiten Kammer ist es daher besonders wichtig, daß ihr Präsident ganz unabhängig vom Präsidenten der obern Kammer sei, besonders wenn die Initiative, wie in Ungarn, nur bei der zweiten Kammer ist.

Alle Functionen, die dem Amte des Präsidenten eigen sind, kommen ihm unter zwei Titeln (capacités) zu: als Richter zwischen den individuellen Gliedern, dann als Agenten der Versammlung; als Richter bei einem Streite, als Agenten in den Geschäften seines Amtes, z. B. das Resultat der Stim= men anzugeben u. dgl. Alle seine Beschlüsse müssen dem Willen der Ver= sammlung untergeordnet sein. Die Versammlung hat keinen andern Grund, dem Präsidenten, wer er immer sei, zu gehorchen, als die Voraussetzung seiner Uebereinstimmung mit dem allgemeinen Willen. — Er soll daher nicht das Recht haben, Motionen zu machen, zu deliberiren und zu stimmen. — Er hat seine Aufmerksamkeit hauptsächlich auf die Aufrechthaltung der Formen und der Ordnung zu richten. Was die Wahl betrifft, so muß er von der Versammlung gewählt sein, ausschließlich von ihr, bei absoluter Majorität und durch Kugelwahl. Auch muß er von ihr allein destituirt werden können. — Denn hört er auf das Vertrauen zu besitzen, so verschwindet der Nutzen seines Amtes. Ohne das Recht, ihn abzusetzen, wäre das Wahlrecht mehr als unnütz. Wenn diese beiden Rechte getheilt werden sollten, so würde das Absetzungsrecht dem Wahlrecht vorzuziehen sein. Dies Alles ist bei einer neuen Coordination der Kammern in Ungarn sehr zu beherzigen, da sich hier wie fast bei allen Staatseinrichtungen eine Mangelhaftigkeit zeigt, die auf ihren Ursprung in Zeiten der Unwissenheit deutet; daher auch darauf nicht genug Rücksicht genommen wurde, daß ein nicht absetzbarer Präsident leicht aus Politik, um seine Zwecke zu erreichen, den Ungar gegen den Kroaten, den Edelmann gegen den Magnaten, den Katholiken gegen den Protestanten, den Städter gegen den Adel u. dgl. aufhetzt, der alten Regel gemäß: „Duobus certantibus tertius gaudet." —

So lächerlich es mir stets war, wenn ich in Comitatsversammlungen und auf dem Reichstage statt der Nationalsprache ein latein = sein = sollendes Gewäsch, beiläufig wie man es in Deutschland bei ärztlichen Consilien hervorstottern hört, vernehmen mußte; so unbegreiflich mir es ist, daß eine Nation, die ihre repräsentative Verfassung und Volksthümlichkeit, trotz inneren und äußeren Feinden, zu bewahren wußte, ein lateinisches Gesetzbuch hat; so traurig ich es finde, daß der Ungar zu seinem König nicht ungarisch sprechen dürfe: ebenso unzweckmäßig erachte ich es, wenn man nun die Vernachläßigung der lateinischen und griechischen Sprache in den Schulen und Akademien duldet. Die größten Gelehrten aller Völker haben sich nach den Alten gebildet; für Ungarns Literatur aber wären die Folgen einer solchen Vernachläßigung noch viel schlimmer, da neuere fremde Bücher, wenn sie frei geschrieben sind, unter die verbotenen gehören. Man soll daher die alten Sprachen zwar mehr auf den gelehrten Stand beschränken, aber dennoch die Jugend damit vertraut machen, damit sie ein reines Latein sprechen, nicht unser bisheriges Küchenlatein, und vorzüglich, daß sie sich die Grundsätze der Alten, denen keine Censur mehr beikommen kann, eigen machen.

In Ungarn fehlt es noch sehr an Oeffentlichkeit. Die Mittel der Oeffentlichkeit, die Bentham vorschlägt, sind: 1. die authentische Bekanntmachung der Verhandlungen, nach einem vollständigen Plan, und folgende Punkte in sich fassend: den Inhalt der von Mehrern gemachten Motion, den Inhalt der Reden für und wider, den Ausgang der Motion, die Zahl der Stimmen bei jeder Motion, die Namen der Stimmenden, die Beweisstücke, die der unter selber gemachten Entscheidung der Kammer zur Basis gedient haben; 2. Gebrauch der Geschwindschreiber; 3. Duldung anderer nicht authentischer Bekanntmachungen; 4. Zulassung von Fremden. Alles dies hat in England statt, wo dabei die Schnelligkeit einen solchen Grad erreicht hat, daß Debatten, die sich bis 3 oder 4 Uhr Morgens hinausgezogen haben, noch an demselben Morgen in 16 Columnen in Folio und

kleiner Schrift gedruckt, und vor Mittag in der Hauptstadt vertheilt werden.
— Doppelt nöthig ist dies in Ungarn, wo die Censur Werke, die auf Gebrechen der Staatsverfassung aufmerksam machen, eigenmächtig unterschlägt,
wie es mit den Werken einiger Patrioten noch jüngst geschehen ist — und
wo in den beiden Kammern der große Fehler herrscht, daß zu viel gesprochen
wird, worauf die Tagesblätter allein belehrend einwirken könnten, indem sich
beim Lesen die Deputirten überzeugen würden, daß Redner, die in demselben
Sinne sprechen und häufig ihre bereiteten Reden halten, nicht bemerken,
daß ewige Wiederholungen der Argumente des ersten Redners nichts
sagen, und nur die Versammlung ermüden, die Zuhörer langweilen und
sehr oft gegen die Eßstunde eine geschickt herbeigezogene Uebereilung in den
wichtigsten Beschlüssen zur Folge haben. — Daß unsere obere Kammer nicht
einmal ein Diarium führt, Fremde aber zuläßt, ist eine Anomalie sonderbarer Art. — Die Majorität dieser Kammer bekannte die Unhaltbarkeit ihrer
Argumente, als selbe 1833 gegen die Einführung eines Diariums war; sie
sah ein, wie schwach ihre Sache sei, — sonst hätte sie mit Freuden eine Gelegenheit ergriffen, sich zahlreiche Anhänger zu verschaffen. Es war dieses
ein Sieg der Minorität der oberen Kammer, daß sich die Majorität vor dem
klaren Blick der Nation fürchtete, und ihre Individuen der allgemeinen Mißbilligung zu entziehen streben mußte.

In den Comitaten erwartete man von dem gegenwärtigen Reichstage
eine strenge Kassen = Controle, wie denn überhaupt in allen Zweigen
der Administration reichstägige Verbesserungen. Hier darf Nichts unbedeutend erscheinen, denn Mängel, selbst in den minder wichtigen Zweigen der
Staatsverwaltung, wirken störend auf das Ganze ein. Daher sind auch die
Instructionen der Comitate voll von zweckmäßigen Abänderungen. Ich werde
hier nur rhapsodisch dasjenige in Erwähnung bringen, was das Dringendste
zu sein scheint. — Das Postwesen wird wohl endlich auch besser organisirt werden, in einer Zeit, wo man selbst in Preußen schnell zu reisen beginnt. — An der Theiß werden hoffentlich Eisenbahnen auf Actien
errichtet werden, worauf Jedermann Mauthzoll zu entrichten haben wird, da
es Privateigenthum ist. — Das Wettrennen sollte auch wohl bald im
ganzen Lande organisirt werden; ebenso stabile Remontirungsplätze
für die ungarische Cavalerie und die Bespannung der Feldbatterien. —
Die Verminderung der ungarischen Armee wird wahrscheinlich zugleich mit
der projectirten Organisation der Friedenscadres der Insurrection ins Leben

treten, so wie die Errichtung der Militärakademie zu Pest, Einleitung militärischer Vorlesungen durch die ihr beizugebenden pensionirten Offiziere der ungarischen Armee; mit Mathematik, Zeichnen, Geschichte und Geographie in Verbindung gesetzt, werden wohl hauptsächlich die Gegenstände des Dienstes der leichten Truppen im Felde vorgetragen werden, gymnastische Uebungen, Reit- und Fechtstunden durch Subscriptionen bestehen. — Das Hasenhetzen, Fuchsjagen, der Wettlauf, das Scheibenschießen, die Reitschule, die Jagd in den nicht gehegten Gegenden, vereint wirkend mit diesen Vorlesungen, liefern dann der Insurrection Cavaleristen und Schützen für den Fall der Noth; sowie die Cadres Abrichter und die Einfassungsrotten zu den nöthigsten Bewegungen mit Abtheilungen. — Lustra (großes Lager) der Insurrection wird alle drei Jahre in Pest sein. — Zu wünschen wäre noch bei der ungarischen Armee ein besseres Reglement, wodurch der Willkür einzelner Hauptleute, die häufig dieselben Vergehen ganz verschieden bestrafen, ein Ende gemacht würde. Hierzu käme noch eine zweckmäßigere Ausbildung der adelichen Jünglinge bei der königlichen Leibgarde. — Ueberhaupt ist eine dem Zeitalter entsprechende Einrichtung der Schulen eines der dringendsten Bedürfnisse; ein bestimmtes, der Willkür ein Ende machendes Preßgesetz, wie auch Provisionen gegen den schändlichen Nachdruck; Verbreitung des Seidenbaues; vortheilhaftere Bearbeitung der Minen; Errichtung nationeller Schaubühnen in allen Städten, und vor Allem Einführung einer menschlichen Criminalordnung, werden von diesem und den nächsten Reichstagen erwartet. Daselbst wird wahrscheinlich bei manchem Operate in Excerpten gearbeitet werden, will man nicht die Verhandlungen ins Unendliche ziehen. Auch Englands Hauptreformen geschahen in Excerpten, und waren darum nicht minder gründlich, umfassend und erfolgreich. In den künftig zu ertheilenden Instructionen wird gewiß eine durchgreifende Provision verlangt werden, daß den Verfolgungen der Nicht-Katholiken endlich ein Ziel gesetzt werde, was um so wünschenswerther ist, als Ligorianismus wahrscheinlich die Zukunft mit seinen dunklen Fittichen zu umhüllen sich bestreben dürfte. Religionsfreiheit kann auch in Ungarn nicht länger blos auf dem Papiere, Religionsgleichheit nicht blos unter den Gefallenen auf dem Schlachtfelde stattfinden. Ordentliche Dotation der protestantischen Seelsorger und bessere Subsistenz der katholischen Landpfarrer sind von großer Dringlichkeit. — Commerz, Donauregulation, Straßen-

bau, Waldcultur ⁊c. werden höchst interessante Verhandlungen herbei=
führen und erfolgreich für den größten Theil des Continents sein. — Eine
große Frage wird das Prinzip der Aviticität und des Grundbesitzes be=
gründen. Hier kann nur die größte Vorsicht verhindern, daß nicht auch in
Ungarn, nach abgestellter Aviticität, aller Grundbesitz in die Hände der
Wiener Wucherer und Börsenspieler komme. Daher müßte auch die Na=
tionalbank ohne Börsenhazardspiel, wie in Hamburg, errichtet, nebst=
bei das Wechselgericht, jedoch ohne Schuldenarrest, der unzweckmäßig
und unmenschlich ist, eingeführt werden.

Auf diese Weise wird Ungarn festen und bedachtsamen Schrittes seiner
großen, gänzlichen Staatsreform entgegenschreiten, ohne alle gewaltsamen
Umwälzungen, ein ehrenvolles Zeugniß einst in der Geschichte für König
und Nation. — Vertrauungsvoll berief der König hiezu die Nation, mit=
ten unter den Stürmen der Zeit; geehrt dadurch täuscht sie ihn gewiß nicht,
sondern übertrifft eher seine schönen Hoffnungen. — Schneller wird diese
Reform dabei vorwärtsschreiten, wenn die hohen Stellen die Operate in
Zukunft vor der Bearbeitung auf dem Landtage revidiren. —

Sollte aber, während Ungarn sich im Innern organisirt, von Außen
Gefahr drohen, so ist man fast allgemein im Lande der Meinung, daß so=
gleich die ungarische Armee auf einen imponirenden Fuß gesetzt und die In=
surrection organisirt werden müßte. Letztere würde wohl größtentheils aus
Infanterie, welche man schneller brauchbar machen kann, zu bestehen haben.
— Energische Unterstützung wird durch die Lage der österreichischen Monar=
chie gerathen, indem sie auf zwei Seiten von Rußland eingeschlossen, in
ihrer Nachbarschaft Polen, die Schweiz, Italien, die Türkei, und Deutsch=
land in einem Zustande moralischer Zerrüttung hat. — Auch wird nur jenes
Cabinet ein bedeutendes Wort bei den diplomatischen Verhandlungen spre=
chen können, welches imponirend dasteht. — Man wird daher in Ungarn
die zu verlangenden Rekruten gewiß schnell bewilligen, ohne dabei zu ver=
gessen, von dem Rechte des Kriegs und Friedens, durch Darlegung der An=
sichten der Nation über die zu nehmende diplomatische Stellung, praktisch
Gebrauch zu machen. —

Aus diesem Chaos; in welches ich wohl noch so Vieles aufnehmen
könnte, ist leicht zu ersehen, daß es den künftigen Reichstagen an Stoff
nicht fehlen werde. Doch muß es besser vorwärtsgehen, als im jetzigen ge=

schiebt; auf jeden Fall aber eine vollkommne Regulirung des Reichstages selbst vorausgesendet werden. Ob dieses leicht, ob es überhaupt auszuführen sei, wage ich nicht zu entscheiden. Gewiß aber nicht, wenn alle fähigen Menschen so unthätig blieben, wie bisher. Deswegen wünsche ich auch Ihrem Unternehmen den besten Erfolg und besonders viele Nachahmer. Mit den Gegnern wollen wir schon fertig werden. Herzlich grüßt Sie

Ihr

E.